하이데거와 여성적 진리

하이데거와 여성적 진리

| 최상욱 지음 |

철학과현실사

머리말

　하이데거가 국내에 소개된 지 꽤 오랜 시간이 흘렀다. 개인적으로 필자가 하이데거를 알게 된 것이 1980년대 초반이고, 1992년에 하이데거에 관한 박사 학위 논문을 쓰고 지금까지 하이데거를 다루고 있으니 어언 25년이나 된 셈이다. 이 정도면 하이데거와 어느 정도 친숙해졌어야 할 시간이다.

　마침 '연구년'이란 기회가 주어져서 하이데거에 관한 저서를 쓰기로 마음먹었다. 그러면서 하이데거가 국내에 어떻게 수용되어 왔으며, 개인적으로 필자에게 비친 그의 모습도 어떻게 변화해왔는지 돌아보기로 했다.

　하이데거는 수용되는 과정에서 하나의 고정된 모습으로 나타난 것은 아니다. 어쩌면 그것은 지극히 긍정적인 현상이기도 하다. 왜냐하면 한 인물을 논하는 데에서 그를 일정한 모습의 틀 안에 가두어놓는다면, 그것이야말로 그 인물에 대한 오해와 편견을 야기하는 일이기도 하기 때문이다.

　하이데거가 국내에 소개되면서, 그에 대한 모습은 처음엔 실존주의자의 모습으로, 그리고 불안에 대하여 말하는 키에르케고르와 같은 사유가로, 철학적 인간학과 구분되는 새로운 인간 이해를 추구한 철학자로, 은폐된 현상을 드러내는 현상학자이자 해석학자로, 혹은 환경 문제 해결에 도움을 줄 수 있는 생태학자로, 심지어 선불교나 도교적인 인물로 소개되기도 했다. 이렇게 다양한 하이데거의 모습에도 불구하고, 여태까지의 하이데거 연구는, 소위 말하는 그의 전통적인 주요 개념에 맞춰져 있었으며, 어떠한 해석이 옳은지 여부는 그 해석이 '명쾌하지 않은 개념인 존재'로 결론지어졌는지에 따라 결정되는 경향이 있었다. 이런 경향은 하이데거에 대한 이해가 '정확한 텍스트 이해'를 추구하는 한 계속되었다. 그러나 많은 하이데거 전공자들의 노력과 더불어 하이데거를 외부적인 상황이나 사건과 결부시키고 적용시키려는 노력이 이어졌고, 이것은 하이데거에 대한 해석 지평을 넓히는 긍정적인 결과로 나타났다.

하이데거가 국내에 수용되는 과정에서 나타난 변화와 마찬가지로, 필자가 개인적으로 경험한 하이데거의 모습도 다양하기는 마찬가지다. 필자가 하이데거를 처음 접한 것은 횔덜린의 시에 대한 그의 해석을 통해서다. 그 다음에 무척이나 난해하고 어려웠던 『존재와 시간』을 진지하고 엄밀하게 써나간 철학자로서의 하이데거와, 철학사를 통해 전통적인 여러 철학자와 논쟁하는 하이데거를 만날 수 있었다. 그 후 독일에서 필자는 하이데거의 젊었을 때와 노년의 사진을 볼 수 있었다. 젊은 하이데거의 별명이 '여우'라는 것도 그때 들었다. 그 말을 듣고 보니 젊은 시절의 하이데거는 여우같이 날렵하고 예리하게 보였다. 반면에 나이든 그의 모습에는 투박한 시골 농부의 모습이 엿보였다. 그러나 나이 차에도 불구하고 두 하이데거 사이엔 고집스러움이 공통적으로 엿보였다. 또한 야스퍼스와 주고받은 서신을 보면 젊은 하이데거가 삶을 위해 취했던 여러 모습들이 보였다. 그때도 그는 한 편으론 여우같기도 했고 다른 한편으론 우직하기도 했다. 이런 모습은 약간의 언덕이 진 마르부르크대학교에서 진지하고 열정적으로 신학을 논했던 하이데거의 젊고 유능한 신학자적인 모습과, 슈바르츠발트의 숲 속에서 정적과 고요를 즐겼던 노년의 그의 모습으로 대비되기도 했다. 그리고 이 숲 속에서 벗어나 프라이부르크로 내려오면, 하이데거에 대한 여러 모습들이 현재진행형으로 이어진다. 인상적인 것은 하이데거에 대한 상반적인, 혹은 더 정확히 표현하면 극단적인 모습이 프라이부르크대학교 안에서 보였다는 점이다. 프라이부르크대학교 독문학과, 정치학과의 좌파적 성향의 학자들이 하이데거에 대하여 보여준 모습은 바로 하이데거와 하이데거를 추구하는 일련의 사람들에 대한 경멸적인 태도였다. 그들은 하이데거를 광기 어린 역사와 구분하여 보려고 하지 않았다. 그들은 하이데거를 둘러싼 인물들을 'Heideggerei(하이데거 떨거지들)' 혹은 '하이데거 마피아'라고 부르기를 주저하지 않았다. 또한 철학과에서 이루어지는 하이데거에 대한 강의에서도, 한편으론 진지함을 넘어 종교적인 경건함이 묻어나는 경향도 있었고, 다른 한편으론 전통 형이상학의 역사 속에서 비판적으로 고찰하는 자유로운 해석도 있었다. 이렇게 하이데거의 모습은 시간과 상황에 따라 각각 다르게 보이곤 했다.

이런 생각을 하면서 필자는 하이데거에 관한 책이 다음의 두 가지 전제를 충족시키는 것이어야 한다고 판단했다. 첫째, 하이데거를 '지금 여기에 있는(hic et nunc)' 우리의 문제와 연결시켜서 다룰 것, 둘째, 하이데거를 가능하면 수월하게 독자들에게 전달할 수 있는 방법을 찾을 것.

그런데 이 전제는, 하이데거의 존재 사유와 시인들에 대한 그의 해석을 병행적으로 해석하는 방법을 통해 의외로 쉽게 해결될 수 있었다. 왜냐하면 둘째 전제의 경우, 하이데거의 존재 사유적 개념들이 갖는 난해함은 시를 통해 드러나는 구체적인 이야기를 통해 해명될 수 있으며, 시인들의 언어는 독자들에게도 익숙한 전통적인 단어들이기 때문이다. 또한 첫째 전제의 경우엔 필자의 주관적인 판단이 개입되어 있겠지만, 필자가 생각하는 우리의 문제 중 하나는 바로 시원(der Anfang)에 관한 것이며, 시원에 관한 논의는 바로 하이데거의 존재론과 시인과의 대화 속에서 나타나는 가장 중요한 주제이기도 하기 때문이다. 그리고 하이데거의 존재론과 시인들의 시가 만나는 지점에 등장하는 인물이 여성이기 때문에, 이 책의 제목을 '하이데거와 여성적 진리'라고 붙였다.

여기서 하이데거와 시인들의 대화가 시원과 연결되는 매우 중요한 주제라는 점에 대하여 몇 가지 부언하는 것도 좋겠다.

필자가 하이데거의 모든 모습에 다 흥미를 가졌던 것은 아니다. 오히려 맨 처음에 필자의 관심을 끌었던 것은 횔덜린의 시를 해석하고 있는 하이데거의 모습이었다. 이런 점은 지금도 여전하다. 그런데 이 모습에 필자가 흥미를 가진 이유는, 문학적 해석자로서의 하이데거의 모습에서 아름다움을 보았기 때문이다. 물론 이때 아름답다는 표현은 유미적이고 미학적인 의미가 아니다. 오히려 그것은 거대한 형이상학 혹은 철학의 역사 전체와 투쟁하는 아마겟돈과 같은 사건을 의미하는 것이다. 그것은 횔덜린이 누구인지를 생각해봐도 알 수 있는 일이다.

그런데 횔덜린 외에도 하이데거가 선택한 독일 시인들을 보면 그들은 거의 예외 없이 미친 자들이다. 이때 '미친 자'란 표현은 어디에 몰두하고 있는 천재를 의미하기도 하지만, 실제로 절망과 그 극복의 경계선에서 결국은 자신을 폭발시키고 소진해버렸다는 의미의 미친 자이기도 하다. 예를 들어 튀빙겐의 넥카 강가에 위치한 횔덜린 전시관에 가면, 거의 말년에 미친 횔덜린이 흑백으로 그린 그림들이 전시되어 있다. 그 그림들 속에는 삶과 죽음이 더 이상 분리되어 있지 않다. 횔덜린이 아직 살아 있을 때 이미 그는 죽음 속의 세계를 편력하고 있었던 것 같다. 그래서 그의 그림들을 보다보면 죽음이 슬금슬금 다가와 옷자락을 적시는 듯한 느낌을 받게 된다. 그러나 다른 한편으로 이미 죽음이 와 있다면 더 두려울 것이 무언가라는 묘한 느낌이 들기도 한다. 바로 이렇게 미친 자들을 하이데거는 의도적으로 선택했다. 그런데 이들의 삶과 죽음은 단순히 개인적인 사건을 의미하는 것이 아니라, 바로 '종말'이라는 장엄한 황혼과 이것을 넘어서는 위대한 시원의 아침을 지시하고 있는 것이다. 따라서 시문학에 대한 그의 해석이 아름답다면, 그것은 바로 삶과 죽음을 넘어서서, 존재의 종말과 시원에까지 자기를 잃지 않고 확인하려는 인간의 모습이 보이기 때문이며, 이것이 바로 시문학적인 하이데거의 해석자로서의 모습이 갖는 매력일 것이다. 따라서 필자는 하이데거를 좀더 수월하게 전달하려는 방법으로 하이데거의 존재 사유와 시문학 해석을 병행적으로 해석함으로써, 그 둘이 만나는 지점에 등장하는 여성적 인물을 통해 존재의 종말과 시원에 대하여 해명하기를 시도하였다.

'하이데거와 여성적 진리'라는 제목이 말하듯이, 이 책은 페미니즘을 다루고 있다는 인상을 주기 쉽다는 것을 알고 있다. 물론 이 책은 페미니즘에 대하여 새로운 사유거리나 접근 방식을 제공할 수 있을 것이다. 그러나 이 제목이 궁극적으로 지향하는 것은, 바로 하이데거의 존재론과 여러 시인들의 시문학이 만나는 지점과 그 의미를 명확히 하는 일이다. 말하자면 '여성'이란 표현은, 하이데거가 누누이 강조한 '시원'이란 주제와 연관되어 있으며, 그 시원의 의미가 무엇인지 좀더 진지하게 사유하려는 것이 이 책의 근본 의도다. 그러나 이 책에서는, 하이데거 사유에서 여성과 시원의 중요성을 지적하고 해명하는 것을 목표로 하였기 때문에, 시원의 '구체적인 내용'은 단지 부분적으로 다루었을 뿐이고, 이에 대한 상세한 연구는 다음 책의 과제로 남겨두기로 했다.

어려운 상황에서도 출판을 흔쾌하게 결정해주신 <철학과현실사> 사장님께 감사드리며, 책이 나오기까지 애정과 관심으로 함께 한 가족에게도 고마운 마음을 전하고 싶다.

이 책이 하이데거에 관심을 갖는 이들에게 도움이 되기를 바라면서 ….

2006년 4월 3일
분당 양지마을에서 최 상 욱

하이데거와 여성적 진리
차 례

■ **머리말**

제 I 부 들어가는 말

1. 서 문 ·· 17
2. 하이데거에 대한 접근 방식들 ··· 19
3. 하이데거의 글쓰기 방식 : 자신의 직접적인 글쓰기와
   시인을 통한 간접적인 글쓰기 ····································· 26
4. 정신사적으로 본 인간 이해에 대한 변화 ····················· 31
5. 니체의 여성 이해 ·· 33

제 II 부 하이데거와 여성적 진리

제1장 쿠라 : 새로운 인간 존재의 모습 ························· 43

1. 기존의 형이상학과 하이데거의 존재 사유의 경계선에
   서 있는 나무들 ·· 44
2. 현존재의 존재로서 쿠라 ·· 59
3. 우로보로스적인 소용돌이의 순환 속에 있는 쿠라 ········ 64

제2장 여신 알레테이아 : 진리의 여성성 ····················· 77

1. 여성적 진리를 일컫는 표현으로서 알레테이아 ············ 77

2. 여신 알레테이아의 본질 : 알레테이아와 프슈도스 ·················· 83

3. 알레테이아와 레테 그리고 그 "사이"로서 간직함(Bergung) ··· 91

제3장 여성 농부를 통해 본 대지와 세계의 모습 ······················· 102

1. 반 고흐의 신발과 현대 기술 ······························· 102

2. 테크네 · 포이에시스 · 피지스 ······························· 106

3. 여성 농부의 신발을 통해 본 존재 세계 ······················· 113

4. 4자(das Geviert)의 어우러짐의 세계 : 은잔과 단지 ·············· 116

제4장 여신 모이라 : 존재론적 차이 ······················· 131

1. 하이데거의 "존재론적 차이"에 대한 시대사적 분석 ··········· 131

2. 존재론적 차이 : 무근거로서 근거 ························· 144

3. 존재론적 차이 : 모이라 ······························· 148

제5장 안티고네와 운명 ······························· 186

1. 운명에 대한 오이디푸스와 안티고네의 공통점과 차이 ········ 188

2. 안티고네와 그 운명에 대한 헤겔의 해석 ···················· 196

3. 오이디푸스와 안티고네에 대한 라캉, 버틀러, 들뢰즈의 해석 ·· 215

4. 안티고네에 대한 하이데거의 해석의 특징 ···················· 234

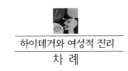

제6장 횔덜린의 시 「회상」에 나타나는 갈색 피부의 여성을 통해 본
　　　안티고네의 존재사적인 의미 292

제7장 안티고네와 독일 부인의 존재사적인 위치 303

제8장 엘리스와 그의 누이를 통해 본 존재론적 세계 310
　　1. 성스러운 순간으로서 죽음 311
　　2. 존재론적으로 이해된 죽음의 특징 314
　　3. 부패하기 이전의 인간 존재의 본래적인 모습 318
　　4. 소년과 소녀의 존재론적 역할의 구분 321
　　5. 존재에의 회상과, 회상의 말로서의 소녀 324

제9장 어머니 : 존재 사유의 선생 327

제10장 어머니의 말과 하이데거의 말 : 또 다른 낯선 자로서
　　　유대인 여성 아렌트 342

제11장 존재 언어를 지시하는 여신 노른(Norne) 352

제12장 존재 언어 : 태조모(Ahnin)의 동산 안에서의 언어 366

하이데거와 여성적 진리
차 례

제13장 여신 므네모쉬네 : 존재에의 회상 373

  1. 남성 중심적 진리 체계로부터 여성적 진리 세계로의
    패러다임의 변화 373

  2. 레테와 므네모쉬네 377

  3. 망각과 회상에 대한 소묘 380

  4. 회상 : 감사함 384

  5. 회상 : 근원적인 대화로서 인사함 388

  6. 회상 : 운명의 기다림 392

  7. 회상 : 기다림의 아름다움 396

제14장 남성적 진리와 비교해본 하이데거의 여성적 진리의 특징 404

  1. 정신사적으로 본 빛과 귀의 메타포에 대한 입장들 404

  2. 기존의 메타포와 하이데거의 메타포의 차이 409

  3. 플라톤의 빛과 하이데거의 밝힘의 차이 411

  4. 빛의 근원으로서 "밝힘"의 존재론적 의미 414

  5. 그리스도교의 소리(말씀)와 하이데거 소리(말함)의 차이 421

나가는 말 429

■ **참고 문헌**_433

제 1 부

들어가는 말

들어가는 말

1. 서 문

지구의 생성 과정을 1년의 시간으로 환산했을 때, 인간이 지구 상에 등장하고 문화를 이룬 것은 12월 31일 저녁 무렵이라고 한다. 그렇다면 우리가 진리라는 체계를 갖춘 것도 1년을 마감하기 불과 몇 시간 혹은 몇 분전이라는 계산이 나온다. 그럼에도 현대 사회에서 진리는 보편적이고 절대적인 위엄을 갖춘 듯이 여겨진다. 그리고 그리스도교와 같은 종교에서는 종말에 대한 이야기를 한다. 1년의 말미에 등장한 종교가 나타나자마자 종말을 말하고 있는 것이다. 이렇게 지구의 역사를 1년으로 환산해서 살펴보면 이러한 주장들이 매우 비이성적이고 비합리적임을 알 수 있다. 그럼에도 현대인에게 이러한 종교적인 주장들은 신앙이란 이름으로 매우 강하게 스며들어 있다.

절대적인 진리를 주장하는 견해들의 공통점은, 마치 이러한 진리가 역사적인 생성 과정을 갖지 않는 것처럼 강변하고 있다는 점이다. 그러나 과연 그런지는 매우 의심스럽다. 왜냐하면 이러한 절대적인 진리의 주장에도 불구하고 우리는 고대에 발생한 여러 문화와 진리 체계들이 거의 동시적으로, 그러나 서로 상이한 형태로 존재했음을 알고 있기 때문이다. 길게는 5000년 전부터 이집트, 메소포타미아, 인도, 중국 등에서 찬란한 문화가 다발적으로 등장했다는 것은 잘 알려져 있다. 또한 이러한 문화나 진리도 갑자기 태동된 것이 아니라 그 이전의 전승들로부터 영향을 받아 서서히 형성된 것임은 자명한 사실이다. 또한 일반적으로 알고 있는 소위 4대 문명 외에도 수많은 찬란한 문화들이 있음을 우리는 알고 있다.

그리고 우리는 이런 문화들 속에서 상이한 모습뿐 아니라 동일한 모습들도 찾아볼 수 있다. 이것은 아마도 인간의 본성에 내재한 보편성과, 각각의 인간이 처한 공간적 시간적 환경과 상황에 따른 특수성이 서로 얽혀 있기에 나타나는 현상이라고 볼 수 있다. 시공간적으로 특수한 문화들의 지류가 어떠한 역사의 시점에서 거대한 본류를 형성하게 되고, 그 이후 진리는 보편적이고 절대적이란 생각을 갖게 된 것이다. 이런 점은 서구 철학의 역사를 통해서도 마찬가지로 나타난다. 지금의 서구 정신을 이루는 것 안에는 다양한 정신들이 포함되어 있는데, 이 사상들이 그리스와 히브리라는 거대한 사상 안으로 흘러 들어가고, 다시 이 두 정신이 합쳐졌을 때 지금의 서구 정신이 형성된 것이다. 이 정신은 이제 현대 서구인의 사상과 문화, 일상적 가치관에도 자연스럽게 스며들어 있다. 이러한 거대 진리는 그 이전의 다양한 사상들을 토대로 해서 생긴 것임에도 불구하고, 이러한 것들은 거대한 진리의 등장과 더불어 쉽게 잊혀지게 되었던 것이다.

그런데 이러한 거대 진리의 배후로 우리의 시선을 돌리게 하는 사유가를 우리는 철학의 역사를 통해 만날 수 있다. 그 대표적인 인물이 바로 마르틴 하이데거다. 그는 끊임없이 서구 정신이 무엇인가를 잊어버렸다고 주장한다. 그는 그것을 존재라고 말한다. 즉, 존재가 망각되어 왔다는 것이다. 또한 하이데거는 망각된 존재와 연관해, 그의 작품들 안에서 "근원적", "시원적"이란 표현을 사용한다. 따라서 서구 철학이 잊어버린 것은 "근원적, 시원적인 존재"라는 것이 분명해진다. 그렇다면 하이데거가 잊어버렸다고 주장하는 근원적, 시원적인 존재란 과연 무엇인가? 앞으로 우리는 이렇게 잊혀진 존재를 찾아, 근원적이고 시원적인 장소를 향해 길을 떠나려고 한다. 그리고 도상에서 존재의 빛을 볼 수 있기를 기대한다. 과연 하이데거는 잊혀진 존재를 무엇이라고 생각했으며, 왜 그 존재를 근원과 시원에서 찾을 수 있다고 생각했던 것일까? 이것을 확인하기 위해 우리는 하이데거에 대한 지금까지의 일반적인 접근과는 다소 상이한 길을 걸어가려고 한다. 그렇다면 지금까지 하이데거에 대한 접근법은 어떠했는가?

2. 하이데거에 대한 접근 방식들

하이데거에 대한 해석은 여러 가지 방식으로 가능하다. 이런 점은 그의 사유가 일관성을 잃었다는 것을 뜻하지는 않는다. 오히려 해석의 다양성은, 그의 작품이 그만큼 많은 주제들과 소재, 내용을 담고 있으며, 또한 독자들에게 해석적 상상력을 자극하는 풍부한 이미지들을 담고 있음을 반영한다. 또한 해석의 다양성은 하이데거의 언어가 폐쇄적이고 닫힌 개념들이 아니라, 미끄러져 나가는 열린 개념들로 구성되어 있다는 사실에서 기인한다. 하이데거가 사용하는 여러 개념들은 고착된 정의나 해설에 의해 제한되지 않고 끊임없이 또 다른 해명과 해석을 요구하는 단어들이며, 이런 한에서 그의 개념들은 살아서 움직이고, 때로는 스스로 자신의 의미를 드러내는 단어들로 이루어진 언어라고 볼 수 있다.

언어의 개방성뿐 아니라, 하이데거는 기존의 개념들에 새로운 의미도 부여한다. 따라서 그가 주장하는 개념들의 독특한 의미는 더 이상 기존의 개념들에 의해서 달성되지 않는다. 이런 이유 때문에 기존의 개념과, 이 개념에 하이데거가 새롭게 부여한 의미 사이에서 어떠한 유사성을 찾는 것 자체가 하이데거에 대한 오해를 유발시킨다는 주장도 가능하다. 이런 주장은, 기존의 개념과 하이데거가 부여한 의미가 서로 비슷함에도 불구하고, 비교 자체를 거부하려는 극단적인 경향으로 이어지기도 한다.

반면에 하이데거 역시 기존의 형이상학의 풍토 아래서 성장한 서구 철학자로서, 비록 기존의 개념과 차이는 있지만 유사성 또한 있다고 주장함으로써, 하이데거의 개념을 기존의 개념과 유비적으로 해석하려는 경향이 있다. 이러한 분류는 하이데거를 해석하려는 해석자의 태도와 연관된 분류다.

그런데 이 두 가지 해석 방식은 모두 나름대로의 장단점을 지니고 있다. 첫 번째의 경우를 우리는 하이데거 내재적인 해석이라고 부를 수 있다. 이 경우 해석의 가능성이 하이데거 텍스트에 내재적으로 한정됨으로써, 하이데거의 개념에 대한 해석은 단지 또 다른 하이데거의 개념에 의해 해명되는 특징을 지니게 된다. 이러한 해석은 하이데거에 충실한 해석이라는 장점을 지닌다. 그러나 하이데거가 제시한 개념이 외부적인 개념과 어떤 관계를 지니는지는 명료하지 않게 남는다. 결국 이러한 해석은 한편으로는 하이데거에 충실한 주석적 해석이란 장점을 지니지만, 다른 한편으론 하이데거의 언어가 절대시됨으로써 마치 비의적인 언어로 고착될 위험성을 내포한다.

반면에 하이데거를 다른 철학자들의 개념과 유비적으로 해석하는 경우는, 하이데거를 기존의 개념과 비교하면서 그 유사성과 차이를 해명하기 때문에, 하이데거를 고립된 높은 성채로부터 대화의 장으로 불러들이고, 하이데거를 타자와의 차이를 통해 더 잘 이해할 수 있는 장점을 지닌다. 그러나 바로 이런 이유로 인해 하이데거의 사상이 해석자에 의해 자의적으로 변형될 위험을 지닌다.

따라서 모든 사상가에 대한 해석이 그렇듯이, 하이데거에 대한 해석도 이 두 가지 요소, 즉 하이데거 내재적, 하이데거 초월적인 요소를 동시에 포함할 수 있다면 가장 바람직한 해석이 될 수 있을 것이다.

이렇게 해석자의 태도에 의한 분류 외에 하이데거에 대한 해석자의 관심에 따라 분류하는 것도 가능하다.

우선 하이데거의 사상을 시대사적인 흐름에 따라 나누는 방법이 있다. 이것은 하이데거를 시간적인 흐름에 따라 종적으로 나누는 방법이다. 이런 방법을 통해 우리는 하이데거의 사상 역시 시간적인 흐름에 따라 바뀌거나 혹은 성숙, 변형될 수 있다는 점을 확인할 수 있다. 그뿐만 아니라 이러한 시간의 흐름과 시대의 변화에도 불구하고 항상 동일하게 남아 있는 사상의 동일성을 발견함으로써, 그 중 어떠한 것이 중요한지도 알 수 있다. 이러한 해석은 하이데거의 사상이 구체적이고 역사적인 맥락 속에서 어떻게 대응하였으며, 어떤 구체적인 의미를 반영했는지를 현장감 있게 보여줄 수 있는 장점을 지닌다. 그러나 다른 한편, 이런 해석 방식은, 어떠한 사상가의 사상 중 시간적으로 나중의 것이 더 성숙하고, 최종적인 확실성을 갖는 것인 듯한 착각을 유발시킬 수 있다는 문제점을 지닌다. 그럼에도 이 방법은 하이데거의 사상사적인 변화 과정을 보여줌으로써 하이데거의 주요 개념 안에도 이러한 변화의 과정이 있었다는 사실을 보여줄 수 있는 장점을 지닌다.

이렇게 시간적 종적인 분류와는 달리, 하이데거의 사상을 주제에 따라 분류하는 방법도 가능하다. 이 방법은 종적으로 나누는 시간적인 분류와 달리 모든 시간적 흐름을 도외시하고, 단지 사상의 주제에 따라 횡적으로 분류하는 방법이다. 예를 들면 철학사적인 주요 주제에 따라 하이데거에게서 인간, 신, 자연 등의 본질과 의미가 무엇인지 살피는 방법이 여기에 속한다. 이런 해석 방법은 하이데거 사상의 내용을 명확히 해주는 장점을 지닌다. 다른 한편, 이런 해석은 하이데거의 사상을 기존의 형이상학의 주제 분류도에 따라 "체계화"시키는 위험성을 갖는다. 그러나 우리는 하이데거의 사상이 체계화될 수 없거나 혹은 체계화를 거부하는 사상이라고 보아야 한다. 왜냐하면 체계화라는 것은 최고의 존재자로부터 일련의 가치적 우열을 지닌 연관성을 전제하기 때문이다. 하이데거의 주제는 이렇게 특정한 위계 질서를 갖지 않는다. 물론 우리는 하이데거의 각각의 주제들이 결국은 궁극적으로 "존재"를 향하는 것이 아닌가 하고 물을 수 있다. 그것은 분명하다. 그러나 존재는 모든 것을 자신의 체계 아래에 포괄하는 "최고의 존재자"가 아니다. 그리고 무엇보다도 하이데거의 주제 중에서 "무"와 같은 것은 체계 속에 들어갈 수 없는 주제다.

이렇게 시간적, 주제적 분석이라는 두 해석 방식은 서로 다른 입장과 시도 방식을 보이지만, 이 두 해석은 동일한 전제에서 출발한다는 유사성을 갖는다. 즉, 이 방식들은 대부분 하이데거에 의해 표현된 표현, 말해진 말에 초점을 맞추고, 여기서 출발하며, 이것을 향하고 있다. 즉, 이 두 방식은, 하이데거에 의해 말해진 주요 개념들에 의존한다는 공통점을 지닌다.

이와는 달리 하이데거에 의해 말해졌지만, 스쳐 지나가는 말 정도로 여겨졌던 혹은 명시적으로 말해지지 않고 은폐된 채로 가끔 드러나는 개념들을 통해 하이데거의 사상을 해명하는 제3의 방법이 가능하다. 이런 점은, 하이데거 자신이 형이상학의 역사를 통해 말해진 것보다는 말해지지 않은 것에 더 관심을 가졌던 것과 상응한다. 예를 들어 하이데거는 플라톤의 동굴 비유를 해명할 때도, 플라톤에 의해 말해진 것보다는 말해지지 않은 것이 더 중요하다는 입장을 피력한다. 이런 점은 그가 니체를 해석할 때, 『차라투스트라는 이렇게 말했다』를 위시해 이미 니체 생전에 발간되었던 작품들보다, 오히려 발간되지 않은 『힘에의 의지』에 더 많은 관심을 보이고 있는 점에서도 잘 나타난다. 그러나 니체의 『힘에의 의지』는 많은 니체 전문가들에 의해 하나의 "전설"[1]로 평가되고 있는 책이다. 하이데거 자신도 이런 점을 알았으리라 짐작되지만, 그는 이 위험한 책을 니체의 텍스트로 선택한 것이다. 이런 점들은, 말해지지 않은 것이 말해진 것에 비해 훨씬 더 본질적인 것을 내포하고 있다는 그의 판단에 기인하는 것이다.

이러한 하이데거의 태도를 염두에 두고 우리는, 하이데거의 작품 속에 가끔 등장하기 때문에 소홀히 하기 쉬운, 그의 개념들

---

1) K. Schlechta나 Colli와 Montinari에 의해 제기된 주장으로서, 소위 말하는 『힘에의 의지』라는 작품은 존재하지 않으며, 단지 니체에 의해 발간되지 않고 유고로 남은 부분들이 있을 뿐이라는 견해를 말한다. 물론 유고 안에는, 니체 자신이 무슨 제목과 구성을 취할지에 대한 여러 시도들이 남아 있다. 그러나 결국 니체는 그것을 『힘에의 의지』라는 책으로 발간하기를 포기했다. 그런데 하이데거는 이 유고를 『힘에의 의지』라고 명명하고 인용하고 있다. 이 점은 니체에 대한 하이데거의 해석의 경향을 함축적으로 시사하는 부분이라고 볼 수 있다. 즉, 『힘에의 의지』에 대한 하이데거의 해석은, 말하지 않은 것을 선호하는 그의 입장을 반영하고 있지만, 동시에 이것은 니체에 대한 편파적인 해석의 원인이 되기도 한다.

을 매개로 하여, 하이데거에 의해 명시적으로 말해지지는 않았지만, 이미 항상 암시되어 있던 주제인 "여성"의 의미를 살펴보고자 한다. 물론 하이데거는 "여성"에 대하여 특별히 독립된 주제로 다루지 않았다. 그럼에도 우리는 하이데거의 작품 속에서 직접적이고 명시적으로 말해지지는 않았지만, 여러 부분에서 암시로서 혹은 지나쳐 가는 단어처럼 산종되어 흩어져 있는 개념들을 통해, 하이데거의 존재론이 갖는 "여성적 특징"을 밝히고자 한다.

이를 위해 필자는, 하이데거에 대한 해석자의 상이한 태도와 관심들을 필요에 따라 적절하게 사용할 것이다. 하이데거의 말해진 개념들에 대한 엄밀한 분석이 필요할 경우, 필자는 하이데거 내재적인 해석을 시도하는 한편, 말해지지 않은 것에 대하여 상상력이 필요할 경우엔 하이데거 초월적인 해석을 시도할 것이다. 또한 "여성"이란 주제를 위해 시대별, 주제별 분류에 구애받지 않을 것이다. 왜냐하면 "여성"이란 주제는 종적으로 나누는 시간적인 분류와 횡적으로 나누는 주제적인 분류에 상관없이, 이 모든 것에 두루 펼쳐져 있기 때문이다. 따라서 "여성"이란 주제를 해명하기 위해서는, 종과 횡을 비스듬히 두루 포괄하며 나누는 사선적 분류가 필요하다. 이때 우리는 사선의 분리를 통해 종-횡적으로 옆에 드러난 절단면의 중층 구조를 보면서, 하이데거에 의해 명시적으로 다루어지지는 않았지만, 가장 중요한 주제 중 하나인 "여성"에 대한 그의 입장을 확인하려고 한다. 그러나 이 작업은 대지의 지표를 뚫고 지층 속으로 들어가, 그 속에서 사선적인 횡단면을 그어야 하며, 이때 비로소 드러나는 은폐되어 있던 중층 구조를 확인함으로써 완수될 수 있을 것이다.

물론 이러한 작업을 통해 우리는 하이데거가 오직 "여성"에 대해서만 말하고 싶었다거나 혹은 하이데거 작품 전체가 여성적인 특징을 지닌다고 말하려는 것은 아니다. 왜냐하면 하이데거 작품 안에는 남성에 대한 표현도 들어 있기 때문이다. 그리고 하이데거의 작품을 얼핏 볼 때, 그 안에서 우선적으로 우리는 "인간"을 볼 수 있을 뿐이며, 남성 / 여성을 발견하기는 쉽지 않다. 그러나 조금 더 세심히 살펴보면 그의 작품 안에서는 틀림없이 남성 / 여성이 말해지고 있으며, "여성"은 그의 작품 중 특히 중요한 부분에서 등장하고 있다는 점을 확인할 수 있다.

　물론 사람들은, 하이데거가 여성보다는 남성 철학자나 시인들을 더 많이 인용하고 있다고 비판할 수도 있다. 그것은 지당한 말이다. 그런데 우리의 관심은 하이데거가 어떤 철학자나 시인을 인용하고 다루었는가에 있는 것이 아니라, 그러한 철학자들과 시인들이 다루었던 작품 속 인물 중 누구를 다루었는가에 놓여 있다. 우리의 관심은 하이데거가 다루는 철학자나 시인 자체에 있는 것이 아니라, 이들의 "작품 속 인물"에 있다. 왜냐하면 하이데거가 선택한 이들의 작품들 속 인물들은, 바로 하이데거의 특별한 관심과 학문적 의도를 간직하기 때문이다. 따라서 하이데거가 선택하고 인용하는 철학자나 시인이 남성이라고 해서, 그것이 "여성"이란 주제를 다루는 데 문제가 되는 것은 아니다. 왜냐하면 우리의 관심은 작가가 아니라 작가에 의해 구성된 인물에 있으며, 그 인물을 선택해 집중적으로 해석하는 하이데거의 은폐된 의도를 밝히는 데 있기 때문이다.

　이러한 시도를 통해 우리는 하이데거의 존재 사유가 "여성적 특징"을 가진다는 점을 확인할 수 있을 것이다. 그리고 하이데거의 주요 개념들(예를 들어 진리, 존재론적 차이, 현존재의 존재, 존재 사유 등)이 바로 "여성이란 실"을 매개로 하여 연결되어 있음도 명확해질 것이다.

　그리고 하이데거가 잊어버렸다고 하는 존재와 "여성"이 어떤 관계가 있는지, 우리는 그때 확인할 수 있을 것이다. 그리고 하이데거가 "근원적", "시원적"이라고 표현한 이유가 무엇인지도 밝혀질 것이다.

이런 일을 성공적으로 치르기 위해 우리에게 당장 필요한 것은, 하이데거에 의해 명시적으로 "말해진 것"과 "말해지지 않은 것"을 구분하고, 그 차이의 의미가 무엇인지 밝히는 일이다. 이를 위해 필자는 우선 하이데거의 글쓰기가 내포하고 있는 이중적인 방식에 주목하고자 한다.

3. 하이데거의 글쓰기 방식 :
자신의 직접적인 글쓰기와 시인을 통한 간접적인 글쓰기

일반적으로 우리가 하이데거의 작품을 이해하기 위해 흔히 취하는 방식은, 하이데거의 주요 주제를 그의 직접적인 글을 통해 확인하는 것이다. 예를 들어 하이데거는 인간을, 이미 그의 초기 작품부터 존재론적 관점에서 현존재라고 명명하였다. 현존재가 누구인지는 그의 또 다른 직접적인 글쓰기에 의해 해명될 수 있다. 그러나 일반적인 인간 개념과 비교해 현존재가 어떠한 의미를 지니는지는 명확하게 규명하기 어렵다. 현존재가 성별적 인간과 전혀 무관한 것인지, 혹은 어떠한 관계에 있는지 분명하지 않다. 이렇게 하이데거의 현존재와 구체적인 인간의 관계는 그의 명시적이고 직접적인 글에서는 발견되지 않는다. 따라서 은폐된 하이데거의 마음의 글을 독자들이 놓친다면, 하이데거의 존재 사유에는 구체적으로 성별적인 인간이 등장하지 않는다고 생각하게 될 것이다. 그러나 그의 글쓰기를 잘 살펴보면, 그리고 그가 인용한 작품 속의 인물들을 따져보면, 그의 명시적인 글과 달리, 하이데거는 성별적인 인간에 대해서도 말하고 있음을 알수 있다. 가령 인간을 시간성과 연관해 해명하려는 하이데거의노력이 현존재 분석에서 나타나지만, 동시에 트라클 시에 등장하는 구체적인 인물들에 대한 그의 해석에서도 표면화되고 있음을 알 수 있다. 그럼에도 독자들이 하이데거의 글 속에서 여성이나 아이가 중요한 모티브로 등장한다는 사실을 간과하는 이유는, 하이데거의 작품 안에 그의 이중적인 글쓰기 방식이 혼재되어 있기 때문이다. 그렇다면 그의 글쓰기 안에는 어떠한 상이한글쓰기 방식이 존재하는가?

하이데거의 글쓰기 방식 안에는 하이데거가 자신의 고유한 언어로 직접적으로 표현하는 경우와, 시인들의 작품을 통해 자신의 사상을 간접적으로 전달하는 표현 방식이 존재한다. 직접적인 글쓰기의 경우, 독자는 누가 화자인지 쉽게 발견할 수 있다.이 경우, 하이데거의 작품 속에서 말하고 있는 화자는 분명히 하이데거 자신이며, 그는 자신의 사상을 자신의 고유한 언어로 직접적으로 전달하기 위해 일반적이고 관용적인 글쓰기를 시도한다. 이때 문장의 주어로서 man, wir 등이 사용된다. 물론 이때도하이데거는 저자와 화자가 누구인지를 명확히 구분하는 Ich라는표현을 거의 사용하지 않는다. 그만큼 일반적인 글쓰기에서조차저자 하이데거는 일반적인 사람들이나 우리라는 표현 뒤로 숨는다. 그리고 인간이 주제가 될 때 그의 표현에서 자주 등장하는 단어는 das Man, das Dasein, der Mensch, das Menschenwesen, dieSterblichen 등이다. 그리고 이러한 표현을 좀더 구체화하고 압축한 것이 das Menschenwesen 혹은 die Sterblichen이라고 볼수 있다. 이러한 글쓰기 방식은 앞에서 지적했듯이 하이데거의사상을 직접적으로 명료하게 드러내기는 하지만, 그의 표현이다른 철학적 개념들과 비교해 어떠한 의미를 지니는지는 명확하지 않게 남는다. 따라서 우리는 그의 직접적인 표현을 다른 사상가들의 개념과 비교해볼 필요가 있다.

이러한 비교의 가능성을 하이데거 자신이 시인의 글을 해석하면서 스스로 보여주고 있다. 이를 통해 우리는 하이데거와 시인의 개념들이 어떠한 관계를 갖는지 비교할 수 있는 가능성을 갖게 된다. 그럼에도 시인들에 대한 하이데거의 해석에서 우리는 시인들과 하이데거의 개념들이 갖는 깊은 유사성을 간과하기 쉽다. 왜냐하면 시인의 시를 다루는 하이데거의 글쓰기 방식에서도 화자가 누구인지 단순하고 명백하게 드러나지 않기 때문이다. 오히려 하이데거는 횔덜린이나 트라클 같은 시인들 뒤에 숨기도 하고 혹은 그렇게 숨은 가운데 자신의 말을 건네기도 한다. 이러한 글쓰기의 차이에 의하여, 동일한 주제가 어떤 경우에는 동일인(저자 = 화자)에 의해 직접적으로, 다른 경우엔 차이를 지닌 두 인물(저자 / 화자)에 의해 간접적으로 다루어진다. 저자인 하이데거가 때때로 화자 뒤에 숨는 것은, 자신의 직접적인 글쓰기 방식보다는 부재의 현전이란 간접적인 방식이 말해지지 않은 존재론적 세계를 드러내는 데 더 적합하다고 여겼기 때문일 것이다. 이러한 글쓰기의 차이 그리고 저자와 화자의 차이는 궁극적으로 하이데거가 그리는 세계가 존재자의 세계가 아니라 존재의 세계라는 점에 기인한다. 만약 우리가 하이데거의 개념을 다른 시인들의 개념과 무비판적으로 연결시킨다면, 우리는 하이데거의 개념이 존재론적인 개념이라는 사실을 망각하기 쉽다. 따라서 우리는 하이데거의 직접적인 글쓰기와 시인을 통한 간접적인 글쓰기를 평면적으로 비교해서는 안 되고, 시인들의 글 뒤에 숨어 있는 존재론적 세계를 드러내려는 하이데거의 의도를 항상 견지해야 한다.

이러한 가능성을 우리는 X 표시를 한 하이데거 자신의 개념들에서 발견할 수 있다. 하이데거에 의해 X 표시가 된 개념은, 기존에 잘 알려진 개념과, 이 개념을 위에서 지우는 형태로 구성되어 있다. 하이데거가 기존의 개념을 사용한 것은 그의 개념과 기존의 개념 사이에 유사성이 있다는 것을 반영하며, 다른 한편 그가 X 표시를 한 것엔 그의 개념이 기존의 개념과는 다르다는 점이 포함되어 있다. 하이데거 자신과 다른 시인의 개념 사이엔 동일성과 차이가 동시에 존재하는 것이다.2) 예를 들어 윙거와의 비판적 대화 속에서 하이데거는 존재를 거부하는 의미로서 X 표시를 한다.3) 그럼에도 존재는 X 표시에 의해 단순히 제거되지 않는다. 오히려 기술이란 의미의 "존재"를 X 표시로 지울 때,4) 존재는 X 표시 사이에서 끊임없이 존재 자신을 드러내고 있다. 그러나 독자의 시선이 X 표시에 머무는 한, 진정한 의미의 존재는 드러나지 않은 채 잘못 이해된 존재만이 "부정"되는 듯이 보인다. 그러나 두 종류의 존재가 존재하는 것이 아니기에, 하이데거가 주장하려는 존재는 존재 그것 자체면서 동시에 존재의 부재 속, 즉 X 표시 속에서 드러나기도 하는 것이다. 따라서 X 표시는 존재를 격리시키는 담장이 아니라 바로 존재의 존재 방식을 드

---

2) M. Heidegger, *Identitaet und Differenz*, Neske, Pfullingen 1986, 9쪽 이하.
3) M. Heidegger, *Zur Seinsfrage*, Klostermann, Frankfurt 1977. 이 책에서 하이데거는 윙거의 trans lineam과 자신의 de linea의 차이를 말한다(6쪽). 그가 사용한 x 표시는 비스듬히 지나감(Ueberqueren)(25쪽), 통과해감(Durchqueren)(29쪽)의 의미를 지니며, 이러한 표시를 필요로 했던 것은 ① 일반적인 Sein을 거부하고 ② 4자의 영역과 모음을 드러내며 ③ 존재의 부정과 약속의 동시성을 표현하고 ④ 존재와 무의 공속성의 장소로서 ⑤ 형이상학에 대한 극복이 아니라 견뎌냄의 의미로서 ⑥ 경험의 망각과 이러한 망각의 경험을 통해 은폐된 것의 탈은폐의 사건을 드러내려는 의도였음을 하이데거는 밝히고 있다(31-44쪽). 이 밖에 휴 J. 실버만, 「데리다, 하이데거, 그리고 선의 시간」, in : 『데리다와 해체주의』, 현대미학사 참조할 것.
4) 하이데거는 기술의 존재를 비본래적이고 왜곡된 존재라고 주장하며, 이런 의미에서 기술과 연관해 존재를 말할 때, "존재"라는 표현 위에 X 표시를 한다.

러내기 위한 전략이라고 볼 수 있다. 이런 점은 하이데거의 작품 안에서 끊임없이 부유하며, 드러났다 사라지고, 사라짐 속에서 자신을 주장하는 화자와 저자 사이의 차이와, 글쓰기 방식의 차이에서도 나타난다.

이렇게 하이데거의 글쓰기 안에는 하이데거 자신의 마음을 시인을 통해 드러내는 간접적인 글쓰기와, 하이데거 자신의 마음의 말을 자신의 철학적 글쓰기를 통해 직접적으로 드러내는 방식이 혼재한다. 자신의 마음의 말을 철학적 글쓰기 방식으로 표현할 때 하이데거는 화자로서 항상 전면에 등장하며, 바로 명확한 글로 표현하고 있다. 그러나 마음의 말을 간접적으로 표현하고자 할 경우 그는 시인의 뒤로 숨는다. 따라서 저자인 하이데거와 화자인 하이데거는 분리되고, 화자는 다시 다른 시인의 언어 안에서 말하는 것이다.[5]

따라서 우리는 하이데거 작품을 분석하면서, 하이데거에 의해 명시적이고 직접적으로 드러난 말과 시인의 뒤에서 드러나는 간접적인 하이데거의 말을 비교함으로써, 그의 존재 사유가 의미하는 바를 좀더 "구체적"으로 밝히고자 한다. 이러한 시도는 우선 하이데거가 말하는 "인간"이 구체적 인물과 연관되는지, 만약 그렇다면 어떤 인물 혹은 성별을 지칭하는지, 그리고 그런 인물을 선택한

---

5) 이런 점은 이미 프로이트가 글을 썼을 때, 그 글이 무의식 일반을 의식의 글로 표현한 것인지, 아니면 의식의 글의 형태를 빌어 프로이트 자신의 무의식이 표현된 것인지 여부가 분명치 않은 점에서도 찾아볼 수 있다. 말하자면 여기서 프로이트와 인간 일반은 서로 주체이기도하고 대상이기도 하는 교환 속에서 글이 진행되는 것이다. 그리고 주체와 대상 간의 교환뿐 아니라, 주체 간의 교환도 이루어짐으로써, 저자와 화자는 이미 혼재되기 시작하는 것이다. 이와 마찬가지로 하이데거의 글쓰기도 화자와 저자의 엇갈림을 통해 하이데거 자신의 말이 명시적으로 드러나기도 하고, 혹은 은폐된 채로 타자의 글 속에 숨기도 함을 볼 수 있다. 참조 : 사라 코프만, 「저 종소리」 169쪽 이하, in : 『데리다와 해체주의』.

의미가 무엇인지를 밝히는 것과 더불어 시작될 것이다.

4. 정신사적으로 본 인간 이해에 대한 변화

전통적으로 인간에 대한 철학적 질문은 인간의 본질이라는 형태로 대답되곤 했다. 인간의 본질이라는 개념은 인간의 보편성과 연관되어 있으며, 보편성이란 개념은 다시 인간 각각의 개인들을 포괄하는 상위 개념으로 이해되어 왔다. 이러한 상위 개념은 한편으론 개체적 인간들을 포괄하는 보편적인 개념이기도 하지만, 바로 그러한 이유 때문에 그것은 개체적인 인간과 무관한, 중성이란 특징을 띠기도 한다. 따라서 인간에 대한 철학적 대답은 각각의 인간의 고유성이나 연령적인 차이 그리고 성별적인 차이를 무시하는 결과를 가져왔던 것이다.

적어도 파르메니데스에 의해 존재와 사유의 관계가 거론된 이후, 그리고 존재가 진정으로 존재하는 존재와 이름뿐인 존재로 구분된 이후, 그리고 사유가 성별을 알 수 없는 인간 본질의 사유로 규정된 이후, 철학의 역사에서 인간은 "본질(Essentia)"을 사유할 능력이 있는 자로 제한되어 왔으며, 이러한 제한은 알게 모르게 인간의 본질 영역에서 여성적인 측면을 제외하는 형태로 전개되어 왔다.

더 나아가 여성에 대한 배제 경향은 이미 신화의 영역에서부터 시작되었다. 예를 들어 거의 모든 신화에서 등장하는 대지의 메타포는 점차 하늘적인 것에 의해 대체되어 간다. 이런 점은 디오니소스 신화에서부터 오르페우스 신화 그리고 피타고라스 신화로 전개된 일련의 과정에서도 잘 나타난다. 말하자면 디오니소스 신화의 경우 아직도 주요 무대는 대지에 속해 있지만 —

물론 여기서도 하늘적인 태양은 등장한다 — 이것이 오르페우스 신화로 오면서 점차 주무대는 헬리오스, 즉 하늘적인 것으로 바뀌어 간다. 그리고 이와 더불어 하늘적인 것은 지상적인 것(지하적인 것)과 대립되는 것으로 나타난다. 그리고 이것이 피타고라스 신화로 오면 순수한 하늘적인 사유가 지상적인 것보다 우월한 것으로 평가된다.

그러나 근대 이후 점차 하늘적인 청정함의 대표적인 메타포였던 태양은 특히 니체의 신 죽음의 선언 이후 점차 그 능력을 상실하기 시작한다. 이제 태양은 플라톤의 주장처럼 존재자에게 진리와 선함과 생명을 주는 태양이 아니라 인간에게 해를 끼치는 태양으로, 혹은 인간과 상관없는 태양으로 변하게 된다. 바야흐로 태양은 근대 이후 부조리의 태양이자 "검은 태양"으로 전락하게 된 것이다. 그리고 거의 이와 동시에 이전까지 망각되었던 대지적인 요소, 즉 여성적인 요소가 점차 강조되기 시작한다. 이것은 기독교의 세 남성성에 의해 은폐되어 왔던 여성성이 강조되기 시작한 것이나, 연금술에 은폐된 채로 항상 주장되어 왔던 제4의 요소에 대하여 융이 강조한 점에서도 잘 나타난다. 그리고 이런 점은 하이데거의 경우도 마찬가지다. 그는 더 이상 대지를 소외시키지 않으며 오히려 그의 유명한 표현인 4자(Geviert)는 바로 전통적 철학에서 망각되어온 여성성에 대한 복원을 내포하고 있다고 보아야 한다. 그가 이성적 사유를 거부하고 존재 사유를 강조하는 것은, 그의 존재 사유가 더 이상 청정한 하늘적인 사유가 아니라 하늘적인 것과 대지적인 것이 혼재한 사유이기 때문이라고 볼 수 있다.

그렇다면 하이데거의 존재 사유에서 여성의 존재론적 의미와 역할이 무엇인가? 그리고 하이데거의 존재 사유의 여성적 특징은 형이상학과 비교해 어떠한 차이점을 지니는가?

이 점을 해명하기 위해, 하이데거에 앞서 여성을 형이상학적 진리와의 연관성에서 파악한 니체를 살펴보는 것이 필요하다. 니체를 통해 우리는, 하이데거의 존재 사유의 여성적 특징이 단순히 하이데거 자신의 우연한 성향에 의한 것이 아니라 서구 형이상학의 역사를 통해 억압되어 왔던 은폐된 잠재력이 형이상학의 붕괴와 더불어 터져나오기 시작한 사건과 맞물려 있음을 알 수 있을 것이다. 그렇다면 형이상학의 종말의 기로에서 니체는 여성을 어떻게 이해하고 있는가?

5. 니체의 여성 이해

하이데거는 자신의 존재 사유를 위해 중요한 역할을 한 인물로 니체와 횔덜린을 들고 있다. 니체는 서구 형이상학을 완성한 자로서, 횔덜린은 새로운 존재 사유의 시작을 위한 인물로서 선택되고 있다. 따라서 서구 형이상학의 문제점을 고발하는 하이데거를 다루기 위해, 우선 서구 형이상학을 비판적으로 본 니체를 살펴보는 것이 필요하다. 왜냐하면 서구 형이상학에 대한 파괴와 부정이란 점에서 그들은 동일한 입장을 취하기 때문이다. 물론 그것을 어떻게 극복하는가에 대해서 두 사람은 전혀 다른 입장을 보인다. 그러나 지금 우리가 다루려는 것은 기존의 형이상학에 대한 부정이란 측면에서 두 철학자가 보여준 모습이다. 두 사람은 모두 망각에 대하여 말하고 있다. 하이데거는 존재가 잊혀졌다고 강조한다. 그런데 니체도 자신의 경구에서, "나는 나의 우산을 잊어버렸다(Ich vergesse meinen Regenschirm)"고 말한다. 니체는 무엇을 잊어버린 것일까? 데리다는 이러한 니체의 말에 대하여, 삶 자체가 이렇게 잊어버리면서 살아가는 데 그 본질이 있다고 해석한다. 또한 이러한 잊음은 니체의 글쓰기 방식에도 적용된다고 말한다. 니체는 어떠한 본질적인 것을 그의 글쓰기 배후에 감추고 있는 것이 아니라, 드러난 그의 글쓰기가 전체며, 그 글쓰기는 이렇게 잊어버린 채로 씌어진 글쓰기라는 것이다. 이러한 데리다의 해석에 따르면 니체는 잊은 것이 없으며, 단지 잊은 것과 같이 살아가야 함에 대하여 말하고 있을 뿐이라는 것이다. 그러나 과연 니체는 잊은 것이 없을까? 혹은 니체는 어떠한 것을 잊어야 한다고 말하고 있는 것은 아닐까?

이 점을 우리는 그가 선포한 "신 죽음"의 소식과 연관해 해석할 수 있다. 니체가 "신은 죽었다"고 선포했을 때, 그 의미는 신으로 대표되는 그때까지의 진리가 죽었다는 것이다. 그리고 신 죽음에 대하여 더 이상 연연하지 말고 과감하게 잊으라고 말하고 있는 것이다. 이런 점을 우리는, "새로운 진리"의 가능성을 탐색하는 니체의 모습에서 확인할 수 있다. 그는 기존의 남성적인 진리의 죽음을 말하고, 이와는 다른 새로운 진리의 가능성을, "만약 진리가 … 여성이라면"이라는 물음을 통해 제시하고 있다. 그렇다면 니체와 하이데거는 그 사유의 길과 방식에서 큰 차이를 보이지만, 기존의 남성 중심적 진리 체계에 대하여, '진리가 여성이라면?'이라고 묻고 있는 점에서 공통점을 보이고 있는 것이다. 그런데 그들은 왜 여성적인 진리를 주장하는가? 여성적인 진리는 남성적인 진리와 무슨 차이를 보이는가?

니체는 진리 / 비진리의 대립이라는 기존 형이상학적 도식을, 종종 남성-여성에 대한 대비를 통해 극복하려고 시도한다. 그는 형이상학적 진리에 대하여 다음과 같이 묻는다 :

"우리는 진리를 원한다고 가정했는데, 왜 오히려 진리가 아닌 것을 원하지 않는가? 왜 불확실성을 원하지 않는가? 왜 심지어 무를

원하지 않는가? … 우리 가운데 누가 여기에서 오이디푸스인가? 누
가 스핑크스인가?"6)

   니체는 진리에 대하여 언급하면서, 스핑크스와 오이디푸스 중
누가 진리인지 질문하고 있다. 도대체 누가 진리를 알았는가?
진리에 대한 문제를 낸 스핑크스인가? 혹은 그 문제를 알고 대답
한 오이디푸스인가? 스핑크스는 진리에의 유희 때문에 스스로
의 존재를 죽여야 하는 가련한 존재이기도 하다. 반면에 오이디
푸스는 인간이 누구인지 대답한, 진리에 속한 인물이지만, 그는
정작 자기 자신이 어떠한 인간으로서 존재하게 될지는 알지 못
했다. 그들은 모두 문제를 맞힌 자이기도 하지만, 동시에 그들은
자신들의 말의 의미가 무엇인지 근본적으로 이해하지 못한 자이
기도 하다. 그들은 진리를 이야기하는 듯하면서 동시에 비진리
의 늪 속으로 빠져 들어간 자들이다. 그렇다고 그들이 전적으로
비진리에 속한 것만도 아니다. 왜냐하면 스핑크스나 오이디푸스
는 자신에게 주어진 진리의 내용을 알고 있었기 때문이다. 이 점
을 니체는 자연의 진리와 인간(학문)의 진리 간의 대립으로 해석
하고 있다. 즉, 오이디푸스는 "자연의 수수께끼를 푼" 자7)로서,
"학문의 상징"8)이다. 그러나 학문적 진리를 통해 자연의 진리를
파괴함으로써, 이제 오이디푸스는 자연으로부터 자유로워진 듯
이 보이지만, 자연적 진리의 파괴는 곧바로 인간적 진리마저도
파괴하고 마는 것이다. 따라서 니체는 "스핑크스의 수수께끼를
풀 정도의 과도한 지혜 때문에 오이디푸스는 범행의 어지러운
소용돌이 속에 빠져들어야만 했다"9)고 말한다. 이와 같이 니체

---

6) 니체, 『선악의 저편』, 김정현 역, 책세상, 15-16쪽.

7) 니체, 『유고』(1869년 가을~1872년 가을), 최상욱 역, 책세상, 188쪽.

8) 위의 책, 189쪽.

9) 니체, 『비극의 탄생』, 이진우 역, 책세상, 47쪽.

가 이해하는 진리와 비진리의 관계는 서로 대립되고 배척하는 것이 아니라, 남성과 여성의 관계처럼 비록 상이하지만 서로를 필요로 하는 보충적인 관계인 것이다. 즉, 스핑크스와 오이디푸스의 질문과 대답은 단선적인 것이 아니라 오히려 순환적인 질문-대답이자 대답-질문이라고 볼 수 있다. 그렇다면 진리와 비진리는 분리된 두 영역이 아니라 뫼비우스의 띠 위를 달려가는 동일한 발걸음인 것이다.

이런 점은 플라톤에 대한 니체의 입장에서도 잘 나타난다. 니체에 의하면, 진리의 상징인물인 플라톤은 에피쿠르스에 의해 "디오니시오콜라케스(Diony-siokolakes)"라고 불렸다. 그 의미는 "디오니소스의 아첨꾼, 즉 참주의 추종자와 아첨꾼을 의미하며", 이런 한에서 에피쿠르스는 플라톤이 "배우(Schauspieler)"며, "전혀 순진하지 않다"고 말하고 있는 것이다.10) 그리고 니체는 "고대의 가장 아름다운 존재인 플라톤의 병"11)에 대하여 말하고 있다. 그런데 니체가 진리의 화신인 플라톤을 비판하는 이유는, 플라톤이 진리를 말하면서 모든 다른 진리들을 배제시켰기 때문이다. 말하자면 플라톤은 진리를 말하기 위해 많은 다른 진리들을 부정했다는 것이다. 그럼에도 플라톤의 작품 속에서 비진리는 진리의 틈새로 항상 다시 나타나곤 한다는 것이 니체의 주장이다. 따라서 이러한 진리의 새어나감과, 틈새로 다시 나타남의 현상을 보여주기 위해 그는 다음과 같이 묻는다:

"진리가 여성이라고 가정한다면, 어떠한가? 모든 철학자가 독단주의자였을 경우, 그들이 여성을 제대로 이해하지 못했다는 혐의는 근거 있는 것은 아닐까? 지금까지 그들이 진리에 접근할 때 가졌던

---

10) 니체, 『선악의 저편』, 22쪽.
11) 니체, 『선악의 저편』, 11쪽.

소름끼칠 정도의 진지함과 서툴고 주제넘은 자신감이 바로 여성의 마음을 사로잡기에 졸렬하고 부적당했다는 혐의는 근거 있는 것이 아닐까? … 그래서 모든 종류의 독단론은 오늘날에도 울적하고 힘없는 모습으로 서 있는 것이다."[12]

이렇게 니체가 진리를 여성과 연결시킴으로써 달라지는 것은 무엇인가? 이를 알아보기 위해 철학 이전의 신화나 문학 작품들을 통해 여성이 어떠한 모습으로 그려지는지를 살펴보는 것이 도움될 것이다.

우리는 이러한 작품들 안에서, 많은 경우 여성이 유혹자나 구원자라는 서로 상반된 모습으로 등장하는 것을 확인할 수 있다. 예를 들어 이 세상에 모든 악을 유포시킨 혐의를 받고 있는 — 그 악이 이전에 누구에 의해 만들어졌는가는 예외로 하고 — 판도라는 유혹과 파괴라는 특징을 지니며,『오디세이』에 등장하는 사이렌도 항상 인간을 유혹하여 죽음에 이르게 하는 파괴자로 등장한다. 반면『파우스트』의 그레트헨이나『죄와 벌』의 소냐에게서 우리는 구원자의 모습을 볼 수 있다. 그녀들은, 무제한하며 멈추어지지 않는 의지와 욕망에 의해 질주되는 인간의 파멸을 멈추게 하고 구원하는 모습으로 그려진다. 또한 이 둘의 종합된 모습으로서 외부적으론 유혹하게 하는 원인이면서 내부적으론 스스로의 주인이 되어 자신을 지키려는 페넬로페와 같은 모습도 발견할 수 있다. 말하자면 여성은 비진리이거나 진리 혹은 그 두 가지 모두란 형태로 작품들 속에서 표현되고 있는 것이다.

이와 마찬가지로 니체는 진리와 비진리 그리고 그 모두를 동시에 포함하는 존재로서 여성을 선택하고 있는 것이다. 니체에 따르면, 여성은 이 중 어느 하나가 아니라 이 모든 것을 그 내부

---

12) 니체,『선악의 저편』, 9쪽.

에 지니고 있는 존재다. 이에 대한 예를 우리는 그의 경구에서 볼 수 있다 :

"여성들은 깊이가 있다고 간주된다. — 왜? 여성의 속 깊은 곳에는 결코 다가가지 못하기 때문에."[13]

"여성이 남성적인 덕들을 갖는다면, 사람들은 그녀에게서 달아나버린다. 그리고 여성이 남성적인 덕들을 갖지 않는다면, 여성은 자기 자신에게서 달아나버린다."[14]

"만일 여성에게 2차 역할을 할 수 있는 본능이 없었다면, 화장의 천재성은 없었을 것이다."[15]

이 경구들에 의하면, 니체는 여성의 이중적인 모습 때문에 혼란해하고 있는 듯이 보인다. 그러나 이러한 혼란함이야말로 여성이란 표현을 통해 진리를 설명하려는 니체의 전략이라고 볼 수 있다. 그는 일방적으로 여성에게 진리의 영예를 부여한 것도, 비진리라고 배제한 것도 아니다. 오히려 그가 여성을 진리라고 전제한 것은 바로 이러한 혼란함이 곧 진리의 본질이라고 생각했기 때문이다. 이런 점에 대하여 데리다는 니체의 "우상의 황혼" 중 "어떻게 '참된' 세계가 결국 우화가 되어버렸는지"를 해석하면서, 남성적 진리인 플라톤적 사고가, 거세된 기독교의 여성적 사고로 그리고 계속해서 "사고의 여성화"[16]로 가속화되는 것을 지적하고 있다. 그리고 데리다는 여성적이란 표현을 플라톤과 그리스도교적 사유에서 비진리와 거세된 사유라는 부정적 의미로부터, 점차 이러한 부정을 부정하는 긍정적 의미로서, 즉

---

13) 니체, 『우상의 황혼』, 백승영 역, 책세상, 82쪽.

14) 위의 책, 82쪽.

15) 니체, 『선악의 저편』, 125쪽.

16) J. 데리다, 『에쁘롱 — 니체의 문체들』, 김다은 역, 동문선, 76쪽.

"예술가적, 디오니소스적인 힘"[17]으로서 해석하고 있다. 그리고 여성적 사유의 디오니소스적 힘이란 바로 전통적 철학이 부정했던 특징인 유혹 / 거세가 갖는 긍정적이고 창조적인 힘을 뜻한다. 즉, 여성적 사유의 특징은 그것이 직접적이지 않으며, 오히려 먼 곳에서 작용을 끼치는 방식(actio in distans)[18]을 가짐으로써 그 유혹은 불확실함을 수반하며, 그런 한에서 전통 철학에 의해 거세되었지만, 이러한 거리 두기야말로 여성적 진리의 특징이기도 하다. 왜냐하면 "여성(진리)은 포착되지 않기"[19] 때문이며, "여성은 간격을 만들고, 스스로에게서도 멀어지기 때문"[20]이다. 그런데 이렇게 간접적으로 영향을 끼치는 힘은 철학이 간과한 생명의 특징이기도 하다. 따라서 철학 대신 생명을 주장한 니체에 이르러, 진리를 스스로 갖지는 않지만 "진리에 대한 심오한 간격"을 갖는 비진리로서 여성이 "진리"로 등장하게 된다.

　니체가 여성적 진리를 주장하면서 달라진 것은, 기존의 남성적 진리의 특징이 배타적이고, 이원론적인 진리 / 비진리, 선 / 악, 미 / 추라는 구분에 있는 반면, 니체의 여성적 진리에서는 이러한 구분이 사라진다는 점이다. 왜냐하면 진리와 비진리는 모두 일정한 시각에 의해 고정된 해석에 지나지 않으며, 오히려 비진리라고 평가절하되었던 것이야말로 더 많은 진리성을 가질 수 있다는 것이 니체의 입장이기 때문이다. 따라서 니체에 의하면 여성적 진리는 모든 것을 포괄하는 진리로서 나타나게 된다. 그런데 이러한 입장은 하이데거에게서도 발견되고 있다. 그렇다면 여성에 대한 그의 입장은 어떤가?

---

17) 위의 책, 85쪽.
18) 위의 책, 41쪽.
19) 위의 책, 47쪽.
20) 위의 책, 43쪽.

제 II 부

하이데거와 여성적 진리

제1장
쿠라 : 새로운 인간 존재의 모습

　데리다는 니체에 대한 하이데거의 해석을 분석하면서 "하이데거 식의 독서는 진리의 우화 속에서 여성을 놓치는 순간 닻을 내렸다"[21]고 비판하고, 자신의 책『에쁘롱』은 바로 이렇게 놓친 여성에 대한 문제로부터 시작되고 있다고 밝히고 있다. 물론 하이데거의 많은 작품들 속에서, 특히 철학자들과의 비판적 대화 안에서, 여성 자체에 대한 해석은 명시적인 주제로 다루어지지 않고 있다. 이 점은 남성의 경우도 마찬가지다. 오히려 그는 인간 혹은 인간 본질에 대하여 말하거나 중성적인 현존재에 대하여 말한다. 그리고 더 나아가 존재 자체도 남성이나 여성이 아니라 중성으로 나타난다. 이 점에 대하여 그는 "'Es'는 비인칭 대명사를 뜻한다. '그것'은 남성적도 여성적도 아니며 … 중성적인 것이다"(WhD 113)라고 말한다. 그러나 위의 데리다의 비판이나 하이데거 자신의 표현에도 불구하고, 우리는 하이데거의 작품 중

---

21) 위의 책, 97쪽.

특히 시인과의 비판적 대화 안에서 존재 사유로 넘어가기 위한 중요한 장소에서 여성이 등장하는 것을 볼 수 있다. 그렇다면 왜 하이데거는 자신의 존재 사유를 위해 여성을 필요로 했던 것일까? 이 질문은 기존의 형이상학과 하이데거의 존재 사유가 서로 만나고 구분되는 지점에 대한 질문과 연결된다. 그런데 우리는 이 지점에서 여러 나무들을 발견할 수 있다. 이 나무들은 무엇을 의미하는가?

1. 기존의 형이상학과 하이데거의 존재 사유의 경계선에 서 있는 나무들

1) 사과나무와 형이상학

하이데거는 20세기 서구 사상을 대표하는 위대한 철학자 중 한 명이다. 우리는 이렇게 위대한 인물을 거장 혹은 거목이라고 표현한다. 즉, 위대한 인물을 우리는 "거대한(위대한) 나무"라고 표현하는 것이다. 반면에 우리는 이러한 인물을 "거대한 동물"이라고 말하지는 않는다. 그런데 위대한 인간을 거대한 나무라고 표현하는 것은, 나무가 하늘을 향해 우뚝 솟아 있고, 인간에게 그늘이란 휴식처를 제공하며, 인간이 보기에 시샘도 하지 않고, 쉽게 자리를 옮기지도 않는 묵묵함 때문일 것이다. 또한 나무의 뿌리 깊음이 보여주는 견고함과 우직한 신뢰성 그리고 홍수나 가뭄에도 상관없이 필요한 정도의 물을 공급하는 그의 초연함에 기인할 수도 있다. 분명한 것은 인간이 나무에 대하여 깊은 신뢰와 감사를 품고 있었기에 이런 표현이 가능했으리란 점이다.

이와 연관해 또 흥미로운 점은, 거목이라고 칭함을 받는 하이데거가 "이성적 동물"이라는 가장 잘 알려진 정의를 통해 인간을 해석하려고 하지 않는다는 점이다. 그는 인간에게 동물보다는 나무의 모습을 부여하려고 한다. 이런 점을 우리는 그의 작품에서도 발견할 수 있다.

하이데거의 존재론적 인간 이해는 기존의 형이상학적인 해석에 대한 부정으로부터 시작된다. 그는 인간을 육체-영혼-정신의 통일성이나 이성적 동물로 보는 형이상학적 견해, 기독교적 인간론을 거부한다. 왜냐하면, 이러한 인간 이해가 아직 진정한 인간 이해에 이르지 못하고 있을 뿐 아니라, 심지어 이러한 견해로부터 삼라만상에 대한 인간의 존재자적 지배가 가속화되었다는 것이 하이데거의 입장이기 때문이다 :

"인간을 이성적 동물로 보는 것, 즉 노동하는 생명체로 보는 것이 인간으로 하여금 대지의 황폐화한 사막에서 배회하게 했다는 점은, 형이상학이 존재 자체로부터 일어나고, 형이상학의 극복이 존재의 견뎌냄으로부터 일어난다는 표시일 수도 있다. 왜냐하면 노동은(에른스트 윙거,『노동자』, 1932와 비교할 것) 이제 의지에의 의지로서 본재하는 모든 현전자를 무조건적으로 대상화하는 형이상학적인 수준에 도달했기 때문이다."22)

이렇게 인간을 노동하며 자연을 대상화하고 지배하는 자로 규정해온 형이상학에 의해, 인간과 그 외의 모든 존재자의 존재 의미가 상실되고 망각되었다는 것이다. 이런 점은 인간을 신의 형상을 지닌 최고의 피조물로 규정하고, 이 세상의 모든 존재자를 지배하도록 허용한 그리스도교 설화에서도 나타난다.

그런데 우리는 그리스도교 설화와 하이데거 사이에서 유사한

---

22) M. Heidegger, Ueberwindung der Metaphysik, in : *Vortraege und Aufsaetze*, Neske, Pfullingen, 68쪽(앞으로 VA라는 약호로 본문 안에 삽입함).

점을 발견할 수 있다. 창세기에 따르면 아직 죄를 짓지 않은 인간이 신의 동산에서 유유자적하게 살아가는 모습이 그려진 다음, 곧바로 타락하는 장면이 이어진다. 이때 등장하는 것이 두 그루의 나무며 그 중 하나가 선악과다. 이 선악과를 중심으로 해서 인간은 맨 처음의 순수한 상태와 죄의 상태로 분리되게 된다. 그런데 우리는 하이데거의 인용문 중에서 그리스도교 설화와 연관시킬 수 있는 — 그러나 전적으로 다른 의미를 지닌 — 흥미로운 예문을 볼 수 있다.[23] 거기서 하이데거는 사과나무와 열매에 대하여 말하고 있다. 그렇다면 왜 하이데거는 다른 예문도 아니고 또 다른 과일도 아니라 사과나무와 그 열매를 예문으로 들고 있는 것일까?[24] 창세기 설화에서 선악과는 유혹적인 열매로 묘사된다. 그리고 이 열매의 유혹에 여성이 넘어가는 장면이 이어진다. 이 설화에서 선악과(사과나무)는 여성, 유혹, 타락과 연관되어 있다. 그런데 하이데거도 사과 열매에 대하여 말하고 있다. 그렇다면 하이데거도 사과 열매를 통해 타락이나 여성에 대하여 말하려는 것일까? 이를 위해 그의 예문을 인용해보기로 한다.

　　"여기서는 단순한 형이상학의 회복과는 다른 것이 일어난다. 게다

---

23) 하이데거는 자신의 존재 사유를 이해시키기 위해 종종 예문을 들곤 한다. SZ의 경우 잘 알려진 예문으로 "하늘은 푸르다", "망치는 무겁다" 등을 들 수 있다. 또한 Weg 410쪽이나 WhD 106쪽엔 사과 열매에 대한 예문이 나온다. 그런데 하이데거가 드는 예문이 임의적인 것인지, 혹은 자신의 존재 사유를 이해시키기 위해 아주 적합하기 때문에 의식적으로 만들어진 예문인지, 혹은 무의식적으로 제시한 예문인지 명확하게 밝히기는 어렵다. 그럼에도 그가 드는 예문이 전혀 무의미하거나 임의적이라고 볼 수는 없을 것이다. 그렇다면 이러한 하이데거의 예문에 대하여 우리가 주의를 기울여보는 것은 의미 있는 일일 것이다.

24) 창세기에 나오는 나무가 사과나무는 아니지만, 우리가 일반적으로 선악과를 사과 열매라고 부른다면, 창세기의 선악과와 하이데거의 사과나무를 유비적으로 비교하는 것은 큰 무리가 없을 것이다.

가 나무에서 떨어진 사과들을 주워 모으듯이 전승된 것을 단지 그렇게 짜 맞추는 회복은 존재하지 않는다."25)

이 문장에 따르면, 사과 열매는 기존의 형이상학이란 나무에서 떨어진 것을 의미한다. 그리고 이렇게 떨어진 사과들을 한데 모은다고 형이상학의 극복이 이루어지지는 않는다는 것이다. 그렇다면 사과 열매는 전승된 형이상학적 단편들을 의미한다. 그런데 하이데거의 경우 형이상학의 역사는 존재 망각의 역사다. 그렇다면 사과 열매는 진정한 존재 의미를 망각하게 된 것과 연관되어 있다. 마치 창세기 설화에서 사과 열매가 타락과 연관되듯이.

그러나 이 문장을 우리는 다르게 읽을 수도 있다. 즉, 사과 열매들은 형이상학에 의해 버려진 것들로 해석될 수도 있다. 그렇다면 이렇게 형이상학에 의해 거부된 사과 열매를 단순히 모으는 것만으로 형이상학이 극복되지는 않지만, 이 열매들은 그 극복을 가능케 하는 요소들일 수도 있다. 왜냐하면 존재 망각을 상징하는 형이상학으로부터 거부되었다는 사실은 긍정적인 의미를 가질 수 있기 때문이다. 그런데 우리는 사과 열매에 긍정적인 의미를 부여하고 있는 또 다른 하이데거의 문장을 발견할 수 있다. 그것은 다음과 같다 :

"정원 안에 한 나무가 서 있다. 우리는 그 나무에 대하여 다음과 같이 말한다 : 그 나무는 잘 자랐다. 그것은 사과나무다."26)

---

25) M. Heidegger, Zur Seinsfrage, in : *Wegmarken*, Klostermann, Frankfurt, 410쪽(앞으로 Weg란 약호로 본문 안에 삽입함).

26) M. Heidegger, *Was heisst Denken?*, Niemeyer, Tuebingen, 106쪽(앞으로 WhD이란 약호로 본문에 삽입함).

이 예문은 "존재자가 존재한다"는 파르메니데스의 문장의 근본적인 의미를 드러내기 위해 하이데거가 선택한 예문이다. 이 문장에서 사과나무는 존재자의 "존재"의 의미가 무엇인지를 드러내기 위한 예로서 나타난다. 사과나무는 이제 형이상학의 극복과 새로운 존재 사유의 시작을 가능케 하는 예로서 묘사되고 있는 것이다. 창세기 설화에서 사과 열매가 단지 부정적인 의미로서 묘사되는 것과 달리, 하이데거의 사과 열매는 기존의 형이상학의 단편일 뿐 아니라 그 극복을 가능케 하는 역할을 하고 있는 것이다.

하이데거가 아무런 의도 없이 사과 열매라는 예를 든 것이 아니라면, 그리고 창세기 설화에서 사과 열매는 유혹, 여성과 연관되어 있다면, 우리는 하이데거의 사과 열매도 여성과 연관이 있는 것은 아닌지 물어볼 필요가 있다. 이에 대한 대답 가능성을 우리는 "사유란 무엇인가?"에서 찾아볼 수 있다. 이 책의 19쪽에서 하이데거는 존재자가 아니라 존재를 사유하도록 가르치기 위해 어머니를 등장시키고 있다. 그리고 위에서 든 예문은 "존재자가 존재한다"는 것의 존재론적 의미가 무엇인지를 설명하기 위한 대목에서 나타나는 예문이다. 그렇다면 하이데거는 존재론적 차이에 입각해 존재의 의미를 드러내기 위해 의도적으로 사과 열매를 예문으로 들고 있으며, 이 사과 열매를 둘러싼 인물인 여성에 대해서도 형이상학을 극복하기 위해 필요한 존재로 평가하고 있음을 알 수 있다. 그리스도교 설화에서 사과나무는 타락을 유혹하는 여성과 연결되는 데 반해, 하이데거의 경우 사과나무와 연관해 등장하는 여성은 타락의 세계로 유혹하는 자가 아니라 오히려 반대로 퇴락한 존재자의 세계로부터 존재의 세계로 인도하는 자로 나타남을 볼 수 있다. 말하자면 하이데거의 "여성"은 형이상학의 극복과 존재자의 "있음", 즉 존재에 대한 새로운 사유를 가능케 하는 인물로 묘사되고 있는 것이다.

2) 형이상학적인 데카르트의 나무와 존재 사유적인 헤벨의 나무

하이데거는 『형이상학이란 무엇인가?』 서문에서, 데카르트의 저서 『철학의 원리』를 프랑스어로 번역한 피코에게 보낸 데카르트의 서한 내용을 인용하고 있다. 그것은 다음과 같다 :

> "이렇듯 철학 전체는 하나의 나무와 같습니다. 그 뿌리는 형이상학이요, 그 줄기는 자연학이요, 그리고 이 줄기로부터 뻗어나온 가지들은 여타의 다른 학문들입니다"(『데카르트전집』, 제9권, Adam et Tannery판, IX, 14).

위에서 우리는 사과 열매에 대한 그리스도교적 설화를 말했다. 이제 여기서 말하려는 것은 데카르트의 나무다. 성서 기자가 열매에 주목한 것과 달리 데카르트는 그 대상을 나무 전체로 옮긴다. 이를 따라 우리의 시선은 나뭇가지에 달린 열매로부터 학문 분포도를 묘사하는 나무 전체로 향하게 된다. 이 그림에서 흥미로운 것은 데카르트의 나무에는 열매가 없다는 점이다. 그의 나무는 열매를 맺지 못하는 나무다. 오히려 그의 나무에서 가장 중요한 것은 뿌리다. 왜냐하면 뿌리로부터 모든 영양과 성장의 힘이 비롯되며, 이것을 바탕으로 자연학과 기타 학문들, 즉 의학과 기계공학과 도덕들이 존재할 수 있기 때문이다. 그런데 모든 학문을 지탱시키고 성장시키는 뿌리는 또다시 최고의 뿌리에게로 소급된다. 데카르트는 1645년에 엘리자베스 공주에게 보낸 서한에서 다음과 같이 적고 있다 :

"최초의 원리(본유 관념)는 삼라만상의 모든 존재가 종속되어 있
는 신이 존재한다는 것입니다. 그 분의 완벽함은 무한하시고, 능력은
원대하시며, 의지는 절대 확실합니다."[27]

이렇게 데카르트의 나무의 뿌리는 또다시 뿌리 중의 뿌리인
신에게로 소급되며, 이 신으로부터 모든 존재자는 그 존재 근거
를 가질 수 있게 된다. 따라서 이러한 학문적 계통도를 그릴 수
있는 인간의 사유(cogito 혹은 cogitans ego) 역시 신에게 소급된
다. 물론 학문 분포도를 그린 데카르트의 그림에는 신이 어떠한
뿌리의 모습을 지니는지는 그려지지 않고 있다. 그러나 그림 속
에서 보이지 않는 데카르트의 신은 명석, 판명한 사유를 보장해
주는 존재이기에, 그 신은 인간의 사유를 통해 사유의 그림으로
분명히 드러나게 된다. 왜냐하면 그 신이 속이는 악령이 아니라
인간에게 참된 인식을 가능케 하는 자라면, 인간이 갖는 사유는
이미 신적인 사유이기 때문이다. 이렇게 사유를 매개로 인간과 신
은 연결된다. 그리고 이러한 신적인 사유를 지닌 인간에 의해 모든
존재자는 학문적 세계에서 지정된 좌표를 가지게 된다. 이러한 데
카르트의 나무에 대하여 하이데거는 다음과 같이 묻는다 :

"철학이라고 하는 나무의 뿌리는 어떤 땅에 뿌리를 내리고 서 있
는가? 그 뿌리는 그리고 그 뿌리를 통해 전체의 나무는 어떤 흙(토
양)으로부터 생명의 즙과 활력소를 받고 있는가? 땅 속 밑바탕에 감
추어져 있으면서 그 나무를 지탱하고 기르는 그 뿌리들은 어떠한
원소들로 이루어져 있는가? 형이상학은 어디에 그 뿌리를 내리고
있으며 어디에서 성장하고 있는가? 그 밑바탕에서 볼 때 형이상학이
란 무엇인가? 형이상학은 도대체 그 근본에서 무엇인가?"[28]

---

27) 로베르 뒤마, 『나무의 철학』, 송혁석 역, 동문선, 131쪽.
28) M. Heidegger, Was ist Metaphysik?, in : Weg 361쪽, 번역본(이기상 역)의

이 질문을 통해 하이데거는, 뿌리를 뿌리로서 가능케 하는 더 근원적인 근거에 대하여 질문하고 있다. 그런데 뿌리의 뿌리를 더 이상 그림 속에서 그리지 않은 데카르트와 달리, 하이데거는 이 그림 속에서 뿌리의 뿌리를 발견하고 있다. 그것을 그는 땅(Boden)이라고 말하고 있다 :

"우리가 나무의 본질을 찾으려 한다면, 우리는 모든 나무를 나무로서 주재하는 것은, 그 자체 나무가 아니라는 점을 알아야 한다"(VA 9).

초월적 신(높이)을 차마 땅 속(깊이)에서 그려낼 수 없었던 데카르트와 달리, 하이데거는 이제 깊이의 깊이에 대하여 말하고 있는 것이다. 데카르트의 경우 인간이 저 높은 곳에 위치한 신으로부터 그 근거를 갖는 반면, 이제 하이데거는 땅과 연관된 인간에 대하여 말하고 있다. 그리고 더 이상 눈에 보이는 뿌리가 아니라, 오히려 뿌리에 그 힘과 생명을 제공하는 땅에 대해 말함으로써 하이데거는 신과 존재자의 세계로부터 존재에의 세계로 그 관심을 돌리고 있다. 따라서 하이데거는, "우리는 학문의 외부에 서 있다. 우리는 그 대신, 예를 들면 하나의 개화한 나무 앞에 서 있다 ― 그리고 나무는 우리 앞에 서 있다. 그 나무는 스스로를 우리 앞에 세워두고 있다. 나무와 우리들은 서로 앞에 서 있다. 즉, 나무가 거기 서 있으며, 우리는 그 나무를 마주보고 서 있는 방식이다. 이러한 관계 안에 서로는 ― 서로 앞에 서 있으며, 이 관계 안에 나무와 우리는 존재한다"(WhD 16)고 말하면서, "… 여기서 누가 본래적으로 앞에 서 있는가? 나무인가 우리인가? 혹은 둘 다인가? 혹은 그 어느 것도 아닌가?"(WhD 17)라고 묻는다. 즉, 그는 : "어디서 학문은 인간의 위치를 규정할 권리

경우, "형이상학"이란 약호로 본문에 삽입함. 13쪽.

와 스스로를 이러한 규정의 척도로서 내세우는 권리를 갖는가?"라고 물으면서, 학문에 앞선 근거에 대하여 질문하고 있는 것이다. 그리고 그는 : "우리가 나무와 마주하여 서 있음이 결국, 우리가 거기서도 여전히 '나무'라고 일컫는, 그러한 것과의 선-학문적인 관계를 뜻한다는 사실에 대하여 조용히 만족한다면, 이미 그러한 일은 일어나는 것이다"(WhD 18)라고 대답하고 있다. 또 다른 곳에서는 : "어떤 사유가 형이상학의 밑바탕을 경험하려고 시도하는 한, 이 사유가 존재자로서의 존재자를 표상하는 대신에 존재의 진리 자체를 사유하려고 시도하는 한, 그 사유는 어떤 의미에서 이미 형이상학을 떠난 것이다. 이러한 사유는 아직 형이상학의 입장에서 볼 때 형이상학의 밑바탕으로 파헤쳐 내려가는 것이다"(형이상학 17-19)라고도 말한다. 즉, 존재 사유는 학문보다 앞서며, 형이상학의 지반까지 내려가는 사유라는 것이다. 그리고 하이데거의 관심은 형이상학의 깊음 속으로 파헤쳐 나가는 것이다. 그런데 이 깊음은 더 이상 나무의 뿌리가 아니라, "아직 말해진 바 없는 어떤 것"(형이상학 19)이다. 그럼에도 불구하고 그것은 동시에 뿌리와 단적으로 단절된 어떤 것일 수도 없다.

또한 뿌리의 뿌리를 사유하는 인간 역시 더 이상 명석하고 판명한 신의 사유와 잇닿아 있는 것이 아니다. 오히려 그는 땅의 깊이 속을 향한 사유를 시도해야 한다. 그리고 이러한 인간은 기존의 형이상학적 인간과 구분되는 새로운 존재자다 :

"인간이 이성적 동물(animal rationale)로 남아 있는 한, 그는 형이상학적 동물(animal metaphysica)이다. (…) 이에 반하여 사유가 다행스럽게도 형이상학의 밑바탕에로 파헤쳐 내려가게 되면, 사유는 인간의 본질도 함께 변화하도록 유발할 수 있을 것이고, 이 변화와 더불어 형이상학의 변화도 찾아들게 될 것이다"(형이상학 19).

이처럼 하이데거는 인간에 대한 기존의 형이상학적 해석을 거부하고, 땅 속 깊이 침잠하는 '깊이의 인간'에 대하여 말한다. 이러한 인간의 모습은 더 이상 수직적으로 상승하려는 인간이 아니다. 오히려 땅의 깊이를 알고 땅의 깊이와 하나 되려는 인간의 모습을 지닌다. 그리고 뿌리로부터 땅을 향함으로써, 이제 인간은 가지와 줄기 그리고 뿌리라는 형태로는 더 이상 찾아질 수 없는 세계와 마주치게 된다. 이 점에 대하여 하이데거는 다음과 같이 말한다 :

"철학이라는 나무는 형이상학이 뿌리내리고 있는 토양으로부터 자라나온다. 땅의 밑바탕인 토양은 물론 나무의 뿌리가 본질적으로 자리잡고 있는 바로 그 계기이기는 하지만, 나무의 성장이 뿌리내리고 있는 토양을 완전히 자기 속으로 흡수해버려 그 토양이 나무의 성질을 띤 것으로 나무 속으로 사라져(해소되어)버리게 할 수는 없다. 오히려 뿌리가 아주 가늘고 섬세한 세모가 되어 흙 속으로 파묻혀 들어가 없어져버린다. 밑바탕은 뿌리를 위한 밑바탕이다. 이 밑바탕 속에서 뿌리는 나무를 위하여 자신을 잊어버린다"(형이상학 17, Weg 362).

이렇게 하이데거는 "존재의 진리가 철학이라는 나무의 뿌리인 형이상학을 떠받치고 길러주는 그 밑바탕"이라고 말하고 있다 (Weg 362 이하, 형이상학 17).

따라서 데카르트의 나무가 질문하지 않고 남겨둔 것을 하이데거는 자신의 나무에서 계속해 질문하고 있다. 말하자면 그는 존재의 진리와 연관해, 나무의 진리를 말하고자 하는 것이다. 이러한 예를 우리는 Johann Peter Hebel의 시에서 볼 수 있다 :

"우리는 작은 나무들이다(Pflanzen) — 우리가 기꺼이 원해서 동의하든 그렇지 않든 — 뿌리를 가지고 대지로부터 솟아올라야만 한다. 청정한 대기 안에서 개화하고 열매를 맺을 수 있기 위해서."[29]

여기서 헤벨의 나무는 데카르트의 나무와 달리 그 뿌리가 고향적인 토양의 깊이에까지 파문혀 있고, 그 줄기는 하늘의 광활한 영역까지 뻗쳐 청정한 대기를 숨쉬는 나무로 묘사되고 있다. 헤벨의 나무는 대지와 하늘을 연결하는 나무며, 이러한 연결 안에서 대지와 하늘과 나무는 하나가 되고 있음을 볼 수 있다. 나무는 하늘, 대지와 분리되어 따로 존재하는 것이 아니다. 오히려 나무의 존재는 자신 안에 하늘과 대지를 포함하고 있으며, 이런 상태로 나무는 하늘과 대지 안에서 존재하는 것이다. 이같이 비록 구분되지만 분리되지 않은 채 존재하는 방식을 헤벨은 묘사하고 있으며, 이 나무는 하이데거가 주장하는 존재와의 관계 안에 있는 인간의 모습을 상기시킨다. 그런데 하이데거는 자신이 선택한 새로운 인간 존재의 모습을 현존재(das Dasein)라고 부르고 있으며, 이 현존재의 존재를 염려(Cura)라고 부르고 있다. 이러한 현존재의 존재가 염려인 이상, 이제 인간은 더 이상 자신 안에 명석하고 판명한 신적인 인식과 사유 내용을 지니는, 기존의 형이상학적이고 하늘적이며 남성적인 존재자로서 이성적 동물이 아니라 대지적인 특징을 띠게 된다. 그렇다고 우리는 이러한 인간이 성별적으로 여성이라고 단정적으로 말할 수는 없다. 왜냐하면 하이데거 자신이 이 점에 대하여 명확히 밝히지 않았기 때문이다.[30] 그러나 우리는, 하이데거가 형이상학적인 인간

---

29) M. Heidegger, *Gelassenheit*, Neske, Pfullingen, 14쪽(앞으로 Gel이란 약호로 본문에 삽입함).

30) 물론 하이데거는 Wegmarken 156쪽에서 "단지 현존재가 현존재로서 자기성(Selbstheit)으로부터 규정되기 때문에, 나-자신(Ich-selbst)이 너-자신(Du-selbst)과 관계할 수 있다. 자기성은, 항상 단지 너 안에서 드러나는 나-임의

으로부터 새로운 인간의 모습을 제시하기 위해 선택한 단어인 쿠라가 여성형이라는 점도 애써 무시할 필요는 없다. 단지 하이데거가 선택한 쿠라가, 기존의 형이상학적인 남성적 존재와 달리 여성적인 특징을 지니는가 하는 점은 앞으로 밝혀지게 될 것이다.

3) 황금빛 은총 나무와 존재 사유

하이데거는 『언어는 말한다』에서, 게오르그 트라클의 시를 해석하고 있다. 그런데 이 시 안에서 우리는 위와는 또 다른 나무에 대한 언급을 발견할 수 있다. 이 시는 다음과 같다:

창문에 눈이 내리고,
오래도록 저녁종이 울린다.
많은 이들을 위해 저녁 식탁이 준비되고
집안은 화기애애하다.

몇몇 사람은 방랑으로부터
어두운 길목을 따라 문 앞에 이른다.

가능성을 위한 전제다. 그러나 자기성은 결코 너와 관계하지 않으며, … 나-존재와 너-존재에 대하여, 그리고 바로 '성별'에 대하여 중립적이다. 인간 안의 현존재에 대하여 존재론적인 분석을 하는 모든 본질 명제들은 이러한 존재자를 처음부터 중립성 안에서 받아들인다"고 말한다. 그리고 현존재가 중립적이라는 진술은 『존재와 시간』에서도 나타난다. 그런데 우리는 인간 현존재가 성별적으로 중립적이란 사실과 현존재의 존재인 쿠라가 중립적이어야 한다는 점을 구분해야만 한다. 그리고 자기성이 중립적이란 위의 주장 역시, 자기성은 "자신에게 고유하게 주어진 것으로 존재해야 하는 존재자"(Weg 155)란 의미를 지니기 때문에, 자기성으로 존재해야 하는 그 존재자의 존재인 쿠라와는 구분되어야 한다. 쿠라는 오직 이러한 존재자의 존재를 의미할 뿐, 쿠라가 성별적으로 중립적인지는 하이데거에 의해 말해지지 않고 있다고 보아야 한다.

은총의 나무는 대지의 신선한 수액을 머금고
황금빛으로 피어 있다.

방랑자는 조용히 안으로 들어선다 ;
아픔이 굳어져 문턱이 되었다.
그때 더없이 밝은 빛이 밝혀지고
식탁 위에 빵과 포도주가 놓여 있다.31)

　트라클의 시의 첫째 연은 멀리서 울리는 저녁 종소리와 더불어 내리는 눈이 묘사되고 있다. 시각적으로나 청각적으로 매우 편안한 분위기가 묘사되고 있다. 그리고 이러한 배경에 둘러싸여 있는 집안 분위기도 화기애애한 모습으로 그려지고 있다. 말하자면 집안이나 집 밖이 모두 하나가 되어 목가적인 화목함으로 그려지고 있다.

　그런데 둘째 연에 이르면, 이러한 편안한 분위기와는 달리 춥고 어두운 길을 걸어오는 방랑자가 등장한다. 집안의 따스함과 달리 배고픔과 아픔이 느껴지는 분위기다. 그리고 이러한 아픔으로부터 반전을 일으키는 장면이 묘사되고 있는데, 이때 등장하는 것이 나무다. 나무는 방랑자가 겪었을 고독함과 아픔으로부터 그를 은총으로 이끄는 것으로 묘사되고 있다.

　셋째 연에서는 화목하고 따뜻한 집안으로 방랑자가 들어서는 장면이 묘사된다. 이때 두 가지 다른 분위기를 경계 짓는 문턱이 말해지고 있다. 종교사적으로 볼 때 문턱은 항상 성과 속이란 두 세계를 가르는 신성한, 그러면서 이쪽저쪽도 아닌 비규정적 한 계선으로 여겨져 왔다. 따라서 어둡고 추운 길을 방황해온 방랑자가 밝고 따뜻한 집안으로 들어서기 위해서는 두 세계를 넘나

---

31) M. Heidegger, Die Sprache, in : *Unterwegs zur Sprache*, Neske, Pfullingen, 17쪽(앞으로 UzS란 약호로 본문에 삽입함).

드는 월경의 아픔을 거쳐야 하며, 이러한 아픔을 통과함으로써 비로소 집안의 식구들과 함께 빵과 포도주의 만찬에 참석할 수 있는 것이다.

이러한 내용을 담은 세 연 중 우리가 관심을 갖는 것은 둘째 연에 등장한 나무다. 이 나무가 무슨 의미를 지니는지 파악하기 위해 우리는 왜 하이데거가 언어에 관한 논의에서 매우 서정적으로 보이는 트라클의 시를 인용했는지를 살펴보아야 한다.

일반적으로 우리가 서정적인 풍경을 묘사하는 글을 접할 때 취하는 태도는, 그러한 풍경을 머릿속에서 그려내는 일일 것이다. 즉, 눈이 내리는 저녁, 창문에 부딪히는 하얗고 가벼운 눈송이, 집안에서 흘러나오는 따스한 빛줄기, 밖에 있는 어둠 속 길목 그리고 그 길을 통해 다가오는 방랑자 등. 이러한 모습들을 우리는, 마치 그 장면들이 지금 눈앞에서 펼쳐져 있는 듯이 그려낼 수 있다. 그런데 하이데거는 여기서 더 나아갈 것을 주문한다. 단순히 그러한 장면을 떠올리는 것이 아니라 시인이 사물들과 세계를 불러 올리고 있으며, 이러한 시인의 부름을 통해 사물과 세계가 불려오고 있다는 점을 그는 강조하고 있다.

따라서 우리는 단순히 눈 내리는 장면에 그치는 것이 아니라 눈을 뿌리는 하늘과 눈이 떨어지는 공간, 그리고 대지에 맞닿아 쌓이는 눈을 볼 수 있어야 한다. 이렇게 하이데거는 시인이 부르는 눈을 통해 그 눈을 휘감고 있는 하늘과 대지를 지시하고 있으며, 저녁 종소리를 통해 삶의 저녁 그리고 스산한 죽음을 지시하고 있다. 그는 시인이 불러들인 사물과 세계를 통해 사물과 세계가 스스로 말 건네오는 말에 귀를 기울일 것을 지적하고 있는 것이다(UzS 20 이하). 이 점은 나무의 경우에도 마찬가지로 적용된다. 우리는 나무에 대한 묘사를 넘어서서 나무가 건네는 말에 귀를 기울여야 한다. 그렇다면 나무는 무엇을 말하고 있는 것일까?

우리는 나무가 불려오는 장면 바로 앞에 눈, 집의 창문, 저녁
종에 대한 묘사가 있음을 알 수 있다. 그렇다면 중간 연에 등장하
는 나무는 눈이 내리는 하늘과 인간의 집이 놓여 있는 대지를
이어주는 역할을 하고 있는 것이다. 또한 첫째 연이 집 밖을 묘사
하는 반면, 셋째 연이 집안으로 들어서는 모습을 그리고 있다는
점을 염두에 둔다면, '나무는 집안의 밝음과 집 밖의 어둠을 연결
해주는 역할도 하고 있는 것이다. 그것은 고향적인 따뜻함과 낯
선 것의 섬뜩함을 이어주는 것이기도 하다(UzS 23 이하). 그리
고 저녁 종을 배경으로 서 있는 나무는 죽음을 지니고 살아가는
인간의 모습과 신적인 존재를, 그리고 문턱을 사이에 두고 갈라
져 있는 성과 속을 이어주는 것이기도 하다. 따라서 이러한 나무
에 대하여 하이데거는 다음과 같이 말한다:

> "나무는 대지에 굳건히 뿌리를 내리고 있다. 이렇게 성장하면서
> 나무는 꽃을 피우며, 이 꽃은 하늘의 축복을 드러내보인다. 우뚝 뻗어
> 오르는 나무가 불려지고 있다. 개화할 때의 도취와, 영양을 공급하는
> 수액의 덤덤함이 동시에 살펴질 수 있다. 대지의 자제하는 성장력과
> 하늘의 베풀음은 서로 속한다. 이 시는 은총의 나무에 대하여 말한다.
> … 황금빛으로 개화한 나무 안에는 대지와 하늘, 신적인 것들과 죽을
> 자들이 주재하고 있다. 이것들을 하나로 하는 4자(das Geviert)가 세계
> 다"(UzS 23).

이렇게 나무는 인간으로 하여금 대지와 하늘 그리고 신적인
것들을 연결해주는 존재자로 묘사되고 있다. 그리고 나무의 색
깔은 황금빛으로 묘사된다. 그런데 하이데거는 황금빛이란 단어
(golden)를 핀다로스를 예로 들어 다음과 같이 해석한다: "핀다
로스는 그의 송가 첫 부분에서 황금을 periosion panton, 즉 모든

것(panta), 현존하는 모든 것의 주위로 두루 비추는 것이라고 말한다. 황금의 빛은 모든 현존자를 그것이 비은폐적인 것으로 드러나도록 보존한다"(UzS 24). 말하자면 나무, 특히 황금 빛 나무는 모든 존재자와 세계를 두루 비추는 역할을 하고 있는 것이다. 그러면서 나무는 방랑자가 아픔의 문턱을 넘어서고, 드디어 환히 빛나는 집안에 있는 빵과 포도주를 만나게 되는 과정을 지켜보는 역할을 한다. 그렇다면 트라클의 시에 등장하는 나무를 통해 하이데거는, 인간이 세계와 만나기를, 그리고 그러기 위해 겪게 되는 아픔을 극복하기를, 그리고 드디어 환하게 빛나는 빵과 포도주와 만나기를 기대하고 있다고 볼 수 있다. 즉, 하이데거는 이 나무를 통해 4자의 세계로 들어서기를 말하고 있는 것이다.

그러나 이러한 일은 결코 쉽지 않다. 왜냐하면 우리는 대부분의 경우 나무가 건네는 말을 듣지 못하며, 나무를 감싸고 있는 4자 세계의 말도 듣지 못하기 때문이다. 그럼에도 이러한 것이 하이데거에 의해 요구되고 있다는 것은 분명하다. 그렇다면 이러한 사물과 세계가 건네오는 말을 들을 수 있기 위해 인간은 무엇을 해야 하는가? 이러한 질문은 하이데거가 제시한 인간 현존재의 존재가 무엇인지에 대한 질문으로 이어진다.

2. 현존재의 존재로서 쿠라

하이데거는 존재론을 해명하기 위해 우선적으로 기초존재론이 필요하다고 『존재와 시간』에서 밝히고 있다. 존재의 의미를 살피기 위해서는 우선적으로 존재의 의미를 어느 정도 알고 있는 존재자가 필요하기 때문이다. 그런데 기존의 형이상학에 의하면 존재자 일반에 대한 존재 의미를 이해하는 것은 인간의 이성적인 인식 능력에 달려 있다. 그러나 하이데거는 데카르트의 나무를 비판하면서 그러한 이성의 인식을 가능케 하는 배후 근거로 더 들어가기를 추구하고 있다. 그렇다면 우리로 하여금 외부의 사물에 대하여 인식하게 하는 근거는 무엇일까? 그 근거역시 데카르트적인 인식과 마찬가지로 명석하고 판명한 것일까? 혹은 인간을 육체와 이성의 통일체로 여기는 "이성적 동물"이 아닌 다른 존재로서 이러한 작업을 수행하는 것이 가능할까?

이를 위해 하이데거가 선택한 것이 현존재다. 그리고 그는 현존재가 기존의 형이상학적 인간과 다른 점을 "쿠라 설화"를 통해 제시하고 있다. 이때 그가 "설화"를 선택한 이유는, 인간의 존재를 쿠라라고 해석한 것이, 자신만의 임의적인 선택이 아니라 전통과 맞닿아 있는 해석임을 분명히 하기 위한 것이라고 볼수 있다. 물론 쿠라에 대한 하이데거의 해석이 기존의 해석과 다르다는 점은 분명하다. 따라서 하이데거가 전통에서 끄집어낸 쿠라에 대한 해석과 하이데거 자신이 고유하게 전개시킨 해석이 어떻게 다른지 살펴보는 것이 필요하다. 쿠라에 대한 설화의 내용은 다음과 같다 :

쿠라가 흙(humus : Erde)으로부터 어떠한 형태를 만들고, 쥬피터에게 정신(Geist)를 넣어달라고 부탁한다. 그리고 생명을 갖게 된 그 형태에 이름을 붙이려 할 때, 정신을 넣어준 쥬피터와, 흙을 제공한 대지(Tellus) 그리고 그 형태를 만든 쿠라는 모두 자신의 이름을 고집하며 다툰다. 이때 심판관인 사투르누스(시간)가 다음과 같이 판결한다. 인간이 죽을 때 쥬피터는 정신을, 텔루스는 육체를 돌려받고, 인간이 살아 있는 동안 인간은 쿠라의 것이며, 그 이름은 흙으로부터 만들어졌기에 인간(homo)이라고 하라는 것이다.

이 설화는 히기누스의 우화 220번에서 유래하는 것으로, 야훼가 흙으로부터 인간을 만들고 야훼 스스로 그 흙에게 생명을 불어넣어 준다는 창세기 2장의 내용과는 여러 면에서 구분된다.[32) 물론 하이데거는 쿠라 설화와 창세기 설화를 비교하지 않으며, 그 의미 또한 신약에 등장한 의미와 비교하지 않고 있다. 단지 그는 히기누스에서 유래한 쿠라 설화에 대한 해석에 관심을 가지면서, 이 설화가 어떻게 선-존재론적으로 해석되어 왔으며, 하이데거 자신이 제시하려는 새로운 인간 현존재의 존재와 어떤 관계를 갖는지에 대하여 밝히고 있을 뿐이다.

쿠라에 대한 선-존재론적인 해석에 의하면, 이 설화가 제시하는 내용은, ① 인간이 육체와 영혼의 합성체라는 사실 ② 인간에게 쿠라는 평생토록 딸린 것이며 이런 한에서 인간은 쿠라의 소유란 사실 ③ 인간이 인간(호모)이란 이름을 갖게 된 것은 그의 "존재"와의 연관성이 아니라, 인간이 무엇으로부터 이루어졌는가에 따른 것이라는 점 ④ 이 인간에 대하여 결정권을 쥐고 있는 것은 사투르누수, 즉 시간이란 점이다.[33)

이러한 해석 중 ①, ③의 해석에 대하여 하이데거는 비판적인 입장을 취한다. 즉, 인간이 육체와 영혼의 합성체라는 점 그리고

32) 쿠라의 그리스어는 merimna다. merimna에 대하여 하이데거는, 이 단어가 스토아학파에서 이미 확고한 학술 용어였으며, 신약성서에도 나타남을 지적하고 있다. 그러면서 자신이 메림나란 단어를 선택한 것은, 그리스적-그리스도교적 인간학을 해석하려는 시도와 연관되어 있다고 말한다(『존재와 시간』, 42절 7번 각주). 그러나 그리스도교에서 메림나는 마태(6 : 25-34), 누가(12 : 22-34), 빌립(4 : 6) 등에서 나타나는데, 그 의미는 일상 생활과 연관된 근심, 걱정 등을 의미한다. 그리고 이 단어는 신의 나라와 정의로움(basileia tou theou kai ten dikaiosynen autou)과 대립되는 단어로 사용된다. 반면에 하이데거가 인간의 존재를 위해 선택한 메림나의 의미는 그리스도교와 달리 존재자에 매달리는 부정적인 의미가 아니라, 오히려 존재론적인 의미를 지닌다는 큰 차이를 보이고 있다.

33) M. Heidegger, *Sein und Zeit*, Niemeyer, Tuebingen(SZ), 번역본(이기상 역)은 『존재와 시간』이란 약호로 본문에 삽입함. 270쪽.

인간(homo)이 흙(humus)으로부터 만들어졌다는 점에 대하여 그는 별다른 관심을 보이지 않는다. 반면 그는 ②, ④의 해석을 긍정적으로 받아들이면서, 특히 인간의 존재를 시간과의 연관성에 파악한 ④의 해석을 강조하고 있다. 말하자면 하이데거가 쿠라를 인간 현존재의 존재로 선택한 이유는, 선-존재론적인 쿠라 설화가 이미 인간의 존재를 시간과의 특별한 관계 속에서 파악하고 있다는 점에 놓여 있다. 그리고 이러한 해석의 의미를 좀더 구체적으로 지시하기 위해 하이데거는 쿠라에 대한 부르다흐와 세네카의 해석을 인용하고 있다. 우선 하이데거는 부르다흐와 연관해 쿠라가 이중적인 의미를 지님을 밝힌다. 즉, 쿠라는 "겁먹은 노력"을 의미하지만, 다른 한편으로는 "조심", "헌신"이란 의미도 지닌다는 것이다. 또한 세네카와 연관해 그는 세네카의 마지막 편지("서한" 124)의 문장을 인용하고 있다 :

"네 가지 실재하는 본질(나무, 동물, 인간, 신) 가운데 나중의 둘에게만 이성이 부여되어 있는데, 이 양자는 신은 불사이고 인간은 죽는다는 점에서 구별된다. 양자 중 일자, 즉 신의 선은 신의 본성을 완성하고 다른 일자, 즉 인간에게서는 염려(쿠라)가 그의 본성을 완성한다"(『존재와 시간』, 270).

하이데거는 이 인용문들을 통해 자신이 쿠라를 선택한 이유는, 쿠라가 인간으로 하여금 "자유로운 존재"로서 "자신의 가장 고유한 가능성"을 완수할 수 있게 하기 때문이라고 말하고 있다. 그리고 자유로운 존재로서 인간은 자신의 죽음을 어떤 식으로든 관계하면서 살아가야 하는 존재자라는 점도 암시되고 있다. 결국 위의 세 해석을 통해 하이데거가 인간 현존재의 존재를 쿠라라고 칭한 까닭은, ① 인간이 시간성과 연관해서 다뤄져야 한다는 점 ② 시간성과 연관된 인간의 존재는 죽음과 관계되어 있다는 점 ③ 인간은 완성된 존재가 아니라 자신의 가능성을 수행해 나가야 하는 존재라는 점에 놓여 있다. 이렇게 선-존재론적인 존재적 쿠라 설화를 하이데거는 자신의 기초존재론을 위해 실존론적 개념으로 변형시키고 있다(『존재와 시간』, 271).

그런데 하이데거가 인간의 존재를 쿠라라고 규명함으로써, 이제 인간의 모습은 더 이상 하늘의 밝은 빛과 명징한 형태를 갖는 이성적 인간이 아니라, 자신의 안과 밖이 어둠에 싸여 있는 모습으로 나타나기 시작한다. 하이데거가 선택한 인간의 모습은 염려를 존재로 하며, 불안이란 기분에 사로잡혀 있으며, 어디서 와서 어디로 가는지 알 수 없는 모습으로 나타나는 것이다.

그렇다면 판명하고 명확한 인식 능력을 갖는 기존의 형이상학적 인간 대신 왜 하이데거는 염려가 자신의 존재인 그러한 인간을 선택한 것일까? 이러한 선택 때문에 하이데거는 허무주의적 철학을 주장한다는 비판도 받아왔다. 그러나 하이데거는 자신의 선택이 이러한 평가와 아무 상관이 없음을 누누이 강조해왔다. 왜냐하면 인간 현존재의 존재가 쿠라, 즉 염려라는 것은, 인간의 허무주의적 성격을 드러내기 위한 것이 아니라 인간 현존재의 존재를 "형식적으로 지시"하기 위한 시도라는 것이 하이데거의 입장이기 때문이다. 그는 인간의 존재를 쿠라라고 함으로써, 지금까지 인간에 대한 형이상학적 해석이 간과해온, 인간의 또 다른 면에 관심을 갖는다. 하이데거에 의하면, 이제 인간은 청명한 빛과 명증한 자기 인식을 갖는 인간이 아니라 이러한 밝은 빛에 의해 은폐되어온 다른 면을 포함하는 인간으로 파악된다. 즉, 쿠라를 통해 인간은 빛과 어둠을 공유하며,[34] 빛과 어둠의 혼재

---

34) 현존재가 자신 안에 존재의 밝힘과 무의 어둠을 함께 지닌다는 표현은, 유비적으로(형이상학적으로) 셸링에 대한 해석에서는 다음과 같이 표현되고 있다 : "인간 안에는 어두운 원리의 모든 세력이 존재하며, 동시에 그만큼 빛의 모든 힘이 존재한다. 인간 안에는 가장 깊은 심연과 가장 높은 하늘이, 혹은

속에서 자신을 드러내고, 혼란스러워 하는 '전체적'인 존재로서 드러나기 시작하는 것이다.

그런데 여기서 말하는 전체성은 부분들의 종합으로서 고정된 전체가 아니라 바로 자신의 가능성(Moeglichkeit)을 가능하게 하는(moegendes Vermoegen)(Weg 314) 전체다. 따라서 전체성은 자신의 가능성을 원하면서 수행하는 능력을 통해 이루어져야 하는 실존론적인 과제다. 이런 한에서 쿠라의 전체성은 인간의 존재면서 동시에 인간의 과제이기도 하다. 이러한 쿠라의 특징으로부터 자신의 존재를 통해 존재를 이해하고, 이러한 존재 이해로부터 다시 자신의 본래적인 전체성으로서의 존재를 이해해야 하는 순환 운동이 일어나기 시작한다. 바야흐로 쿠라와 더불어 인간의 존재는 구르기를 시작하는 것이고, 이러한 원 운동을 통해 그의 존재는 비로소 완성될 수 있는 것이다.

3. 우로보로스적인 소용돌이의 순환 속에 있는 쿠라

기존의 형이상학에 따르면 인간의 외부엔 인간을 초월하는 신적 존재가 있으며, 이러한 신적 존재를 이해할 수 있는 능력이

양 중심들이 존재한다. 인간의 의지는 단지 근거에 존재하는 신에 대한 영원한 동경 속에 숨겨진 씨앗이다. 신이 자연에의 의지를 가지고 바라본, 깊은 곳에 간직되어 있는 신적인 생명의 광채"(셸링, 『인간 자유의 본질』, 363쪽, in : 하이데거, 셸링, 최상욱 역, 81쪽). 물론 이러한 셸링의 주장이 하이데거의 주장과 일치하는 것은 아니다. 즉, 셸링의 경우 빛과 어둠은 신의 실존과 신의 근거에서 기인하며, 하이데거의 경우 밝힘과 어둠은 존재와 무에서 기인하지만, 존재와 무가 동일하다는 하이데거의 주장을 고려하면, 셸링은 신(실존 / 근거)으로부터, 하이데거는 존재(밝힘 / 은폐)로부터 인간 존재의 이중적 특징을 드러내고 있다는 공통점을 지니며, 이 공통점은 하이데거를 이해할 때, 형이상학과 유비적인 관계 속에서 이해할 수 있는 단초를 제시할 수 있을 것이다.

인간 안에 존재한다고 여겨져 왔다. 인간에게 중요한 일은 자신 안에 내재한 신적인 존재를 통해 신적 존재 자체에 이르는 것이다. 그런데 신적 존재와 인간은 서로 분리되어 있기 때문에, 인간은 이 초월자를 향해 자신을 정위시키는 것이 필요하다. 따라서 이러한 구도 안에서 인간과 신적 존재 사이의 운동은 단지 일방적인 향함이란 특징을 지닌다. 그리고 신적 존재가 인간의 원형이라 하더라도, 신적 존재와 인간 사이엔 주 / 객이란 구분이 놓여 있는 것이다.

그러나 하이데거가 인간의 존재를 쿠라라고 봄으로써, 이제 이러한 구도는 전적으로 달라진다. 쿠라 안에서 인간과 존재는 더 이상 주체와 객체로 분리되지 않는다. 이러한 분리는 단지 존재자적인 입장에서 가능할 뿐이다. 반면에 존재론적 구도인 쿠라에 의하면 인간은 더 이상 자신의 외부에 존재를 갖는 것이 아니라 자신 안에서 존재를 이해하는 존재자다. 따라서 인간은 자신의 외부가 아니라 바로 자신 안에서 자신의 본래적 존재를 찾아야 한다. 그러나 이렇게 인간이 이해한 존재는 결국 자신의 존재일 수밖에 없다. 그렇다면 인간은 자신의 내부에서, 아직은 명확히 이해되지 않은 존재를 찾아야만 한다. 그러나 인간이 존재를 찾을 수 있는 것은 이 존재가 이미 인간에게 주어져 있기 때문이다. 이처럼 인간은 자신 안에서 자신과 존재 사이의 좇고 쫓기는 순환에 빠져들게 된다.

이런 순환 구조에 대하여 하이데거는 『존재와 시간』 중 '존재에 대한 물음의 형식적 구조'(2절) 부분에서 명확히 밝히고 있다. 그는 존재에 대한 물음을 전개하는 데에서 나타나는 물음과 연관된 세 구조를 분석하고 있다. ① 물음은 어떤 것에 대한(Fragen nach …) 물음이기에, 물음에는 "물어지고 있는 것(Gefragtes)"이 있으며, ② 어떤 것에 대한 물음은 동시에 어떤 방식으로든 거기서 물음을 거는 것(Anfragen bei …)으로서, 물음이 걸려 있는 것(Befragtes)이 있으며, ③ 물어진 것 안에는 본래적으로 의도한 것으로서 물음이 꾀하고 있는 것(Erfragtes)이 있다는 것이다. ①의 '물어지고 있는 것'은 "존재"며, ③의 '물음이 꾀하고 있는 것'은 "존재의 의미"이고, ③의 '물음이 걸려 있는 것'은 "현존재인 존재자"(『존재와 시간』, 19 이하)를 지칭한다.

그런데 이 경우에 대하여 기존의 형이상학도 ①을 존재로, ③을 존재의 의미로 ②를 질문하는 인간으로 구분하여 왔다. 기존의 형이상학도 인간의 질문 대상으로서 존재 자체(①)와 그러한 존재에 대한 이해에서 드러나는 의미(③) 그리고 인간의 인식(③)으로 분리해왔다. 그러나 이 구분은 하이데거와 달리 인간 외부의 존재, 인간 안의 인식 능력 그리고 존재와 인간 사이에서 이루어지는 이해라는 구도를 갖는다. 반면에 하이데거는 이 세 가지가 서로 분리되는 것이 아니라 단지 동일한 원환 구조 안에 들어 있다고 강조한다. 말하자면 인간 현존재에 의해 이해되는 존재는, 인간 외부의 어떤 것이 아니라 바로 인간 현존재의 존재며, 이 존재는 "의미"로서 이해되지만 이때 "존재"와 "존재의 의미"는 서로 다른 것이 아니라 바로 존재는 의미로서 인간 현존재에게 드러날 수 있다는 것이다. 이러한 하이데거의 주장은 ① 존재가 인간 외부에 있는 또 다른 어떤 존재자가 아니라는 점 ② 존재의 의미는 인간의 인식 능력에 의해 파악된 의미가 아니라는 점 ③ 인간 현존재는 존재와의 연관성 안에서만 이해되어야 한다는 점을 지시한다. 이렇게 존재는 존재자가 아니라는 점을 그는 "존재론적 차이(ontologische Differenz)"라고 명명한다. 그리고 존재와 존재의 의미가 서로 분리된 다른 것이 아니라는 점을 명확히 하기 위해 하이데거는 "존재에 대한 의미(Sinn von Sein)"를 "존재의 의미(Sinn des Seins)"라고 표현하며, 이때

"의"를 통해 연관된 "존재"와 "의미"는 주격 소유격과 목적격 소유격을 동시에 뜻한다고 설명한다.[35] 즉, 존재에 대한 의미는 존재가 스스로 드러내는 의미이기도 하면서, 동시에 존재를 드러내는 의미이기도 하며, 그 둘은 동일하다는 것이 하이데거의 주장이다. 그리고 이것을 더 명확히 하기 위해 그는 존재의 의미를 존재의 진리(Wahrheit des Seins), 존재의 탈은폐성(Aletheia des Seins) 혹은 그냥 "존재" 혹은 "알레테이아"로 표현한다. 그리고 존재와 현존재의 관계에 대하여, 그는 다음과 같이 말한다:

"현존재는 어떠한 방식과 명확성에서건 자신의 존재를 이해하고 있다. 이 존재자에게 고유한 점은 자신의 존재와 더불어 자신의 존재에 의해서 그 자신에게 그의 존재가 열려 밝혀져 있다는 그것이다. 존재 이해는 그 자체가 곧 현존재의 규정성의 하나다"(『존재와 시간』, 28).

즉, 현존재의 자기 이해와 존재 이해는 동일하다는 것이다. 이 점에 대하여 그는 『휴머니즘에 관한 서한』에서, 존재는 인간이 만들어낸 산물이 아니며, 오히려 인간 현존재가 현존재일 수 있는 근거는 현존재가 존재의 밝힘을 드러내는 장소(Topos)로서 현(Da)이기 때문이라고 강조하고 있다. 이렇게 현존재와 존재는 서로 분리되지 않는다. 그리고 존재는 인간의 인식 능력이 만들어낸 의미인 노에마도 아니다. 오히려 존재의 밝힘이 먼저 주어져 있기에, 인간은 존재를 이해할 수 있다는 것이다:

"'es gibt(존재한다)'는 표현이 말해진 『존재와 시간』(212쪽) 안에서 '단지 현존재가 존재하는 한 존재가 존재한다'고 말하지 않았는

---

35) 최상욱, 「하이데거를 통해 본 존재론의 새로운 방향과 앞으로의 과제」, 211-218쪽, in : 『철학』 제40집, 1993 가을호를 참조할 것.

가? 그렇다. 어떻든 이것은 다음을 뜻한다 : 단지 존재의 밝힘이 존재 사건화할 때만, 존재는 인간에게 존재사건으로 덮쳐온다. 그러나 현 (Da), 존재 자체의 진리로서 밝힘이 존재 사건화한다는 사실은, 존재 자체의 보내줌을 뜻한다."[36]

이러한 그의 주장은 실존론적 분석을 하는 『존재와 시간』부터 그의 후기 작품에 이르기까지 여일하게 관통되고 있다. 그렇다 면 우리는 우선 쿠라의 순환 과정을 알아보기 위해 『존재와 시 간』에 나타난 현존재의 존재인 쿠라의 세 가지 구성 계기를 살펴 보도록 한다.

하이데거에 의하면 현존재는 자신의 본질을 찾기 위해 자신의 외부를 향할 필요도 없고 향할 수도 없는 존재다. 현존재는 단지 자신 안에서 자신의 본래적 존재를 찾아야만 한다. 따라서 현존 재는 자신 안으로 들어가야 하며, 그 안에서 자신을 찾아야 하는 순환적 숨바꼭질을 해야만 하는 운명이다. 즉, 현존재는 자신의 존재를 위해 실존해야만 한다. 이런 의미에서 하이데거는 "현존 재의 '본질'은 그의 실존에 있다"(『존재와 시간』, 67)고 말한다. 현존재는 실존을 통해 자신의 본래적 존재를 끄집어내야만 하는 것이다. 그러나 그 존재가 바로 자신의 안에 있기에, 현존재는 자신을 찾아야 하는 순환에 빠지게 된다. 즉, 현존재는 그의 존재 를 찾아야 하지만, 그 존재를 현존재는 이미 어떤 방식으로 이해 하고 있으며, 이렇게 이해하는 이해를 통해 현존재는 자신의 본 래적 존재를 명료하게 이해해야만 하는 순환에 빠져 있는 것이 다. 즉, 존재는 다른 어떤 것이 아니라 바로 나의 존재다. 그런데 나는 나의 존재를 이미 알고 있다. 그러나 나의 이해는 아직 명료 하지 못하다. 따라서 나를 통해 나는 나의 본래적인 존재를 다시

---

36) M. Heidegger, Brief ueber den Humanismus, in : Weg 333쪽.

찾아야 한다. 그런데 이미 알고 있다. … 그렇다면 이러한 하이데거의 주장은 마치 서로의 꼬리를 입으로 물고 있는 두 뱀의 모습과 비슷하지 않은가? 이러한 우로보로스적인 순환에 대하여 하이데거는 다음과 같이 말한다 :

"그러한 시도가 명백한 순환에 빠지고 있는 것은 아닌가? 앞서 먼저 존재자를 그 존재에서 규정해야 하는 일, 그래서 그 근거로 존재에 대한 물음을 비로소 제기하기를 원하는 것, 이것은 원 속을 걷는 것이 아니고 무엇인가? 물음의 정리 작업을 위해서 이 물음에 대한 대답이 이제 비로소 데려와야 할 그것을 이미 '전제하는' 것은 아닌가?"(『존재와 시간』, 22)

이렇게 스스로 질문을 던지면서 그는 쿠라의 순환적 성격이 "순환 논증"과는 아무런 상관없다고 말한다. 그렇다면 현존재가 이미 존재를 이해하고 있지만, 그 이해는 존재에서 비롯된다는 그의 주장은 어떻게 이해되어야 하는가?

하이데거의 주장과 달리 전통적인 형이상학에 따르면, 앎과 모름은 서로 배타적인 관계에 있다. 우리는 모르는 상태로부터 배울 수 없고, 아는 한에서 더 이상 배울 필요가 없다. 이러한 주장은 앎과 모름을 이원론적으로 분리시키고 있으며, 모르는 것으로부터 새로운 앎이 불가능하다고 주장한다. 어떤 의미에서 이런 주장은 선명하고 정당해보인다. 그럼에도 불구하고 우리는 현실 속에서 모르던 것을 새롭게 알아간다. 그것은 어떻게 가능한 것일까? 우리는 이미 그리고 항상 어느 정도 모르는 상태로, 그러나 어느 정도는 아는 상태로 살아가는 것인가? 그러나 그것은 어떻게 가능한가? 예를 들어 동일한 것이 동일한 순간에 존재하면서 존재하지 않을 수는 없다는 아리스토텔레스적인 명제는 어떠한가? 이 명제는 우리가 동일한 순간에 알면서 동시에 모를 수는 없다는 주장과 맥을 같이 하지 않는가? 그럼에도 우리는 새롭게 알아간다. 그렇다면 그것은 어떻게 가능할 수 있는가?[37]

이 점에 대하여 우선 하이데거는 ① 실존론적 분석론에서의 순환은 추론의 논리학에서의 순환과 전적으로 다르다는 점 ② 쿠라의 근본 구조 자체가 이미 순환적이라는 점을 명확히 하고 있다(『존재와 시간』, 418). 말하자면 쿠라의 구조가 순환적인 것은 논리적인 측면이 아니라 존재론적인 측면에서 이해되어야 한다는 것이다. 즉, 쿠라에 대하여 말할 때 필연적으로 순환적인 언명이 되는 것은, 쿠라에 "대한" 언어적인 한계 때문이 아니라 오히려 쿠라의 구조 자체가 순환적이기에 쿠라에 대한 언명도 순환적일 수밖에 없는 것이다. 따라서 하이데거는 "순환"에 대한 일반적인 오해를 다음과 같이 표현하고 있다 : "이해의 '순환'에 대한 이야기는 이중의 오인에 대한 표현이다 : ① 이해 자체가 현존재의 존재의 한 근본 양식을 형성하고 있음을 오인하고 있다. ② 이 존재가 염려(쿠라)로서 구성되어 있다는 것을 오인하고 있다"(『존재와 시간』, 419). 따라서 하이데거는 이러한 오해에 근거하여 쿠라의 순환적 특징을 제거하는 것이야말로 쿠라를 완전히 잘못 이해하는 것이라고 강조하고 있다. 왜냐하면 쿠라의 순환 구조를 제거하는 것은 곧바로 쿠라 자체를 제거하는 것이기 때문이다(『존재와 시간』, 418). 그는 쿠라의 순환적 특징을 "숨

---

37) 이에 대하여 전통적 형이상학이 제시하는 해석 가능성을 우리는 다음과 같이 정리할 수 있을 것이다. ① 플라톤이 대표하듯이, 선험적으로 앎의 가능성이 형식적으로 주어져 있어서 탄생을 통해 모든 것이 망각되지만, 감각의 자극을 통해 선험적인 이데아의 세계를 기억해낼 수 있다는 주장 ② 인간에겐 앎이 선험적으로 주어져 있지 않지만, 감각에 주어진 인상을 분류·정리·추론을 통해 확장해나감으로써 앎에 이를 수 있다는 주장 ③ 키에르케고르와 같이 신이 인간에게 앎이 가능할 수 있도록 그 조건을 먼저 줄 때 가능하다는 주장 ④ 헤겔과 같이 시간성을 개입시킴으로써 모름으로부터 앎이 변증법적으로 가능하다는 주장을 들 수 있다.

기거나 심지어 극복하려고 하는 것"은 이러한 오해를 더 고착화시키는 것이라고 비판하면서, 이제 해야 할 과제는 "근원적으로 그리고 온전히 이 '원' 속으로 뛰어들어 현존재 분석의 단초에서 현존재의 순환적인 존재에 대한 온전한 시야를 확보하는 것"(『존재와 시간』, 419)이라고 강조한다.[38] 그럼에도 전통적인 형이상학이 쿠라의 순환적 구조를 이해하지 못한 이유는, 쿠라를 실체로서 대상적으로 인식하려고 했기 때문이다. 그 대표적인 표현이 바로 자아(Ich)라는 개념이다. 하이데거는 이러한 전통적 시도에 대하여 다음과 같이 말한다 :

> "사람들이 무세계적인 자아에서부터 '출발하여' 이 자아에게 객체 및 존재론적으로 근거 없는 이 객체와의 연관을 마련해줄 경우, 현존재의 존재론을 위해서 너무 많이 '전제한' 것이 아니라 오히려 너무 적게 '전제한' 것이다"(『존재와 시간』, 419).

따라서 하이데거는 데카르트적인 cogito, ergo sum이란 의미의 cogitans ego를 비판하면서, 이 '사유하는 자아'는 오히려 sum에 의해 규정되어야 한다고 강조한다.[39] 이러한 비판을 통해 하이데거가 말하고자 하는 것은, 쿠라는 sum으로부터 그리고 존재한다는 것(sum)은 다시 이미 '세계 속에 존재한다'는 사실로부터 규정되어야 한다는 것이다. 따라서 그는 칸트에 대하여 "(칸트는) '나는 사유한다' 자체를 그 완전한 본질 구성에서 '나는 어떤 것을 사유한다'로서 단초를 짓지 못했고, 무엇보다도 '나

---

38) 이 점에 대하여 최상욱, 「하이데거에게서의 예술의 본질」, 244쪽 이하, in : 「하이데거의 예술철학」, 『하이데거 연구』 제7집, 2002를 참조할 것.

39) 하이데거, 『세계상의 시대』, 최상욱 역, 서광사, 85쪽 이하, 이 책에 대한 해설로서 최상욱, 「존재사적으로 본 근대에 대한 하이데거의 평가」, 127쪽 이하 참조할 것.

는 어떤 것을 사유한다'의 존재론적 '전제'가 '자기'의 근본 규정임을 보지 못했다"(『존재와 시간』, 426)고 비판한다. 즉, 칸트는 사유하는 자아가 항상 그리고 이미 세계 안에 들어 있는 존재임을 알아차리지 못했다는 것이다. 반면에 하이데거는, 인간 현존재가 세계와 분리되어 고립되어 있는 순수한 자아 자체로서 존재하는 것이 아니라, 항상 그리고 이미 세계 안에서 존재하는 존재자란 점을 강조하고 있다. 이렇게 세계는 고립된 자아의 외부에 존재하는 어떤 존재자가 아니라, 오히려 현존재가 그 안에서 삶을 살아가는 그러한 곳이다. 현존재는 태어나자마자 이미 세계 안에 존재한다. 그리고 이미 주어진 세계에 만족하는 것이 아니라 끊임없이 새로운 세계를 만들어가는 존재자다. 따라서 현존재와 세계는 주관과 객관으로서 분리된 것이 아니라, 순환의 띠와 같이 얽혀져 있으며, 이러한 관계를 하이데거는 현존재는 세계-내-존재라고 표현한다.

결국 쿠라가 존재론적으로 순환적 특징을 갖는 이유는, 현존재가 이미 세계-내-존재이기 때문이다. 이 점을 하이데거는 : "그것에게 세계-내-존재로서 그의 존재 자체가 문제가 되고 있는 바로 그 존재자는 일종의 존재론적 순환 구조를 가지고 있다"고 분명히 밝히고 있다(『존재와 시간』, 212). 이와 같이 쿠라의 존재론적인 순환 구조의 첫째 이유는, 현존재가 세계-내-존재라는 점에 놓여 있다. 이외에 둘째 이유는, 세계-내-존재로서 현존재가 세계 안에서 한편으론 자기 자신으로, 다른 한편으론 자기가 아닌 것으로 존재하기도 하는 데 놓여 있다. 현존재는 "우선 대개"는 비 본래적인 존재로 머무는데, 이것은 현존재가 "우선 대개 배려된 '세계' 곁에 존재하기"(『존재와 시간』, 240) 때문이다. 이 점에 대하여 하이데거는, "이러한 … 곁에 몰입해 있음은 대개 '그들'의 공공성 속에 상실되어 있음이라는 성격을 띠고 있다. 현존재는 우선 언제나 이미 본래적인 자기 존재 가능에서부터 떨어져 나와 '세계'에 빠져 있다"(『존재와 시간』, 240)고 말한다. 즉, 현존재는 우선 대개 비본래성이라는 "소용돌이" 안에 휩쓸려 들어가, 이러한 비본래성을 본래성인 것처럼 여기면서 존재하고 있다는 특징을 지닌다. 그리고 이러한 휩쓸림이 강하기에 하이데거는 이러한 현존재의 존재인 쿠라가 갖는 존재론적인 모습을 "소용돌이"(『존재와 시간』, 244)라고 표현한다. 이렇게 쿠라는 평정한 상태에 있는 것이 아니라 소용돌이치는 순환 속에 처해 있다. 그러나 바로 이러한 소용돌이 안으로 들어설 때 비로소 또 다른 현존재의 존재 가능성이 열릴 수 있다는 것이 하이데거의 주장이다. 만약 세계가, 현존재가 빠져 있는 세계로서 제한되고 더 이상의 세계가 문제되지 않는다면, 세계는 현존재에게 소용돌이일 수 없을 것이다. 그런데 현존재가 비본래성이란 소용돌이에 빠져들 수 있는 이유는, 현존재가 세계에 빠져 있을 뿐 아니라 이미 세계 안에 처해 있고 세계를 이해하려는 존재 구조를 지니기 때문이다. 따라서 그는 : "현존재가 빠질 수 있는 것은 오직, 그에게 이해하며 처해 있는 세계-내-존재가 문제되기 때문이다"(『존재와 시간』, 244)라고 말한다.

이렇게 세계가 ① 우선 대개 현존재가 빠져있는 세계 ② 내던져져 있는 현존재가 처해 있는 세계 ③ 현존재가 이해하며 기획투사하는 세계로 구분될 수 있기에 쿠라의 소용돌이적인 순환의 특징이 가능한 것이다.

그런데 이런 쿠라야말로 전통적으로 확실함과 지속성을 제공하는 자아나 자기보다 더 근원적인 것이라고 하이데거는 주장한다. 왜냐하면 자아나 자기는 현존재의 쿠라의 한 모습에 불과하며 쿠라에 근거한 것이기 때문이다. 따라서 그는 : "쿠라(염려)는 자기에 기초를 두어야 할 필요가 없으며 오히려 쿠라의 구성 계기로서의 실존성이 현존재의 자기-지속성(자립성)의 존재론적 구성 틀을 제공하고 있는 것이다. 이 구성 틀에는 쿠라의 온전한 구조 내용에 상응하게 비자기-지속성(비 자립성)으로서의 현사 실적인 빠져 있음이 속한다"(『존재와 시간』, 428-429)고 말한다. 즉, "자기임은 실존론적으로 오직 본래적인 자기 존재 가능에서만, 다시 말해서 쿠라로서의 현존재의 존재의 본래성에서만 읽어낼 수 있으며, 본래성으로부터 주체의 추정상의 영속성으로서의 자기의 지속성이 해명을 얻게"(『존재와 시간』, 428) 된다는 것이다. 따라서 전통적인 형이상학이 견지해온 불변적이고 확실한 주체 혹은 자기, 자아라는 개념은 쿠라에 대한 결핍된 이해라고 볼 수 있을 것이다. 그리고 쿠라가 이러한 자기, 자아도 포괄하는 더 큰 개념인 반면, 이러한 개념들은 불확실성(예를 들어 기분, 의지, 대지적인 것)을 제거한 상태의 개념이라고 한다면, 하이데거가 말하는 쿠라는 이성과 기분, 의지, 하늘적인 것과 대지적인 것, 남성적인 것과 여성적인 것 모두를 포괄하는 개념이라고 볼 수 있다.

이제 하이데거는 이러한 쿠라의 분류된 구조를 전체적으로 가능케 하는 것이 무엇인지 물으면서, 쿠라의 의미를 시간성에서 찾는다. 이로써 쿠라가 존재론적인 순환 구조를 갖는 셋째 이유는, 현존재의 존재가 시간성에 기인하기 때문임이 드러난다. 즉, 쿠라가 … 곁에 빠져 있음, … 에 처해 있음, … 를 기획 투사함이라는, "곁에-있음으로서 이미-(세계)-안에-자기를-앞질러-있음"의 구조를 지니는 것은, 쿠라가 시간성에 연관되어 있기 때문이다(『존재와 시간』, 433). 그런데 하이데거가 주장하는 시간성은, 과거로부터 흘러와서 미래로, 한 방향으로 흘러가는 시간을 뜻하지 않는다. 오히려 이러한 시간을 그는 시간에 대한 비본래적인 이해라고 본다. 그는 과거-현재-미래라는 시간의 일방적 흐름에 반대하여, 시간의 계기들 역시 서로 순환하는 관계라고 강조한다. 과거는 이미 흘러가버린 것이 아니며, 미래도 아직 오지 않은 것이 아니고, 현재도 지금을 의미하는 게 아니라는 것이다. 오히려 도래(본래적인 미래)는 이미 현존재가 처해 있던 기재(본래적인 과거)의 방식 안에서 도래하는 것이고, 기재는 도래적인 방식으로 기재하며, 현재화 속에서 이 모두는 순간적으로 드러나게 되는 것이다. 그렇다면 쿠라 안에서 시간성 역시 소용돌이라는 순환적 특징을 지니며 과거와 미래, 현재는 서로 분리된 각각의 지금의 계기들이 아니라 끊임없이 되돌아오고 서로에게 영향을 끼치는 쿠라의 의미라고 볼 수 있다.

이와 같은 하이데거의 주장은, 쿠라가 하나의 자기로서 환원되지 않으며, 오히려 그 안에 무수한 자기들을 포괄한다는 점을 암시한다. 말하자면 인간 안에는 현재의 지금의 모습만 있는 것이 아니라 무수히 있어 왔던 것들이 현재에도 드러나고 있으며, 예기적으로 다가오는 모습들 역시 무수히 포함되어 있는 것이다. 즉, 한 인간 안에는, 그가 던져져 있는 세계의 전체가 포함되어 있으며, 그가 기획할 모든 가능성들이 이미 포함되어 있는 것이며, 한 순간에 그것들은 드러나기도 하고 혹은 눈앞에 있는 존재자에 빠져 은폐되기도 하는 것이다. 따라서 쿠라 안에는 이 모든 가능성과 현실성들이 이미 포함되어 있으며, 쿠라는 이러한 시간의 탈자태들 속에서 자신의 본래적 의미를 드러낼 수도 은폐할 수도 있는 것이다.

이렇게 우리는 쿠라의 존재론적인 순환 구조의 원인으로서, 첫째 현존재가 세계-내-존재라는 점, 둘째 현존재는 본래성과 비본래성으로 존재할 수 있다는 점, 셋째 쿠라는 시간성에 기인한다는 점을 제시하였다. 그렇다면 쿠라의 특징은 세계-내-존재인 현존재의 본래적 존재가 본래적 시간성의 탈자태들 안에서 드러나기도 하고, 은폐되기도 하는 현상적 성격에 놓여 있다고 볼 수 있다. 즉, 쿠라는 드러난 현상만을 포함하는 것이 아니라 오히려 드러남과 은폐됨의 모든 현상들을 두루 포함하는 것이다. 그리고 하이데거가 현상적으로 존재자의 드러난 것보다는 오히려 존재론적으로 은폐된 것에 본래성이란 이름을 부여한 이상, 쿠라의 진정한 특징은 드러난 존재자에 현혹됨 없이, 은폐된 존재를 현상학적으로 드러내는 데 있는 것이다. 그렇다면 쿠라에서 무게 중심은 은폐된 존재론적 영역에, 그리고 그것을 현상학적으로 드러내는 과제에 집중된다고 볼 수 있다. 그런데 이렇게 은폐된 것을 드러내는 것을 하이데거는 다른 표현으로 알레테이아라고 부른다. 그렇다면 하이데거가 주장하는 알레테이아의 본질은 무엇인가?

제2장
여신 알레테이아 : 진리의 여성성

1. 여성적 진리를 일컫는 표현으로서 알레테이아

전통적인 형이상학에서 진리는 남성적인 것으로 여겨져 왔다. 그런데 이러한 진리의 남성성에 대하여 가장 인상적으로 반대 의견을 제시한 철학자로 우리는 니체를 들었다. 그런데 하이데거 역시 알레테이아란 그리스 단어를 재해석하면서, 알게 모르게 진리를 여성적인 것으로 해석하고 있음을 확인할 수 있다. 이 점을 명확히 하기 위해 우선 하이데거의 작품에 나타난 알레테이아가 어떠한 맥락에서 제시되고 있는지 살펴보기로 한다.

하이데거는 그리스 신화 자체에 대하여 큰 관심을 두지 않는다. 그의 작품에서 우리는 그리스 신화에 나오는 신들이 주제화되는 경우를 별로 찾아볼 수 없다. 특히 남성 신의 경우엔 더 그렇다. 예를 들어 그의 텍스트 안에서 등장하는 남성 신으로는, 횔덜린의 시를 해석하면서 혹은 니체를 해석하면서 인용하는 디오니소스가 거의 전부일 것이다. 그런데 하이데거는 자신의 존재론적 관심에 따라 남성 신보다는 많은 여신들에 대하여 언급하고 있다. 이러한 여신 중 특히 강조되고 있는 여신이 바로 알레테이아다.

그렇다면 왜 하이데거는 그리스 신화에 등장하는 많은 여신들과 달리 알레테이아를 강조하는 것일까? 그것은 알레테이아가 다른 여신들과는 매우 다른 특징을 지니고 있기 때문이다. 이 점을 우리는 다음의 인용문에서 찾아볼 수 있다 :

"사람들은 파르메니데스의 말들 안에서 신화적 경험을 놓친다면, 그리고 알레테이아 여신이 분명하게 특징적인 '여신들'인 헤라, 아테나, 데메테르, 아프로디테, 아르테미스와 비교할 때, 도대체 비규정적이고 하나의 공허한 상상물이라고 주장한다면, 그것은 파르메니데스의 사유의 길과 대화하는 데에 너무 경솔한 것이다"(VA 240).

그리고 또 다른 곳에서는 다음과 같은 표현이 있다 :

"아테나, 아프로디테, 아르테미스, 데메테르는 명백하게 각인된 '신적인 인물들'로 나타난다. 반면에 여신 '알레테이아'는 여전히 대단히 '추상적'이다. 심지어 여기서는 이 여신에 대한 어떠한 '신화적 경험'과도 만나지지 않으며, 오히려 한 사유가 임의의 단편들로부터 '진리'라는 일반적 개념을 비규정적인 여신의 형태로 '인격화'한 것이라고 생각할 수도 있다."[40]

이 두 인용문에서 하이데거는, 신화의 줄거리 속에서 구체적으로 나타나는 다른 여신들과 달리 알레테이아는 아직 비규정적

---

40) M. Heidegger, *Parmenides*, 전집 54권, 8쪽(앞으로 54권이란 약호로 본문 안에 삽입함).

이고 추상적인 특징을 지닐 뿐이며, 단지 파르메니데스가 자신의 철학적 사유를 통해 추상화시킨 개념에 불과하다는 주장에 대하여 명확히 반대 입장을 취하고 있다. 하이데거에 의하면 알레테이아는 비록 구체적인 신화의 이야기 속에 등장하지는 않지만, 알레테이아야말로 그리스 정신과 파르메니데스 사유를 이해하기 위해 가장 중요한 단어라는 것이다. 우리는 이 점을 파르메니데스에 대한 하이데거의 해석에서 찾아볼 수 있다.

그런데 이러한 하이데거의 해석에서 주장되는 알레테이아가 파르메니데스에게 말을 건네는 여신과 동일한 여신인지에 대하여 우리는 질문해야 한다. 즉, 하이데거가 파르메니데스의 단편 서문에서 나타나는 여신을 알레테이아라고 해석하는 것은 정당한 것인가? 이를 위해 우선 하이데거가 인용한 파르메니데스의 문장을 살펴보기로 한다.

파르메니데스의 서문에 따르면, 다이몬(Daimon)이 알려준 길을 따라가는 말들에 이끌려 파르메니데스가 태양의 길로 여행을 떠나는 장면이 묘사되고 있다. 이때 말들을 이끄는 태양의 딸들(Heliades)이 밤의 영역으로부터 그를 빛의 영역으로 이끌어간다. 그리고 밤과 낮의 길에 이르는 성문에 도착한다. 그런데 그 성문의 열쇠를 가지고 있는 자는 디케(Dike) 여신이다. 그들은 디케 여신을 설득해 그 안으로 들어가는 데 성공한다. 그때 한 여신(Thea)이 나타나 파르메니데스를 맞아주고, 그가 여기까지 온 것은 나쁜 모이라(Moira)에 의한 것이 아니라 테미스(Themis)와 디케(Dike)에 의한 것이며, 진리(Aletheia)의 말을 배워야 한다고 말한다.[41]

그런데 하이데거는 이 문장의 일부 단어를 자신의 의도대로 번역한다.[42] 그는 Thea를 "그 여신"으로, Moira를 Schickung으

---

41) F. J. Weber(Hrsg.), *Fragmente der Vorsokratiker*, 115-121쪽.

로, Themis를 Satzung으로, Dike를 Fug로, Aletheia를 Unver-borgenheit로 번역한다.[43] 그리고 그가 인용한 부분은 I, 22-32까지다. 따라서 그가 다이몬, 헬리아데스에 대하여 어떠한 생각을 갖고 있는지는 확인할 수 없다. 단지 그가 이 부분을 생략한 것으로 보아, 우리가 하이데거 사유를 이해하는 데에 이 부분은 넘어가도 좋을 듯하다.

반면에 그가 인용한 I, 22의 문장 : "그리고 그 여신은 친절하고 예감에 찬 채 나를 맞아주었고, 그녀의 손으로 나의 오른손을 잡았다. 그리고 그녀는 이 말을 나에게 말하고 노래 불러주었다"[44] (VA 240)는 문장에 대한 해석은 논란의 여지가 있다. 하이데거는 자신의 해석을 통해, 여기 나타나는 Thea가 Aletheia라고 밝히고 있다. 그런데 Thea를 어느 여신으로 볼 것인지는 학자들에 따라 의견이 분분하다. 파르메니데스 단편 B I을 볼 때, 그 여신은 디케라고 볼 수도 있다. 그러나 F. J. Weber는 이 여신이 위의 단편 14연에 나오는 디케와 일치하지 않는다고 지적한다.[45] 반면에 콘퍼드는 이 여신을 디케라고 보고 있다.[46]

이 인용문을 통해 분명히 알 수 있는 것은 이 여신의 이름이 아직은 드러나지 않고 있으며, 단지 이 여신이 파르메니데스로 하여금 진리(알레테이아)를 배우도록 말하고 있다는 점이다. 따라서 이 인용문에 따르면 여신은 진리를 배우도록 말하고 있을

---

42) 이 문장에 대한 일반적인 번역의 경우 다음을 참조했음 : Friede Ricken (Hrsg.), *Philosophen der Antike* I, 97-98쪽, 하이데거의 번역은 : M. Heidegger, *Parmenides*, Bd 54, 6쪽.

43) 반면에 Diels는 Moira를 Fug로 번역하고 있으며, 하이데거 자신의 경우도 헤라클레이토스에 대한 그의 작품에서는 Harmonia를 Fug로 번역하고 있다.

44) 하이데거는 VA 240쪽과 전집 54권 13쪽에서 서로 다른 번역을 보이고 있다. Dies / Kranz, *Fragment der Vorsokratiker*, 230쪽도 참조할 것.

45) F. J. Weber, 위의 책, 119쪽.

46) F. M. 콘퍼드, 『종교에서 철학으로』, 남경희 역, 이화여대 출판부, 258쪽.

뿐이며, 이 여신 자체가 진리라는 표현은 찾아보기 어렵다. 그렇다면 이 인용문에서 말을 건네는 여신은 알레테이아 자신이라기보다, 알레테이아를 배우도록 말을 하는 여신으로 보는 게 더 타당할 듯하다. 그럼에도 하이데거는 이 여신이 알레테이아라고 단정하고 있다. "학문과 숙고"에서 하이데거는 : "Thea는 여신이다. 초기 사유가인 파르메니데스에게서 알레테이아는 이러한 여신으로 나타난다"(VA 49)고 말한다. 이렇게 하이데거는 파르메니데스에게 말을 건네는 여신이 곧 알레테이아이고, 알레테이아는 곧 그 여신이라고 주장한다. 뿐만 아니라 하이데거는, 그 여신이 단지 진리(알레테이아)의 여신이 아니라 진리 자체라고도 말하고 있다.

이러한 그의 주장을 통해 우리는, 하이데거가 자신의 존재론적 관심과 연관해 그 여신을 알레테이아라고 해석하고 있음을 확인할 수 있다. 즉, 하이데거는 자신의 존재론적 관심에 따라, 파르메니데스로부터 시작된 알레테이아의 중요성을 부각시키고 있으며, 알레테이아에 대한 이해가 어떻게 처음부터 잘못 이해되어 왔는지를 밝히기를 시도하고 있는 것이다. 따라서 그는 파르메니데스 역시 알레테이아를 잘 이해하지 못하고 있다고 비판한다. 이 점에 대하여 그는 다음과 같이 말한다 :

"알레테이아는 여신이다. 그녀의 말을 들으면서 파르메니데스는 자신이 사유한 것을 말한다. 물론 그는 알레테이아의 본질이 어디에 놓여 있는지 말하지 않은 채 두고 있다. 또한 알레테이아 여신이 어떤 의미의 신성인지도 사유되지 않고 남아 있다"(VA 239).

우리는 여기서 파르메니데스의 알레테이아 이해에 대한 하이데거의 이중적 입장을 볼 수 있다. 한편으로 하이데거는, 파르메니데스가 알레테이아를 그의 단편 서문에 등장시키고 선택한 것을 매우 긍정적으로 평가하고 있다. 그러나 다른 한편으로 그는, 파르메니데스가 알레테이아를 충분히 이해하지 못한 채 머물렀다고 비판한다. 이러한 그의 비판은, 파르메니데스의 알레테이아 이해가 아직 알-레테이아라는 하이데거 자신의 해석에 미치지 못하고 있다는 점에 놓여 있다. 따라서 하이데거는 파르메니데스의 알레테이아 이해로부터 알레테이아의 고유한 본질을 계속해서 추적해나가고 있다.

이러한 하이데거의 비판 속에는 진리의 여성성 / 남성성에 대한 자신의 입장도 포함되어 있다. 왜냐하면 전통적인 형이상학의 역사를 통해 파르메니데스의 진리관으로부터 남성적인 진리가 우위를 점하게 되었다는 것이 일반적으로 지적되기 때문이다. 특히 데리다의 경우, 파르메니데스는 진리와 비진리를 구분하면서, 진리에 남성적인 특징을 부여하고 있다고 주장하고 있다. 만약에 이러한 주장을 우리가 받아들인다면, 파르메니데스가 여신 알레테이아를 끌어들였지만, 역설적으로 알레테이아란 여신은 파르메니데스 이후 남성적 진리를 보증하는 이름이 되었다는 점이 확인될 수 있다. 말하자면 파르메니데스는 진리의 본질을 말하기 위해 여신 알레테이아를 끌어들이지만, 이러한 여신 알레테이아로부터 그는 알레테이아 자체를 자신도 모르게 남성적으로 규정하고 있다는 것이 하이데거의 비판이다. 이러한 점을 우리는 다음의 문장을 통해 확인할 수 있다 :

"그 여신은 누구인가? … 그 여신은 바로 여신 '진리'다. 이것 자체 — '그 진리'가 — 그 여신이다. 따라서 진리의 여신들 중 하나라고 말하고 싶은 표현을 우리는 피하려고 한다. 왜냐하면 '진리의 여신'이란 표현은, '진리'가 그 여신의 보호와 축복 하에 비로소 위탁된 것과 같은 표상을 일깨우기 때문이다. 그렇다면, 우리는 다음의 둘, 즉 하

나는 '여신'이고 또 하나는 신적인 보호 하에 있는 '진리'라는 둘을
갖게 되는 것이다. … 그러나 파르메니데스가 그 여신을 '진리'라고
명명했다면, 그때 진리 자체가 여신으로 경험되었다는 것이다"(54
권, 6-7).

이렇게 하이데거는 파르메니데스가 언급한 진리(알레테이아)
가 바로 "그 여신"이라고 강조하고 있다. 즉, 여러 종류의 진리가
있고, 그 중 하나가 알레테이아란 여신이 아니라 바로 진리 자체
가 여신이라고 그는 강조하고 있는 것이다. 그렇다면 하이데거
가, 그의 전 작품을 통해 가장 중요한 개념으로서 알레테이아를
말할 때, 그는 알레테이아를 여신으로 받아들이고 있다고 보아
야 한다. 이렇게 하이데거의 진리는 여성적 진리를 말하고 있는
것이다. 그렇다면 그가 말하는 여성적 진리인 알레테이아의 특
징은 무엇인가?

2. 여신 알레테이아의 본질 : 알레테이아와 프슈도스

하이데거는 『존재와 시간』에서 다음과 같이 말한다 :

"파르메니데스를 인도한 진리의 여신이 그를 두 갈래의 길, 즉 발견
(Entdecken)의 길과 은폐(Verbergen)의 길 앞에 세웠다는 것이 의
미하는 것은, 현존재는 각기 그때마다 이미 진리(Wahrheit)와 비진
리(Unwahrheit) 안에 있다는 것에 다름아닌 것이다. 발견의 길은 오직
크리네인 로고(krinein logo)에서, 즉 그 두 길을 이해하며 구별하여 그
중 하나를 결정하는 데에서만 획득된다"(『존재와 시간』, 300).

반면에 전집 54권인 『파르메니데스』에서는, 『존재와 시간』에

서의 진리(Wahrheit)가 비은폐성(Unverborgenheit)으로, 비진리(Unwahrheit)가 가상적인 나타남(scheinenes Erscheinen)으로 번역되고 있다. 그런데 그가 Wahrheit나 Unverborgenheit로 번역한 것은 aletheia며, Unwahrheit와 scheinendes Erscheinen으로 번역한 것은 doxa다.[47]

여기서 우리는 두 가지를 지적할 수 있다. 첫째, 하이데거에 의하면, 파르메니데스는 여신의 말을 듣고 진리와 비진리의 길을 구분하여 갈 수 있기 위해 이 두 길을 배워야 하는 존재자로서 표현되는 반면, 『존재와 시간』에 나타나는 인간 현존재는 이미 어느 정도 그 길 안에 들어 있는 존재자로 파악되고 있다는 점이다. 즉, 현존재는 이미 알레테이아 안에 들어 있기에, 알레테이아를 새롭게 배워야 하는 것이 아니라 단지 이미 이해하고 있는 것을 더 명료하게 주제화하고 드러내는 일이 필요한 것이다.

둘째로 하이데거는 aletheia와 doxa를 『존재와 시간』에서는 발견(Entdecktheit)과 은폐(Verbergen)로, 『파르메니데스』에서는 Unverborgenheit와 scheinendes Erscheinen으로 번역하고 있다는 점이다. 이로써 진리와 비진리라는 대립 개념이 주는 논리적 윤리적인 의미는 많이 퇴색해보인다. 오히려 이제 중요한 것은 드러나는 것과 드러나지 않은 것(은폐된 것)의 관계를 새롭게 파악하는 일이다.

이렇게 하이데거는 진리와 비진리의 문제를 드러남과 은폐됨의 문제로 소급시키고 있다. 그렇다면 어떻게 은폐된 것을 드러낼 수 있는가?

이에 대하여 하이데거는 "그리스인들이 진리의 본질에 대하여 결여적 표현(알-레테이아)으로 말하고 있는 것은 우연인가?"(『존재와 시간』, 300)라고 물으면서, 은폐된 것은 찢어 젖히는 탈

---

47) Dies / Kranz, *Fragmente der Vorsokratiker*, 230쪽, 서문 B I, 29–30쪽.

취(Raub)를 통해 드러날 수 있다고 말한다. 그렇다면 무엇이 은폐되어 있고 무엇으로 드러나야 한다는 것인가?

이 질문은 알레테이아와 레테에 대한 질문으로 이어지고, 또 다시 알레테이아로부터 레테가 발생하는지, 오히려 그 반대인지에 대한 질문으로 이어진다. 예를 들어 우리는 드러난 것을 드러난 것으로 기억하다가 곧 잘 망각하기도 한다. 혹은 망각되었던 것이 어떤 일을 계기로 드러나기도 한다. 그렇다면 어느 순서가 맞는 것일까?

이러한 질문은 아직도 해결되지 않은 형이상학적인 질문이다. 이미 알고 있는 것을 망각하는 것인가 혹은 아무것도 알지 못하지만, 감각을 통해 알게 되고 이 앎이 필요에 따라 기억되거나 혹은 망각되는가 하는 질문이다. 그런데 이외에 망각하고 싶어도 망각되지 않는 일도 가능하며, 꼭 기억해야 하는데도 불구하고 망각되는 일도 있다. 그렇다면 이때 망각과 기억(드러냄)은 어떻게 가능한 것인가?

이러한 전통적인 질문과 관련해 하이데거는 알레테이아(비은폐성)와 레테(은폐성)의 관계에 대하여 다음과 같이 말한다 :

첫째, "비-은폐성 자체 안에는 이러한 길항성(Gegnerschaft)이 여전히 본재한다. 비-은폐성으로서의 진리의 본질 안에는 은폐성, 은폐와의 일종의 투쟁이 지배하고 있다"(전집 54권 20). 그런데 비은폐성은 비-*은폐*성과 *비*-은폐성으로 구분된다. 그리고 "비-*은폐*성은 우선 '은폐성'을 지시한다"(전집 54권 22).

둘째, *비*-은폐성에는 "그리스인들이 진리의 본질 안에서 은폐성의 지양과 제거 그리고 무화와 같은 것을 생각한 것"이 지시된다(전집 54권 23).

이러한 하이데거의 주장에 따르면 비-은폐성으로서 알레테이아 안에는 알-레테이아, 즉 레테를 드러내기 위한 투쟁이 속한다. 말하자면 여성적 진리로서, 하이데거의 알레테이아는 그 자체로 진실하고 불변적인 것이 아니라, 자체 안에 길항성을 지니며, 이 길항성은 투쟁성을 포함하는 특징을 지니는 것이다. 비-은폐성은 "은폐성"이 강조될 때는 은폐성과의 독특한 "관계"를 지시하며, "비"가 강조될 때는 은폐성과의 "투쟁"이 지시된다는 특징을 갖는다. 따라서 하이데거는 "'진리'는 결코 '즉자적으로', 그 자체로부터 존재하는 것이 아니라 투쟁 중에 있다"(54권 25)고 말한다. 이런 의미에서 그는 알레테이아와 레테의 셋째 관계를 다음과 같이 말한다 :

> "진리는 그것의 투쟁적인 본질 때문에 '대립적인' 관계들 안에 서 있다"(전집 54권 27).

그런데 이때 하이데거가 강조하고 있는 점은, 알레테이아와 레테의 관계는 대립적이긴 하지만, 서로 반대 개념은 아니라는 점이다. 즉, 알레테이아와 레테는 특별한 투쟁 관계 속에서 서로에게로 이동하는 순환적 관계이지, 결코 서로 모순되는 반대 개념은 아니라는 점이다. 반면에 일반적으로 우리가 진리라고 말할 때 진리의 반대 개념은 비진리, 즉 거짓(Falschheit)이라고 생각한다. 그렇다면 알레테이아와 대립 관계에 있는 레테는, 일반적으로 생각할 때 거짓이라고 보아야 한다. 그렇다면 다음의 도식이 가능하다.

① 진리　　　　　　↔　비진리, 거짓
② 알레테이아　　　↔　레테
③ 따라서 비진리, 거짓 ＝ 레테

그러나 이러한 도식을 하이데거는 강하게 거부한다. 오히려 하이데거에 따르면 알레테이아의 반대 개념은 레테가 아니라 프슈도스(pseudos)[48]다. 그런데 이 프슈도스가 번역되는 과정에서 본래의 그리스적 의미는 상실되고 현재의 거짓이란 의미로 고정되었다는 것이다 :

① 알레테이아   ↔   프슈도스
② 진리   ↔   거짓

그런데 알레테이아(Aletheia)=진리(Wahrheit)라면, 프슈도스=거짓이란 도식이 성립되지만, 하이데거는 프슈도스와 거짓이 일치하는 개념이 아님을 강조한다. 이를 위해 그는 우선 프슈도스의 본래적 의미를 어원론적으로 소급해 분석하고 있다.

우선 그는 거짓이란 개념을 분석하면서 거짓에는 다양한 의미가 포함되어 있음을 지적한다. 거짓이란 의미 안에는 순수하지 않은 것(das Unechte), 옳지 않은 것(das Unrichtige), 오류로 이끄는 것(das Irreleitende) 등의 의미가 포함되어 있는 것이다. 그런데 이 모든 의미의 공통점은 바로 그것들이 무엇인가를 감추면서 드러낸다는 점에 놓여 있으며, 이렇게 감추는 상태로 드러냄이 원래 프슈도스가 갖고 있던 의미라고 하이데거는 말한다 :

"프슈도스는 감춤(Verdecken)의 본질 영역, 즉 일종의 은폐(Verbergen)의 방식에 속한다. 그러나 프슈도스 안에 본재하는 감춤은, 동시에 항상 벗겨냄(Enthuellen), 지시함(Zeigen), 나타나게 함(Zum-erscheinen-

---

48) 일반적으로 pseudos는 허위적인 것, 가상적인 것, 거짓을 지시하지만, 하이데거는 이러한 번역이 잘못된 것임을 54권 전체를 통해 밝히고 있다. 따라서 일반적인 번역을 따를 때, 하이데거의 본래적 의도가 잘못 전달될 수 있기에, 그냥 프슈도스라고 쓰기로 한다.

bringen)을 뜻한다"(전집 54권 45).

말하자면 프슈도스의 본래적 의미는 감춤(Verdecken)이지만, 이렇게 감춘 채 드러내기 때문에 오해할 수 있는 가능성이 생기게 되는 것이다. 이 점에 대하여 하이데거는 : "프슈도스는 오해케 하는 은폐며(ver-stellendes Verbergen), 협의의 숨김(Verhehlen)이다"(전집 54권 48)라고 말한다. 그렇다면 이러한 광의의 프슈도스가 왜 협의의 거짓(Falschheit)으로 고정되게 되었을까?

하이데거는 이러한 잘못된 변화가 그리스어에서 라틴어로 번역되는 과정에서 일어났다고 본다. 그런데 이러한 언어의 변화를 통해 단순히 대체된 단어들만 변한 것이 아니라 그 단어가 지시하는 의미도 변화하며, 더 나아가 이러한 변화는 존재 세계에 대한 이해 역시 변화시켰다는 게 하이데거의 입장이다.

aletheia   →   veritas   →   Wahrheit
pseudos   →   falsum   →   Falschheit

의 과정은 존재론적인 이해의 변화를 내포하고 있으며, 이러한 변화와 더불어 그리스인들이 지녔던 본래적 의미 역시 변화되었다는 것이다. 즉, pseudos는 은폐, 감춤이란 의미를 지녔는데, 이것이 falsum으로 변하면서 fallo, 즉 "퇴락하게 됨(Zu-Fall-bringen)"이란 의미로 좁혀지게 되었다는 것이다(전집 54권 57, 67). 이것은 비은폐성이란 의미의 aletheia가 homoiosis, 즉 adaequatio로 변함으로써, 그리스인들이 생각한 비은폐성으로서의 진리가 정향성으로서의 진리로 변한 것과 맥을 같이 한다. 이제 진리가 최고의 가치를 향하는 정향성으로 변한 것과 마찬가지로, 감춤이란 의미의 프슈도스도 최고의 가치에 어긋나는 거짓이란 의미로 변화된 것이다. 그렇다면 알레테이아와 프슈도스가 베리타스와 팔숨으로 변하면서 존재 역사에서 무슨 일이 일어난 것일까?

하이데거는 『진리에 대한 플라톤의 가르침』이란 저서에서,
① a privativum, 즉 알레테이아가 갖는 탈취라는 의미가 veritas
에서는 사라지게 되었다는 점(Weg 221)
② 이제 최고 이데아를 향하는 것이 진리에 속하게 되었다는 점
③ 비유적으로 태양과 그 빛에 속하는 것만이 진리에 포함되게
되었다는 점(Weg 212 이하, 223)
④ 선의 이데아를 향하는 인간의 인식 능력이 강조되기 시작한
점(Weg 223 이하)
⑤ 그림자, 어둠은 진리의 영역에서 배제되었다는 점(Weg 212
이하)
⑥ 비은폐성으로서의 진리보다, 그 안에 아무런 탈취적 요소를
갖지 않는(절대적, 영원, 불변 등의 술어가 붙게 되는) 선의 이데
아가 우위를 점하게 되었다는 점
⑦ 이러한 최고의 가치로부터 모든 존재자가 인과율로 엮어지게
된 점(Weg 227 이하)이 형이상학의 특징이라고 지적하고 있다.
따라서 하이데거는 자유로운 비은폐성이란 의미의 진리가 이제
"이데아의 멍에 아래 매이게 되었다"(Weg 228)고 말한다. 이러
한 변화를 요약하면 모든 존재자의 영역을 포괄하는 비은폐성인
알레테이아가 이제 특정한 가치에 속한 존재자의 영역으로 좁혀
지고, 그 외의 영역은 비진리로 퇴락하게 되었다는 것이다. 그리
고 이제 이원론적인 진리 / 비진리의 영역이 구분되고, 진리를 향
하는 인간의 인식 능력이 강조되기 시작하는 큰 변화가 일어나
게 된 것이다. 이제, 진리의 영역에는 태양과 빛 그리고 사유하는
자아(cogitans ego)만이 속하게 되며, 나머지는 비진리로서 제외
되는 것이다.

이런 점은 프슈도스가 팔숨으로 변하는 과정에서도 마찬가지
다. 단순히 감춤 혹은 이렇게 감춘 채로 드러냄이란 프슈도스의

의미가 이제는 옳지 않음, 즉 거짓으로 변함으로써,

① pseudos가 a-pseudos, 즉 숨기지 않음(das Nicht-Verhehlende)이라는 a-privativum적 성격을 상실하게 되었다는 점(전집 54권 56 이하)

② 숨김이 오류로-이끔(Irrefuehren)이란 의미로 전락하게 된 점(전집 54권 58)

③ 숨김이 퇴락하게 됨(Zu-Fall-bringen)이란 가치적인 의미로 파악하게 되었다는 점(전집 54권 57)

④ 최고 가치와의 연관 하에서 거짓으로 판단되기 시작한 점(전집 54권 72 이하, 78)

⑤ 거짓이 인간의 인식능력에 의해 파악되기 시작한 점(전집 54권 84)

⑥ 프슈도스가 비진리로 된 점(전집 54권 86 이하)

⑦ 비진리로서 프슈도스는 옳지 않은 것(unrichtig)이 된 점(전집 54권 96)

⑧ 어둠이 비진리의 영역에 속하게 된 점 등의 변화가 일어난다.

말하자면 원래의 알레테이아와 프슈도스는 존재자의 전 영역을 포괄하는 동시적인 개념이었던 데 반해, 이제 베리타스와 팔숨은 이원론적으로 분리된 영역을 대표하게 되었고, 비유적으로 빛／어둠이란 대립형태로 후세에 전해져 고정된 것이다. 이것은 남성적 진리가 여성적 요소를 거세시키면서 진리의 자리를 확고히 정립한 것과 맥을 같이 한다.

반면에 이제 하이데거가 베리타스와 팔숨 대신 알레테이아와 프슈도스를 말한다면, 비은폐성으로서 알레테이아는 감춤으로서의 프슈도스를 배제하지 않는 것이 분명하다. 따라서 우리는 하이데거의 알레테이아, 즉 여성적 진리가 또 다른 분리된 영역인 비진리를 배척하지 않으면서 이 모두를 포괄한다는 결론을 내릴 수 있다. 물론 이때 비진리는 거짓이 아니라 감춤이란 의미를 지닌다. 이렇게 여성적 진리는 그 안에서 비은폐와 감춤이 한데 얽혀 두루 일어나는 곳이다. 여기서 빛과 어둠도 더 이상 옳음 / 그름의 관계가 아니다. 오히려 여기서 어둠도 옳을 수 있고 빛도 거짓일 수도 있는 일이 벌어지게 된다. 어둠과 빛은 서로 얽혀 비로소 존재자의 존재를 드러내게 된다. 그렇다면 빛과 어둠이 공존하여 존재자의 존재를 드러내거나 은폐하기도 할 수 있는 세계는 어떠한 세계일까? 이러한 세계를 제시하기 위해 하이데거는 프슈도스를 레테에로 더 소급해 해석하고 있다.

3. 알레테이아와 레테 그리고 그 "사이"로서 간직함(Bergung)

하이데거에 의하면 알레테이아의 대립 개념은 레테가 아니라 프슈도스다(54권, 32, 98). 그런데 프슈도스는 다시 레테에 의해 가능하다(54권 104). 그리고 알레테이아와 레테는 모두 "존재의 근본 특징"이다(54권, 105). 그렇다면 형이상학적으로 고정된 진리와 비진리의 대립은, 존재 자체의 근본특징인 알레테이아와 레테로부터 기인한 것임을 알 수 있다. 그렇다면 알레테이아와 특별한 관계에 있는 레테란 무엇인가?

헤시오드의 신통기에 따르면 레테는 불화의 여신인 에리스의 딸이고, 에리스는 다시 밤(뉙스)의 여신의 딸이다. 물론 이 이야기는 하나의 신화다. 그러나 하이데거는 신화를 임의로 창작된 허구로 보지 않는다(전집 54권 189). 오히려 "뮈토스, 에포스, 로고스는 그 본질에서 공속하며"(전집 54권 104), 신화는 당시의 인간이 직면한 존재의 요구에 대한 대답이라는 것이다(전집 54권 189). 따라서 그리스 신화는 그리스인들에게 존재가 요구하는 것을 표현한 이야기다. 그런데 그리스인들이 이해한 존재는 은폐와 비은폐성의 공속성을 동시에 포괄하는 존재이기 때문에, 그리스 신화는 본질적으로 은폐와 비은폐에 대하여 이야기하고 있는 것이다. 이 점에 대하여 하이데거는 다음과 같이 말한다:

> "그리스인의 경우, 근본적으로 모든 본재자들은 은폐와 비은폐성으로부터 나오기에, 그들은 뉙스와 우라노스, 즉 밤과 빛나는 낮에 대하여 말하는 것이다. … 뮈토스의 본질은 그 자체 비은폐성으로부터 규정된다. 뮈토스는 열어젖히고, 벗겨내고 보게 하는 그러한 것이다: 즉, 뮈토스는 처음부터 모든 것 안에서 스스로를, 모든 '현전성' 안에 있는 현전자로서 지시하는 것이다"(전집 54권 89).

따라서 그리스 신화에 등장하는 많은 의인화된 개념들인 밤, 낮, 대지, 하늘 등은 단순히 이러한 존재자에 대한 상징이나 비유적 표현이 아니라, 오히려 이러한 존재자들의 존재의 근본 특징을 드러내는 표현들이다. 즉, "죽음, 밤, 낮, 대지, 하늘의 둥근 지붕들은 본질적으로 탈은폐와 은폐의 본질적 방식"(전집 54권 104)을 뜻한다. 이런 점에서 그리스 신화는 로마 신화와 전혀 다른 특징을 지닌다:

> "그리스인에게 죽음은 탄생과 마찬가지로 '생물학적인' 과정이 아니다. 탄생과 죽음은 그것들의 본질을 탈은폐와 은폐의 영역으로부터 받는다. 대지(가이아) 역시 이러한 영역으로부터 그 본질을 갖는다. 대지는 중간자, 즉 지하적인 것의 은폐하는 것과, (하늘의 둥근 지붕, 우라노스의) 대지 위에서 탈은폐하는 빛의 중간자다. 반면에 로마인에게 대지는 tellus, terra, 마른 것, 바다와 대립되는 땅을 뜻한다. 대지는 제국의 영토가 된다"(전집 54권 89).

그런데 이러한 차이는 이미 플라톤에서도 나타난다고 하이데거는 말한다. 즉, 플라톤은 이데아를 주장하면서 모든 관심을 빛과 드러남의 세계에 집중시켰기에, 그는 레테에 관한 신화를 말할 수 없었다는 것이다(전집 54권 189). 바로 이런 이유로 플라톤 이전에 나타나는 레테의 신화는 그리스 정신을 이해하기 위해 매우 중요한 요소로 등장하는 것이다. 그렇다면 레테는 무엇인가?

위에서 우리는 레테가 에리스의 딸이라고 말했다. 그런데 하이데거는 레테의 특징을 분명히 하기 위해 뉙스, 에리스뿐 아니라 자매인 리모스에 대해서도 언급한다. 보통 리모스는 기아라고 번역된다. 그런데 하이데거는 리모스가 단지 어떤 음식에 대한 갈망과 고통을 뜻하는 것도 아니고 단순히 인간의 주관적인 욕구 불만이나 그러한 상태를 의미하는 것도 아니며, 오히려 leipo라는 단어와 마찬가지로 "사라지게 함(schwinden lassen)"이란 의미를 지닌다고 주장한다. 리모스는 "어떠한 선사함과 지시함이 중단된 사건"(전집 54권 107)을 뜻한다는 것이다. 예를 들어 음식이 주어지지 않아서 겪는 고통은 음식이 끊임없이 사라져버린다는 사실에서 기인하는 것이다. 따라서 어떤 것이 사라져 없어진다는 사실은 인간의 주관적인 욕망보다 앞선 것이다. 사라져 없어진 것은 더 이상 현존하지 않지만, 그러면서도 부재의 여운을 진하게 남기는 특징을 지닌다. 이렇게 리모스는 단순히 없음이 아니라 사라짐, 없어져버림이라는 사건이 주는 고통을 의미한다. 따라서 하이데거는 리모스를 단순한 배고픔이 아니라 사라져-버림(Weg-fallen)이라고 해석한다. 그리고 사라져버림은 없어진 것, 이제 눈앞에 현전하지 않는 것, 부재하는 것뿐 아니라 감추어진 것을 뜻하기도 한다. 따라서 리모스는 단순히 부재 상태가 아니라 진행적인 사건으로 이해되어야 한다. 리모스는 기아의 상태가 아니라 어떤 것이 있다가 사라져버려

더 이상 현존하지 않으면서도 동시에 부재를 강하고 드러내는 사건, 즉 은폐된 채 자신을 드러내는 사건을 의미한다. 이렇게 리모스는 현존과 부재가 얽혀 일어나는 사건이고, 현존과 부재 간의 투쟁이다. 이러한 투쟁성과 적대성을 리모스가 지니기에 하이데거는 레테를 설명하는 자리에서 굳이 에리스뿐 아니라 리모스도 등장시키고 있는 것이다. 에리스가 불화와 투쟁의 여신이며, 리모스가 현존과 부재 간의 투쟁의 여신이듯이, 레테는 바로 알레테이아와의 투쟁 관계 속에 들어 있는 개념으로 파악되어야 한다. 따라서 그는 "레테, 망각은 본질적인 것으로부터 벗어나는 은폐며, 인간으로 하여금 자기 자신의 본질 안에 거주할 가능성을 자신에게서 소원케 하는 은폐다"(전집 54권 107)라고 말한다.

그런데 이렇게 모든 것을 은폐시키는 것이 바로 밤(뉙스)이기 때문에 레테는 밤의 손녀로 그려지고 있다. 이 점에 대하여 하이데거는 다음과 같이 말한다 :

"에리스는 뉙스의 딸인데, 뉙스는 종종 호메로스와 헤시오드에 따르면 모이라에 속하는 올로에(oloe)란 별명을 갖기도 한다. 이것은 흔히 '해로운 것'이라고 번역된다. 그러나 이런 번역은 물론 '올바르지만', 동시에 비그리스적이기도 하다. 우리는 왜 밤이 '해로워야' 하는지 이해할 수 없다. 해로움은 파괴함, 무화시킴, 즉 존재를 탈취하는 것을 뜻한다. 즉, 그리스적으로 말한다면 현존성을 빼앗는 것을 뜻한다. (따라서) 밤이 올로에인 이유는 밤이 모든 현존자를 은폐를 통해 사라지게 하기 때문이다"(전집 54권 108).

모든 것을 어둠 안에서 은폐시키는 밤의 손녀로서, 레테는 어떤 것을 은폐 속으로 이끌어들이는 사건을 의미한다. 그렇다면 은폐 속으로 이끌어진 망각에서 모든 것은 단지 무, 철저한 없음으로 사라져버리고 마는 것일까? 레테는 모든 것을 없음이란 무의 심연 속으로 끌어들여 철저하게 무화시키는 것인가? 말하자면 망각은 모든 것을 잊게 하고 없애버리는 것인가? 그리고 망각은 단순히 인간의 인식 능력의 부정적인 기능에 불과한 것인가? 이 점에 대하여 하이데거는 핀다로스를 예로 들어 설명하고 있다.

핀다로스는 그의 송가에서 로도스 섬의 주민들에 대한 이야기를 하고 있다. 그 섬의 주민들은 빛을 밝히는 불 없이 그들의 성채에서 제의를 지내는데, 하이데거는 이 제의에서 불이 없는 장면에 특히 관심을 갖는다. 그러면서 그들이 불을 준비하지 않은 것은, 그들의 소홀함 때문이 아니라 바로 그들이 경험한 자신들의 고유한 존재 사건과 연관되어 있다는 것이다. 이를 위해 하이데거는 핀다로스의 도시 건국 신화를 인용하고 있다 :

"그러나 기쁨은 인간의 본질이 개화하도록 하며,
인간을 미리 사유함 안에서 느끼는 수줍음으로 내던진다 ;
그러나 이따금 그 위로 표지 없는 은폐의 구름이 떠돌고,
그 구름은 자신의 움직임 옆에서 곧바로 뻗은 길을
사려 깊은 탈은폐의 외부로 이끈다"(전집 54권 110)

하이데거는 레테의 본질을 해명하기 위해, 이 송가 중에서 lathas atekmarta nephos라는 표현에 관심을 갖는다. 그는 이 구절을 "표지 없는 은폐의 구름"이라고 번역한다. 그렇다면 표지 없는 구름이란 무엇인가? 이 표현은 "구름"이란 측면과 "표지 없는"이란 측면으로 나누어 생각될 수 있다. 우선 구름은 태양과 빛을 가로막는 존재자로 여겨진다. 이 점은 하이데거의 경우도 마찬가지다. 그는 다음과 같이 말한다 :

"태양 아래서 움직이거나 서 있는 구름은 하늘의 청명함과 빛을

은폐시키고 밝음을 빼앗는다. 구름은 어둠과 일식을 사물들과 인간들 위로 그리고 이 양자의 관계들 위로 … 끌어들인다"(전집 54권 117).

이렇게 구름은 인간과 사물 위에 그리고 태양의 아래에 위치하며 움직이면서, 인간과 사물과 태양의 관계를 어둡게 하는 존재자다. 구름은 인간에게 주어진 태양과 같은 특징을 지니는 시각을 무력하게 하고 또한 사물들을 명료하게 볼 수 없도록 한다. 따라서 구름을 통해 모든 것이 어두워지고 은폐된다. 이렇게 구름은 인간의 사려 깊은 탈은폐를 막는 역할을 한다. 그리고 레테는 구름과 같이, 인간을 포함한 모든 존재자의 탈은폐를 막는 특징을 지닌다. 그렇다면 레테는 모든 것을 완전히 은폐시키는 것인가? 그렇다면 왜 핀다로스는 표지 없는 구름이란 표현을 썼으며, 하이데거는 왜 이 부분에 주목하고 있는 것일까? 표지란 무엇인가?

하이데거는『횔덜린의 송가「이스터」』[49]에서 표지의 본질을, 어떤 것을 근원적으로 드러냄이란 의미로 해석하고 있다.「이스터」에는 다음의 구절이 있다 :

"… 태양과 달이 분리되지 않고, 마음속에 간직되기 위하여
그리고 … 운행하기 위하여
하나의 표지를 필요로 한다"(「이스터」, 15, 232)

또 '므네모쉬네'에서는 :
"우리는 하나의 표지다. 우리는 의미도 없고
아픔도 없으며, 거의

---

49) M. Heidegger, *Hoelderlins Hymne 'Der Ister'*, 전집 53권, 번역본(최상욱 역)은 "이스터"란 약호로 본문에 삽입함.

언어를 낯선 것 안에서 잃어버렸다"(「이스터」, 236)는 표현이
있다.

이 시구에서 표지는 근원적인 의미를 담지한 근원적 말함을
뜻한다. 그런데 하이데거는 낯선 것과의 관계 속에서 근원적인
말을 찾아내려는 시인을 바로 표지라고 해석하고 있다. 그렇다
면 은폐하는 "표지 없는 구름"이란 표현은, 구름이 근원적인 표
지를 갖지 않는다는 점 혹은 구름의 움직임이 근원적인 표지를
은폐시키고 있다는 점을 뜻한다. 따라서 하이데거는 다음과 같
이 말한다 :

　　"구름이 표지가 없다는 것은, 구름 자체가 도대체 자신을 지시하
　지 않는다는 것을 뜻한다. 어둡게 함으로써 이러한 은폐는 스스로를
　은폐된 것 안에 보존한다. 그럼에도 모든 어둡게 함은 항상 … 유일
　한 밝음으로 '나타날' 수 있는 밝음을 여전히 뒤에 남겨둔다. 망각하
　는 은폐의 구름이 스스로를 그러한 것으로 은폐한다는 사실 안에,
　망각의 기이한 점이 드러난다"(전집 54권 120).

이 문장을 통해 하이데거는, 구름이 스스로를 은폐하지만 동
시에 그 뒤엔 유일한 밝음이 남아 있다는 점을 강조하고 있다.
표지가 없는 구름은 밝은 표지들을 은폐시키지만, 동시에 그러
한 은폐를 통해 근원적인 표지가 열릴 수 있는 가능성도 사라지
는 것은 아니라는 것이다. 그렇다면 어떻게 이러한 상반적인 측
면이 동시에 가능할 수 있는가?
　그것은 구름이 움직이기 때문이다. 하이데거에 의하면 구름은
하나의 상태가 아니라 바로 움직이는 활동(Handlung)으로서의
사건(Ereignis)이다. 구름이 움직이는 사건이기 때문에, 구름은
은폐와 탈은폐를 동시에 가능케 할 수 있는 것이다. 그렇다면 구

름을 통해 해명하려던 레테, 즉 망각의 본질은 단순한 상태가 아니라 활동적인 사건에 있음이 분명해진다. 망각은 인간의 주관적인 상태가 아니라 인간과 사물 위로 움직이는 구름과 같이 레테의 활동성으로 파악되어야 한다 :

　　"망각은 일종의 은폐로서 하나의 사건이다. 즉, 존재자와 인간과 관계하는 자신의 관계 속에서 존재자와 인간 위로 다가오는 사건이다. 망각은 움직임(활동)의 본질 영역 안에서 사건화한다. 망각은 결코 '기억 상실'이란 의미로서의 '주관적인 체험'도 '주관적인 상태'도 아니다"(전집 54권 122).

　　이어서 하이데거는 망각, 레테가 단순히 과거적인 것에 대한 망각만을 뜻하는 것이 아니라고 강조한다. 구름이 움직이는 것으로 표현되듯이, 망각은 바로 움직임과 연관된 것이지, 지나간 표상과 연관된 것이 아니라는 것이다. 따라서 매 순간 가능한 망각은 단지 과거뿐 아니라 오히려 시간성 전체와 연관되어 있는 것이다. 이 점에 대하여 하이데거는 다음과 같이 말한다 :

　　"레테, 즉 망각은 과거적인 것, 현재화하는 것, 미래적인 것을 스스로 부재하는 현존성의 길로 빠져가게 하는 은폐며, 이와 더불어 이러한 은폐가 그 자체로 볼 때 전적으로 드러나지 않게 하는 방식으로, 인간 자신을 은폐성 안으로 … 옮겨놓는 은폐다. 레테는 스스로 벗어나면서 은폐한다. 레테는, 스스로를 앞서 보존하면서, 비은폐적인 것과 이것의 탈은폐를 감추어진 부재의 길로 빠져들게 하면서, 스스로로부터 벗어난다"(전집 54권 123).

　　이렇게 레테는 시간성 전체를 통해 활동하며 레테는 탈은폐하는 것을 감추지만, 그때 레테 자신은 스스로를 "레테로서" 드러낸다는 것이다. 그렇다면 레테가 스스로를 레테로서 드러낸다는 것은 어떤 의미인가?

일반적으로 생각할 때 레테, 망각은 어떤 것에 대한 망각이다. 따라서 "어떤 것"은 망각될 수 있다. 그러나 그 어떤 것을 "망각했다는 사실"은 기억될 수 있다. 이런 경우를 하이데거는, "망각이 망각이란 모습으로 스스로를 드러냄으로써, 탈은폐될 가능성을 보존하고 있다"고 말하는 것이다. 그것은 구름이 움직임을 통해 은폐와 탈은폐의 가능성을 동시에 지니는 것과 마찬가지다. 이렇게 망각은 어떤 것에 대한 망각이기도 하지만, 그러한 것이 망각되었음을 드러내는 것이기도 하다. 하이데거는 망각을 통해 인간과 사물은 모두 비은폐성의 가능성에서 우선 배제되고, 인간과 사물은 서로 벗어나게 되지만, 그럼에도 불구하고 망각이 망각이란 사실을 드러냄으로써 인간과 사물의 관계가 본래적으로 탈은폐될 가능성을 갖는다고 주장하는 것이다(전집 54권 131).

따라서 하이데거에 의하면, 망각으로부터 회복의 가능성은 인간의 주관적인 능력에 달려 있는 것은 아니라 오히려 알레테이아의 투쟁적인 특성에 달려 있다. 이 점에 대하여 그는 "알레테이아와 레테 사이에는 매개적인 것도 어떠한 통로도 없다. 왜냐하면 양자는 그 자체로, 그 본질에 따라 직접적으로 서로 속하기 때문이다"(전집 54권 185)라고 말한다. 레테와 알레테이아 사이엔 어떠한 인간적인 매개도 불가능하며, 단지 레테가 스스로를 레테로서 드러냄으로써 레테로부터 탈은폐시킬 수 있는 탈취가 가능하고, 이러한 탈취를 통해 은폐된 것의 본래적인 존재가 드러날 수 있다는 것이다. 그런데 이러한 알레테이아의 a privativum의 특성으로부터 인간의 비극도 생기게 된다(전집 54권 134). 즉, 비극이 발생하는 이유는 알레테이아의 탈취적 특성이 인간의 의지나 이성, 예측 능력에 한정되지 않고, 오히려 어느 한 "순간" "갑자기"(54권

185) 인간을 덮쳐오기 때문이다. 이런 의미에서, 레테와 밀접하게 연관되어 있는 여성적 진리인 알레테이아는 인간에게 섬뜩한 것(54권 150)으로서 덮쳐오는 비극적 진리이기도 하다. 그리고 이런 이유에서, 하이데거는 레테와 알레테이아의 비극적 관계 안에 처한 인간의 본질을 쿠라라고 말하는 것이다. 즉, "염려(쿠라)는 탈은폐와 은폐의 본질의 사건 안에 속한다"(54권 177). 결국 인간 현존재의 존재가 쿠라인 것은 바로 알레테이아와 레테가 서로 공속하기 때문이다.

그렇다면 알레테이아가 항상 레테의 알레테이아이고, 레테가 알레테이아로부터의 레테일 수 있는 근거는 무엇인가? 알레테이아와 레테가 서로 대립되는 것이지만, 동시에 양자 사이엔 어떠한 매개물도 포함되지 않는 직접적인 공속성이 존재할 수 있는 근거는 무엇인가?

하이데거에 의하면, 레테와 알레테이아 사이의 관계는 일방적으로 한편이 다른 한편을 배척하는 관계가 아니다. 오히려 레테로부터 알레테이아가 가능하기 위해서는, 양자 사이에 직접적으로 양자를 공속 시키는 영역이 존재해야 하며, 이것을 하이데거는 "간직함(Bergung)"이라고 보고 있다. 여신 알레테이아는 바로 레테와의 관계 속에서 "간직함"이란 특징을 지니는 것이다. 그렇다면 "간직함"은 무엇을 의미하는가?

일반적으로 대지는 명증한 하늘에 비해 감추고 은폐하는 것으로 간주되어 왔다. 그러나 대지는 단순히 은폐하는 것만이 아니라 바로 탈은폐를 가능케 하는 근원으로도 존재한다. 말하자면 대지는 탈은폐라는 특징을 지니지는 않지만, 바로 탈은폐를 가능케 하는 근원적인 모체이기도 한 것이다. 대지는 감출 뿐 아니라 드러남을 위한 모든 것을 자신 안에 간직하기도 한다. 그리고 이러한 간직함에 힘입어 은폐와 탈은폐가 가능한 것이다. 따라

서 하이데거는 : "탈은폐는 동시에, 현전의 비은폐성 안으로, 즉 존재 안으로 비은폐하는 것의 간직함을 '위하여' 존재한다. 이러한 간직함 안에서 비로소 비은폐적인 것이 존재자로서 발현한다. '탈-은폐함' — 이것은 이제 동시에 간직함 안으로 이끎이란 뜻을 갖는다 : 말하자면 비은폐적인 것을 비은폐성 안으로 보존한다는 뜻을 갖는다"(전집 54권 198)고 말하며, 다른 곳에선 : "알레테이아는 은폐에 대항하지만, 이러한 '대항' 안에는 동시에 간직함에 대한 '긍정'이 있다. 알레테이아가 존재하는 것은, 단지 그것이 간직함을 긍정하면서 비은폐성 안으로 본재하며, 은폐에 대항하기 때문이다"(전집 54권 199)라고 말한다. 이렇게 간직함 (Bergung)은 레테와 알레테이아의 사건이 벌어질 수 있게 하는 근거인 것이다. 그렇다면 이제 이러한 레테와 알레테이아의 사건이 어떠한 모습과 내용으로 전개되는지 살펴보기로 한다.

제3장
여성 농부를 통해 본 대지와 세계의 모습

1. 반 고흐의 신발과 현대 기술

하이데거는 『예술 작품의 근원』이란 작품에서, 예술 작품의 본질을 밝히기 위해 세 가지 예를 들고 있다. 반 고흐의 그림, 로마의 분수, 그리스 신전이 그것이다. 반 고흐의 그림 중에서 하이데거가 선택한 그림은 「신발(Les Souliers)」이라고 여겨진다.[50] 이 그림 속 신발은 다 해어져 거의 못쓰게 되어버린 "작업화"를 연상시킨다. 가죽은 해어지고 신발 끈도 풀어져 있는, 마치 군화나 작업화와 같은 모양의 신발이다. 그런데 이 그림 속 신발이 어떠한 직업 혹은 어떠한 사람을 위한 신발인가에 대한 논쟁이 당시에 있었다. 그리고 많은 학자들은, 이 신발이 여성 농부의 신발이기보다는 도시 노동자의 신발에 더 적합하다는 견

---

50) M. Heidegger, Der Ursprung des Kunstwerkes, in : *Holzwege*, Kloster-mann, Frankfurt, 22쪽(앞으로 Hw라는 약호로 본문에 삽입함).

해를 제시하였다. 그러나 하이데거는 놀랍게도 그 신발이 여성 농부의 신발이라고 단언하고 있다. 도대체 왜 하이데거는 반 고흐의 그림을 여성 농부의 신발이라고 단호하게 주장하는 것일까? 만약 우리가 반 고흐의 그림이 도시 노동자의 신발이라고 가정한다면, 과연 하이데거가 여성 농부의 신발이라고 주장하면서 전개시킨 존재론적 세계가 가능할까? 오히려 그 그림은 도시 노동자의 힘겨움, 경쟁에 내몰려진 소외와 억압 그리고 자신의 노동을 통해 생산한 상품으로부터의 소외 등을 그려내지 않을까? 이 경우 반 고흐의 그림 속 신발을 여성 농부의 신발이라고 해석한 하이데거의 주장과는 전혀 다른 기술의 세계가 경험될 수도 있을 것이다. 그런데 우리는 이런 세계를 하이데거의 다른 작품들에서 발견할 수 있다. 특히 「기술과 전회」에서는 현대 기술의 세계에 대한 하이데거의 입장이 펼쳐지고 있는데, 이 기술의 세계와 여성 농부의 세계를 비교하는 것은 흥미로운 일일 것이다.

하이데거는 현대 기술에 대하여 매우 비판적인 입장을 취한다. 이런 점을 우리는 다음의 문장에서 볼 수 있다 :

"지구는 이제 한낱 채탄장으로서, 대지는 한낱 저장고로서 탈은폐될 뿐이다. 농부들이 예전에 경작하던 밭은 그렇지 않았다. 그때의 경작은 키우고 돌보는 것이었다. 농부의 일이란 농토에 무엇을 내놓으라고 강요하는 것이 아니라 씨앗을 뿌려 싹이 돋아나는 것을 그 생장력에 내맡기고 그것이 잘 자라도록 보호하는 것이었다. 그러나 오늘날의 농토 경작은 … 자연을 도발적으로 몰아세운다. 경작은 이제 기계화된 식품 공업일 뿐이다."[51]

---

51) M. Heidegger, *Die Technik und die Kehre*, Neske, Pfullingen, 번역본(이기상 역)은 "기술"이란 약호로 본문에 삽입함. 41쪽. 이기상은, 『기술과 전향』에서 Gestell을 닦아세움이라고 번역하고 있다. 그런데 필자의 경우, 몰아세움이

이 인용문에서 하이데거는 현대 기술과 대립적인 세계를 표현하기 위해 굳이 "여성 농부"라는 단어를 사용하지는 않았다. 왜냐하면 이 작품에서는 현대 기술의 특징을 드러내는 것이 주목적이기 때문에, 단순히 "농업인"이란 표현으로도 그 구분이 명확해지기 때문이다. 그렇다면 현대 기술의 본질은 무엇인가? 이에 대하여 하이데거는 다음과 같이 말한다 :

"현대의 기술을 속속들이 지배하고 있는 탈은폐는 도발적 요청이란 의미의 몰아세움의 성격을 띠고 있다. 이 도발적 요청은 자연에 숨겨져 있는 에너지를 채굴하고, 캐낸 것을 변형시키고, 변형된 것을 저장하고, 저장한 것을 다시 분배하고, 분배된 것을 다시 한 번 전환해 사용함으로써 이루어진다. 채굴하다, 변형하다, 저장하다, 분배하다, 전환시키다 등은 탈은폐의 방식이다"(기술 45).

현대 기술의 본질은 일종의 "탈은폐"라는 것이다. 그러나 현대 기술의 탈은폐 방식은 목가적이고 수공업적인 기술의 탈은폐 방식인 poiesis라는 의미의 "밖으로 끌어내어 앞에 내어놓음"(기술 39)이란 방식으로 전개되지 않으며, 오히려 도발적으로 요청하는 몰아세움의 방식을 취한다. 그리고 이러한 몰아세움은 최대한의 효과를 창출하기 위해, 자연의 생장력을 무시한 채, 자연을 임의로 채굴, 변형시킨다. 그리고 이때 인간도 더 이상 기술의 지배자가 아니라 기술의 한 부품으로 전락하게 된다.

예를 들어 인간이 원유를 채굴하는 것은 단순히 인간을 위한 것이 아니라 오히려 인간으로 하여금 원유를 채굴하도록 하는 정치적 이익 집단의 도발적 요청에 의해 이루어지는 것이다. 이렇게 원유를 채굴하는 표면적인 주체는 인간이지만, 인간으로

더 나은 번역이란 생각이 들어서, 이기상의 닦아세움을 몰아세움이라고 고쳐 인용하였다. 나머지는 그대로 인용했음을 밝힌다.

하여금 채굴하게 하는 또 다른 은폐된 주체에 의해 인간은 행동하는 것이다. 그렇다면 현대 기술에 이르러 한편으로 인간은 "기술을 활용함으로써 탈은폐의 한 방식인 주문 요청에 관여"(기술 49)하지만, 다른 한편으로 이러한 인간의 활용을 부추기는 것은 더 이상 인간이 아니라, 바로 현대 기술의 탈은폐 방식이라고 볼 수 있다(기술 49-51). 따라서 하이데거는 "이렇듯 주문 요청하는 탈은폐로서의 현대 기술은 단순한 인간의 행위가 아니다"(기술 51)라고 말한다. 또한 현대 기술의 존재 방식인 몰아세움은 그 자체로는 더 이상 기술적인 것이 아니다. 오히려 그것은 인간을 몰아가는 "역운의 한 방식"(기술 67)이라는 것이 하이데거의 입장이다. 그리고 이러한 몰아세움(Ge-stell)은 근대 형이상학의 특징인 앞에-세움(표상, Vor-stellen)이 극단화된 모습이기 때문에, 현대 기술의 본질은 형이상학적이라고 보아야 한다. 그런데 하이데거에 의하면 서구의 형이상학은 존재의 진리가 망각된 채로 드러난 모습이다. 그렇다면 현대 기술의 본질은 존재를 망각한 형이상학에 놓여 있으며, 이렇게 왜곡된 탈은폐 방식에 현대인은 참여하고 있는 것이다. 그러나 현대인은 현대 기술의 본질과 그 탈은폐 방식에 관심을 갖지 않으며, 그 탈은폐는 인간의 한계를 벗어나는 것이기에 그 위험의 정도는 더 심각하다고 볼 수 있다. 이 점에 대하여 하이데거는 다음과 같이 말한다 :

"인간은 결정적으로 몰아세움의 도발적 요청의 귀결에 파묻혀, 이 몰아세움을 하나의 말 걸어옴(요청)으로 알아듣지 못하며, 그 자신이 말 건넴을 받고 있는 자라는 것도 간과하고 있다"(기술 75).

그런데 이러한 인간의 간과는 단순히 인간의 소홀함이나 무지에 의한 것이 아니라, 바로 현대 기술의 탈은폐 방식이 무엇을 숨기고 무엇을 드러내는지를 혼란스럽게 만들기 때문이다. 왜냐하면 현대 기술뿐 아니라, 이미 앞에서 언급했듯이 탈은폐는 그 자체 안에 이미 은폐라는 특징을 지니고 있기 때문이다. 따라서 하이데거는 : "이렇듯 도발적 요청의 몰아세움은 예전의 탈은폐의 한 방식, 즉 밖으로 끌어내어 앞에 내놓음을 숨겨버릴 뿐 아니라 탈은폐 자체를 숨겨버리며, 그것과 함께 그 안에서 비은폐성의 사건, 다시 말해 진리의 사건이 일어나고 있는 바로 그 장마저도 숨겨버린다. 몰아세움은 진리의 나타남과 전개를 위장해버린다"(기술 75-77)라고 말한다. 즉, 현대 기술은 자신의 본질을 은폐시킴으로써 인간으로 하여금 그 본질로부터 시선을 돌리게 하는데, 이것이야말로 가장 위험한 점이라는 것이다. 그리고 현대 기술의 본질의 위험성은 기술의 본질 자체를 망각했다는 점에 놓여 있는 것이다. 그렇다면 망각된 현대 기술의 형이상학적 본질은 무엇인가?

2. 테크네 · 포이에시스 · 피지스

하이데거에 의하면 현대 기술도 기술의 한 방식이다. 그런데 인간학적인 해석에 따르면 ① "기술은 목적을 위한 수단" ② "기술은 인간 행동의 하나"(기술 17)다. 이러한 일반적인 해석에 대하여 하이데거도 부정하지 않는다. 오히려 그는 제작하는 것, 제작된 것, 사용하는 것, 사용된 것, 욕구를 만족시키기 위한 목적 그리고 이를 위한 연장과 기구, 기계 등이 모두 기술의 범위에 속한다고 본다. 그리고 그는 도구나 목적의 본질이 무엇인지 다시 묻는다. 분명히 현대 기술도 어떠한 목적을 위한 것이고, 이를 만족시키기 위해 제작 과정을 수반하고 있음은 분명하다. 그렇다면 목적이란 무엇인가? 기술이 추구하는 궁극적인 목적이 존재하는가? 혹은 목적이란 끊임없이 이어지는 욕구와 그 만족을 위한 제작, 새로운 욕구, 새로운 제작이란 연결 고리를 갖는 것은 아닌가? 그렇다면 성취된 목적은 다른 목적을 위한 원인으로 바뀌게 되며, 이런 과정은 계속해서 이어진다고 볼 수 있다. 그런데 목적을 중심으로 원인과 결과가 서로 이어지는 관계를 전통적인 형이상학은 인과율이라고 불러왔다. 그렇다면 기술을 지배하고 있는 근원적인 법칙은 인과율이라고 할 수 있다. 따라서 하이데거는 현대 기술의 본질을 해명하기 위해 우선 인과율에 대한 전통적인 해석을 분석한다. 그렇다면 인과율이란 무엇을 의미하는가?

아리스토텔레스는 존재자를 형성하는 원인들로서 질료인, 형상인, 목적인, 능동인이란 4원인들을 들고 있다. 그런데 일반적으로 원인은 어떤 것에 대한 작용이나 효과를 야기하는 것을 의미한다. 그러나 이런 해석에 대하여 하이데거는 부정적인 입장을 취한다. 그에 의하면 아리스토텔레스가 말하고 있는 4원인설의 원인들의 의미는 현대적인 의미의 원인과는 전혀 다른 뜻을 지녔다는 것이다. 이 점에 대하여 그는 다음과 같이 말한다 :

"우리가 원인(Ursache)이라고 하고 로마인들이 causa라 명명한 그것을 그리스인들은, 다른 어떤 것에 책임을 지고 있다는 의미로서 '아이티온'이라고 했다"(기술 23).

이와 같이 하이데거는 기계론적인 뉘앙스를 풍기는 원인이란 개념을 "책임이 있음(Verschulden)"이란 의미로 해석하고 있다. 그렇다면 "영향을 끼침"이란 의미와 "책임이 있음"이란 의미의 차이는 무엇인가? 우선 이 단어들이 풍기는 이미지만을 통해서도, 우리는 "영향을 끼침"이란 단어에서는 영향을 끼치는 자(주체)의 우위성이 강하게 드러나는 반면, "책임이 있음"이란 단어에서는 특출한 주체가 드러나지 않는다는 느낌을 가질 수 있다. 말하자면 우리는 이 단어를 통해, 만드는 주체와 그 주체가 사용하는 재료, 만들어내는 형상 그리고 주체의 활동이라는 구분이 아니라, 오히려 이 네 가지가 조화롭게 전체를 이루어내는 장면을 떠올릴 수 있다. 이런 점을 분명히 하기 위해 하이데거는 "은잔"을 예로 들고 있다.

하이데거에 의하면, 은잔은 은이란 재료에 빚지고(schulden) 있으며, 이런 한에서 은잔은 은에게 감사해야 한다(verdanken)는 것이다. 또한 그러한 은이 다른 형태가 아니라 바로 잔의 형태를 갖게 된 것도 단순히 그 형태에만 연관되어 있는 것이 아니라 바로 그러한 형태를 이루어내기에 적합한 질료와 그러한 형태를 지향하는 목적과 함께 연관되어 있기 때문이다. 즉, 질료와 형태, 목적이 서로 얽혀서 그러한 사물로서 나타나게 되는 것이다. 그러나 이러한 하이데거의 주장에도 불구하고 이 은잔을 만든 것은 은장이이기 때문에, 은장이에게 모든 우월권이 주어져야 하는 듯이 보인다. 그러나 이러한 주장에 대하여 우리는 굳이 하이데거의 어려운 설명 외에도, 단순히 다음과 같은 예를 통해 은장이의 우월권이 정당한지 생각해볼 수 있다. 예를 들어 추운 지방의 집, 의상 등의 모양과, 더운 지방의 모양들을 떠올린다면, 우리는 그러한 질료, 형태, 목적이 한 기술자의 독자적인 생각에 의해 가능한 것이 아님을 알 수 있다. 오히려 기술자가 그러한 모양과 질료, 목적을 생각해낼 수 있었던 것은, 이미 그가 처해 있는 존재 세계가 그러한 것을 요구했기 때문이다. 따라서 하이데거는 다음과 같이 말한다:

"은장이는 완성된 제기를 자기 힘으로 만들어놓았기에, 즉 능동인이기에 책임이 있는 것은 결코 아니다. 아리스토텔레스의 학설에는 그러한 칭호를 가진 원인도 또 그에 상응하는 그리스어의 이름도 찾아볼 수 없다. 은장이는 위에 열거된 책임짐의 세 가지 방식들을 숙고하여 한 군데에 모은다. 숙고한다는 말은 그리스어로 '레게인, 로고스'다. 이 낱말은 '아포파이네스타이', 즉 앞에 내보임에 근거하고 있다"(기술 27).

말하자면 은장이는 자신의 독자적인 생각에 의해 은잔을 만든 것이 아니라 이미 그에게 앞서 드러나고 보인 것(phainomenon)(『존재와 시간』, 7절)을 숙고를 통해 일정한 존재자로 모으는(Sammlung)[52] 책임을 지고 있을 뿐이다. 그리고 이러한 네 가지 방식이 하나를 이루어 은잔이라는 사물을 "드러내는" 것이다. 따라서 인간은 사물을 주체적으로 창조하는 자가 아니다. 오히려 인간은 세계가 드러내는 것에 따라서 사물을 만드는 데 참여하고 있을 뿐이다. 이렇게 하이데거는 아리스토텔레스의 4원인설뿐 아니라 프로타고라스의 말도 잘못 이해되어 왔음을 지적한다.

프로타고라스는 "인간은 만물의 척도다"라고 말했다. 이 문장은 cogito, ergo sum이라는 데카르트의 주장과 같이 주체 중심적인 표현으로 해석되어 왔다. 그러나 하이데거는 프로타고라스의 말의 본래적인 의미를 다음과 같이 해석한다 :

"(그때마다) 인간은, 모든 사물들이 (인간이 사용하고 필요로 하며, 따라서 항상 자신을 위해 갖는 chremata chresthai), 즉 현전하는 존재자들이 그것들이 현전하는 방식으로 현전하고, 현전하는 것이 거부된 존재자들은 현전하지 않는다에 대한 척도다."[53]

---

52) M. Heidegger, *Heraklit*, 전집 55권, 266쪽 이하(앞으로 전집 55권이란 약호로 본문에 삽입함).

53) 하이데거, 『세계상의 시대』, 최상욱 역, 서광사, 73쪽(앞으로 '세계상'이란

이러한 해석을 통해, 하이데거는 인간이 만물을 최초로 규정하는 근거가 아님을 분명히 한다. 오히려 인간이 척도라는 표현은, 이에 앞서 인간에게 존재자의 존재가 드러날 때 가능하다는 것이다. 따라서 인간의 역할은 자신에 앞서 이미 드러나고 보인 것을 자신의 이해 구조로 끌어들여 모으는 데(logos) 있는 것이다. 이런 의미에서 인간이 만물의 척도라는 표현은 인간 주체의 우위성을 뜻하지 않는다.

그렇다면 서로 다른 인간들에게도 이러한 동일한 모음이 가능할까? 이 점에 대하여 하이데거는 다음과 같이 말한다:

"그러나 인간이란 누구인가? 플라톤은 이것에 대하여 동일한 곳(Theaetet, 152 a)에서 소크라테스의 말을 통해 알려주고 있다. '그(프로타고라스)는 이것을 이렇게 이해하지 않았을까? 그때마다 나에게 존재자가 어떤 것으로 보일 때, 그러한 외양은 나에게 그것으로(그 존재자로) 존재한다. 그러나 너에게 어떤 것으로 보일 때, 그것은 너에게도 역시 그 존재자인가? 그러나 너와 나는 인간이다"(세계상 73).

이 표현에서 나와 너를 포괄하는 인간이라는 개념은 무엇을 의미하는가? 이것은 데카르트와 같은 순수 주체를 뜻하는가? 즉, 선험적으로 순수 주체를 통해 나와 너의 판단이 동일한 판단으로 확인될 수 있다는 것인가?

이에 대하여 하이데거는, 나와 너를 포함하는 인간이 척도라는 표현은, "인간은 고립된 자아성(Ichheit)으로부터 척도, 즉 모든 존재자가 자신의 존재로 있기 위해 그것에 접합되어야 하는 그러한 척도를 설정하는 것이 아니다"라고 하면서, 오히려 "존재자와 존재자의 비은폐성에 대한 그리스인의 근본 태도를 척도

약호로 본문에 삽입함).

(metron)라고 하는 것은, 인간이 나와 관계된 비은폐성의 일정한 주위에 제한됨을 받아들이고, 따라서 존재자의 은폐성을 인정하고, 존재자의 현전성과 비현전성, 즉 본래적으로 존재하는 것의 외양이 확고하게 결정된 것이 아니라는 것을 인정하는 한에서다"(세계상 77)라고 말한다. 즉, 하이데거에 의하면 나와 너에 의해 존재자가 서로 다르게 보이지 않을 수 있는 근거는, 인간의 선험적 자아에 의한 것이 아니라 오히려 인간이 존재를 어느 정도 이해하는 존재의 장소, 즉 현존재이기 때문이라는 것이다.

물론 이러한 하이데거의 주장은, 서로 다른 인간들 사이에서 상이한 해석도 가능하다는 것처럼 들린다. 그러나 이러한 우려는,54) 하이데거가 주장하는 것이 존재자가 아니라 존재라는 사실을 간과한 데서 비롯된 것이다. 하이데거는 어떤 존재자에 대한 구체적 내용이 아니라 그러한 존재자의 "있음"의 의미에 관심이 있는 것이다. 따라서 존재자에 대한 구체적인 이해 내용이 서로 다를 수 있음을 하이데거는 인정한다 : "말하자면 존재자를 바로 그것으로 인지하는 것을 방해하는 것은 여러 가지다. 존재자가 폐쇄되어 있다는 점(은폐성)뿐 아니라 인간의 역사 과정이 짧기 때문이다"(세계상 77).

이렇게 인간이 존재자를 잘못 이해하는 것은, 첫째 존재자의 존재 자체가 드러나기도 하고 은폐되기도 하는 점, 둘째 이러한 드러남/은폐에 대한 인간의 들음과 망각이 동시적으로 가능하다는

---

54) 참조, C. F. Gethmann, *Verstehen und Auslegung. Abhandlung zur Philosophie, Psychologie und Paedagogik*, Bd. 81, Bonn 1974. 여기서 게트만은 하이데거의 진리 개념이 플라톤의 선의 이데아와 같은 척도를 갖지 않기 때문에 옳고/그름을 판단할 수 없는 치명적인 약점을 지닌다고 비판한다. 이러한 비판은 충분히 고려할 만한 비판이다. 그러나 하이데거가 말하는 진리는 게트만이 말하는 진리를 가능케 하는 근거이기 때문에, 존재적 진리와 존재론적 진리를 동일한 선상에 놓고 비교하는 것은 문제가 있다고 볼 수 있다.

점에 기인한다. 그럼에도 하이데거는 존재자의 드러남에 대하여 인간 현존재가 주의를 하고(In-die-Acht-nehmen), 그것이 바로 그것이도록 모아들인다면(das versammelnde Vorliegenlassen), 존재자는 바로 그 존재자로 이해될 수 있다고 주장한다. 이런 점을 염두에 둔다면, 선험적 자아가 아니더라도 인간이 존재자를 그 존재자로 올바르게 이해하는 일은 가능할 것이다. 이 점에 대하여는 뒤에 다시 언급하기로 한다. 단지 여기에서는, 아리스토텔레스의 4원인설이 현대인이 생각하는 것과 달리, 주체의 우월성과는 거리가 멀다는 것이다. 오히려 주체가 하는 일은, 은잔을 은잔으로 "드러나게" 하는 존재의 세계에 따라 은잔을 만드는 데 그치는 것이다.

그렇다면 기술(techne)의 본질은, 기술적인 어떤 것이 아니라 어떤 것을 드러나게 하는 데 있음을 알 수 있다. 그런데 이러한 드러남은 동시에 "포이에시스"의 본질이기도 하다. 따라서 은잔을 만드는 기술이나 은잔에 대한 예술적, 시적 표현은 바로 어떤 것을 드러나게 하는 것이란 공통점을 지닌다. 더 나아가 이러한 드러남은 '스스로 드러남'이란 의미의 피지스와 연결된다. 그렇다면 기술, 예술, 자연은 모두 드러남, 즉 알레테이아의 한 방식이라고 볼 수 있다. 따라서 하이데거는, "기술은 탈은폐의 한 방식이다. 기술은 탈은폐와 비은폐성인 '알레테이아', 즉 진리의 사건이 일어나고 있는 그곳에 본질적으로 존재한다"(기술 37)라고 말한다.

그런데 위에서 현대 기술은 잘못된 방식의 탈은폐며, 그렇기에 위험성을 내포한다고 말했다. 그렇다면 현대 기술로부터 구원의 가능성은, 탈은폐의 또 다른 방식인 포이에시스, 특히 "가장 높은 의미의 포이에시스"(기술 31)인 피지스에 대한 이해로부터 가능할 수 있다. 따라서 하이데거는, "기술의 본질이 전혀 기술적인 것이 아니기에, 기술에 대한 본질적인 자각과 기술과의 결정적인 대결은, 한편으로는 기술의 본질과 가깝게 관련되어 있고, 다른 한편으로는 그것과는 근본적으로 다른, 그런 어떤 영역에서 일어날 수밖에 없다. 그런 영역이 곧 예술이다"(기술 99)라고 말한다. 따라서 하이데거는 반 고흐의 신발을 여성 농부의 신발이라고 주장하면서 예술의 본질에 대하여 논하는 것이다. 그렇다면 현대 기술과 달리 포이에시스적인 드러남의 세계는 어떠한 모습일까?

3. 여성 농부의 신발을 통해 본 존재 세계

우리는 위에서, 반 고흐의 신발이 기술 세계에 살고 있는 도시 노동자의 신발일 경우에 벌어질 수 있는 모습에 대하여 언급하였다. 그런데 하이데거는 반 고흐의 그림을 여성 농부의 신발이라고 주장한다. 그리고 이러한 주장을 바탕으로 그는 자신의 존재 세계를 드러내고 있다. 그렇다면 도시 노동자와 달리 여성 농부의 신발로부터는 어떠한 모습의 세계가 펼쳐질 수 있을까? 우선 인간의 욕망과 존재자에 대한 지배, 인간의 소외와 같은 모습 대신에 목가적인 풍경이 그려질 수 있을 것이다. 이러한 점을 하이데거는 대지와 하늘, 죽음과 탄생, 고통과 극복이 펼쳐지는 세계로 표현하고 있다 :

"(신발이라는) 이 도구는 대지에 속하며, 여성 농부의 세계 안에서 보존되고 있다. 이러한 보존되는 속함으로부터 비로소 도구 자체가 그것의 자신-안에-안식함이 생긴다"(Hw 23).

즉, 농부 세계에서 보존되는 신발 그림은, 신발의 기술적 측면에서 벗어나, 신발 본연의 도구가 지니는 존재 의미를 드러낸다는 것이다. 말하자면 하이데거는 현대 기술로 이어진 도구의 의미를 반 고흐의 그림을 통해 존재론적으로 밝힘으로써, 도구의 본래적 의미와 현대 기술의 근원 그리고 그 극복 가능성에 대하여 말하고 있는 것이다. 이를 위해 그는 우선 도구의 본질이 무엇인지 묻고 있다.

그에 의하면 도구의 본질은 용도성(Dienlichkeit)에 있다. 즉, 신발의 도구성은 그 신발이 갖는 유용함에 기인한다. 그러나 하이데거는 이 유용성이 또다시 무엇에 근거하는지 추적한다. 예를 들어 모든 신발은 걷기 위한 것이지만, 추운 곳에서 신발은 그러한 추위로부터 보호해줄 수 있을 때 비로소 유용하고 신뢰할 수 있는 것이다. 따라서 하이데거는, 도구의 유용성은 그 신뢰성(Verlaesslichkeit)에 기인한다고 말한다. 그리고 이러한 신뢰성은 또다시 이미 어떠한 세계에 대한 이해 그리고 그러한 세계의 드러남을 전제로 할 때 가능하다는 것이다. 그러나 현대인들은 이러한 신뢰성과 그 근거에 별 관심을 갖지 않는다. 단지 그들은 신발의 유용성에 관심을 가질 뿐, 그러한 유용성의 배후 근거에 대하여는 잊고 지내는 것이 보통이다. 그럼에도 불구하고 이러한 신뢰성의 근거를 밝힘으로써, 현대인에게 잊혀져 있는 존재론적인 세계를 다시 발견할 수 있다는 것이 하이데거의 입장이다. 따라서 그는 : "이 신뢰성에 힘입어 여성 농부는 이 도구(신발)를 통해서 침묵하는 대지의 부름 안으로 이끌려지며, 이 도구의 신뢰성에 힘입어 그녀는 그녀의 세계를 확신하게 된다. 세계와 대지는 그녀에게 그리고 그녀와 같은 방식으로 존재하는 사람들에게, 단지 그렇게 거기에, 즉 도구 안에 존재한다"(Hw 23)라고 말한다. 그리고 이러한 세계와 대지가 바로 반 고흐의 그림 안에서 일어나고 있다는 것이다. 즉, 반 고흐의 그림은 구두라는 존재자를 둘러싸고 있는 존재의 세계를 탈은폐시키고 있다는 것이다. 이 점에 대하여 하이데거는 다음과 같이 말한다 :

"여기서 무슨 일이 일어나는가? 작품에 입각해 작품 안에서 존재하는 것은 무엇인가? 반 고흐의 그림은 도구, 즉 한 쌍의 농부의 신발이 그 진리로 존재하는 것을 열어젖힌다. 이 존재자는 그 존재의 비은폐성 안으로 나타나게 된다. 존재자의 비은폐성을 그리스인들은 알레테이아라고 불렀다. … 만일 여기서 존재자에 대한 열어젖힘이 일어난다면, 즉 존재자가 무엇인지, 어떻게 존재하는지가 열어젖혀진다면, 작품 안에는 작품에 입각한 진리 사건이 존재하는 것이다"(Hw 25).

하이데거에 의하면 그림 속의 신발은 신발의 존재의 진리가 무엇인지를 그려내고 있다는 것이다. 그리고 신발이 신발의 진리로서 탈은폐하도록 그려내는 것이 바로 예술 작품의 궁극적인 의도라는 것이다. 그렇다면 이 그림 속에서 신발이 드러내는 존재론적인 세계는 어떤 모습인가?

하이데거는 들일을 나서는 여성 농부의 발걸음에서 드러나는 노고와, 거친 바람이 부는 밭고랑을 걷는 강인함, 신발 가죽에 묻어난 대지의 습기와 풍요함, 해질녘 들길의 고독함, 대지의 소리 없는 부름, 대지의 선물인 곡식, 겨울 들판에서 보이는 대지의 거절, 빵을 얻기 위한 인간의 근심, 고난을 극복한 뒤의 말없는 기쁨, 아기의 출산에 대한 동요함과 죽음의 위협 앞에서의 전율 등에 대하여 말하고 있다(Hw 23).

하이데거는 강요하고 몰아세우는 현대 기술의 세계와 인간 대신에, 아끼고 보호하며 생장력에 내맡기는 인간과 세계와 대지에 대하여 말하고 있는 것이다. 그리고 이를 위해 그는 반 고흐의 그림을 "여성 농부"의 신발이라고 주장하는 것이다. 물론 하이데거는 현대 기술의 인간형을 남성적 인간으로, 여성 농부로 묘사된 세계의 인간을 여성적 인간으로 명시적으로 구분하지는 않았다. 그는 「예술 작품의 근원」이나 「기술과 전회」에서 모두 단지 "인간"이란 표현을 사용하고 있다. 그럼에도 불구하고 하이데거가 굳이 여성 농부라는 표현을 쓴 것은, 그의 존재 세계가 갖는 여성적 특징을 강조하기 위한 것으로 볼 수 있다. 그렇다면 여성적 특징을 갖는 존재론적 세계의 모습을 더 구체적으로 살펴보기로 한다.

4. 4자(das Geviert)의 어우러짐의 세계 : 은잔과 단지

하이데거는 「예술 작품의 근원」에서 반 고흐의 그림을 여성 농부의 신발이라고 주장한다. 그러면서 그는, 반 고흐의 그림을 통해 우리는 농사일의 고통과 기쁨, 자연의 호의적인 면과 광포함, 탄생과 죽음 등을 만날 수 있다고 말한다. 이것은 여성 농부가 대지 위에서 영위하는 그의 삶과 이 삶을 포괄하는 세계의 모습이라고 볼 수 있다. 그런데 이 세계와 대지에 대한 구체적인 논의는 반 고흐의 그림에 대한 해석을 지나 그리스 신전에 대한 해석에서 자세히 진행된다. 이것은, 여성 농부의 신발을 그린 그림이나 그리스 신전이 동일한 존재론적 세계를 드러낸다는 점을 전제로 한다. 만약 반 고흐의 그림이 드러내는 것과 그리스 신전이 드러내는 것이 전혀 다른 세계라면, 하이데거는 이 두 예를 병존시키지는 않았을 것이다. 따라서 그리스 신전을 통해 그려내는 존재론적 세계는 반 고흐의 여성 농부의 신발 그림을 통해 그려내는 세계와 연관되며 그것을 보충하고 있다고 볼 수 있다.

그런데 이 길로 들어서기 전에 우리는 앞에서 기술과 연관해 하이데거가 제시한 예를 상기해보는 것도 좋을 것이다. 하이데거는 기술이 인과율에 의거하며, 이 인과율은 아리스토텔레스의 4원인설에서 기인한다고 말하고 있다. 그리고 그는 아리스토텔레스의 4원인설이 형이상학의 역사를 통해 잘못 이해되어 왔다고 지적하면서 4원인설의 본래적인 의미를 해명하기 위해 그는 은잔을 예로 들고 있다. 은잔의 본질은 그것의 질료나 형태, 목적, 심지어 만든 행위에 있는 것이 아니라, 오히려 이 네 가지 원인들이 서로 은잔 안에서 서로 책임짐의 방식으로 얽혀지면서 드러내는 탈은폐에서 찾아져야 한다는 것이다. 그런데 은잔을 통해 드러나는 것이 어떤 모습인지는 「기술과 전회」에서는 언급되지 않고 있다. 그러나 이 책보다 앞서 발표한 강연인 「사물」(1950년)에서 우리는 이에 대한 대답을 들을 수 있다. 여기서 그는 사물의 본질을 해명하기 위해 단지를 예로 들고 있다. 따라서 우리는 하이데거가 「기술과 전회」에서 예로 든 은잔(Silberschale)이 드러내는 존재론적인 모습이 어떠한지를 단지(Krug)에 대한 해석 안에서 찾아볼 수 있다.

하이데거가 예로 든 단지(Krug)는 손잡이가 달린 큰잔이나 항아리 등을 의미한다. 은잔이나 단지는 모두 무엇을 담는 사물이라는 공통점을 지닌다. 그런데 우리는, 첫째 하이데거가 기술의 근원인 인과율의 근거를 해명하기 위해 은잔을 예로 들고 있다는 점, 둘째 하이데거가 반 고흐의 그림을 도시 근로자가 아니라 여성 농부의 신발이라고 주장한 점을 고려한다면, 은잔이나 단지를 통해 드러나는 존재론적 세계 역시 여성적인 특징을 지닌다고 말할 수 있다. 즉, 여성 농부의 신발과 은잔, 단지를 통해 드러나는 세계는, 지배하고 몰아세우는 기술과는 전혀 다른 탈은폐 방식을 지니며, 이렇게 탈은폐하는 것과 인간의 관계 역시 전혀 다르다. 그런데 하이데거는, 이런 세계를 볼 수 있으려면 근대적인 계산적 사유(rechnendes Denken)로부터 벗어나서 숙고하는 사유(besinnliches Denken)로 돌아서야 한다고 말한다. 이러한 사유 방식의 전환은 머리 중심의 이성적, 계산적 사유로부터 마음의 사유로의 전환을 의미한다. 이 점에 대하여 그는 다음과 같이 말한다 :

"인간이 자신의 눈(Auge)과 귀(Ohr)를 열고 그의 가슴(Herz)을 환히 열어 숙고함과 행동, 교육과 작업, 기도함과 감사함에 자신을 자유롭게 내어주는 곳에서, 그는 항상 도처에서 자신이 이미 비은폐적인 것 안에 들어서 있음을 발견할 것이다"(Technik 18, 기술 50).

이에 따르면 여성적 특징을 지니는 존재론적 세계는 머리의 계산적 사유가 아니라 마음의 숙고하는 사유를 통해 드러나는 세계임을 알 수 있다. 그렇다면 마음의 사유를 통해 드러나는 세계는 어떠한 세계인가?

하이데거가 예로 들고 있는 단지는 은잔과 마찬가지로 밑바닥과 옆면으로 이루어져 있다. 이것이 단지의 형태다. 그리고 그 단지는 일정한 질료로 이루어져 있다. 그리고 그것은 무엇인가를 담는다는 목적을 지니며, 어떤 인간에 의해 만들어진 것이다. 여기에도 네 가지 원인이 서로 얽혀 있다. 그런데 기술의 시대에 살고 있는 우리들은 이 단지의 "존재" 자체가 아니라 오히려 그것의 가치에 더 익숙해져 있다. 그 단지가 세련된 디자인(형태)을 갖췄는가, 혹은 투박한가, 혹은 그 단지가 보드랍고 좋은 감촉의 재질(질료)로 만들어졌는가, 혹은 그 단지가 좀더 우아한 분위기에 적합하도록 만들어졌는가, 혹은 그 단지가 기계에 의해 대량 생산된 것인가, 혹은 유명한 장인에 의해 만들어졌는가에 따라 그 단지의 가치는 달라질 것이다. 이때 우리는 그 단지를 우리 외부에 있는 대상으로서 바라보며 그 가치를 판단하는 것이다. 그렇다면 가치를 궁극적으로 규정하는 것은 무엇인가? 질료인가 형태인가 만든 사람인가 목적인가? 아니면 사회가 인정하는 가치인가?

그러나 하이데거는 여성 농부의 신발과 마찬가지로 은잔과 단지에 대해서도 그것들이 어떤 브랜드인지, 그 디자인이 어떤지, 그 형태와 재료가 어떤지 여부에 대해서는 아무런 관심도 보이지 않는다. 오히려 그는 이러한 존재자에 의해 드러나지 않은 것, 말해지지 않는 것에 관심을 갖는다. 신발이 신는 것이듯이, 단지는 무엇인가를 담는 것이다. 단지가 무엇인가를 담는 것이고, 무엇인가를 담기 위해 빈 공간을 가져야 한다면, 단지의 존재 의미는 바로 빈 공간에 있는 것이다. 말하자면 단지의 존재 의미는 인간에게 보이는 것(존재자)이 아니라 보이지 않는(무, nichts) 텅빈 곳(die Leere), 바로 그곳(da)에 놓여 있는 것이다(VA 161 이하). 이렇게 하이데거는 단지의 존재 의미를 존재자가 아니라 있지 않음(무)과 텅 비어 있음(공)에서 발견한다. 그렇다면 무와 공에 대하여 우리는 어떻게 접근할 수 있는가? 무란 무엇인가?

그런데 이러한 질문은 이미 오류를 범하고 있는 것이다. 왜냐하면 '무엇'이라고 묻는 것은 이미 '어떤 것'을 전제하기 때문이다. "무가 무엇인가?"라는 질문은 무를 어떤 것, 즉 존재자로서 전제할 때 가능하다. 반면에 무는 전적인 없음을 뜻하는 것이다. 따라서 무나 공에 대하여 논하는 것은 불가능해보인다. 특히 계산적 사유의 경우엔 더 그렇다. 왜냐하면 계산적 사유는 항상 "어떤 것에 대한 사유"이기 때문이다. 그렇다면 무와 공에 대한 또 다른 사유가 가능할까? 만약 하이데거의 주장대로 계산적 사유에 대립되는 것이 숙고하는 마음의 사유라고 한다면, 과연 마음의 사유는 무와 공과 만날 수 있는 가능성을 지니는가?

이 가능성을 찾기 위해 하이데거는 우선 논리적인 부정(Nicht)이 어떻게 가능한지 질문한다. 그리고 그는 모든 종류의 논리적 부정이 무를 이끌어내는 것이 아니라 오히려 무에 대한 경험이 있기에, 이러한 경험으로부터 논리적인 부정이 가능하다고 주장한다. 따라서 하이데거는 무에 대한 접근 가능성을 현존재의 경험에서 찾는다. 즉, 현존재가 논리적인 부정에 대하여 말할 수 있기 위해서는 이미 현존재에게 "무 자체가 주어져 있으며", "무와 만날 수 있으며", "경험할 수 있어야" 한다는 것이다(형이상학 73). 이 경험 가능성을 하이데거는 불안이라는 근본 기분을 통해 밝히고 있다.

예를 들어 우리는 불안이라는 기분을 경험할 수 있다. 그리고 대부분의 경우 우리는 불안을 어떤 것에 대한 불안이라고 여긴다. 그러나 이렇게 특정한 어떤 것을 대상으로 갖는 기분을 하이데거는 불안과 달리 공포라고 지칭한다. 이와 달리 가끔 우리는 아무런 이유나 대상 없이 막연히 불안을 느낄 때도 있다. 그런데 이때 우리는 왜 불안해하는 것인가? 이때 불안은 아무런 대상도 갖지 않는가? 이 점에 대하여 우리는 신경 조직의 작용이라거나 호르몬의 작용 혹은 심리학의 경우와 같이 이드와 슈퍼에고 사이에서 빚어지는 에고(자아)의 현상이라고 대답할 수도 있을 것이다. 그러나 이런 대답들은 더 이상 환원될 수 없는 궁극적인 실체들을 전제로 할 때 가능하다.

반면에 하이데거는 궁극적인 실체를 전제하지 않고 이 현상을 해명하려 한다. 그는 불안에 사로잡힌 상태를 있는 그대로 해명하는 가운데, 불안 속에서는 "무엇인가가 누구에게 섬뜩하다"(형이상학 81)는 현상이 일어난다고 주장한다. 이 경우, "무엇"과 "누구"는 특정한 어떤 것과 어떤 주체라는 형태를 띠지 않는다.

따라서 하이데거는 다음과 같이 말한다 :

　"우리는 누구에게 그 무엇이 섬뜩한 바 그것을 말할 수는 없다. 그저 전체가 그 누구에게 전반적으로 그런 것이다"(형이상학 81).
말하자면 불안 속에서 무엇과 누구는 뚜렷한 형태를 띠지 않으며, 우리는 단지 이러한 것들이 무차별적으로 미끄러져 사라져가는 것만을 경험하게 된다. 이렇게 불안 속에서 우리는 존재자들이 사라져가고, 그 속에서 우리들마저 부유하게 되는 경험을 하게 된다. 따라서 하이데거는, "불안이 존재자 전체를 미끄러져 빠져나가게 하기 때문에, 불안이 우리를 공중에 떠 있게 하며", "붙잡을 것이란 아무것도 있을 수 없는 이 둥실 떠 있음이 모든 것을 완전히 뒤흔들어놓은 가운데 오직 순수한 현-존재만이 아직 거기에 있을 뿐이다"(형이상학 83)라고 말한다.

　그리고 이러한 상태에 처한 현존재에게 불안은 말도 빼앗아가 버린다. 따라서 현존재는 왜, 무엇 때문에 불안한지에 대하여 아무런 명시적인 말을 할 수 없게 된다. 현존재는 단지 불안을 불안으로 경험할 뿐이다. 그러나 이러한 '왜', '무엇 때문에'는 불안이 사라지면서 그 모습을 드러내게 된다. 즉, 불안 속에서 현존재를 불안하게 했던 것은 아무것도 없었다는 것, 즉 무였다는 것이다. 이 점에 대하여 하이데거는 : "우리가 그것에 대해, 그것 때문에 불안해한 바로 그것은 '본래' 아무것도 아니었으며", "무 자체가 ─ 그 자체로서 ─ 거기에 있었던 것"(형이상학 83)이라고 말한다. 그렇다면 불안이 사라진 후 드러나는 무는 존재자도 아니고 대상으로도 주어져 있지 않지만, 현존재가 경험할 수 있는 것임은 분명하다. 그렇다면 현존재가 경험하는 무에 대한 경험은 아무런 내용도 지니지 않는가? 이에 대하여 우리는 그렇다고 대답해야 한다. 왜냐하면 무는 아무런 내용을 지니지 않기 때문이다. 그럼에도 하이데거는 무의 경험에 대하여 말한다. 불안 속에서 현존재가 경험하는 무의 경험은 구체적인 내용을 지니지 않지만, 그럼에도 이렇게 구체적인 내용이 사라져가는 것을 경험하는 경험이라는 것이다. 불안은 모든 경험의 내용이 사라져버리는 경험을 하게 한다. 이러한 경험을 하이데거는 무화(die Nichtung)라고 말한다. 무화란, "미끄러져 빠져나가는 존재자 전체를 이렇듯 전체적으로 거부하며 가리키는 것"(형이상학 87)을 뜻한다. 말하자면 무의 경험이란 바로 "무가 스스로를 무화시키는"(형이상학 87) 경험인 것이다. 그렇다면 이때 어떤 것이 더 경험될 수 있을까?

이에 대하여 하이데거는 현존재와 존재자 사이의 새로운 경험 가능성에 대하여 말하고 있다. 즉, 무의 무화 작용을 통해 존재자 전체가 무의미해져서 현존재로부터 미끄러져 나가지만, 동시에 이것은 "존재자 전체가 — 무와 마주하여 — 지금까지는 숨겨져 있던 그러한 아주 낯선 형태 안에서 단적인 타자로 드러나는"(형이상학 89) 경험을 수반한다는 것이다. 하이데거는 무의 무화를 통해 현존재는 순수한 자신의 존재로 드러나며, 존재자 역시 지금까지 덧붙여진 의미나 가치로부터 벗어나 존재자 바로 그 자체로 드러날 수 있다고 말한다. 이렇게 무는 현존재로 하여금 "초월"(형이상학 89)을 가능케 하고, 존재자를 존재자 자체로 드러나게 하는 은폐된 근거인 것이다. 따라서 하이데거는, "오직 무가 근원적으로 드러날 수 있다는 근거 위에서만 인간의 현존재가 존재자에 접근할 수 있으며 존재자에 관여할 수 있다"(형이상학 89)고 말하며, "불안이라는 무의 밝은 밤에 비로소 존재자 그 자체의 근원적인 열려 있음(Offenheit), 즉 그것은 존재자이고 무가 아니라는 열려 있음이 생겨나오게 된다"(형이상학 89)고 말한다. 이와 같이 현존재는 무를 통해 존재자에 대한 피상적 이해 방식으로부터 벗어나 존재자를 있는 그대로 만나게 될 수 있는 것이다.

이 점을 염두에 두면, 우리는 단지의 존재의 본질이 그 단지의 존재자성이나 실체성이 아니라 바로 무에 있다는 하이데거의 주장을 이해할 수 있을 것이다. 단지의 "무"는 단지의 실체성에 붙잡혀 있는 현존재의 시선을 단지의 존재로 향하게 하며, 이때 단지가 갖는 고유하고 본래적인 존재의 세계가 펼쳐질 수 있다는 것이다. 그렇다면 단지의 고유한 존재 세계는 어떠한 모습으로 펼쳐지는가?

하이데거는 단지의 존재의 본질이 바로 텅 비어 있음 혹은 무에 있다고 말한다. 그런데 여기서 그친다면, 그의 주장은 별 의미를 갖지 못할 것이다. 그러나 그의 주장이 설득력을 가질 수 있는 것은, 이러한 공과 무를 통해 어떤 일이 일어나는지를 제시하고 있기 때문이다.

일반적으로 비어 있다는 것은 풍요하지 않음, 없음이란 부정적 의미도 지니지만, 다른 한편으로 새롭게 채워넣음의 가능성도 내포한다. 그리고 기존에 들어 있는 것이 이미 부패한 것이라면 이것에 덧붙여 단지를 채우는 것보다 오히려 단지를 깨끗이 비워내는 일이 더 중요하다. 그런데 위에서 우리는 은잔에 대한 인과율적인 이해가 현대 기술로 이어졌으며, 현대 기술의 본질이 몰아세움이며 위험이라고 말했다. 그렇다면 이와는 반대로, 단지(은잔)의 비어냄, 단지의 텅 빔은 바로 이러한 위험을 극복할 수 있는 적극적인 방법이라고 볼 수 있다. 왜냐하면 텅 빔이란 상태는 새로운 것을 받아들이면서 보존하는 행위를 가능케 하는 근거이기 때문이다(VA 164). 따라서 하이데거는, "움켜잡는 것은 (진정한 의미의) 움켜잡는 것으로서 텅 빔을 필요로 한다"(VA 164)고 말한다. 그런데 텅 빔이 가능하기 위해서는 그전에 흘려보냄이 필요하다. 왜냐하면 특정한 어떤 것을 움켜잡기 위해 단지는 비워져야 하며, 이것은 이미 있던 것을 흘려보냄으로써 가능하기 때문이다. 따라서 단지의 본질은 진정한 의미의 움켜잡음인 흘려보냄에 놓여 있으며, 이러한 흘려보냄(Ausgiessen)은 보내주는 것(Schenken)이고, 보내주는 것은, 그것이 강요나 계산에 의한 것이 아니라면 그것은 일종의 선물(Geschenk)인 것이다.

그런데 텅 빔이나 흘려보냄, 보내줌이 선물이라는 하이데거의 주장은 얼핏 들을 때 낯설게 느껴진다. 오히려 가득 채우고 받아들이는 것이 선물로 여겨지기도 한다. 따라서 하이데거의 주장을 이해하려면 우리는 눈과 귀 그리고 마음을 순수하게 열어놓을 필요가 있다. 그리고 넉넉한 마음으로 돌아본다면, 그의 말이 무리한 요구가 아니라는 것을 알 수 있다. 가령 작열하는 태양이 퍼붓는 뜨거운 여름날에 쏟아지는 시원한 소나기는 인간 세계에 흘려 보내지는 하늘의 선물이라고 볼 수 있다. 그런데 쏟아지는 소나기에는 어떠한 이해 관계나 의도도 없다. 그리고 이런 계산이 없기에 그것은 순수한 선물인 것이다. 이렇게 선물(Geschenk)은 사심 없이 보내주는 것(Schenken)의 총체(Ge)인 것이다(VA 164).

그렇다면 단지의 경우 무엇이 선물로 보내지고, 무엇을 선물로 보내주고 있는가? 여기서 하이데거의 말은 점점 더 문학적 이미지와 상상력을 통해 표현되고 있다. 그는 단지에 흘러 보내지는 것으로서 물이나 포도주와 같은 것을 예로 들고 있다. 그런데 컵에 물을 따라 마시는 행위, 잔에 포도주를 붓고 마시는 행위는 일상적으로 아무런 감사나 선물이란 생각 없이 다반사로 이루어지는 일이다. 그럼에도 불구하고 우리는 이때도 감사함을 느낄 수 있을까?

예를 들어 사막 한가운데서 심각한 갈증 뒤에 주어지는(보내지는) 물의 청량함을 대하고도, 우리는 아무 생각 없이 습관적으로 물을 삼키지는 않을 것이다. 오히려 이러한 무 혹은 무화의 경험은 우리로 하여금 '물의 존재'에 대하여 전적으로 새로운 경험을 갖게 할 것이다. 이렇게 하이데거는 단지에서 흘러나오는 물이 단순한 존재자가 아니라 선물로서 경험될 수 있음을 지적하고 있다. 이런 묘사는 단지에서 물로, 포도주로 그리고 하늘의 비로, 하늘의 비가 대지에 내려 흘러오는 동안 거쳤던 암석과 대지로, 아침의 이슬로 이어진다. 이렇게 하이데거는 판타지와 같은 세계를 묘사하고 있다. 그러나 판타지란 무엇인가? 그것은 단순히 공상적인 이미지를 만들어내는 것이기도 하지만, 동시에 그것은 존재자를 존재자로, 바로 그 존재자의 비은폐성으로 드러나게-하는(Erscheinen-kommen) 광채, 즉 빛(Phantasia)이기도 하다(세계상, 79). 따라서 하이데거가 제시하는 존재론적 세계는 무화 과정을 거쳐 존재자가 존재자 자체로 드러나는 판타지의 세계라고 볼 수 있다. 그렇다면 우리는 하이데거의 판타지를 그대로 받아들이면서 그의 판타지가 드러내고자 하는 것을 그대로 따라가보기로 한다.

그는 단지의 예를 통해 하늘과 빗방울, 대지, 이슬방울, 강물이 되어 흘러가며 거치는 암석과 대지, 그것을 선물로 받아들이는 인간에 대하여 말하고 있다. 그리고 그는 인간이 감사하며 봉축하는 신의 임재에 대해서도 묘사하고 있다. 인간이 신을 봉축하기 위해 한 단지의 물을 바친다면, 그 물은 신에게 바치는 희생제물을 대신하는 것이기도 하다. 따라서 하이데거는 다음과 같이 말한다 :

"'흐름(Guss)'이란 단어가 본래적으로 지칭하는 것 : 즉 선사와 희생이다. '흐름(Guss)', '흘리다(giessen)'는 그리스어로 cheein, 인도 게르만어로 ghu다. 이것은 : 희생하다를 뜻한다"(VA 165).

이렇게 하이데거의 묘사 안에서는 장엄하고 다양한 우주의 파노라마가 펼쳐지고 있는 것뿐 아니라, 모든 요소들이 서로 얽혀 빚어내는 갈등과 투쟁도 묘사되고 있다. 예를 들어 물은 인간의 갈증을 풀어주는 선물이지만, 이 선물을 받은 인간이 그 감사를 표현하기 위해 신께 봉헌물로 바칠 때, 그 물은 희생 제물이기도 한 것이다. 말하자면 물은 인간에게는 선물이기도 하지만, 신께 바쳐지는 희생물이기도 하다. 그런데 물은 갈증에 지친 인간에게 선물로 드러날 때 희생물로서의 특징은 감춰지고, 반대로 신께 희생물로 드려질 때 인간에게 주어진 선물의 특징은 은폐된다. 이렇게 하이데거에 의해 제시된 단지 속의 존재론적 세계는, 위의 모든 요소들이 서로 얽혀 조화와 투쟁의 모습을 만들어내는 세계다. 즉, 그 세계는 그때마다 서로를 드러내기도 하고, 서로에 의해 감춰지기도 하면서, 갈등과 투쟁을 더 큰 조화 속에서 아우르는 아름다운 판타지의 세계인 것이다.

물론 이때 판타지라는 표현은, 하이데거의 존재론적 세계가 공상적 세계라는 것을 뜻하지 않는다. 오히려 일상적이고 현대 기술적인 존재자의 세계에 몰입해 존재의 본래적 세계를 망각한 일상인에게 하이데거의 존재론적 세계는 비존재자적으로 보이지만, 이 비존재자적인 존재야말로 망각으로부터 다시 회복해야 하는 광채이기에, 우리는 하이데거의 존재론적 세계를 판타지의 세계라고 말할 수 있는 것이다. 그의 판타지는 바로 존재자를 드러내는 파이네스타이로서의 pha 혹은 phos로서의 광채라는 의미의 판타지인 것이다.

이러한 그의 판타지는 단지에 대한 묘사(1950년) 이후에도, 다리와 슈바르츠발트의 농가에 대한 묘사(1951년)에서도 나타나고 있다. 우선 다리의 예(VA 146 이하)를 살펴보면, 다리를 중심으로 강물, 강가의 대지, 강가의 풍경, 하늘의 폭우와 눈과 바람,

다리를 건너 이 마을에서 저 마을로 걸어가는 죽을 자들로서 인간의 모습, 신적인 자들이 주는 구원 등이 열거되고 있다.

또한 슈바르츠발트의 농가에 대한 묘사(VA 155)에서는 샘의 근원 가까이에 있는 목초지, 바람을 막아주는 산비탈, 긴 겨울밤의 폭우를 견디게 하는 방/눈이 잘 흘러내리도록 격자판으로 엮여 있는 지붕, 탁자와 성상을 안치한 곳, 탄생과 죽음을 위한 신성한 장소들과 관/한 지붕 밑에서 이루어지는 여러 세대들의 오고 감과 이러한 농가를 짓는 건축가 등이 열거되고 있다.

이러한 그의 판타지적인 묘사는, 비록 1950년 논문인 「사물」과 1951년 논문인 「건축하기, 거주하기, 사유하기」에서 미묘한 표현의 차이를 보이기는 하지만, 사유를 전개하는 근본 입장은 동일하게 유지되고 있다.

그런데 하이데거가 사물, 다리, 슈바르츠발트의 농가를 통해 제시하는 판타지적인 존재 세계의 내용은 수없이 많은 요소들에 의해 이루어진다. 그러나 그 내용을 구성하는 수많은 요소들을 모두 열거하는 것은 불가능하다. 따라서 그는 이러한 요소들을 한데 얽어 모을 수 있는 것을 필요로 하며, 이것을 그는 4자(das Geviert)라고 명한다. 그리고 그는 단지, 다리와 같은 사물의 본질을 4자(das Geviert)의 거울-유희를 통해 묘사한다(VA 172). 즉, 그는 대지와 하늘, 죽을 자들, 신적인 것들이라는 4자가 서로를 거울처럼 반영하면서 함께 얽혀 드러내는 모습을 통해 그의 존재 세계를 묘사하고 있는 것이다.

이러한 그의 주장은 고대 그리스 자연철학자들이 만물의 근원을 설명하기 위해 네 원소를 제시한 것과 유사하다고 볼 수도 있다. 그들이 존재자를 해명하기 위해, 존재할 수 있는 모든 원소들을 일일이 열거하는 것이 불가능하기에, 이러한 원소들의 근거로서 한 가지, 두 가지 혹은 네 가지의 원소를 제시한 것과 유사한 점도 있다. 그러나 하이데거가 제시하는 4자는 그러한 원소나 요소가 아니다. 오히려 하이데거의 4자는 하나의 사물이 그 사물로서 존재하도록 "발현시키면서-간직하는 존재 방식"(Hw 35 이하)으로 보아야 한다. 이런 의미에서 하이데거가 묘사하는 4자 각각은 실체나 원소가 아니라 동사적 운동성으로 보아야 한다.55) 이런 점은 4자에 대한 하이데거의 묘사들을 통해서도 잘 나타난다.

그런데 4자에 대한 묘사에서도 1950년 논문과 1951년 논문 사이에는 미세한 차이가 나타난다. 우선 1950년에 쓴 논문인 「사물」에서는 4자에 대하여 다음과 같이 말하고 있다 :

"대지는 건축하고 지탱하는 것, 영양을 주고 열매 맺는 것, 보호하는 물들과 암석들, 성장하는 모든 것들과 모든 동물들이다"(VA 170).
"하늘은 태양의 운행, 달의 운행, 별들의 광채, 세월의 시간들, 낮의 빛과 여명, 밤의 어두움과 밝음, 날씨의 고마움과 황량함, 구름들의 떠돌아다님, 에테르의 푸르른 심연이다"(VA 171).
"신적인 것들은 신성의 윙크하는 사자들이다. 이들의 은폐된 섭리로부터 신은 그의 본질 안에서 나타나며, 그 본질은 신을 현존재들과의 모든 비교로부터 벗어나게 한다"(VA 171).
"죽을 자들은 인간들이다. 인간들이 죽을 자들로 불리는 것은, 그들이 죽을 수 있기 때문이다. 죽는다는 것은 죽음을 죽음으로 감행한다는 것이다. 단지 인간만이 죽을 수 있다"(VA 171).
"이러한 네 가지의 어우러짐을 우리는 4자라고 부른다"(VA 171).

반면에 1951년 논문인 「건축하기, 거주하기, 사유하기」에서는, 대지에 대한 묘사 중 '헌신하는', '개화하는'이란 표현이 첨가되

---

55) 최상욱, 「하이데거에서의 생명의 의미」, in : 「하이데거와 자연, 환경, 생명」, 『하이데거 연구』, 2000, 218쪽.

며, 하늘에 대한 묘사 중 '궁륭형 태양의 운행' / '모양을 바꾸는 달의 운행' 등의 표현이 첨가되며, 신적인 것들에 대한 묘사 중, '은폐된 섭리'라는 표현이 '성스러운 섭리'라는 표현으로 바뀌고 있으며, 죽을 자들에 대한 묘사에서는 여러 새로운 표현들이 많이 첨가되고 있다.

그런데 대지, 하늘, 신적인 것들에 대한 묘사에서 보이는 미세한 변화는, 하이데거의『존재의 세계』가 동사적인 움직임을 통해 이루어진다는 점을 더 강조하기 위한 것으로 볼 수 있다. 반면에 죽을 자들에 대한 묘사는 첫째 그 분량이 더 많아졌다는 점, 둘째 죽음에 대한 이해 방식이 변하고 있다는 차이를 지닌다. 즉, 「사물」(1950)에서 인간이 죽을 자들로 불리는 것은, 인간만이 죽음을 죽음으로 받아들일 수 있는 존재자이기 때문이지만, 이때 죽음은 "무의 상자(der Schrein des Nichts)"로서 묘사되고 있다. 그리고 이러한 무의 상자로서만 죽음은 바로 존재의 산맥이라고 묘사되고 있다.

반면에「건축하기, 거주하기, 사유하기」(1951)에서 죽음은 "좋은 죽음(ein guter Tod)"으로 변한다. 이러한 변화는「사물」이 사물을 통해 드러나는 존재론적 세계를 해명하는 반면,「건축하기, 거주하기, 사유하기」에서는 인간 현존재의 사유를 통해 드러나는 존재론적 세계를 해명하는 데서 나타나는 차이라고 볼 수 있다. 따라서 이 논문에서는 4자가 죽을 자들을 중심으로 얽혀지는 것으로 묘사되고 있다. 그리고 곧 이어지는 하이데거의 논문이 "사유란 무엇인가"(1951~1952)라는 사실을 염두에 둔다면, 이러한 변화는 그 당시 그의 사유의 방향과 일치함을 볼 수 있다. 그런데 그의 사유의 본질에 대하여는 뒤에 다시 다룰 것이다. 다만 여기서는 하이데거가 신발, 은잔, 단지, 다리, 농가 등의 예를 통해 제시하려는 존재론적 세계가 사유의 세계와 매우 밀접하게 연관되어 있다는 점, 그리고 그의 존재론적 세계는 4자가 서로 얽혀 서로를 비추면서 원 운동을 하며 드러내는 세계라는 점을 지적하는 것으로 그치고자 한다. 그렇다면 하이데거가 4자를 통해 드러내는 존재론적인 세계는 그리스 자연철학자들이 4원소를 통해 제시한 존재적 세계와 어떠한 차이를 지니는가? 이것은 그의 유명한 표현인 "존재론적 차이"에 대한 질문으로 이어진다. 그렇다면 "존재론적 차이"란 무엇을 뜻하는가?

제4장
여신 모이라 : 존재론적 차이

1. 하이데거의 "존재론적 차이"에 대한 시대사적 분석

하이데거의 존재론에서 존재를 이해하기 위해 가장 중요한 개념 중 하나가 바로 "존재론적 차이"라는 개념이다. 물론 이 표현은 "존재론"과 "차이"라는 두 개념이 합쳐진 표현이다. 그러나 이 개념들을 이해하기 위해서는 서로 다른 개념을 어느 정도 알고 있어야 한다. 존재론을 알기 위해서는 이미 차이를 알고 있어야 하고, 그 반대의 경우도 마찬가지다. 말하자면 존재자와 구분되는 존재를 이해하려면 그 차이로부터 이해되어야 하며, 반대로 이 차이는 이미 현존재가 존재자와 존재가 다르다는 것을 알고 있음을 전제한다. 이렇게 "존재론적 차이"라는 개념은 그 자체 안에 순환 구조를 띠고 있는 개념이다. 그렇다면 이러한 순환으로부터 어떻게 "존재론적 차이"라는 개념을 이해할 수 있을까? 이 경우도 우리는, 하이데거의 지적대로 순환 구조로부터 벗어나는 것이 아니라 오히려 그 안으로 들어가는 방식으로 해결점을 찾을 수 있을 것이다. 따라서 우리는 우선 "존재론적 차이"에 대하여 하이데거가 제시한 진술들을 시대별로 살펴보는 것이 필요하다.

우선 그의 초기 대작인 『존재와 시간』(1927년)에서 우리는 "존재론적 차이"라는 명확한 표현을 찾아볼 수 없다.[56] 그럼에도 이미 이곳에서 "존재적"과 "존재론적"이란 표현은 구분되고 있다(SZ 4, 5절). 심지어 그러한 구분이 당연한 것으로 전제되어 있다. 그러나 그 구분을 가능케 하는 것은 "아직 주제화되지 않은", 아직 명확히 드러나지 않은 "선-존재론적인" "존재의 이념"이다. 그렇다면 『존재와 시간』에서는 존재와 존재자가 이미 구분되고 있지만, 그 구분의 분명한 근거는 아직 명확하게 주제화되지 않고 있다고 볼 수 있다. 오히려 그것은 이념으로서 이미 전제되어 있지만, 그 근거는 앞으로 명확하게 주제화되어야 할 "과제"로 주어져 있는 것이다.

그런데 하이데거는 같은 해에 『존재와 시간』의 1부 3편에 대한 약속이 실현될 수 없음을 밝히면서, 『현상학의 근본 문제들』(1927년)을 저술하는데, 이곳에서는 "존재론적 차이"라는 명확한 표현이 나타난다. 그리고 특히 이 책의 2부는 바로 "존재론적 차이"를 주제화하면서, 그 차이가 "시간성"과 연관되어 있음을 밝히고 있다. 이와 연관된 문장을 인용하면 다음과 같다:

---

56) 하이데거는 전집 65권에서 존재와 존재자에 대한 "구분은 '존재와 시간' 이래 '존재론적 차이'로서 파악되었다"(250쪽)고 말하고 있다. 그러나 이러한 구분(Unterscheidung)과 "존재론적 차이"라는 명시적인 표현의 등장이 반드시 일치하는 것은 아닌 듯이 보인다. 왜냐하면 하이데거는 "존재론적 차이"란 명시적인 표현 이전이나 이후에도 "구분"이란 표현을 사용하고 있기 때문이다. 이 점은 "형이상학이란 무엇인가" 후기에서 명확히 나타난다. 이 점은 곧바로 다뤄질 것이다.

"존재 자체와 존재자를 구분하는 문제가 첫 번째 자리를 차지하는 것은 근거 없는 것이 아니다. 왜냐하면 이러한 구분을 논하는 것이야 말로, 존재자와 구분되는 존재를 명확하고 확실하게 주제화해보고 탐구하는 것을 비로소 가능케 하기 때문이다."57)

이 표현에 따르면, 존재자와 존재를 구분하는 것이 존재에 대한 명확한 이해를 위해 앞서 요구된다는 것이다. 그런데 우리는 이러한 근거를 이미 『존재와 시간』에서 추측할 수 있다. 그곳에서 하이데거는, 현존재의 비본래적인 존재와 본래적 존재를 구분하면서, 이러한 구분을 가능케 하는 근거로 현존재의 시간성을 제시하고 있다. 말하자면 일상적 현재에서 존재자에 빠져 있는 현존재로 하여금 그의 본래적이고 전체적인 존재를 다시 찾게 하는 것은, 바로 현존재의 기재적, 도래적 순간이란 시간성에 근거하는 것이다. 그런데 『현상학의 근본 문제들』에서 그는 이제 이러한 시간성으로부터 현존재의 존재뿐 아니라 바로 존재와 존재자의 구분, 즉 존재론적 차이에 대하여 논하고 있다. 하이데거는 『존재와 시간』에서 현존재 분석으로부터 시간성을 끌어들인 반면, 『현상학의 근본 문제들』에서는 바로 시간성으로부터 존재론적 차이를 명확하게 주제화하고 있다. 그리고 이러한 존재론적 차이로부터 세계-내-존재로서 현존재가 어떻게 존재자를 이해해야 하는지를 제시하고 있다. 따라서 우리는 존재론적 차이가 『현상학의 근본 문제들』에서는 어떻게 파악되고 있는지 살펴보기로 한다.

---

57) M. Heidegger, *Die Grundprobleme der Phaenomenologie*, 전집 24권, 321 쪽(앞으로 전집 24권이란 약호로 본문에 삽입함).

1) "현상학의 근본 문제들"에 나타난 존재론적 차이

하이데거는 『현상학의 근본 문제들』 안에서 존재와 존재자의 관계에 대하여 다음과 같이 말한다 :

"존재와 존재자의 구분은, 비록 명시적으로 알려지지는 않지만 잠재적으로 현존재 안에 그리고 현존재의 실존 안에, 즉 거기에 존재한다. 이러한 구분은 거기에(da) 존재한다. 그 구분은 현존재의 존재 방식을 가지며, 그 구분은 실존에 속한다. 실존은 : '이러한 구분을 수행하면서 존재함'을 뜻한다"(전집 24권 454). 따라서 존재와 존재자의 구분은 아직 명확한 존재 개념 없이, 잠재적으로 현존재의 실존 안의 "거기에(da) 선-존재론적"으로 존재하는 것이다(전집 24권, 454).

그런데 이 현존재의 실존은 다시 시간성에 의해 규정된다. 따라서 그는 : "시간성이 선-존재론적이나 존재론적인 존재 이해의 가능성의 조건의 역할을 하는 한, 우리는 이러한 시간성을 Temporalitaet라고 부른다"(전집 24권, 388)라고 말하면서, "존재와 존재자의 구분은 시간성의 시간화 안에서 시간화된다"(전집 24권 454)고 명시적으로 밝히고 있다.

이러한 시간성을 통해 세계-내-존재로서 현존재는 이제 존재자와의 본래적인 만남을 갖게 된다. 따라서 하이데거는 "시간성에 근거한 현존재의 실존 안에 존재 이해와 존재자에 대한 태도의 직접적인 통일성이 속한다"(전집 24권 454)라고 말한다.

다른 곳에서는 더 명확하게 "현존재의 시간성 안에서 존재와 존재자의 구분이 이미 항상 수행되기 때문에, 시간성은 앞서 주어진 존재자와 앞서 주어진 존재를 대상화할 가능성을 위한, 더 정확히 이해한다면, 그렇게 대상화할 현사실적인 필연성을 위한 뿌리이자 근거"(전집 24권, 456)라고 말한다.

그리고 그는 결론적으로 : "우리는 존재와 존재자에 대하여 명시적으로 수행된 구분을 존재론적 차이라고 부른다"(전집 24권, 454)고 말한다.

이와 같이 『현상학의 근본 문제들』에서 "존재론적 차이"라는 표현이 명시적으로 나타나기는 하지만, 여기서 "존재론적 차이"는 아직 선-존재론적으로 존재를 이해하는 현존재와 시간성에 근거함을 볼 수 있다.

2) 『형이상학이란 무엇인가?』에 나타난 존재론적 차이

『형이상학이란 무엇인가?』(1929년)에서 존재론적 차이는 단지 현존재와 시간성이 아니라 형이상학의 역사 그리고 무와의 연관성으로부터 파악된다. 존재론적 차이는 단순히 존재와 존재자 사이의 구분이 아니라, 바로 무와의 구분을 통해서 논의되고 있는 것이다. 존재론적 차이는, 『존재와 시간』, 『현상학의 근본 문제들』에서는 존재와 존재자 사이의 아님(nicht)을 의미했는데, 이제 『형이상학이란 무엇인가?』에서는 이 아님(nicht)을 가능케 하는 무(Nichts) 자체가 논의되고 있다. 그리고 현존재에게 주어져 있는 것은 선-존재론적인 존재 이해뿐 아니라 바로 무임이 강조되고 있다 : "현-존재란 무 속으로 들어서 머물러 있는 것을 말한다"(형이상학 89).

그리고 무는 현존재로 하여금 존재자를 전적으로 넘어서게 한다. 이렇게 무가 현존재의 초월을 가능케 하기에, 하이데거는 "현존재는 무 속으로 들어서 머물러 있으면서 각기 나름대로 이미 존재자 전체를 넘어서 있다. 이렇듯 존재자를 넘어서 있는 것을 우리는 초월이라고 부른다. 만일 현존재가 자신의 본질의 근거상 초월하지 않는다면, 다시 말해 만일 현존재가 애초부터 앞서 무 속으로 들어서 머물러 있지 않는다면, 현존재는 결코 존재자에 관계할 수 없으며, 따라서 자기 자신에도 관계할 수 없다" (형이상학 89)고 말한다. 존재자에 대한 전적인 타자로서 무가 바로 존재론적 차이를 드러내는 근거인 것이다.

그러나 이러한 무는 현존재에게 친숙한 것이 아니라 전혀 낯설고 섬뜩한 것이다. 그런데 이렇게 낯설고 섬뜩한 타자인 무를 통해 현존재는 비로소 존재자를 바로 그 존재자로 만나게 된다는 것이다. 따라서 『형이상학이란 무엇인가?』에서 "존재론적 차이"는 존재가 존재자와 비교할 때 비-존재자, 즉 무라는 의미로 파악되고 있다. 그리고 이제 존재는 존재자와 전적으로 구분된다. 그런데 바로 이 점에서 질문이 일어나게 된다. 존재자와 존재가 구분된다는 의미로서의 "존재론적 차이"는 쉽게 이해될 수 있는 반면, 여기서 존재자와 존재가 어떠한 방식으로 관계를 맺는지는 어려운 문제점으로 남기 때문이다.

3) 『철학에의 기여』에 나타난 존재론적 차이

하이데거는 이러한 문제점을 해결하기 위하여 1936년부터 1939년에 걸친 사유 과정을 모은 작품인 『철학에의 기여』(존재사건)에서 존재와 존재자 사이의 무조차도 "존재의 무", 즉 존재의 드러냄과 은폐라는 방식으로 해석한다. 따라서 여기서 존재론적 차이는 넘어서야 할 것으로 묘사된다. 이에 대하여 하이데거는 다음과 같이 말한다 :

> "이러한 구분은 『존재와 시간』 이래 '존재론적 차이'로서 파악되었는데, 이것은 존재의 진리에 대한 질문을 모든 혼합으로부터 확실하게 지키려는 의도에서였다."58)

이것은 존재론적 차이가 존재의 진리 안에서의 사건으로 해석해야 함을 보여준다. 그리고 존재의 진리를 드러내는 것이 과제인 이상, 존재의 진리 안에서 존재론적 차이는 더 이상 이전과 같은 중요성을 갖지 못한다. 따라서 그는 : "존재와 존재자에 대한 구분에 관한 질문은 여기서는 (존재론의) 도입 질문의 질문 영역에서와는 전혀 다른 특징을 지닌다. '존재론적 차이'라는 개념은 단지 도입 질문으로부터 근본적 질문으로 넘어가기 위한 예비적인 것이다"(전집 65권, 258)라고 말한다. 왜냐하면 존재의 진리의 영역에서, 존재론적 차이는 존재와 존재자 사이의 구분이 아니라 존재 안, 즉 "존재의 아님(Nicht)의 내밀성으로부터"(전집 65권, 264) 벌어지는 "투쟁"이기 때문이다. 따라서 이제 "존재는 본재하고 ; 존재자는 존재한다"[59]고 표현된다. 이렇게 전집 65권에서 존재론적 차이는 존재 자체 안에서의 사건이며, 이런 한에서 존재론적 차이는 극복되어야 하는 것으로 나타난다 :

"따라서 존재자를 넘어서는 것(초월)뿐 아니라, 이러한 구분과 초월마저 넘어가는 것 그리고 시원적으로 존재로부터 그리고 진리로부터 질문하는 것이 필요하다. 그럼에도 이러한 넘어가는 사유 안에서 우리는 이중성을 견지해야 한다 : 한편으로 이러한 구분은 첫 번째 명료화를 위해 도입되어야 하고, 그 다음엔 바로 이러한 구분 역시 넘어서야 한다"(전집 65권 251).

그러나 "존재론적 차이"를 넘어섬으로써 "구분"을 폐기한다면, 존재와 존재자 사이의 차이는 어떻게 파악되어야 하는가? 하이데거의 "존재"가 존재자와의 차이라는 선-이해 없이 이해될

---

58) M. Heidegger, *Beitraege zur Philosophie (Vom Ereignis)*, 전집 65권, 250 쪽(앞으로 전집 65권이란 약호로 본문에 삽입함).

59) Das Seyn west ; das Seiende ist.

수 있는가?

4) 『유럽의 허무주의』와 『형이상학이란 무엇인가?』의 보탬말 4판과 5판에 나타난 존재론적 차이

하이데거는 위의 문제를 해결하기 위해 존재와 존재자 사이의 "존재론적 차이"를 절충적인 방식으로 다시 사용한다. 이런 점이 『유럽의 허무주의』(1940년)에서는 명시적인 표현으로 나타난다. 그것은 다음과 같다:

> "'존재론'은 존재와 존재자에 대한 구분에 근거하고 있다. 이 '구분'은 적절하게도 '차이'라는 이름을 통해 명명되었으며, 이것이 제시하려는 것은 존재자와 존재는 어떠한 방식으로든 각각-함께-견뎌내며, 나눠지고, 동시에 서로 같이 연관되어 있다는 점이다. … '차이'로서 구분이 뜻하는 것은 존재와 존재자 사이엔 함께-견지함(Austragen)이 놓여 있다는 것이다."[60]

여기서 존재론적 차이는, 존재와 존재자 사이의 구분을 뜻하지만, 동시에 그 둘은 존재자와 존재자 사이처럼 분리되지 않고 서로 연관되어 있다는 점이 강조되고 있다. 그리고 『유럽의 허무주의』에서는, 존재론적 차이가 특히 서구 존재론의 역사를 통해 나타난 존재자와 존재의 차이로 이해되어야 함을 제시하고 있다. 따라서 여기서 "존재론적 차이"는 서구의 형이상학을 통해 말해진 것과 말해지지 않은 것의 차이로 나타난다. 이 점에 대하여 하이데거는 : "'존재론적 차이'를 도입한 것은, 이것을 통해 존재론

---

60) M. Heidegger, *Nietzsche*, zweiter Band, Neske, 209쪽(앞으로는 N II라는 약호로 본문에 삽입함).

의 질문을 해결하기 위해서가 아니라, 모든 '존재론', 즉 형이상학이 지금까지 '질문되지 않은 것'으로서 근본적으로 질문해야 하는 것을 명명하기 위해서다"(N II, 209)라고 말한다. 그렇다면 서구 형이상학은 왜 존재를 질문하지 않은 채 전개되었을까?

이 점에 대하여 하이데거는, 존재와 존재자를 만나는 인간의 방식이 상이하기 때문이라고 대답한다. 그런데 인간이 존재보다 존재자를 먼저 만나게 되는 이유에 대하여 그는 다음과 같이 말한다 : "pros hemas : 시간의 전후의 질서에 따라, 이때 우리는 존재자를 그리고 그 다음에 존재를 고유하게 파악한다"(N II 217).

반면에 인간이 존재자를 만날 수 있기 위해서는, 존재자에 앞서 존재의 드러남이 있어야 한다. 이 점을 그는 : "te physei : 그 안에서 존재가 본재하고, 그리고 그 다음에 존재자가 존재하는 질서에 따라서"(N II, 217)라고 말한다. 이렇게 인간이 파악하는 순서에 따르면 존재자가 앞서지만, 존재자의 존재가 드러나는 순서에 따르면, 존재자를 존재자로 드러내는 존재가 앞선다는 것이다. 따라서 서구 형이상학이 존재론적 차이를 질문하지 않았다는 하이데거의 주장은, 존재가 "인간의 인식의 선후"에 의한 것이 아니라 오히려 인간의 인식이 '이미 드러나 있는 존재'에 기인함을 알지 못했다는 것을 뜻한다. 따라서 하이데거는 "존재론적 차이"를 다시 강조하면서, 서구 형이상학에서 질문되지 않고 망각된 존재에 대한 질문을 다시 시도하고 있는 것이다.61) 이렇게 『유럽의 허무주의』에서 나타난 "존재론적 차이"에서는 또다시 "차이"가 강조되고 있는 듯이 보인다. 그리고 존재와 존재자 사이의 차이는, 하이데거의 사상의 전개 과정을 통해 이중적인 긴장 관계 속에서 주장되고 있음을 알 수 있다. 심지어 이러

---

61) 이런 주장은 이미 1928년 마르부르크 여름 학기 강의에서 이루어지고 있다 (전집 26권, 184쪽 이하).

한 이중적인 하이데거의 입장은 『형이상학이란 무엇인가?』의 「보탬말」의 4판(1943년)과 5판(1949년)에서는 서로 모순되는 상반적인 표현으로 나타나고 있다.

4판의 경우, "존재는 존재자 없이도 잘 본재하지만, 그러나 존재자는 존재 없이 결코 존재하지 못한다"[62]라고 씌어진 반면, 5판의 경우, "존재는 존재자 없이 결코 본재하지 못하며, 존재자는 존재 없이 결코 존재하지 못한다"[63](Weg, 304)라고 수정되고 있다. 이렇게 1943년과 1949년에 씌어진 「보탬말」에서 우리는 서로 상반된 표현을 볼 수 있다. 그렇다면 이 점을 어떻게 이해해야 하는가?

우리는 이러한 표현의 차이가 단순한 편집상의 오류라든가 혹은 하이데거가 실수로 그렇게 적었다고 볼 수는 없다. 그렇다면 이것은 하이데거가 의도적으로 표현을 바꾼 것이라고 보아야 한다. 그러나 이 경우도 문제는 남는다. 단순한 실수가 아니라 의도적으로 상이한 표현을 선택했다면, 둘 중의 한 문장은 오류라고 보아야 하기 때문이다. 그러나 이렇게 추정하기도 어렵다. 왜냐하면 어느 한 문장이 오류였다면, 하이데거는 분명한 입장 표명과 더불어 그 오류에 대한 이유를 해명했어야 하기 때문이다. 그러나 그는 그렇게 하지 않았다. 그렇다면 하이데거는 이러한 오해 가능성을 무릅쓰고 4판과 5판에서 서로 상반된 표현을 했다고 보아야 한다. 그리고 더 이상 아무런 해명이 없는 한, 우리는 두 표현 모두 그의 사상을 반영하는 것이라고 보아야 한다. 말하자면 우리는, 하이데거가 4판에서는 존재와 존재자의 "차이"를 강조한 반면, 5판에서는 그 "관계"를 강조하고 있다고 보아야 한

---

62) ⋯ dass das Sein wohl west ohne das Seiende, dass niemals aber ein Seiendes ist ohne das Sein.

63) ⋯ dass das Sein nie west ohne das Seiende, dass niemals ein Seiendes ist ohne das Sein.

다. 즉, 1943년까지 존재 이해를 위해 존재론적 "차이"가 더 강조되었던 반면, 1949년쯤에는 이러한 존재가 다시 존재자로 오해될 가능성이나 혹은 존재가 단순한 이념과 같이 오해될 가능성을 막기 위해 존재와 존재자의 "관계"가 더 강조되었다고 볼 수 있다. 그리고 "존재론적 차이"를 이해하기 위해 "차이"와 "관계" 모두 필수적이기 때문에, 그는 4판과 5판에서 서로 상반되는 표현을 사용했다고 볼 수 있다. 이런 점은, 논리적인 서술 방식을 통해 존재가 존재자가 아니지만 그럼에도 동시에 존재자와 관계를 갖는다는 점을 표현하는 것이 얼마나 어려운지를 잘 드러내고 있다.

5) 『동일성과 차이』와 『시간과 존재』에 나타난 존재론적 차이

"존재론적 차이"를 언어를 통해 논리적인 모순 없이 표현하기는 어려운 일이다. 따라서 1957년에 씌어진 『동일성과 차이』에서, "존재론적 차이"는 존재와 존재 사유 사이의 차이와 동일성이라는 형태로 전개된다. 하이데거는, 한편으로 사유의 진정한 과제는 바로 "차이로부터 존재를 사유하는 것"[64]이라고 말하지만, 다른 한편으로는 "차이로부터 말한다는 것은 ; 이러한 함께-견지함이 존재와 존재자를 모두 에워싸는 원 운동임을 뜻한다"(ID 62)고 말한다. 그런데 서구 형이상학은 이미 이러한 "존재론적 차이"와 "함께-견지함"에 근거해 이루어졌음에도 불구하고 이러한 차이(Differenz)와 함께-견지함(Austragen) 자체는 질문되지 않았다고 하이데거는 비판한다. 존재론적 차이는, 그 차이를 차이로서 지탱시키는 "함께-견지함"을 통해 해명되어야

---

64) M. Heidegger, *Identitaet und Differenz*, 57쪽(앞으로 ID라는 약호로 본문에 삽입함).

한다고 다시 강조하고 있다. 그러나 "함께-견지함"이란 관계성이 강조되면, 또다시 존재론적 "차이"가 약화될 가능성이 있다.

1962년 『시간과 존재』에서는 "존재자 없이 존재를 사유하기"를 시도하고 있다. 그는 "존재자로부터 존재를 근거 짓는 것을 고려하지 않은 채, 존재를 사유하기"[65]에 대하여 말한다. 이러한 그의 주장은 이제 존재자와 무관하게, 존재론적 차이를 지양시킨 채, 존재 자체에 대한 사유가 가능한 것처럼 들린다. 그러나 이런 일은 불가능하다. 왜냐하면 존재는 비록 존재자가 아니지만, 항상 존재자의 존재이기 때문이다. 만약 존재가 존재자 없이 스스로 존재하는 것이라면, 하이데거의 존재는 단지 존재자와 인식론적인 차이(gnoseologische Differenz)를 나타내는 것에 불과할 것이다.[66] 따라서 하이데거는, 자신이 존재자와의 고려 없이 존재를 사유하기라고 말한 것은, "존재자와의 관계가 존재에 본질적인 것이 아니어서, 이러한 관계를 도외시해도 된다는 것이 아님"(SD 35)을 분명히 하면서, 오히려 자신의 표현의 진의는, "존재가 형이상학적으로 사유되어서는 안 된다"(SD 36)는 점에 있다고 강조한다. 그런데 형이상학적인 방식이 아니라면, 이제 존재론적 차이는 어떻게 이해되어야 하는가?

이에 대하여 하이데거는 존재론적 차이는 그러한 차이를 있게

---

65) M. Heidegger, *Zur Sache des Denkens*, 2쪽(앞으로 SD라는 약호로 본문에 삽입함).

66) A. J. Bucher는 하이데거의 존재론적 차이와 인식론적(영지적) 차이에 대하여 70쪽에서 논하고 있다. A. J. Bucher, *Metaphysik als Begriffsproblematik auf dem Denkweg Martin Heideggers*, Bonn 1972. 또한 K. J. Huch는 Schulz가 유명론적인 차이로서 해석한다고 본다. 이들의 주장과 같이 하이데거의 존재가 존재자 없이 존재한다면, 그것은 이러한 위험에 빠질 가능성을 항상 내포한다고 보아야 한다. 반면에 존재가 항상 존재와의 연관성으로서만 존재한다면, 이때 존재는 "차이"의 능력을 상실할 위험성이 있다. 참조, F. Wiplinger, *Wahrheit und Geschichtlichkeit*, Freiburg / Muenchen, 1961, 289쪽 이하.

하는 존재 사건(Ereignis)에 의한 것이라고 대답한다(SD 22 이하). 즉, 존재론적 차이는 존재 사건(Ereignis)이 스스로 안에서 자신의 존재 사건을 은폐하여 비-존재 사건화(Enteignen)하기 때문에 가능하다는 것이다(SD 44). 말하자면 존재 사건이 사건화되면서 "죽을 자들과 4자 세계"(SD 45)의 어우러짐으로 드러나기도 하지만, 다른 한편 이것은 가장 위험한 형태인 "몰아-세움(Ge-stell)"과 기술의 세계로 드러나기도 한다는 것이다(SD 57). 이렇게 존재론적 차이는 바로 "존재 사건"의 내부 안에서 벌어지는 존재 사건화와 비-존재 사건화의 관계에서 비롯되는 것임을 알 수 있다.

이러한 과정을 둘러본다면, 우리는 하이데거가 말하는 "존재론적 차이"가 그의 사상의 과정을 통해, 한편으론 "차이"가, 다른 한편으론 "함께-견지함"이 강조되고 있음을 알 수 있다. 또한 "존재론적 차이"는 한편으로 반드시 전제되어야 할 것으로, 그리고 다른 한편으론 극복되어야 할 것으로 주장되고 있음도 확인할 수 있다. 그리고 이러한 긴장 관계는 하이데거가 "존재론적 차이"를 현존재, 시간성, 무, 형이상학 그리고 형이상학을 넘어서는 존재 사건과 연관해 말할 때도 항상 유지되고 있음을 알 수 있다. 그렇다면 우리가 지금까지 언급한 "존재론적 차이"의 구체적인 내용은 무엇인가?

우리는 "존재론적 차이"의 특징적인 내용을 그의 작품「모이라」에서 발견할 수 있다. 이것은 1952년에 씌어졌다. 그럼에도 불구하고 이 논문은 그 이후에 씌어진 특징들도 이미 반영하고 있다. 또한 이 작품은 그 이전에 씌어진 여러 방식의 존재론적 차이를 존재와 존재자 사이, 존재 자체 내부의 사건, 존재와 사유의 사이에서 벌어지는 것으로 포괄적으로 서술하고 있다. 따라서 우리는 이 작품을 중심으로 존재론적 차이가 구체적으로 무엇을 의미하는지 밝히고자 한다. 이를 위해 우선 하이데거의 "존재"가 형이상학적인 "존재"와 어떻게 다른지 살펴보는 것이 필요하다.

2. 존재론적 차이 : 무근거로서 근거

하이데거는 존재 사건이 언제, 어떻게 드러날 수 있는지에 대하여 말하지 않는다. 이런 점은 형이상학을 통해 많은 철학자들에 의해 주장된 근거율에 대한 하이데거의 새로운 해석에서 분명히 제시되고 있다. 하이데거에 의하면, 전통적인 형이상학이 지지해온 대표적인 근거율은 단지 존재자와 존재적 근거를 해명하는 데 기여했을 뿐이라는 것이다 이런 자신의 주장을 근거짓기 위해 그는 전통 형이상학의 근거율의 본질을 분석한다. 그가 대표적인 근거율로서 인용하는 것은 다음과 같다 : "근거가 없는 것은 아무것도 없다(nihil est sine ratione)."[67] 이 표현은, "모든 것"은 하나의 근거를 지니며, "각각의 것들"도 하나의 근거를 갖는다는 의미를 지닌다. 그런데 이때 "모든 것", "각각의 것"이란 표현은 존재자를 뜻한다. 따라서 위의 문장은, '존재자 전체는 그리고 각각의 존재자는 그 근거를 갖는다'는 표현으로 대체될 수 있다. 이러한 존재자의 근거에 대한 명제가 존재의 근거와 다른 점을 명확히 하기 위해 하이데거는 존재의 근거에 대한 표현들을 해명하고 있다. 이를 위해 그는 실레지우스의 시를 인용한다 :

"장미는 '왜' 없이 존재한다 ; 그것이 피는 것은, 그것이 피기 때문

---

67) M. Heidegger, *Der Satz vom Grund*, Neske, Pfullingen, 75쪽(앞으로 SvG 라는 약호로 본문에 삽입함).

이다. 그것은 자신에 주의를 기울이지 않으며, 사람들이 자신을 보는지, 질문하지 않는다"(SvG 68)

하이데거에 의하면 "근거가 없는 것은 아무것도 없다"는 존재적 근거율은, "'왜(Warum)'가 없는 것은 아무것도 없다"를 의미한다. 반면에 이 시는 "왜 없이 존재하는 것"에 대하여 언급하고 있다. 그리고 그 "왜?"에 대한 답변은, 단지 그게 그렇기 "때문"이라고 말해진다. 장미가 피는 것은 "왜"에 근거해서 핀 것이 아니다. 장미는 자신에 대해서도, 그리고 자신을 보아줄 인간에 대해서도 아무 관심이 없다. 장미는 그냥 피었을 뿐이다. 장미가 핀 근거를 굳이 말하라면, 장미가 핀 것은 그것이 피었기 "때문"이라고 말할 수 있을 뿐이다. 따라서 이 경우에 존재적인 근거는 없다.

그런데 우리는 존재자가 아님을 무라고 말해왔다. 그렇다면 존재자가 아닌 존재론적인 근거는 비-존재자적인 근거, 즉 무근거라고 말할 수 있다. 바로 실레지우스의 장미의 경우가 그렇다. 장미가 핀 것은 바로 이러한 무근거(Ab-Grund)에 기인하는 것이다(SvG 71, 184). 그런데 존재적인 측면에서 볼 때, 비존재자인 무근거를 하이데거는 "존재"라고 말한다. 따라서 장미가 피는 것은 장미의 존재 "때문"이며, 이러한 장미의 "존재"는 존재적인 근거와 달리 무근거라고 표현된다. 따라서 하이데거는 다음과 같이 말한다 :

"존재와 근거는 동일하다. 동시에 이것이 뜻하는 것은 ; 존재는 무-근거라는 점이다"(SvG 184).

그렇다면 이러한 무근거로서 존재는 언제, 어떻게 자신을 드러내는가? 하이데거는 "왜?"라는 질문에 대하여 실레지우스의 시를 인용하고, 또 "언제, 어떻게?"라는 질문에 대하여 괴테의 시로 대답한다. 그것은 다음과 같다 :

"어떻게? 언제? 어디서? — 신들은 말이 없다!
그대는 — 때문에 머물 뿐, 왜라고 묻지 말라"(SvG 206)

이러한 하이데거의 대답에 따르면 존재로서 근거가 드러나는 것은 아무런 "왜?"나, 특정한 시간과 장소를 갖지 않는 듯이 보인다. 이런 점은 다음의 인용을 통해 더 분명하게 나타난다 :

"존재의 역운은, 놀이하는 어린아이다"
"'때문'은 놀이 안으로 가라앉는다. 놀이는 '왜'가 없다. 그것이 놀이인 것은 그것이 놀이이기 때문이다. 그것은 단지 놀이로 머문다 : 가장 높은 것이자 가장 깊은 것으로서"(SvG 188).

그렇다면 근거로서 존재의 사건은 특정한 시간과 공간을 전혀 규정하지 않는가? 이 점에 대하여 우리는 일단 그렇다고 말해야 할 것이다. 그러나 이것은 이론적인 특정한 시점과 공간을 거부하는 표현일 뿐, 하이데거의 존재 사건이 전혀 예측이나 경험이 불가능하다는 것을 뜻하지는 않는다. 예를 들어 그는, 현대 기술의 본질인 몰아-세움(Ge-stell)으로부터 언제 어디서 존재의 본질이 드러난다고 말할 수는 없지만, 동시에 몰아-세움은 중간 단계며, 존재 사건 자체의 앞선-형태(SD 57)라고 말한다. 그리고 이런 점이 경험되어야 한다고 강조한다. 즉, 하이데거는 특정한 시점과 장소에 대하여 말하지 않지만, 몰아-세움이란 비-존재 사건은 존재 사건을 위한 앞선-형태며, 이러한 것으로서 지속(waehren)되고 있다고 말한다. 그렇다면 존재 사건은 이러한 지속의 경험을 통해 예측될 수 있을 것이다. 이런 예를 그는 괴테의 시를 통해 제시하고 있다. 그 시는 다음과 같다 :

"Man muss das Eisen schmieden, weil es warm ist"

하이데거는 이 시에 나오는 weil을 dieweilen의 약자로 보아야 한다고 주장한다. 따라서 이 시는, "사람들은 쇠를 제련해야 한다, 왜냐하면 그것이 뜨겁기 때문이다"가 아니라, "사람들은 쇠가 뜨거운 동안, 제련해야 한다"로 이해되어야 한다는 것이다.

이때 Weil은 weilen, 머묾으로, 그리고 waehren, 지속함으로 이해되어야 하고, 이것은 앞의 경우 중간 단계라는 Station에 해당한다고 볼 수 있다. 만약 이렇게 존재 사건이 "앞선 형태"로 지속되고 머문다면, 그때 기다림(Warten)도 가능할 것이다(SvG 207, SD 57). 그러나 이것이 무한정하고, 무익한 기다림이 아니기 위해서는 왜? 무엇을? 기다리는지는 모르더라도, 기다림을 기다림으로 받아들이기 위한 어떠한 선이해 구조가 있어야 한다. 이 점에 대하여 하이데거는 괴테의 "색상론" 서문을 인용해 답하고 있다 :

"눈이 태양적이지 않다면,
어떻게 우리는 빛을 볼 수 있는가?
우리 안에 신의 고유한 힘이 살아 있지 않다면,
어떻게 신적인 것이 우리를 매혹할 수 있는가?"(SvG 88)

이런 예는 엠페도클레스의 단편에서도 인용되고 있다 :

"말하자면 대지를 통해 우리는 대지를 바라본다. 그리고
물을 통해 물을,

그리고 공기를 통해 신적 공기를, 불을 통해 결정적으로 파괴하는 불을, 그리고 사랑을 통해 사랑을, 투쟁 역시 고귀한 투쟁을 통해"[68]

이러한 인용은,[69] 인간의 본질이 존재 사건을 기다릴 수 있는 이유가, 인간의 본질 안에 이미 선-존재론적인 이해 구조가 존재한다는 점에 있음을 보여준다. 그런데 선-존재론적인 이해는 인간이 이성을 통해 추론한 것이 아니라, 오히려 인간보다 앞서 존재 사건이 스스로를 먼저 인간에게 알려보내기 때문에 가능하다. 그런데 이렇게 보내면서 나눠주는, 보냄(Schickung) 혹은 역운(Geschick)을 하이데거는 모이라(Moira)라고 부른다. 그렇다면 모이라는 무엇을 의미하며, "존재론적 차이"와는 어떤 관계에 있는가?

3. 존재론적 차이 : 모이라

하이데거는 1952년 「모이라」라는 강연에서 파르메니데스를 새롭게 해석하면서, 존재론적 차이가 eon의 모이라에 의한 것임을 분명히 하고 있다. 이때 그는 모이라를 할당(Zuteilung)(VA 243) 혹은 Geschick(VA 244, 247)으로 번역하고 있다. 그런데 역운이라고 번역하는 Geschick은 이미 『존재와 시간』에서도 등장

---

68) M. Heidegger, *Schellings Abhandlung. Ueber das Wesen der menschlichen Freiheit* (1809), Niemeyer, Tuebingen, 번역문(최상욱 역)의 경우 "셸링"이란 약호로 본문에 삽입함, 84쪽.

69) 이러한 형이상학적인 입장은 "tois homoiois ta homoia ginoskesthai"(동일한 것은 동일한 것을 통해 인식된다)는 가르침을 반영한다. 하이데거의 주장은 이러한 입장과는 다르지만, 유비적으로 해석될 수는 있을 것이다.

하고 있지만, 아직 존재 자체의 모이라로서 밝혀지지는 않고 있다. 오히려『존재와 시간』에서 강조되고 있는 것은 현존재의 존재의 사건으로서의 운명(Schicksal)이다. 그런데 후기에 접어들면서, "모이라"는 현존재의 "운명(Schicksal)"이 아니라 바로 존재 자체의 "보냄", "역운"이란 의미로 변화된다. 그런데 일반적으로 우리는 Moira라는 단어를 운명이라고 번역해왔다. 반면에 하이데거의 모이라는, 우리가 운명이라고 번역하는 Schicksal과는 다르다. 따라서 우리는 Moira를 운명이라고 번역하지 않고 그냥 Moira라고 표현할 것이다. 그리고 우리는 하이데거의 모이라가『존재의 시간』에서부터 후기 작품에 이르는 동안 어떻게 변했는지를 다루고자 한다. 그런데 하이데거의 모이라가 일반적인 운명과 어떤 차이가 있는지를 명확히 하기 위해, 우선 운명을 다루고 있는 셸링을 하이데거가 어떻게 해석하고 있는지 살펴보고자 한다.

1) 셸링을 통해 본 모이라 ;
숙명인가, 운명인가, 그리고 자유와 필연성의 관계는?

운명이란 무엇인가? 우리는 이 단어를 들을 때 제일 먼저 인간, 그것도 영웅의 운명을 떠올리게 된다. 고대 서사극은 영웅의 운명에 대하여 묘사하고 있으며, 독자들은 그 속에서 공포와 전율을 느끼게 된다. 그런데 영웅의 운명은 일반인의 경우와 차이점을 지닌다. 영웅의 운명이 운명에 반하는 저항과 자유를 내포하고 있다면, 일반적인 인간의 경우에는 체념과 한탄조가 묻어있다. 후자의 경우 자유는 존재하지 않는다. 단지 그곳에는 어쩔 수 없이 그렇게 될 수밖에 없는 필연성(Ananke)이 지배적이다. 이런 예를 사르트르는 다른 길이 없는 골목에 들어선 인간의 모습을 통해 그리고 있다.

사르트르에 의하면, 단 하나의 길로 이루어진 골목에 들어선 인간은, 자신의 실존을 통해 저항하거나 스스로 선택하지 않는 한 얼마 후에는(미래) 단지 이전보다 조금 앞선 부분을 지나가게 되리라는 것이다. 그 사람은 시간이 흘러도 그 길에서 벗어나지 못하고 그 길을 조금 더 진행하고 있을 뿐이라는 것이다. 이렇게 그 사람은 자신의 길을 스스로 가고 있다고 생각하지만, 제3자가 볼 때 그가 미래적으로 가야 할 길은 단지 그가 과거에 접어든 그 길, 그리고 현재 가고 있는 길과 다르지 않다는 것이다. 그리고 이때 시간의 흐름 역시 무의미할 뿐이다. 왜냐하면 시간의 흐름이 그 사람을 다른 길로 벗어나게 하지 못하기 때문이다. 이러한 사르트르의 예를 통해 우리가 알 수 있는 것은, 적어도 숙명론적으로 이해된 운명에는 아무런 자유와 시간 그리고 자신의 고유한 존재가 포함되지 않는다는 점이다. 오히려 이때 인간은 아무런 저항 없이 이미 코드화되어 있는 길을 따라가고 있을 뿐이다. 여기에 자유가 있다면 단지 그 길을 계속 갈 것인지 혹은 중단하고 돌아갈 것인지의 선택의 자유만이 가능하다. 그런데 사람들은 대부분의 경우 체념적으로 그 길을 따라간다. 이것이 일반적인 숙명론의 모습이다. 이렇게 숙명론적으로 이해된 운명의 경우 그곳에 자유는 존재하지 않으며, 오히려 모든 것을 지배하는 것은 신적인 필연성이다.

그런데 모든 것이 신에 의존하고 있다는 주장을 우리는 범신론이라고 부른다.[70] 그렇다면 이러한 숙명론은 범신론을 전제하고 있다고 볼 수 있다. 그러나 반대로 모든 범신론이 곧 숙명론인 것은 아니다. 이에 대하여 하이데거는 다음과 같이 말한다 :

---

70) 이런 범신론의 특징을 하이데거는 셸링 해석을 통해, "① 만물은 신이다 ② 각각의 개체적 사물은 신이다 ③ 신은 만물이다"라고 요약한다(셸링, 130).

"숙명론적인 의미가 거기(범신론)에 연관된다는 사실은 부정할 수 없다. 그러나 그것(숙명론적 의미)이 그것(범신론)과 본질적으로 연관되는 것은 아니라는 사실은, 바로 많은 것들이 자유라는 가장 생명력 있는 감정을 통해 그러한 견해로 이끌린다는 점으로부터 밝혀진다"(셸링, 105).

이 인용문은, 숙명론이 범신론을 포함하지만, 범신론이 반드시 숙명론적인 것은 아니라는 점을 지적하고 있다. 왜냐하면 범신론은 모든 것이 이미 신 안에 존재한다는 점을 뜻하지만, 그 신이 자유를 반드시 배제할 필요는 없기 때문이다. 그렇다면 이제 인간의 자유와 신의 필연성이 동시에 존재하는 일도 벌어질 수 있다. 그러나 이것이 어떻게 가능한가?

이제 우리는 사르트르의 예를 조금 변형시켜서, 그 골목의 어딘가에 이중으로 갈라지는 길들이 나타난다고 가정해보자. 만약 저 멀리 두 갈래길이 있다면, 얼마 후에 그 길을 가는 사람은 갈림길에서 어떤 길을 선택해야 할 것이다. 그런데 그가 두 길 중 하나의 길을 선택을 했다면, 그 이유는 무엇일까? 그 선택은 그의 자유에 의한 것인가 혹은 알 수 없는 운명에 의한 것인가? 혹은 자유나 운명과 달리 그저 우연[71]에 의한 것인가?

우선 우연의 경우 그 길을 가는 사람은 갈림길에서, 다른 사람들이 많이 선택한 길을 따라갈 수도 있을 것이다. 이 경우엔 "해야만 한다(Sollen)"는 당위적인 필연성도, "원한다(Wollen)"는 나의 자유도 개입되지 않는다. 특히 실존함이란 의미에선 더욱 그렇다.

이와 유사한 경우로서 그 사람이 혼자 결정을 하지만, 마치 주

---

71) 앞의 실레지우스의 예를 '우연'과 동일시해서는 안 된다. 왜냐하면 하이데거의 경우 존재의 드러남은 우연에 의한 것이 아니라, 기다림과 들음과 속함을 필요로 하기 때문이다.

사위 놀이를 하듯, 우연에 맡긴 채 선택 아닌 선택을 하는 수도 있다. 그러나 우리는 삶을 단지 우연에 내 맡긴 채 살아갈 수는 없다. 결국 우리는 스스로 선택해야만 한다. 그런데 선택에는 선택을 하게 한 근거가 포함되어 있다. 그리고 그 근거는 이미 자유나 필연성과 밀접히 연관되어 있다.

예를 들어 서사시에 등장하는 영웅들은 일상인과 같은 긴 삶과, 짧지만 명예로운 삶 중 어느 하나를 선택해야 할 때, 자신의 자유로운 판단에 입각해 하나의 길을 자신의 길로 선택한다. 그때 그의 선택에는 나름대로의 근거가 있다. 그것이 명예든 진리든 사랑이든. 그런데 거의 모든 영웅 서사시는 비극으로 끝난다. 왜냐하면 영웅의 자유로운 선택과, 그에게 주어진 운명의 필연성이 서로 일치하지 않기 때문이다. 그렇다면 자유와 필연성의 관계는 어떠한가? 이를 위해 우선 자유의 본질과 한계가 무엇인지 살펴보기로 한다.

위에서 예로 든 사람이 이 길이나 저 길 중 하나의 길을 선택하는 경우, 이 선택이 우연에 의한 것이 아니라 자신의 자유에 의한 것이라면, 그 선택은 그의 존재를 드러내는 일이기도 하다. 이런 의미에서 그의 선택은, 적어도 그 당시엔 존재론적으로 정당하고 좋은 선택인 것이다. 그리고 이때 자유는 그의 존재의 진리와, 그리고 좋음이란 개념과 연결되고 있다.

이런 점을 형이상학은 "자유는 선에의 경향이다(Libertas est propensio in bonum)"(셸링, 147)라고 표현해왔다.[72] 이런 주장

---

[72] 자유에 대한 이런 해석과 가장 다른 입장을 취하는 것이 그리스도교의 자유론이다. 이에 따르면 인간의 자유는 단지 악에의 자유만 있을 뿐, 신을 향하는 자유는 타락과 더불어 더 이상 존재하지 않는다(사도 바울의 로마서나 아우구스티누스의 고백록, 루터의 그리스도인의 자유 등을 참조할 것). 그러나 이러한 그리스도교적인 주장도, 비록 인간의 자유가 신과의 관계를 부정하는 자유이지만, 동시에 인간 자신의 욕망을 솔직하게 드러내는 자유임을 보여준다. 따라서

은 이미 플라톤에게서 발견된다. 인간이 이성적이어서 이데아를 향하는 한 그것은 올바른 것이고, 이것은 인간의 본질과 부합하기에, 이데아를 찾는 것은 당위적인 강요가 아니라 자유로운 선택이라는 것이다. 그러나 플라톤의 주장과 같이 어떤 사람이 선택한 길이 자신의 존재와 일치한다면, 더 이상의 문제는 없을 것이다. 그러나 영웅 서사시에서는 영웅이 자신의 근거에 입각해 올바르게 선택한 것처럼 보이는데도 불구하고 그 결과는 비극으로 이어진다. 만약 그 영웅이 선택한 것이 올바르다면, 즉 필연적이라면 그는 왜 비극적이어야 하는가?

이를 위해 다시 위의 예로 돌아가보자. 그 사람 앞에 두 길이 놓여 있다. 그 사람은 그 중 하나를 선택한다. 그리고 그 나름의 근거도 가지고 있다. 그러나 다른 길을 선택한다고 해도 그 근거가 전혀 없는 것은 아니라는 생각이 들 수도 있다. 왜냐하면 선택은 일방적인 게임이 아니라, 비슷한 두 가지 중 하나를 선택하는 것이고, 따라서 선택은 비슷하게 원하는 것을 버리는 일이기도 하기 때문이다.[73] 따라서 이때 자유는 오류에 빠질 수 있고, 비극을 초래할 수도 있는 것이다. 예를 들어 위의 사람은 어떠한 위험을 막기 위해 그것을 피하는 길을 선택한 것처럼 스스로 생각하지만, 그의 생각과 달리 그의 선택은 피하려는 위험으로 이끄는 길일 수도 있는 것이다. 이렇게 그에게 필연적으로 주어진 위험과 그가 피하려는 자유는 비록 구분되지만, 그럼에도 그러한 길

그리스도교에서 말하는 죄의 자유는, 프로이트에 의하면 욕망이라는 인간의 심층적 존재를 드러내는 자유이기도 하다.

73) 모든 실존주의자와 마찬가지로, 하이데거의 경우도 "결단성"은 쉽게 선택할 수 있는 것이 아니다. 만약 그렇다면 그것은 결단일 필요도 없다. 오히려 버리는 아픔을 수반하기에 결단은 힘든 것이다. 그것은 존재자의 버림이란 아픔을 수반하고, 아직은 무와 같이 어두운 존재를 선택한다는 불안을 수반하는 결단인 것이다.

을 피하려고 할수록 오히려 그는 그 길로 더 빠져 들어갈 수도 있는 것이다.74) 이렇게 서로 구분되는 듯이 보이는 필연성과 자유가 한 곳으로 수렴될 때, 우리는 그곳에서 비극적 운명을 만나게 되는 것이다. 그렇다면 비극은 자유에 의한 것인가? 아니면 냉혹한 운명의 필연성에 의한 것인가? 아니면 이 둘이 어우러져 만들어낸 결과인가?

우리는 위에서 어떤 사람의 자유로운 선택이, 적어도 그 당시에는 그의 존재에 걸맞는 정당한 선택이라고 말했다. 그런데 이렇게 그가 최선을 다했음에도 불구하고 잘못된 선택을 했다면, 비극의 원인은 단순히 잘못된 자유에 있는 것만은 아니다. 오히려 자유가 오류를 범할 수 있는 것은, 인간의 자유에 앞선 어떤 사악한 필연성이, 진리의 필연성 외에 또 존재하기 때문이다.

따라서 하이데거는, 자유는 단지 "선에의 능력"일 뿐 아니라 "자유는 선과 악에의 능력"(셸링, 148)이라는 셸링의 전제를 받아들인다. 이 주장에 따르면, 위의 사람이 비극적 운명의 길을 피하려고 애를 썼지만, 결국 피하지 못한 이유는 단순한 그의 잘못된 선택에 있는 것이 아니라 오히려 그렇게 유혹하는 악의 필연성이 존재하며, 그가 이것을 원했기 때문이라는 결론이 나온다. 그런데 자유가 선뿐만 아니라 "악에의 능력이라면, 자유는 신으로부터 독립된 뿌리를 가져야만 한다"(셸링, 156). 그렇다면 선의 필연성과 악의 필연성이 따로 존재해야 한다. 그러나 이것은 불가능하다. 왜냐하면 선과 악의 필연성이 따로 존재하고, 그

---

74) 이렇게 필연성과 그것을 피하려는 자유가, 결국은 그 필연성을 향해 가는 경우를 영웅 서사시에서도, 우화에서도, 전설에서도 발견된다. 예를 들어 오이디푸스의 아버지인 라이오스는 신탁을 피하기 위해 자신의 자유로운 선택을 하지만, 그의 자유는 결국 신탁을 향하고 있는 것이다. 이런 점은 당나귀가 방귀를 세 번 뀌면 죽을 것이란 말을 듣고 그것을 피하기 위해 애쓰지만, 결국 세 번째 방귀 소리와 더불어 죽게 된다는 이솝우화에서도 볼 수 있다.

것에 인간의 선택이 의존하고 있다면, 결국 이것은 인간의 자유를 부정하는 것이기 때문이다. 이러한 경우 인간은 단지 선의 필연성을 향하는 숙명을 지니든 혹은 악의 필연성을 향하는 숙명을 지닐 뿐, 그곳에 자유는 존재할 수 없다. 따라서 그곳엔 진정한 의미의 운명도 존재할 수 없다.

이렇게 두 가지의 필연성이 각각 존재할 수 없다면, 그 근거는 필연성 내부에서의 사건과 연관되어야 한다. 그렇다면 인간이 운명을 통해 경험하는 선과 악은, 이 둘을 동시에 포함하는 존재에 의해 벌어지는 것이어야 한다. 그런데 형이상학은 이러한 존재를 신이라고 불러왔다. 따라서 필연적인 운명과 부딪혀 발생하는 인간의 자유의 비극성의 원인은 바로 신 자신의 존재의 내부에서 찾아져야 한다. 그렇다면 신의 존재의 내부에서는 무슨 일이 벌어지고 있는 것일까?

하이데거는 셸링을 따라 신의 근거와 신의 실존을 구분하고, 근거에는 '중력'이, 실존에는 '빛'이 상응한다고 말한다. 그런데 중력은 무거움과 어두움을, 빛은 가벼움과 밝음을 상징한다. 그리고 이 두 요소는 모두 신 안에 존재한다는 것이다. 신은 "근거"로서는 어둠의 특징을, "실존"으로서는 빛의 특징을 지닌다는 것이다. 이렇게 신은 자체 안에 존재론적인 차이를 갖는 것이다. 따라서 하이데거는 신에 대한 셸링의 다음 문장을 인용한다 :

"신은 스스로 안에 자신의 실존의 내적 근거를 가지며, 이런 한에서 이 내적 근거는 실존하는 자로서의 신보다 선행한다. 그러나 그와 마찬가지로 신은 또다시 근거보다 앞선다. 왜냐하면 만약 신이 실제적으로 실존하지 않는다면, 근거는 근거로서 존재할 수 없기 때문이다"(셸링, 176).

이렇게 신은 근거로서의 신과 실존하는 신으로 구분된다. 그리고 이 존재 방식은 구분되기는 하지만 분리되지는 않는다. 왜냐하면 분리된다면, 그것은 이미 두 신들을 뜻하기 때문이다. 따라서 이 구분은 신 내부에서 이루어지는 차이로 보아야 한다. 이렇게 신은 존재 근거로 존재하면서, 동시에 자신을 신으로 드러내는 실존으로서도 존재한다. 그리고 근거로서 신의 지배적인 특징은 자신에 머물려는 연모인 데 반해, 이제 실존으로서 신은 내적이고 반성적인 표상을 통해 자기 스스로를 바라보려고 하는 데 있다. 이 점에 대하여 하이데거는 셸링의 문장을 인용한다 :

"그러나 여전히 어두운 근거로서 신적 현존재의 첫 번째 동요인 연모에 상응하게, 신 안에서 하나의 내적이고 반성적인 표상이 산출되는데, 이 표상은 신 이외에 다른 대상을 갖지 못하기 때문에, 이 표상을 통해 신은 초상 안에서 스스로를 바라본다. 이 표상은 절대적으로 고찰할 때, 비록 단지 자신 스스로 안에서이지만 그 안에서 신이 현실화되는 첫 번째며, 이 표상은 시원에 신과 함께 존재했고 신 안에서 탄생한 신 자신이다. 이 표상은 동시에 오성이며 그러한 연모의 말씀이다 …"(셸링, 193).

신은 근거와 실존으로 구분되고, 신의 드러냄의 방식도 연모와 말씀으로 구분된다. 그러나 이 둘은 분리된 것이 아니라 내적으로 긴밀히 연관되어 있다. 그런데도 이 둘이 차이로서 구분되는 이유는 바로 신의 본질이 사랑이기 때문이다. 따라서 하이데거는 : "… 스스로 안에서 말과 동시에 무한한 연모를 느끼는 영원한 정신은 자기 자신인 사랑에 의해 움직여져, 이제 오성은 연모와 함께 자유롭게 창조하는 전능한 의지가 되며, 그의 계기 혹은 도구인 시원의 무법칙적인 자연 안에서 형상화하라는 말씀을 선포한다"(셸링, 195)고 말한다. 여기서 빛으로 드러나는 말씀은, 연모하는 근거의 어둠과 함께 존재하는 빛이다.

이런 점은 신의 피조물인 인간에게도 그대로 적용된다. 따라서 하이데거는 : "인간 안에 어두운 원리의 전적인 힘이, 그리고 바로 동일한 것(인간) 안에서 동시에 빛의 전적인 힘이 존재한다. 그(인간) 안에 가장 깊은 심연과 가장 높은 하늘이 혹은 두 개의 중심이 존재한다. 인간의 의지는, 여전히 근거 안에 있는 신의 영원한 연모 안에 은폐된 씨앗이다. 즉, 신이 자연에의 의지를 가질 때 바라보는, 심연 안에 폐쇄된 신적인 생명의 시선이다"(셸링, 214)라고 말한다.

인간에게도 신 안의 존재론적 차이는 그대로 이어져 존재한다는 것이다. 그리고 바로 이러한 이유로 인해 인간의 자유는 단순히 선에의 자유가 아니라, 선과 악에의 동시적인 자유인 것이다(셸링, 215). 그런데 이런 자유는 다시 인간 안에 앞서 존재하는 선과 악에의 성향에 기인한다(셸링, 227). 따라서 인간이 필연성 앞에서 그것을 피하려 하면서도 필연성으로 휩쓸려 가게 되는 것은 바로 필연성 자체가 존재론적 차이로서 드러나며, 이것과 만나는 인간 현존재 역시 그 자체 안에서 존재론적 차이로 실존하기 때문이다. 그런데 이러한 존재론적 차이는 신이나 인간이 자기 자신으로 머물지 않고, 스스로를 밖으로 드러내려고 하기 때문에 벌어지는 것이다. 이러한 창조적인 힘을 하이데거는 셸링을 따라 사랑이라고 부른다. 그렇다면 인간이 운명과 비극적으로 만나게 되는 근본적인 근거는 바로 사랑에 놓여 있는 것이다. 즉, 사랑이 필연성에 부딪힌 인간의 운명을 운명이도록 하는 근거인 것이다. 이 점에 대하여 하이데거는 :

"사랑은 그것들의 각각이 그 자체로 존재할 수 있으면서도 그것이 아니며, 타자 없이는 존재할 수 없는 그러한 것에 대한 근원적인 합일이다. 따라서 사랑으로부터 근거는 작용된다. 그러나 작용은 끌어당김이며, 피조물 안에서 자기 마니아에의 흥분 그리고 이와 더불어 악에의 성향을 일깨움이다. 따라서 사랑(신)은 악의 원인이다"(셸링, 231)라고 말한다. 악의 원인은 신의 사랑인 셈이다. 그렇다면 필연성에 맞서는 자유로운 운명이 비극적인 근거는, 바로 사랑이 악의 원인이기 때문이다. 이렇게 사랑을 근거로 하여 필연성과 자유는 만나게 된다.

그러나 신의 필연성과 자유는 모두 신의 내부적인 차이이지만, 인간의 경우 필연성과 자유는 분열된 차이라는 특징을 지닌다. "신 안에서 비분열적인 것으로의 통일성은 … 인간 안에서는 분열되어"(셸링, 215) 있는 것이다. 그러나 이러한 차이점을 도외시하면 필연성과 자유는 그 본질에서 동일하다. 왜냐하면 진정한 자유는 필연성을 향하는 자유여야 하며, 진정한 필연성은 자유를 배제하지 않아야 하기 때문이다. 따라서 하이데거는 "인간의 자유를 위해 규정하는 것은 자신의 그때마다의 고유한 본질의 필연성이다. 이 필연성 자체는 자신의 고유한 행동의 자유다. 자유는 필연성이고 필연성은 자유다"(셸링, 238)라고 말한다.

그런데 셸링이 말하는 신의 근거와 신의 실존이라는 구분은, 하이데거의 경우엔 존재의 은폐와 탈은폐의 관계로 해석되고 있다. 셸링의 경우 자유와 필연성 사이에 있는 인간의 운명은 신의 근거와 실존이라는 차이에 의존하는 반면, 하이데거의 경우엔 존재 자체의 은폐와 탈은폐라는 존재론적 사건에 기인하는 것이다. 이런 의미에서 하이데거가 추구하는 인간은, 필연성으로 보이는 운명에 자유를 통해 맞서는 자이지만, 이러한 맞섬은 자유를 통해 필연성을 극복하려는 것도, 필연성 안에서 자유를 없애버리는 것도 아님은 분명하다. 오히려 하이데거의 인간은 존재 사건에 의해 드러나는 필연성을 자신의 실존적 자유를 통해 만나려는 존재자인 것이다. 따라서 그는 필연성과 자유의 관계에 처해 있는 인간의 운명에 대하여 다음과 같이 말한다 :

"삶의 불안은 인간적 위대함의 전제다. 이것(인간적 위대함)은 절대적인 것이 아니기에 그것은 전제를 필요로 한다. 자신 안에서 바로 가장 심오한 삶의 불안을 전개시킬 수 없는 영웅이란 무엇이란 말인가? 단지 순수한 코미디언이거나 혹은 맹목적인 힘의 소유자와 무모한 자다. 현존재의 불안은 악 자체가 아니고 또한 악의 고지도 아니고 오히려 인간이 이러한 악의 현실성에 내맡겨져 있으며, 특히 본질적으로 그렇다는 사실에 대한 입증이다. 그러나 악에의 성향은 강요가 아니라 고유한 필연성에 의한 것이다. 이러한 필연성을 악이 방해하는 것이 아니라, … (오히려 그것은) 항상 인간의 자유로운 행동 — 자신의 그때마다의 결단성의 개별화 안에서의 — 이라는 사실을 요구한다"(셸링, 232).

따라서 이러한 자유를 위해 악 역시 필연적이라고 하이데거는 말한다. 그러나 그가 셸링을 해석하면서 제시하는 악이란 개념이 도덕적인 악을 뜻하는 것은 아니다. 오히려 여기서도 악은 신의 존재 방식으로 이해되어야 한다. 이 점을 『휴머니즘에 관한 서한』에서는 다음과 같이 분명히 밝히고 있다 :

"구원과 함께, 특히 악이 존재의 밝힘 안에서 나타난다. 악의 본질은 인간적 활동의 단순한 나쁜 점에 놓여 있는 것이 아니라, 오히려 그것은 원한의 악한 점에 놓여 있다. 그럼에도 구원과 원한 양자는, 존재 자체가 투쟁적인 것인 한에서만 존재 안에 본재할 수 있다. 이러한 존재의 투쟁적인 것 안에 무화의 본질 근원이 은폐되어 있다"(Weg 355).

이렇게 하이데거는 악을 존재 내부에서 일어나는 사건이라고 본다. 악은 존재가 존재로서 무화할 때, 드러나는 존재의 사건 중 하나인 것이다. 결국 이러한 존재의 은폐와 탈은폐가 인간에게 운명이라는 사건을 야기하는 것이다. 이런 점은 『존재와 시간』의 현존재 분석에서 이미 보인다.

2) 운명(Schicksal), 역운(Geschick)으로서 존재론적 차이

우리는 앞에서 셸링에 대한 하이데거의 해석을 통해, 하이데거의 모이라가 형이상학적인 의미의 운명과 어떤 연관성을 갖는지 살펴보았다. 그리고 셸링의 경우 운명의 비극은 신의 내부적인 존재의 차이에서 비롯되며, 하이데거의 경우 존재 사건의 은폐와 탈은폐의 차이에서 비롯된다는 점을 밝혔다.

이제 여기서는, 하이데거의 모이라가, 그의 초기 작품에서부터 어떻게 이해되어 왔는지를 살펴보려고 한다. 이를 위해 우리는『존재와 시간』에서 운명과 존재의 역운 그리고 모이라가 어떤 관계를 갖는지에 관심을 집중하기로 한다.

『존재와 시간』에서 운명은 현존재의 존재와 연관해 파악되고 있다. 운명은 현존재가 태어나서부터 죽음에 이르기까지 자신의 존재를 드러내는 사건을 의미한다. 이 점에 대하여 하이데거는 다음과 같이 말한다 :

"현존재의 존재에는 이미 태어남과 죽음과 연관된 '사이'가 놓여 있다"(『존재와 시간』, 491).

이러한 표현은, 마치 운명이 태어남과 죽음이라는 테두리에 싸여있는 어떤 것처럼 여겨진다. 그러나 하이데거에게서 '사이'로서 운명은 탄생과 죽음까지도 포함하는 현존재의 존재 구조와 상응한다. 현존재의 존재 구조는 현사실성과 실존성 그리고 퇴락 존재로 구성되어 있다. 대부분의 경우 현존재는 존재자적인 현실에 몰두해 있는 퇴락 존재다. 그러나 그의 존재에는 이미 그에게 주어진 현사실성이 포함되어 있다. 현존재에게는 수없이 많은 지나간 존재의 흔적들이 유산으로 주어졌다는 것이다. 따라서 현존재는 마치 그 자체로 완전한 모나드와 같이, 개별적이고 단독적인 순수한 주체로서 존재하는 것이 아니다. 오히려 현존재 안에는 과거의 존재 흔적과 전통들, 말하자면 세계가 이미 주어져 있는 것이다. 이러한 점은 현존재의 존재가 무수히 많은 가능성들을 포함한다는 긍정적인 측면을 시사한다. 반면에 이것은 현존재를 얽어매는 구속이 되기도 한다. 왜냐하면 현존재는 이미 존재하는 '현사실적인 세계' 속에 "던져져 있기" 때문이다(『존재와 시간』, 29절 참조). 이런 한에서 현존재의 가능성은 무한한 가능성이 아니라 이미 제한된 가능성이다.

그러나 동시에 현존재는 주어진 세계에 순응하면서 수동적으로 살아가는 것이 아니라 자신의 실존성을 통해 세계를 형성(Weltbildend)해나가는 존재이기도 하다. 현존재는 자신의 존재를 스스로 던져나감으로써 세계를 드러내기도 하는 것이다. 따라서 하이데거는, "기획 투사라는 실존 범주에 의해서 구성되는 존재 양식 때문에 현존재는 … 항시 그가 실제로 있는 것 '그 이상'이다"(『존재와 시간』, 202)라고 말한다. 그러나 이러한 기투가 곧바로 현존재로 하여금, 그에게 주어진 세계 자체를 넘어서게 하는 것은 아니다. 따라서 하이데거는 곧이어, "그러나 현존재는 결코 그가 현사실적으로 존재하는 것 그 이상일 수 없다"(『존재와 시간』, 202)고 말한다. 현존재는 기투를 통해 '세계 자체'를 넘어서는 것이 아니라 단지 그에게 이미 '주어진 세계'를 새롭게 해석해나갈 수 있는 것이다. 그럼에도 현존재는 대부분의 경우 이러한 자신의 존재를 드러내기보다, 눈앞에 주어진 존재자의 세계에 몰입해 자신의 본래적인 존재를 상실하고 망각하며 살아간다. 이렇게 상이한 현존재의 존재 구조로 인해 현존재의 운명은 불안이란 특징을 띤다. 현존재는 자신의 실존을 감행해야 하는 존재인 한, 현존재에겐 실존의 불안과 죽음에의 불안이 항상 내재해 있는 것이다.

이렇게 현존재는 대체로 자신의 본래적 존재로부터 소외되어 있으며, 자신의 본래적인 존재를 기투하는 데에 불안에 휩싸이며, 이러한 불안을 통해 자신의 본래적인 존재를 회복할 수 있는 가능성을 갖는다. 그런데 현존재의 존재의 근거는 바로 시간성에 놓여 있다. 즉, 현존재의 현사실성은 이미 있어 왔음(기재, Gewesenheit)에 근거하며, 죽음에의 자유로서 현존재가 자신의 존재를 결단하고 형성할 수 있는 것은, 그가 이미 앞서 자신의 존재를 선취하는 도래적(Zukunft)인 존재이기 때문이다. 그리고 그가 일상적인 존재자에 몰입하게 되는 것은, 그가 현재적 존재(Gegenwart)이기 때문이다. 그런데 현존재가 일상성에 파묻혀 자신의 존재를 상실하는 것은, 그가 시간을 단순한 기대함(Gewaertigen), 지나가버림(Vergangenheit) 그리고 단순히 현재에 머묾(Gegenwaertigen)이란 방식으로 관계하기 때문이다. 그러나 현존재는 시간성에 대한 본래적 이해를 통해 단순한 기대와 망각이 아니라 과거와 미래를 기재와 도래로서, 지금 이 순간에 함께 하는 방식으로 경험할 수도 있다. 따라서 현존재의 운명은 이러한 시간성과 밀접하게 연관되어 있는 것이다. 이 점에 대하여 하이데거는 다음과 같이 말한다:

"시간성은 개개의 모든 탈자태에서 전체적으로 시간화된다. 다시 말해서 시간성의 그때마다의 온전한 시간화의 탈자적 통일성 안에 실존, 현사실성 그리고 빠져 있음의 구조 전체 ― 이것은 염려(쿠라) 구조의 단일성이다 ― 의 전체성이 근거하고 있다"(『존재와 시간』, 461).

이러한 사실로부터 우리는, 현존재가 운명을 가질 수 있는 이유를, 첫째 현존재가 존재적이면서 동시에 존재론적이란 점, 둘째 현존재가 홀로 존재하는 것이 아니라 세계의 존재자와 만나고 있는 세계-내-존재라는 점, 셋째 현존재의 존재가 시간성에 근거하고 있다는 점에서 찾을 수 있다.

하이데거는 첫째 경우에 대하여 : "현존재가 운명의 타격을 받을 수 있는 것은 오직 그가 그의 존재의 근본에서 특징지은 의미로서 운명으로 '존재하기' 때문이다"(『존재와 시간』, 502)라고 말하며,

둘째 경우에 대하여 : "자신에게 전수하는 결단성 속에서 운명적으로 실존하며 현존재는 세계-내-존재로서 '다행스러운' 형편에 '마주나감' 또는 우연의 잔인함에 열려 있다"(『존재와 시간』, 502)고 말한다.

셋째 경우에 대하여 : "그의 존재에서 본질적으로 도래적이어서, 자신의 죽음에 대해서 자유롭게, 이 죽음에서 부서지면서 자신의 현사실적인 '거기에'로 자신이 되던져지도록 할 수 있는 그런 존재자만이, 다시 말해서 도래적이면서 똑같이 근원적으로 기재하며 있는 그런 존재자만이 상속된 가능성을 자기 자신에게 전수하면서, 자신의 고유한 내던져져 있음을 넘겨받고 '자신의 시간'을 위해서 순간적일 수 있다. 동시에 유한하기도 한 본래적인 시간성만이 운명과 같은 것을 만든다"(『존재와 시간』, 503)라고 말한다.

따라서 인간이 운명을 갖는 이유는 그가 존재자의 세계에만 관계하는 존재자가 아니라, 그것을 넘어서는 존재에 대한 이해를 갖는 존재자이기 때문이다. 즉, 인간의 운명이 가능한 것은, 그가 이미 존재론적 차이를 어느 정도 알고 있기 때문이다. 그러나 그가 혼자 산다면, 이때 운명에 대하여 말하기는 어려울 것이다. 따라서 우리가 운명에 대하여 말한다면, 그것은 인간이 이미 세계 안에서 거주하기 때문이다. 그리고 세계-내-존재로서 본래

적으로 존재하려는 인간은, 자신이 시간성에 의해 근거지어진 유한하고 죽을 수밖에 없는 존재자이기 때문에 운명을 가질 수 있는 것이다. 이러한 하이데거의 주장을 우리는 다음과 같이 이해할 수 있다.

예를 들어 우리가 운명이라는 말을 할 때, 운명은 직접적으로 만나게 되는 존재자가 아니다. 물론 운명은 특정한 존재자를 통해 경험될 수 있다. 그러나 그 특정한 존재자는 단지 운명을 드러내는 계기에 불과할 뿐, 그 존재자 자체가 운명일 수는 없다. 운명은 세계와 시간 속에서 인간이 불현듯 만나게 되는 경험으로서, 그 경험은 존재자를 "통해서" 경험되지만, 운명이 존재자"로부터" 오는 것은 아니다. 오히려 운명은 세계와 시간성 안에서 스스로의 존재를 결단하는 현존재에게 존재 사건으로 다가오는 것이다. 이때 운명은 존재자와 연관되어 경험되지만, 그러한 경험을 가능케 하는 것은 존재자가 아니라 존재인 것이다.

따라서 인간이 운명적인 것은, 그가 존재자의 세계를 넘어서 자신의 존재를 결단하고 감행하기 때문이다. 그리고 이러한 결단을 통해 자신의 실존을 감행할 때, 그는 여러 가지 비극적인 사건도 경험하게 되는 것이다. 그러나 분명한 것은, 인간이 자신의 존재를 결단했기 때문에 비극적인 존재적 사건들과 만나게 되는 것이지, 반대로 그러한 비극적 사건들로 인해 그의 운명이 비로소 정해지는 것은 아니란 점이다. 왜냐하면 그가 선택하지 않았다면, 그는 그러한 사건들과 만나지도 않았을 것이기 때문이다. 그렇다면 그로 하여금 그렇게 선택하게 한 것은 무엇인가?

그것은 인간이 이미 처해 있는 세계며, 동시에 그가 죽음을 무릅쓰고 기투하려는 세계다. 만약 그러한 세계가 그에게 이미 현사실적으로 주어져 있지 않았다면, 그리고 그가 새로운 세계를 기투하려고 하지 않았다면, 그는 그렇게 선택하지 않았을 것이다. 따라서 그가 처해 있고 기투하려는 세계 그리고 이것의 근거인 시간성이 그로 하여금 그러한 선택을 하게 한 것이고, 이로인해 비로소 그는 여러 구체적인 존재적 사건들과 만나게 되는것이다. 이렇게 세계-내-존재인 현존재의 존재가 시간성에 근거하기 때문에 현존재에게 운명이 가능한 것이다. 그리고 그가 존재론적 차이를 알고 그것을 결단하기 때문에 운명은 존재자를통해 일어나지만, 존재자를 넘어서는 존재 사건으로 경험될 수있는 것이다. 따라서 하이데거는 "결단성 속에 놓여 있는, 앞질러 달려가보며 자신을 순간의 '거기에'로 전수함을 … 운명이라고 이름한다"(『존재와 시간』, 505)고 말한다.

그런데 시간성에 근거해 있는 현존재의 존재 방식들은 그의역사를 구성한다. 왜냐하면 '사이'로서 현존재가 시간성의 지평에서 자신의 존재를 드러내는 사건(Geschehen)이 곧 역사를 이루기 때문이다. 따라서 하이데거는 : "역사는 시간 안에서 일어나는, 실존하는 현존재의 특수한 사건"(『존재와 시간』, 496)이라고말한다. 그리고 이러한 현존재가 타인들과 함께 실존하기 때문에, 그가 존재를 드러내는 사건은 이미 공동 사건과 더불어 이루어진다. 그런데 이러한 사건을 하이데거는 공동 운명(역운)이라고 부른다. 말하자면 어떤 현존재 개인의 운명은, 비록 그것이그 현존재에게 독특한 존재 사건으로 나타나지만, 그럼에도 그는 공동 현존재와 동일한 세계 안에 있는 존재며, 동시대적인 유산을 전수받았기 때문에, 그의 운명은 어느 의미에서는, 공동 운명(역운)을 포함하고 드러내는 것이다. 따라서 이러한 공동 운명(역운)에 대하여 하이데거는 : 운명적인 현존재가 세계-내-존재로서본질적으로 타인들과 함께 더불어 있으면서 실존할 때, 그의 생기(사건)는 공동 생기(공동 사건)이고 역운(공동 운명)으로 규정된다"(『존재와 시간』, 503)라고 말한다. 그리고 이러한 공동 운명의 예로서 그는 공동체나 민족의 공동 운명을 들고 있다. 그렇다면 한 민족 공동체의 역운과 개인의 운명의 관계는 어떠한가?

한 개인의 운명은 결코 타인의 운명에 의해 대체될 수 없으며, 오직 그에게만 고유한 운명인 것은 분명하다. 그러나 각각의 개인들은 서로 다른 운명을 지님에도 불구하고, 그들은 모두 그들을 넘어서 포괄하고 있는 공동체의 운명에 공동으로 참여하며, 영향을 받고 있다. 예를 들어 한 민족 공동체가 갖는 존재 방식은 각각의 개인을 넘어서는 포괄적인 존재 방식이며, 이러한 존재 방식에 각 개인들은 이미 던져져 있다. 그리고 이러한 존재 방식은 역사를 통해 유산으로 전수되어 간다. 바로 이러한 운명을 하이데거는 공동 운명(Geschick)이라고 말하고 있다. 이렇게 각각 개인들의 운명을 포괄하는 것이 공동 운명이지만, 반대로 공동 운명은 각각의 개인들의 운명들을 합쳐놓은 것은 아니다. 따라서 하이데거는, "공동 운명(역운)은 개별적인 운명들이 모여 결합된 것이 아니며, 서로 함께 있음도 여러 주체들이 함께 모여 있음으로 개념 파악될 수는 없다"(『존재와 시간』, 503)고 말한다. 그렇다면 공동 운명은 개인들의 운명을 포괄하지만, 그 합계가 아니라는 주장은 어떻게 이해되어야 하는가?

예를 들어 우리는 한 민족 공동체 안에서 매우 상이하고 다양한 개별 운명들을 볼 수 있다. 그러나 그러한 차이에도 불구하고 그들은 특별한 존재 방식, 예를 들어 현대 기술의 특징인 디지털, 유비쿼터스라는 동일한 존재 방식 아래서 살아간다. 물론 개인적으론 이러한 현대 기술을 긍정하는 입장도, 반대하는 입장도 가능하겠지만, 그들은 모두 이러한 기술과 이미 만나고 있다는 공통점을 지닌다. 즉, 그들은 개별적인 운명의 상이함에도 불구하고 모두 현대 기술이란 존재의 탈은폐 방식 안에 들어서 있는 것이다. 이런 의미에서 공동 운명은 개별 운명들의 합계는 아니지만, 각각의 개별적인 운명들을 포괄하는 존재 자체의 탈은폐 방식이라고 볼 수 있다. 따라서 개별적인 운명과 공동 운명은 전혀 무관할 수도 없다. 이 점에 대하여 하이데거는:

"동일한 세계 안에서 특정의 가능성들로 결단을 내리며 서로 함께 있음에서 운명들은 애초부터 이미 주도된 것이다. … 그의 '세대' 안에서 그의 세대와 더불어 현존재의 운명적인 역운(공동 운명)은 현존재의 온전한 본래적인 생기(사건)를 형성한다"(『존재와 시간』, 503)고 말한다. 현존재가 세계-내-존재로서 세계 안에 던져져 있지만, 동시에 세계를 형성하는 존재이듯이 개인의 운명은 공동 운명에 이미 던져져 있지만, 그럼에도 각각의 현존재는 자신의 고유한 존재를 드러냄으로써 공동 운명을 형성해나가는 것이다. 이러한 점은 하이데거의 후기 작품에서, 존재의 말건넴과 인간 본질의 응답함이란 관계로 넓혀진다. 그러나 『존재와 시간』에서는 아직 존재 자체의 운명에 대해서는 말해지지 않으며, 단지 개별 현존재를 넘어서는 세계와 역사를 통한 공동 운명에 대하여 말해지고 있을 뿐이다(『존재와 시간』, 507).

그런데 이러한 운명은 후기에 들어서면 존재 자체의 운명인 역운으로 변화된다. 이러한 시도는 특히 형이상학을 통해 나타난 존재의 역운에 대한 분석으로부터 시작된다. 이것은 Es gibt das Sein에 대한 분석에서 절정을 이룬다. 하이데거는 존재 자체의 운명을 말하면서, Das Seiende ist 와 Es gibt das Sein을 구분한다. 이제 하이데거는 존재에게 ist란 표현을 거부한다. 왜냐하면 존재는 존재자가 아니기 때문이다. 이렇게 하이데거는 존재의 역운을 말하면서 다시 한 번 존재론적 차이를 강조한다. 그리고 이제 인간 현존재에게 주어졌던 개별적인 운명은 존재의 역운에 의한 것임을 강조한다. 따라서 인간 현존재는 존재의 역운에 귀를 기울이는 일이 중요하다. 그런데 플라톤 이래 형이상학

은 존재와 존재자의 존재론적 차이를 망각했다고 하이데거는 강조한다 :

"형이상학은 비록 존재자를 존재자의 존재 안에 표상함으로써 존재자의 존재를 사유하기는 했다. 그러나 형이상학은 이 둘의 구분(Unterschied)을 사유하지 못했다. … 형이상학은 존재 자체의 진리에 대하여 질문하지 않았다"(Weg 320).

따라서 현대인은 이렇게 망각된 존재의 진리를 질문해야만 한다. 그러나 질문도 인간의 임의적인 결정에 의해 가능한 것이 아니다. 따라서 하이데거는 존재의 역운이 다가오고 드러내는 것에 대하여 응답할 수 있기 위해, 인간은 존재를 사유하기를 기다리며 배워야 한다고 말한다. 그는 "존재는 여전히, 존재 자체가 인간에게 질문할 만한 것이 되기를 기다린다"(Weg 320)고 말한다. 이러한 그의 주장은 존재의 운명이 인간의 개별적인 운명에 의해 만들어지지 않으며, 오히려 이것을 넘어서는 것임을 강조한 표현으로 볼 수 있다. 이러한 강조는『존재와 시간』에서 거론된 표현을, 인간이 아니라 존재 자체의 측면에서부터 재해석하고 분명히 한 점에서 나타난다.

우선『존재와 시간』에서 나타난 "현존재"(SZ 11)란 표현을 이제 그는 "현-존재"라고 고쳐 쓴다. 이제 현존재의 의미는 자신의 존재를 기투하는 데 있는 것이 아니라 존재의 밝힘의 장소(현)라는 점에 놓이게 된다(Weg 323).

둘째 "현존재의 '본질'은 그의 실존 안에 놓여 있다"(SZ 42)에서 실존(Existenz)이란 표현은 이제는 Ek-sistenz로, 즉 "탈자적으로 존재의 진리 안에 머물러 있음"(Weg 323)이란 의미로 전환된다.

셋째 기투(Entwurf)와 던져짐(Geworfenheit)에서 던지는 주체(das Werfende)는 더 이상 인간 현존재가 아니라 존재 자체로 바뀐다(Weg 334). 이제 던짐(기투)도 던져짐도 모두 존재 자체의 사건으로 파악된다. 이 점에 대하여 하이데거는 다음과 같이 말한다 :

"인간은 오히려 존재 자체로부터 존재의 진리 안으로 '던져졌고', 이와 같이 인간은 탈-존하면서 존재의 진리를 지킨다. 존재의 빛 안에서 존재자가 존재자 바로 그것으로 나타나도록 하기 위해서. 그것이 그렇게 나타날지 혹은 어떻게 나타날지는 … 인간이 결정하지 못한다. 존재자의 도래는 존재의 운명(역운) 안에 놓여 있다"(Weg 327-328).

넷째, "염려"도 현존재가 주도적으로 행하는 것이 아니라, "탈존자로서 인간이 존재 스스로가 보내주는 관계 속으로 들어감"(Weg 329)이라는 의미로 바뀐다. "본래성", "비본래성"이란 표현도 현존재의 주도적인 선택에 의한 것이 아니라 "존재의 진리와 인간 본질의 '탈존적'관계"(Weg 329)에 놓이게 된다.

다섯째 언어에 대한 이해 역시 "인간이 말하는 것이 아니라" 오히려 "존재의 집"인 언어 안에 인간이 거주하는 방식으로 바뀐다(Weg 330).

결국 이 모든 것을 종합하여 하이데거는 다음과 같이 말한다 :

"단지 현존재가 존재하는 한 존재도 존재한다"고 말하지 않았던가? 그렇다. 그러나 이것이 뜻하는 것은 다음과 같다 : "단지 존재의 밝힘이 존재 사건화하는 한 존재가 인간에게 넘겨진다. 그러나 그현(Da), 즉 존재 자체의 진리인 밝힘을 존재 사건화하는 것은, 존재 자체의 보내줌이다. 이것은 밝힘의 운명(역운)이다."[75]

---

75) 이 문장은 다음과 같다 : Aber ist nicht in 'S.u.Z.' (S. 212), wo das 'es gibt' zur Sprache kommt, gesagt : 'Nur solange Dasein ist, gibt es Sein'?

그렇다면 존재의 운명(역운)이란 무엇인가? 이에 대한 답변을 우리는 "Es gibt das Sein"이란 표현에서 얻을 수 있다. 이 표현에 따르면 존재는 그 자체로 머물러 있는 것이 아니라(das Sein ist nicht) 스스로 자신을 건네주는 것(Geben)이다. 이렇게 건네줌을 통해 존재는 존재로서 드러나게 된다. 존재의 운명(역운)은 존재가 스스로를 건네주면서 드러내는 사건이다. 이 점에 대하여 하이데거는 "Es, 즉 존재가 스스로를 건네주면서 존재는 운명(역운)에 이른다"(Weg 332)고 말한다. 그러나 그는, 이때 존재가 스스로를 건네줄 수도 혹은 그것을 거부할 수도 있다고 말한다(Weg 332). 따라서 한편으로 던지는 주체(das Werfende)로서 존재가 자신을 건네주며 드러내는 역운 안에 인간이 탈존적으로 들어설 때 인간은 "존재의 가까움" 혹은 "고향"에 "거주"할 수 있는 것이다(Weg 334, 335).

그러나 다른 한편 형이상학의 역사를 통해 존재가 망각된 것은 인간의 소홀함 때문이 아니라, 바로 존재자체의 역운이 자신을 은폐했기 때문이라는 것이다. 이러한 존재의 역운에 의해 현대인은 현대 기술에 몰입하게 되었고, 존재자에 대한 지배가 전 세계적으로 자행되었다는 것이다. 따라서 하이데거는 "고향 상실은 세계의 운명이 되었다"(Weg 336)고 말한다. 그런데 이것을 극복하기 위해서는 "존재론적 차이"에 기인하는 존재의 역운이 건네는 말을 듣는 것이 선행적으로 요청된다. 그리고 이것은 자신을 건네주는 존재의 역운에 현-존재가 들어설 때 가능한 것이다. 그러나 존재의 운명(역운)이 하이데거 존재 사유의 최종적인 표현이 아니다.

Allerdings. Das bedeutet : nur solange die Lichtung des Seins sich ereignet, uebereignet sich Sein dem Menschen. Dass aber das Da, die Lichtung als Wahrheit des Seins selbst, sich ereignet, ist die Schickung des Seins selbst. Dieses ist das Geschick der Lichtung(Weg 333).

1962년에 씌어진 그의 작품인 "Zur Sache des Denkens"에서 하이데거는 현존재의 운명(Schicksal), 존재의 역운(Geschick)이 모두 존재 사건(Ereignis)의 고유화(ereignen)에 기인하는 것으로 해석한다. 이때 존재의 건네줌(Geben, es gibt Sein)과 보내줌(Schickung)은 존재 사건 중 존재에만 한정되는 것으로 파악되며, 시간과 연관해서는 다다름(Reichen)이란 표현을 쓰고 있다. 즉, 존재는 존재자가 아니지만 시간도 존재자가 아니기 때문에, Das Sein ist나 Die Zeit ist란 표현은 틀리다는 것이다. 대신그는 Es gibt das Sein이란 표현과, Es gibt die Zeit란 표현을 제시한다. 그리고 Geben(건네줌)을 존재와 연관해서는 Schicken(보내줌)으로, 시간과 연관해서는 Reichen(다다름)이란 의미로 해석한다. 이 점에 대하여 하이데거는 다음과 같이 말한다 :

> "'Es gibt Sein' 안의 Geben(건네줌)은 Schicken(보내줌)으로서, 그리고 시대적으로 변하는 현전성에 대한 역운(Geschick)으로 드러난다. 'Es gibt die Zeit' 안의 Geben(건네줌)은 4차원적 영역의 밝히는 다다름(lichtendes Reichen)으로 드러난다"(SD 17).

그리고 존재와 시간 모두에게 스스로를 건네주는 Es를 하이데거는 존재 사건(Ereignis)라고 명명한다 : "양자, 즉 시간과 존재를 그것들의 고유함 안에서, 즉 그것들의 공속함 안에서 규정하는 것을 우리는 존재 사건(Ereignis)라고 부른다"(SD 20). 그리고 이러한 존재 사건은 존재"와" 시간을 공속시키면서, 존재와 시간에게 역운(Geschick)과 다다름(Reichen)을 건네주는 것이라고 말한다. 즉, 존재를 건네준 Es, 그리고 시간을 건네준 Es는 바로 존재 사건이라는 것이다. 그러나 존재 사건이 존재와 시간에 대한 상위 개념은 아니다(SD 22). 오히려 존재 사건(Ereignis)

은 존재와 시간이 각각 그리고 동시에 서로 함께 고유화하며 (ereignen) 드러나는 사건을 뜻한다. 그러나 이러한 드러남이 고 유화하지 않게(enteignen) 드러날 수도 있기에, 존재 사건은 동 시에 비-존재사건으로 드러날 수도 있는 것이다(SD 24). 이러한 주장은 존재와 시간을 더 이상 존재자와 연관 없이 사유해야 한 다는 의미로 들린다(SD 2). 그런데 존재자 없이 존재를 사유하 기라는 표현을 하이데거는, 형이상학과의 연관성 없이 존재를 사유하기라고 설명하고 있다. 그는 "'존재자 없이 존재를 사유하 기'는, 존재에게 존재자와의 연관성이 — 마치 이 연관성이 도외 시되는 것처럼 — 필연적이지 않다는 것을 뜻하지 않는다 ; 오히 려 이것이 뜻하는 것은, 존재를 형이상학의 방식으로 사유하지 않아야 한다는 것이다"(SD 35-36)라고 말한다.

이처럼 존재를 형이상학의 방식으로 사유하지 않기 위해서는, 형 이상학의 시원으로 되돌아가는 일(Schritt zurueck)이 필요하다. 이 런 점을 하이데거는 존재 망각으로부터 깨어나는 일(Erwachen aus der Seinsvergessenheit), 존재 사건으로의 깨어남(Entwachen in das Ereignis)(SD 32)이라고 표현한다. 그런데 이것은 존재에 대한 형이상학적인 말의 종말도 포함한다(SD 43). 따라서 하이 데거는 이제 4자 세계의 유희에 대하여 시적인 언어로 말하기 시작한다. 그는 시의 언어를 통해 기존의 형이상학적 언어로부 터 결별과 극복을 시도하고 있는 것이다. 그리고 마지막으로 존 재론적 차이는 존재 사건의 고유화 / 비고유화의 문제로 해석된다. 왜냐하면 존재 사건은 항상 드러나는 것이 아니라 숨기기도 하기 때문이다. 그러나 이러한 드러냄과 숨김은 모두 '드러냄을 보내줌 (Schicken)', '숨김을 보내줌(Schicken)'이란 공통점을 갖는다. 이렇게 존재의 이중성이 이중성으로 보내지는 사건(Schicken)에 대하여 하이 데거는, 현존재의 운명(Schicksal), 존재의 운명(역운)(Geschick), 존재 사건의 고유화(사건화)(Ereignis)라고 표현하고 있는 것이다. 그런데 그의 사상사적인 시대적 구분을 떠나 이러한 존재 자체의 이중성과 운명(모이라)의 관계에 대한 명확한 표현을 우리는 그의 강연 "모이라"에서 발견할 수 있다. 이제 우리는 하이데거의 존재론적 차이가 결국 존재 자체의 차이에서 비롯된 것이며, 이러한 차이를 차이로서 보내는 것이 바로 모이라(운명, 역운을 포함하여)임을 "모이라"라는 작품을 중심으로 살펴보고자 한다.

3) 존재론적 차이의 본질 ; 모이라

하이데거는 존재론적 차이를 설명하기 위해, W. Kranz가 번역한 파르메니데스의 단편 VIII, 34-41의 문장을 인용한다 :

"사유와, 있다(Ist)가 있다는 생각은 동일하다 ; 왜냐하면 진술된 것으로 존재하는 존재자 없이, 그대는 사유를 발견할 수 없기 때문이다. 그리고 존재자 외에는 어떤 것도 존재하지 않으며, 존재하지 않을 것이다. 왜냐하면 모이라가 존재자를 전체며 부동적으로 존재하게 하였기 때문이다. 따라서 죽을 자들이 생성과 소멸, 존재와 비존재, 장소의 변화와 빛나는 색깔의 교체가 옳다고 확고히 확신하는 모든 것은 단지 이름일 뿐이다"(W. Kranz) (VA 223-224).

이 문장에서 하이데거가 문제 삼는 부분은, ① 첫째 문장과 ② 왜냐하면 모이라 … 로 시작되는 문장이다.

그런데 첫째 문장을 해명하기 위해, 우선 그는 파르메니데스의 단편 III에 대한 새로운 해석을 시도한다. 그 문장은 다음과 같다 :

"왜냐하면 사유와 존재는 동일하기 때문이다"
(to gar auto noein estin te kai einai) (VA 223)

하이데거는, 이 문장이 형이상학의 역사를 통해 존재와 사유의 관계를 해석할 때 곧잘 인용되지만, 대부분의 해석은 잘못된 해석이라고 주장한다. 그리고 잘못된 해석을 그는 다음의 두 가지로 구분한다 :

첫 번째 잘못된 해석으로서 하이데거는 형이상학적인 해석을 들고 있다. 전통적인 형이상학은, 이 문장에 나타나는 표현인 esti(있다)가 존재(einai)와 사유(noein) 모두와 연결되어 있기 때문에 '존재가 있다', '사유가 있다'고 해석함으로써 사유를 존재자와 같은 것으로 파악했다는 것이다. 그런데 하이데거는, 파르메니데스가 사유를 생성되고 소멸되는 다양한 존재자들(eonta) 중에 하나라고 말한 적이 없다고 비판한다(VA 225).

두 번째 잘못된 해석으로 하이데거가 제시하는 것은, 특히 근대 이후의 인식론적인 해석이다. 그런데 근대 철학에서 빚어지는 이러한 오류는 경험론이나 관념론 모두에 해당된다는 것이다. 예를 들어 버클리의 경우 존재(esse)는 지각(percipi)과 동일한 것으로 주장되는데, 이때 버클리의 존재는 지각에 의해 재현된 것(repraesentare)을 의미한다는 것이다. 그렇다면 존재는 인간의 지각에 의해 구성된 것에 불과하며, 결국 존재는 사유의 능력이 빚어낸 것에 불과하거나 혹은 존재가 그 자체로 존재한다 하더라도, 존재는 단지 지각 능력을 통해서만 인식될 수 있게 된다. 결국 존재는 지각된 것에 불과하거나 지각 능력에 의존하는 것으로 평가받게 된다.

이런 경향은 헤겔의 경우도 마찬가지라는 것이 하이데거의 생각이다. 이를 위해 그는 헤겔의 "철학의 역사에 대한 강의"를 인용하면서, "헤겔의 경우, 존재는 스스로 자신을 생산하는(앞으로-이끄는 : pro-duzierende ; pro-ducere) 사유의 긍정"(VA 227)에 불과하다고 말한다. 결국 하이데거가 볼 때, 버클리나 헤겔의 해석은 모두 존재를 인간의 사유의 능력에 의해 만들어진 것으로 여기는 공통점을 갖는다. 그리고 이때 존재는, 사유하는 주체인 인간에 대하여 마주서 있는 객체, 즉 대상으로 전락하게 된다.

그렇다면 하이데거는 파르메니데스의 단편 III을 어떻게 해석하는가? 이것은 그리스 단어에 대한 그의 독특한 번역, 해석과 연관되어 있다. 따라서 하이데거의 해석을 이해하기 위해, 우선 그가 파르메니데스의 단편 III의 단어들을 어떻게 번역하고 있는지 살펴보는 것이 필요하다.

단편 III의 문장 : 왜냐하면 사유와 존재는 동일하기 때문이다.
(to gar auto noein estin te kai einai) (VA 223)

이 문장에서 "to gar auto"는 일반적으로 "왜냐하면 … 동일하기 때문이다"라고 번역된다. 그런데 하이데거는 gar를 "왜냐하면" 대신 "말하자면"이라고 번역한다. "왜냐하면"이란 번역은 어떠한 근거를 제시하기 위한 접속사인 반면, "말하자면"은 기대되는 설명을 위한 도입어의 역할을 한다. 이로써 gar는 auto를 설명하기 위한 단어로 번역되는 셈이다. 또한 그것은 auto란 단어에 대한 새로운 이해가 필요함을 암시한다. 이런 의미에서 하이데거는 auto라는 단어가 수수께끼와 같은 단어라고 말한다(VA 233). 즉, auto는 단순한 일치나 똑같음(Gleichheit)이 아니라, 그 안에 차이가 존재하는 "공속성"(WhD 147)으로서의 동일성을 뜻한다. 이러한 하이데거의 해석에서 우리는, 그가 "존재론적 차이"에 대하여 말하고자 하는 것을 알 수 있다. 이 점은 나중에 분명하게 드러날 것이다.

위 문장에서 중요한 의미를 갖는 또 다른 단어는 noein과 einai 다. noein은 일반적으로 사유라고 einai는 존재라고 번역된다. 그러나 사유와 존재가 어떻게 동일할 수 있는가? 사유가 존재를 구성하는 것인가? 혹은 존재의 드러남을 통해 사유가 가능한 것인가? 이러한 질문에 대하여 하이데거는, 사유가 가능하기 위해서는 존재가 먼저 스스로를 드러내는 것이 필요하다고 강조한다. 그런데 존재가 스스로를 드러내는 것을 그는 Aletheia라고 칭한다. 그렇다면 사유는, 존재(einai)의 비은폐성(aletheia)에 주의하며 따를 때 비로소 가능할 수 있다. 따라서 사유의 본질은 이렇게 주의를 기울이는 것에 놓이게 된다. 이런 의미에서 하이데거는 noein을 "주의를-기울임(In-die Acht-nehmen)"이라고 번역한다(VA 234 이하). 즉, 사유의 본질은 주체로서 인간이 자신의 능력에 의해 무엇인가를 표상하고 재생산해내는 것이 아니라 바로 존재의 탈은폐에 주의를 기울이면서 그러한 드러남을 드러남 그대로 받아들이는 것에 있다는 것이다. 지금까지의 번역을 따른다면, 위 단편은 다음과 같이 번역되어야 한다 :

　　"말하자면 동일한 것은 주의를-기울임과, 또한 존재다."

그리고 하이데거는 존재(einai)를 존재론적 차이를 내포하는 것으로 해석한다. 즉, 존재의 드러남은 단순히 그 자체 일치하는 것이 아니라 차이를 지닌 존재로서 드러난다는 것이다. 따라서 그는 einai를 "현전자의 현전성"이라고 번역한다. 그렇다면 위의 문장은 다음과 같이 번역된다 :

　　"말하자면 동일한 것은 주의를-기울임과, 또한 현전자의 현전성이다."

　　(Das naemlich Selbe In-die-Acht-nehmen ist so auch Anwesen des Anwesenden)(WhD 147).

그렇다면 파르메니데스 단편 III에 대한 이러한 번역을 염두에 두고, 단편 VIII의 문장을 살펴보기로 한다. 단편 VIII의 문장은 다음과 같다 :

사유와 있다(Ist)가 있다는 생각은 동일하다.
(tauton d'esti noein te kai ouneken esti noema)(VA 223).

여기서는 사유와 존재 외에 사유된 것으로서 noema가 등장한다. 그런데 계속되는 VIII의 문장에 따르면 사유(noein)는 "존재자 안에서 진술된 것(pephatismenon en to eonti)"이다. 그런데 이러한 진술, 즉 말함은 legein이다. 따라서 이제 noein과 legein의 관계를 규명하는 것이 필요하다. 이를 위해 하이데거는 다시 단편 VI의 문장을 해석한다. 그 문장과 그에 대한 일반적인 번역문은 다음과 같다 :

chre to legein te noein t' eon emmenai.
"존재자가 존재한다고 말하고 사유하는 것이 필요하다"(WhD 105).

하이데거는 위의 일반적인 번역을 거부한다. 그 대신 그는 이 문장을 해체시키고 단어들 각각의 의미를 밝히기를 시도한다. 그는 이 문장을 : chre : to legein te voein t' : eon : emmenai로 고쳐 쓴다.76)

이러한 쓰기 방식의 변화를 통해 문장의 내용 자체가 달라지는 것은 아니다(WhD 111). 앞의 문장이 특정한 문법적 형식의 문장이라면, 지금 변화된 문장은 일종의 병렬 어법이라고 볼 수 있다. 앞의 문장은 각각의 단어들이 합쳐져서 연결된 통합문(Syntax)인

---

76) 참조, 최상욱, 「하이데거의 언어론」, in : 『하이데거의 언어 사상』, 철학과현실사, 163쪽 이하.

데 반해 후자의 경우는 각 단어들의 문법적 연관성을 해체시킨 병렬문(Paratax)이다. 그런데 하이데거는 병렬문이 통합문보다 더 앞선다고 주장한다. 이러한 하이데거의 주장의 근거를 우리는 어린아이의 말에서 발견할 수 있다. 어린아이들의 말은 아직 일정한 문법적 형태를 갖춘 문장이라기보다, 필요한 단어들이 제각기 흩어져 있는 형태인 경우가 많다. 이와 마찬가지로 파르메니데스의 문장도 하이데거는 병렬문으로 보려고 한다. 위 문장을 병렬식으로 표현하면 그것은 다음과 같다 :

"필요한 : 말하기 그렇게 사유하기 역시 : 존재자 : 존재하기"(WhD 111).

그렇다면 이때 달라지는 것은 무엇인가? 이를 밝히기 위해 하이데거는 각각의 단어들을 연결시키는 문법적 형식을 도외시한 채, 단어들의 고유하고 본래적인 의미가 무엇인지 분석한다.

noetig로 번역되는 chre의 경우 어원론적으로 chrao, chresthai에 속한다. 이 단어 안에는 he cheir, 즉 손이란 의미가 포함되어 있다(WhD 114). 손(Hand)이란 단어는 하이데거에 의해 즐겨 선택된 단어다. 그는 『존재와 시간』에서 Vorhandensein, Zuhandensein이란 표현을 쓰고 있다. 이외에 Hand라는 표현이 직접적으로 들어 있지는 않지만, 현존재의 실존 역시 손-방식으로 해석될 수 있다.77) 왜냐하면 일반적인 사물들은 현존재의 손-앞에(vorhanden) 그냥 존재하는 것이고, 도구는 현존재의 손이 닿은(zuhanden) 존재자라고 한다면, 그 손을 가지고 있는 것은 바로 현존재이기 때문이다.

---

77) J. Derrida, *Geschlecht*, 70쪽 이하에서, 데리다는 하이데거의 현존재의 실존도 vorhandensein, zuhandensein과 마찬가지로, 손의 존재 방식을 따른다고 해석한다.

그러나 이때 과연 현존재가 손을 가지고 있는 것인가? 혹은 반대로 손이 현존재를 가지고 있는 것은 아닐까? 예를 들어 사고로 손이 절단된 사람의 경우, 손이 해야 할 기능을 발과 같은 다른 기관이 대신 수행하는 것을 볼 수 있다. 이때 그가 사용하는 발은 유기체의 기관이란 기준으로 보면 발이 틀림없지만, 능력이란 측면에서 보면 그것은 이미 손이다.[78] 그리고 수많은 문명의 모습들을 만들어낸 것은 바로 이러한 손의 능력에 의한 것이다. 그러나 그 능력을 수행한 것이 꼭 손이라는 기관일 필연성은 없다. 단지 손의 능력이 그러한 것을 만들어낸 것이다. 이와 같이 손은 무엇을 "만들어냄", 즉 탈은폐시키는 행위와 연관되어 있다. 따라서 하이데거는 손과 인간의 관계에 대하여 :

"인간 자신은 손을 통해 활동한다 ; 왜냐하면 손은 … 인간의 근본 특징이기 때문이다. 인간과 같이 말(mythos)(logos)을 '갖는' 존재자만이, 또한 '손'을 가질 수 있고 가져야만 한다 … 손은 단지 탈은폐와 은폐가 있는 곳에서만 손으로서 본재한다"(전집 54권, 118)고 말한다. 그리고 손과 인간의 관계를 좀더 분명하게 :

"인간이 손들을 '갖는' 것이 아니라 오히려 손이 인간의 본질 안에 내재하고 있다. 왜냐하면 손의 본질 영역으로서의 말이 인간의 본질 근거이기 때문이다"(전집 54권, 119)라고 주장한다. 손이 말과 같이 존재자의 존재를 드러내는 능력이며, 이러한 탈은폐 능력을 가지는 존재자가 인간이라면 이때 인간이 손을 갖는 것이 아니라 손이 인간의 본질 안에 내재하고 있다는 하이데거의 주장을 우리는 어느 정도 납득할 수 있을 것이다.

이런 점을 고려한다면, 일반적으로 "필요한"으로 번역되는 chre 안에 손의 의미가 들어 있다는 하이데거의 주장에는, chre

---

78) M. Heidegger, *Die Grundbegriffe der Metaphysik. Welt-Endlichkeit-Einsamkeit*, 전집 29 / 30권, 52절 참조.

란 단어 안에는 "손이 필요한"이란 의미, 더 나아가 "탈은폐시키는 능력이 필요한", "말함이 필요한"이란 의미가 들어 있음을 강조하려는 의도가 깔려 있는 것이다. 그런데 하이데거에 의하면 존재자가 존재자로 탈은폐되기 위해서는, 그에 앞서 존재 자체의 드러남이 있어야만 한다. 그렇다면 이제 손을 필요로 하는 주체는 존재가 된다. 이런 의미에서 하이데거는 chre를 "Es brauchet", 즉 "그것이 사용한다"라고 번역한다. 이러한 해석은 "Es gibt Sein"이란 표현과 유사하다.79) 그렇다면 이러한 번역의 의미는 "존재가 사용한다"라고 이해되어야 한다.

또 하이데거는 일반적으로 "말하다"로 번역되는 legein이란 단어 안에는 "말하다" 외에 "놓다(Legen)"라는 의미도 포함된다고 주장한다.80) 이를 바탕으로 legein을 Vorlegen, Vorliegenlassen(앞에 내어놓게 함)으로 번역한다. 그런데 "앞에 내어놓게 함"은 무엇을 "나타나도록 하는 것(Zu-einem-Vorschein-Bringen)"을 의미한다(WhD 123). 이러한 번역을 토대로 위의 문장을 다시

---

79) 실제로 하이데거 자신도 chre를 "Es brauchet"로 번역할 때 등장하는 Es는 Es gibt의 Es와 가까운 의미라고 주장한다(WhD 116).

80) 하이데거는 logos를 legein으로부터 해명하며, legein을 읽다, 말하다 그리고 모으다(sammeln)로 해석한다. 이런 번역은 사전적으로 정당하다. 그러나 legein을 Legen으로 번역하는 것은 문제가 있다. 따라서 하이데거도 legein을 Legen으로 번역하는 경우, 드물게도 legein이란 그리스어를 legere란 라틴어와 연관시킨다. 대부분의 경우 하이데거는 그리스어가 라틴어로 번역되면서 그 본래적 의미를 상실했다고 비판하는 데 반해, 이 경우엔 라틴어에 도움을 청하는 것이 이채롭다. 이를 바탕으로 그는 그리스어 legein이 라틴어 legere, 독일어 Legen과 연관되어 있다고 주장한다. 그러나 하이데거 스스로도 이러한 번역이 아주 낯선 것임을 인정한다(WhD 122). 그럼에도 이러한 번역이 가능한 근거를 이제 독일어 Legen의 변형들, 즉 Darlegen(설명하다), Ueberlegen(숙고하다), Vorlegen(앞에 놓다, 제출하다)가 모두 Legen(놓다)에 의존하고 있다는 점을 통해 제시하고 있다. 따라서 legein은 "앞에 놓다"로 번역될 수 있다는 것이다. 그러나 하이데거의 이러한 번역은 사전적인 근거보다는, 그의 존재론적인 관점에 따른 번역임은 분명하다.

구성하면 그것은 다음과 같다 :

"그것이 사용한다 : 앞에-내어놓다 그렇게 주의를-기울이다 역시 :
존재자 : 존재하기"(WhD 129).

그런데 하이데거는 이제 legein과 noein이 모두 chre에 연결되
고 있음을 지적한다. legein과 noein은 모두 "그것이 사용한다(Es
brauchet)"에 의해 구속되는 것이다(WhD 126). 그렇다면 이제 Es
가 legein과 noein을 사용하는 주체가 된다. 그리고 legein과 noein
은 모두 어떤 것이 "드러남", 즉 알레테이아라는 공통점을 지닌
다(WhD 126, VA 239). 이러한 공통점을 고려하여 이제 하이데
거는 분리시켰던 병렬문을 다시 종합문으로 구성한다 :

"그것이 그렇게 앞에-내어놓음과 주의를-기울임을 사용한다 : 존
재자 : 존재하기"(WhD 136).

이러한 번역을 통해 드러나는 것은, legein(말하기)와 noein(사
유하기)는 모두 존재(Es)에 의존하고 있다는 점이다. 무엇인가
말하게 하는 주체도 존재며, 무엇을 사유하게 하는 주체도 존재
라는 것이다. 존재가 그렇게 말하고 사유하도록 한다는 뜻이다.
그리고 말하기와 사유하기가 모두 무엇인가를 드러내는 것이란
공통점을 지니기에, 앞의 문장은 '존재가 말하게 하고 사유하게
하며, 존재가 무엇인가를 비은폐성으로 드러나게 한다'라는 의
미로 해석될 수 있다.

그렇다면 존재로 하여금 말하고 사유하도록 하는 것은 무엇인
가? 이 내용을 하이데거는 eon emmenai에서 찾는다. 이와 더불
어 우리는 파르메니데스 단편 VIII 37 이하에 나타나는 Moira에

대한 분석과 만나게 된다. 파르메니데스 단편 III과 VI 해석을 통해 남은 문제인 eon emmenai의 관계는 파르메니데스 단편 VIII 37 이하의 문제와 서로 연결되어 있다. 그리고 단편 VI의 eon emmenai의 관계는 단편 VIII 37 이하에서는 Moira와 연관되어 있다. 그렇다면 존재로 하여금 말하고 사유하도록 하는 것은 무엇인가 하는 질문은 Moira와 연관되는 것이 확실해진다.

하이데거는 단편 VIII에서 "왜냐하면 모이라 …"로 시작되는 문장에 eon이란 단어가 쓰이고 있는 점에 주목한다.

eon은 일반적으로 존재자(Seiendes)로 번역되며, 후에는 e가 빠진 on이란 형태로 나타난다. 그런데 하이데거는 eon, on에서 중요한 것은 바로 사라진 e에 있다고 주장한다. 왜냐하면 e는 e, es, estin, 즉 존재한다(ist)를 의미하기 때문이라는 것이다(WhD 130). 이러한 그의 주장은 eon이 단순한 명사가 아니라 동사적인 특징을 내포한다는 사실을 강조하려는 것이다. 그리고 이것은 하이데거가 말하는 존재(Sein)가 고정된 명사적 실체가 아니라 운동성을 갖는 동사적 특징을 지니는 것과 맥을 같이한다. 따라서 하이데거는 관사가 없이 쓰인 eon은 "존재자"로 번역되어서는 안 된다고 강조한다. 오히려 그에 의하면, 관사 없는 eon은 "모든 분사들의 분사(das Partizipium aller Partizipien)"로 이해되어야 한다는 것이다.[81] 따라서 하이데거는 관사 없는 eon을 분사로서 "존재하는(seiend)"이라고 번역한다. 그리고 분사로서 seiend는 존재(das Sein)와 존재자(das Seiende)를 구분시켜주는 역할을 한다는 것이다. 또한 그는 플라톤의 예를 들어, 존재와 존재자는 분리되어 있으며(chorismos) 상이한 장소(chora)에 존재한다고 말하기도 한다.[82]

---

81) WhD 174에서 하이데거는, eon이 "유일하고 따라서 특출한 분사(metoche)"라고 말한다.

이렇게 분사인 eon은 한편으론 존재와 존재자를 구분시키지만, 동시에 이 둘을(onta와 einai) 연결시키기도 한다. 즉, eon은 항상 존재나 존재자 중 어느 하나에 속하지 않으며, 존재와 존재자를 "차이"로 구분시키면서 동시에 "존재자의 존재"로 연결시키는 역할을 한다.[83] 그렇다면 단편 VI에서 존재가 인간에게 말하고 사유하기를 원했던 것은, eon emmenai('존재자로 존재하는'이란 존재론적 차이)다. 그리고 그는 더 나아가, 이것이 다시 eon eon(WhD 136)이란 의미로 이해되어야 한다고 주장한다. 하이데거에 의하면, 존재가 인간에게 말하고 사유하기를 원했던 것은 존재와 존재자의 "존재론적 차이"뿐 아니라 바로 존재 자체의 차이라는 것이다. 따라서 그는, 파르메니데스가 단편 VIII에서 einai 대신 이중적인 주름을 갖는 단어인 eon을 썼다고 주장하는 것이다(VA 234). 그리고 이렇게 존재론적 차이를 드러내는 단어인 eon의 의미는 바로 Moira라는 것이다. 이 점에 대하여 하이데거는 다음과 같이 말한다 :

"파르메니데스는 eon에 대하여, 즉 (현전자의) 현전성에 대하여, 이중성에 대하여 말하는 것이지, 결코 '존재자'에 대하여 말하는 것이 아니다. 그는 모이라, 즉 보존하면서 분배하며, 이렇게 이중성을 전개시키는 할당에 대하여 거론하고 있다 …. 할당은, 현전자의 현전성으로서 현전성이 스스로 안에 모아지고 그렇게 전개시키는 보냄

---

82) 하이데거는 존재와 존재자의 존재론적 차이라는 자신의 주장을 근거짓기 위해 플라톤도 인용한다 : "서구 사사유에 척도를 제공하는 해석을 플라톤이 제공한다. 플라톤은 존재자와 존재 사이에 chorismos가 있다고 말한다 : he chora는 장소를 뜻한다. (따라서) 플라톤이 말하려는 것은 : 존재자와 존재는 상이한 장소들에 존재한다는 점이다"(WhD 174).
83) 이러한 예로서 "개화하는(bluehend)이란 분사는 한편으론 개화하는 것이란 존재자를 뜻하며, 다른 한편으로 개화-존재(bluehend-sein)도 의미한다고 주장하고 있다"(WhD 134).

이다. 모이라는 eon이란 의미로서 '존재의' 역운이다"(VA 244).

이 문장은, eon이 "존재자의 존재"라는 이중성을 드러내고 있으며, 이러한 존재론적 차이가 존재의 역운, 즉 모이라라고 말한다. 이러한 존재의 모이라에 근거하여 존재는 존재자를 드러내며, 존재자는 존재자로서 존재할 수 있는 것이다(VA 244). 그리고 이러한 이중성이 존재 사유와 말을 지배하며, 이러한 사유와 말을 통해 존재는 드러나기에, 존재와 사유와 말은 동일할 수 있는 것이다(VA 245). 이렇게 존재와 사유와 말을 관통해 지배적인 것은 바로 존재의 모이라며, 이것으로부터 존재론적 차이도 가능한 것이다.

그런데 이러한 "존재론적 차이"는 형이상학의 역사를 통해 드러나기도 혹은 은폐되기도 했다고 하이데거는 말한다. 그런데 이렇게 은폐 혹은 드러남을 하이데거는 레테와 알레테이아라고 표현한다. 그렇다면 우리는 하이데거의 "존재론적 차이"와 "모이라"의 관계를 다음과 같이 말할 수 있을 것이다 : '존재의 진리는 비은폐성, 즉 알레테이아에 있다. 그런데 이때 드러나는 것은 존재의 이중성, 즉 존재론적 차이다. 그리고 이렇게 존재론적 차이로서 스스로를 드러내보이는 것이 바로 존재의 역운(운명), 즉 모이라다.' 그렇다면 존재(Sein)는 자신의 운명(Moira)인 존재론적 차이(ontologische Differenz)를 자신의 진리(Aletheia)로서 인간에게 보내주고 있는 것이다.

그런데 하이데거는 존재의 역운을 여성적 인물인 모이라로 표현하고 있다. 즉, 존재의 드러남의 사건은 여성적인 모이라를 통해 여성적인 알레테이아란 형태로 인간에게 주어지는 것이다. 말하자면 하이데거의 존재는 여성적인 특징을 지니며, 존재의 보내줌 역시 여성적으로 묘사되고 있는 것이다.

그리고 이러한 존재의 Moira에 의해 인간의 운명은 사건으로 드러나기도 한다. 그런데 하이데거는 모이라와 인간의 관계를 가장 잘 드러낸 작품으로서 소포클레스의 『안티고네』를 들고 있다. 이때도 그는 여성 안티고네를 선택하고 있다. 그렇다면 하이데거가 말하는 "인간의 본질" 역시 여성적인 특징을 띠고 있다고 말할 수 있다. 즉, 우리는 하이데거의 존재와 모이라가 여성적이듯이, 이러한 존재와 관계하는 인간의 본질 역시 여성적이라고 말할 수 있는 것이다. 이 점을 밝히기 위해 이제 우리는, 하이데거를 따라 『안티고네』를 중심으로 존재의 모이라와 인간의 운명의 관계를 살펴보기로 한다.

제5장
안티고네와 운명

　하이데거는 소포클레스의 작품 중『오이디푸스 왕』이나『콜로노스의 오이디푸스』가 아니라『안티고네』에 관심을 갖는다. 이것은 그의 작품인『횔덜린의 송가「이스터」"[84] 제Ⅱ부에서 자세히 다루어지고 있다. 반면에 그가 오이디푸스에 대하여 직접 다룬 경우는 없고, 단지 부분적으로 몇 차례의 언급이 있을 뿐이다. 그것도 서로 상반된 의미로 주장되고 있다. 그렇다면 하이데거에게서 안티고네와 오이디푸스라는 인물은 서로 무관한

---

84) 「이스터」는 횔덜린의 송가 제목이다. 하이데거는 「이스터」를 통해 그리스 정신이라는 존재론적 시원과 독일 정신의 만남을 통해 제2의 시원의 가능성을 제시하려고 한다. 그런데『오이디푸스 왕』에서 소포클레스는 사자의 말을 통해 "생각컨대 이스트로스나 파시스의 강물도 이 집을 깨끗이 씻어내지는 못할 것"(『오이디푸스 왕』, 1227-1228)이라고 말한다. 횔덜린의 「이스터」 시를 통해 형이상학의 종말과 새로운 시원을 보려는 하이데거의 낙관적인 입장과 소포클레스의 절망이 이스터 강을 사이에 두고 비교될 수 있다. 그런데 하이데거는 소포클레스가 절망이라고 본 바로 그 지점이 형이상학의 극복을 위해 필연적이라고 판단한 듯하다. 그리고 이러한 주장을 해명하고 근거짓는 노력이 바로 안티고네에 대한 하이데거의 해석의 관건이라고 볼 수 있다.

것인가? 이런 점을 살펴보기 위해 오이디푸스와 안티고네에 대한 일반적인 이해로부터 시작해보기로 한다.

오이디푸스와 안티고네는 소포클레스의 『테바이 극』에 해당되는 작품 속 인물들이다. 작품의 이야기 순서로 보면 『오이디푸스 왕』, 『콜로노스의 오이디푸스』, 『안티고네』의 순서로 전개된다. 그러나 작품이 씌어진 시기로 보면, 『안티고네』가 대략 BC 442~441년경에, 『오이디푸스 왕』이 BC 430~426년경에, 그리고 『콜로노스의 오이디푸스』가 BC 409~404년경에 씌어졌다고 알려진다. 이러한 시간과 내용의 불일치는 흥미로운 점을 내포한다.

만약 소포클레스가 『안티고네』를 쓸 때 『오이디푸스 왕』을 아직 떠올리지 않았다면, 『오이디푸스 왕』은 이미 씌어진 『안티고네』로부터 안티고네의 비극적 운명의 원인을 소급해 밝히려는 시도라고 볼 수 있다.

그러나 소포클레스는 『안티고네』를 쓸 때, 이미 『오이디푸스 왕』의 내용을 예상하고 있었다고 볼 수 있다. 왜냐하면 소포클레스의 『테바이 극』에 앞서 이미 스핑크스와 근친상간, 아들들에 대한 오이디푸스의 저주를 담은 자료들이 존재했고 잘 알려져 있었기 때문이다. 그렇다면 안티고네의 운명은 오이디푸스의 운명과 연관해 이해되어야 한다. 이 경우 『안티고네』라는 작품은 한 인물을 둘러싸고 벌어지는, 운명에 대한 예언(발화)과 행위적 사건의 관계를 다루는 작품이라고 볼 수 있다.

마지막으로 소포클레스는 자신에 앞서 주어진 자료들을 통해서 『테바이 극』 중 각각의 작품에서 서로 상이한 주제를 다루었다고 보는 견해도 가능할 것이다. 예를 들어 스핑크스 설화와 근친상간, 아버지를 살해하는 주제는 『오이디푸스 왕』에서, 신의 불문율과 인간의 법 사이의 문제 등은 『안티고네』에서 다루어졌다고 볼 수도 있다. 그러나 이 경우도 『테바이 극』은 각각의 작은 주제들을 넘어서서 한 '이상한' 가족의 계보를 둘러싸고 벌어지는, 인간의 운명이라는 더 큰 주제 하에서 이해되어야 한다. 따라서 우리는 하이데거를 중심으로 인간의 운명이란 주제가 『오이디푸스 왕』과 『안티고네』에서 어떻게 다루어지고 있는지 살펴보고자 한다. 이때 우리는 각 작품이 씌어진 순서가 아니라 일련의 완성된 이야기에 따라 논의를 전개시킬 것이다.

1. 운명에 대한 오이디푸스와 안티고네의 공통점과 차이

『오이디푸스 왕』과 『안티고네』는 서로 연결된 이야기다. 이 작품들은 모두 인간의 운명에 대하여 말한다. "인간의 운명"이란 주제의 측면에서 볼 때, 비록 『안티고네』에서 오이디푸스는 죽었지만 그의 생전의 예언은 안티고네와 그녀의 오빠들을 중심으로 실제로 사건화하고 성취되며 이들의 운명을 지배한다는 점에서 두 작품은 서로 밀접하게 연결되어 있다. 따라서 이 두 작품은 서로 별개의 작품이 아니라 서로가 서로를 반영하고 완성시키는 보완적인 작품이라고 볼 수 있다.

이외에 두 작품은 구조적인 공통점도 갖는다. 『오이디푸스 왕』은, 맨 처음에 테바이라는 국가를 휩쓰는 재앙과, 그 원인을 묻는 오이디푸스가 등장하며, 그 다음에 그 원인이 밝혀지고, 마지막으로 오이디푸스가 파멸하는 구조를 지닌다. 마찬가지로 『안티고네』는 맨 처음에 자신에게 닥친 불행에 대하여 질문하는 안티고네가 등장하고, 그 다음에 그녀가 불행에 맞서 행동하는 장면 그리고 마지막으로 이러한 행동으로 인한 대파국이란 구조를 갖는다. 이렇게 두 작품은 모두 ① 질문함 ② 질문을 해결해감

③ 파국이란 구조를 갖는다는 공통점을 지닌다.

그러나 이 작품들에는 차이점도 많다. 우선 내용적 측면에서 볼 때, 『오이디푸스 왕』은 오이디푸스를 중심으로 아버지 살해, 어머니와의 결혼 그리고 얻게 된 네 명의 자식들에 대한 기이한 이야기인데 반해, 『안티고네』는 오이디푸스의 죽음 후 벌어지는 그의 예언과 성취 그리고 안티고네와 크레온 사이의 갈등을 다루고 있다. 이때 오이디푸스가 겪는 사건이 시간적으로 먼저이고, 안티고네는 그의 죽음 이후 벌어지는 사건을 다루고 있다는 차이를 지닌다.

또한 인물의 특징이란 측면에서 볼 때 오이디푸스는 스핑크스의 질문, 즉 인간이 무엇인지에 대한 질문을 해결한 자다. 그러나 아는 자와 같이 보였던 오이디푸스는, 실제로는 인간이 무엇인지 그리고 인간을 둘러싼 운명이 어떠한지에 대하여 모르는 자로 밝혀진다.[85] 따라서 그는 작품의 처음부터 질문하는 자로 묘사되고 있다. 그는 재앙의 원인이 무엇인지 질문하며 그 원인을 알고자 한다. 그런데 그의 앎에의 욕망은 오히려 그를 비극적 파

---

85) 아침엔 네 다리로, 낮엔 두 다리로, 저녁엔 세 다리로 걷는 것이 무엇이냐는 스핑크스의 수수께끼는 "다리 저는 자", "다리 부은 자"라는 뜻을 지닌 라이오스와 오이디푸스 가문을 암시하며, 아침부터 저녁에 이르는 과정은 아들이 자라서 아버지를 대신한다는 의미를 지닌다고 볼 수 있다. 즉, 스핑크스의 수수께끼를 푼 것은, 아버지를 대신하는 — 즉, 아버지를 죽이고 어머니를 아내로 취하는 — 아들의 운명을 암시하고 있는 것이다. 그리고 비밀(수수께끼)이 밝혀졌을 때 스핑크스가 죽듯이, 오이디푸스의 어머니인 이오카스테도 죽은 점은 흥미롭다(참조, Claude Levi-Stauss, *The Anthropologist as Hero*, Cambridge and London, MIT Press, 1970, 52쪽 이하). 이 점에 대하여 들뢰즈는, 가혹한 여가수(오 35), 수수께끼를 내는 스핑크스(130), 어두운 노래 부르는 암캐(오 391) 날개돋친 소녀(508)라고도 불리는 "무서운 어머니인 스핑크스는 이미 오이디푸스의 부분을 이루고 있으며 … 아직 미분화된 스핑크스는 오이디푸스가 창조해내는 배타 택일적 구별들의 표면에 지나지 않으며, 그녀 자신 오이디푸스에 의해 창조된 것이다"(들 457)라고 말한다. 이를 통해 우리는 스핑크스의 죽음과 이오카스테의 죽음이 구조적 평행 관계를 이룸을 알 수 있다.

멸로 몰아간다.

　반면에 안티고네는 처음에 이스메네에게 자신들의 불행의 원인에 대하여 묻지만, 그것은 몰라서 던지는 질문이 아니다. 오히려 그녀는 자신의 질문을 통해 말이 행동이 되기를 기대하고 있는 것이다. 그녀는 무엇이 문제인지를 이미 알고 있으며, 그 앎을 행동을 통해 실천하려는 것이다. 따라서 그녀를 비극적 파멸로 몰아가는 것은 그녀의 말이 아니라 행동이다. 그렇다면 오이디푸스는 알기를 원하는 이론적 인물인 반면, 안티고네는 행동하는 자라는 차이를 지닌다.

　그리고 운명에 대한 태도라는 측면에서 볼 때, 오이디푸스는 자신에게 닥친 운명에 대하여 알지 못한다. 왜냐하면 그는 이미 알지 못하는 운명에 의해 "덮쳐졌기" 때문이다. 따라서 그는 운명에 대하여 수동적인 입장을 취한다.

　반면에 안티고네의 경우, 그녀는 이미 운명을 알고 있다. 왜냐하면 그녀의 운명은 오이디푸스를 통해 이미 드러나고 알게 된 운명으로부터 시작되기 때문이다. 따라서 그녀가 행동을 하지 않는다면 운명은 그녀를 덮칠 수 없다. 단지 그녀가 행동함으로써 그녀는 운명과의 대결을 시작하는 것이다. 그런데 이러한 모험은 그녀 자신의 죽음을 수반한다.

　이와 같이 오이디푸스는 자신의 운명을 통해 타자의 죽음을 야기하며 그 자신도 이미 죽은 자와 같은 비참한 삶을 영위하게 되는 데 반해, 안티고네는 운명에 대항하기 위하여 자신의 죽음을 결단하지만, 이러한 죽음을 통해 그녀는 또 다른 삶을 주장하고 있다는 차이점을 보인다. 그렇다면 오이디푸스와 안티고네에게 닥친 운명의 내용과 운명에 대한 그들의 태도가 어떻게 다른지 작품 속 줄거리를 따라 구체적으로 살펴보기로 한다.

　오이디푸스가 맞닥뜨리게 된 운명의 내용은, 알지 못한 채 저질러진 아버지 살해 사건,[86] 어머니와의 결혼[87] 등이다. 그런데 이러한 사건들에 대하여 오이디푸스는 상이한 대응 태도를 보여 준다. 우선 이러한 사건들이 자신의 운명인지 몰랐을 때 오이디푸스는 용감하다. 그는 사건의 전모를 파헤치고 밝히려 한다. 그러나 운명과 앎에의 욕망이 부딪힐 때 얼마나 위험한 비극을 초래할 것인지에 대하여 알고 있는 예언자 테이레시아스는, 운명 앞에서 알려는 욕망보다는 무지가, 드러내는 말보다는 은폐하는 침묵이 더 낫다고 권고한다.[88] 또한 오이디푸스의 아내이자 어머니인 이오카스테는 운명과 같은 것은 없으며, 단지 우연이 있을 뿐이라고 말한다. 즉, 이오카스테는 "하나 어찌 어머니의 침대를 두려워하지 않을 수 있겠소?"라는 오이디푸스에 대하여, 예언술이나 신탁은 인간에게 진리를 제시하지 못한다고 말하면

---

86) 서구 정신사에서 아버지와 아들 간의 살해 사건은 내밀적이지만 지속적으로 다루어지는 소재다. 그런데 흥미로운 점은 아버지가 아들을 살해하는 경우와 그 반대의 경우가 매우 다른 평가를 받고 있는 점이다. 고대 서사시나 설화에서 아버지가 아들을 죽이는 장면은 많이 등장한다. 그러나 이것이 심각한 죄로 판결 받는 예는 많지 않아보인다. 심지어 히브리 정신의 경우, 아버지가 아들을 죽이는 장면은, 아브라함에게 내려진 이삭 살해 명령에서 볼 수 있는데, 이 경우 살해는 오히려 "믿음"이란 형태로 추앙을 받는다. 심지어 그리스도교는 성부인 아버지가 성자인 아들을 죽인 것을 위대한 진리로 공공연히 주장하고 있다. 그리고 그것을 신의 사랑이라고 말한다. 반면에 아들이 아버지를 죽인 경우는 모두 부정적인 평가를 받는다. 심지어 아버지의 벗은 몸을 보거나 아버지에게 욕을 하는 경우도 가차없는 처벌이 주어진다. 그런데 그리스 신화에서는, 히브리 설화나 오이디푸스 이야기와 달리, 아들 신이 아버지 신을 죽이는 장면이 신의 계보를 통해 나타난다. 이런 점을 고려한다면, 우리는 아버지 살해나 아들 살해라는 문제를 특정한 시각에서 단정적이고 배타적으로 판정하기보다 오히려 작품 속 이야기를 객관적으로 고찰하는 것이 필요하다고 볼 수 있다.
87) 소포클레스, 『오이디푸스 왕』, 천병희 역, 256-265쪽(앞으로 "오"라는 약호로 본문에 삽입함).
88) "아아 지혜가 지혜로운 자에게 아무런 쓸모도 없는 곳에서 지혜를 갖는다는 것은 얼마나 무서운 일인가!"(오 316).

서, 인간에겐 우연히 주어지는 것에 대하여 하루하루를 편안하게 있는 그대로 받아들이는 것이 최상이라고 위로한다.[89] 그러나 사건의 전모가 밝혀지고 삶은 우연이 아니라 운명이라는 것이 밝혀지는 순간, 이오카스테와 오이디푸스는 서로 상이한 반응을 보인다. 즉, 이오카스테는 자살을 택하지만 오이디푸스는 절망하여 자신의 눈을 찌른다.

이렇게 오이디푸스는 예언자 테이레시아스처럼 운명에 대하여 알지도 못했고, 이오카스테처럼 자살을 통해 운명의 끈을 끊어버리지도 못했다. 그는 적극적으로 저항하지도 않은 채 단지 자신의 눈을 찔렀을 뿐이다. 그렇다면 눈을 찌른 그의 행동의 의미는 무엇인가?

이 점에 대하여 소포클레스는, 아직 눈을 통해 볼 수 있는 오이디푸스가 운명을 보지 못하는 데 반해, 맹인인 테이레시아스는 볼 수 있는 자라고 역설적으로 묘사하고 있다. 하이데거 역시 오이디푸스가 눈멀게 되는 것에 대하여 이중적인 해석을 한다. 그는 오이디푸스의 눈멂의 사건을, 한편으론 존재를 보지 못하는 것으로, 다른 한편으론 존재의 드러남을 위한 필연적인 사건으로 본다. 전자에 대하여 하이데거는 1951년에 씌어진 「인간은 시적으로 거주한다」라는 강연에서 다음과 같이 말한다 :

"인간이 시력을 상실할 수 있는 것은, 그가 자신의 본질에서 보는 자로 머물기 때문이다. ··· 그러나 인간이 시력을 상실한다면 다음과

---

89) "인간은 우연의 지배를 받으며 아무것도 분명하게 내다볼 수 없거늘 / 그러한 인간이 두려워한다고 해서 무슨 소용이 있겠습니까? / 그저 되는 대로 그날 그 날을 살아가는 것이 상책입니다. / 그러니 그대는 어머니와의 결혼을 두려워하지 마셔요. / 이미 많은 사람들이 꿈속에서 어머니와 동침했으니까요. / 하나 이런 일들을 아무렇지도 않게 여기는 자라야 / 인생을 가장 편안하게 살아가는 법이여요"(오 976~982).

같은 질문이 여전히 남는다 : 이러한 시력 상실이 결핍과 상실로부터 오는지, 혹은 그것은 과잉과 과다에 놓여 있는 것인지? 횔덜린은 모든 척도들의 척도에 대하여 숙고하게 하는 앞의 시에서 다음과 같이 말한다 : '오이디푸스 왕은 아마도 눈 하나를 더 많이 가졌을 것이다.' 이 말은, 우리의 비-시적인 거주함과 척도를 받아들일 능력이 없음이, 광적으로 측량하고 계산하는 것의 기이한 과다에서부터 오는 것일 수 있다는 뜻 일게다"(VA 197).

이 말에 따르면 하나의 더 많은 눈은 계산적인 사유를 의미한다. 따라서 존재자에 몰입하는 계산적인 눈을 하나 더 가짐으로써 인간은 파국적인 삶에 직면하게 되었다는 것이다.

그러나 이와 달리 1936년에 쓰어진 『횔덜린과 시 짓기의 본질』에서는, 또 하나의 눈이 계산적 사유로부터 존재에의 숙고로 넘어가는 '사이'를 의미한다고 주장한다. 그 눈은 떠나간 신들과 새로이 도래할 신들 사이를 볼 수 있는 눈이며, 따라서 반신인 시인의 눈, 횔덜린의 눈이라고 주장된다.

그리고 1935년 여름 학기 강의인 「형이상학 입문」에서는 : "이렇게 더 많은 눈은 모든 위대한 질문과 앎의 근본 조건이고, 또한 이것의 유일한 형이상학적 근거다. 그리스인들의 앎과 학문은 이러한 고난이다"(EiM 81)라고 말한다. 여기서 눈은 아픔과 고난을 보는 눈이며, 이러한 고난을 통해 운명이 보여주는 가상으로부터 진리(비은폐성)를 볼 수 있다는 것이다.[90] 말하자면 여기서 눈은 가상과 존재 진리 사이에서 빚어지는 비극을 보는 눈이며, 이 비극을 통해 은폐된 존재 사건을 볼 수 있는 눈을 의미한다. 이처럼 "오이디푸스의 더 많은 눈"이란 횔덜린의 시적 표현

---

90) 이 점에 대하여 하이데거는, Karl Reinhardt가 『소포클레스 해석』(1933)에서 존재, 비은폐성, 가상의 근본 관계들로부터 비극적 사건을 보고 질문했다는 점에서, 다른 그리스 해석가보다 뛰어나다고 평가한다.

은, 하이데거에 의하면 계산적 사유가 빚어내는 가상과, 은폐된 존재 사건의 탈은폐를 동시에 볼 수 있게 하는 '사이'의 눈을 뜻한다.

이러한 하이데거의 해석을 따르면, 오이디푸스는 스스로의 눈을 버림으로써, 가상의 세계로부터 존재의 세계로의 넘어가는 도상에 있다고 주장할 수도 있다. 그럼에도 운명에 대한 오이디푸스의 행위는 소극적이다. 그는 결국 운명에 저항하지 않는다. 단지 그는 자신이 "죄가 없음"을 강조하고 있을 뿐이다.[91] 그리고 오이디푸스는 신성한 장소에서 죽음을 맞게 되며, 그의 신비로운 죽음과 더불어 그는 이제 금기의 대상이 된다(콜, 1760-1763). 말하자면 그는 자신을 덮친 운명에 저항하지 못하고 몰락하지만, 죽음과 더불어 스스로 하나의 운명이 되는 것이다.

이러한 오이디푸스와 달리, 안티고네는 자신에게 닥친 운명에 정면으로 맞서고 있다. 안티고네는, 그녀의 두 오빠 중 폴리네이코스의 시신을 묻지도 말고 애도도 하지 말라는 크레온 왕의 포고에 행동으로 저항한다(안 28-30). 그런데 이 포고령을 어길 때는 끔찍한 죽음이 주어질 뿐이다(안 36). 따라서 안티고네가 무언가 선택을 한다면, 그것은 곧 삶과 죽음을 건 행동일 수밖에 없다. 이렇게 안티고네에게 닥친 운명은 앎이 아니라 행동과 관계된 것이고(안 41), 행동은 죽음과 직결되어 있다. 그런데 그녀의 죽음은 단순히 운명으로부터 도망치려는 이오카스테의 죽음과는 달리, 더 고귀한 삶을 구하기 위한 죽음인 것이다. 따라서 안티고네는 왕의 법에 대하여 가족의 사랑을 대표하며 왕의 법을 고귀한 죽음과 대립시킨다. 즉, 크레온 왕이 조국의 법을 옹호하면서 이에 대립하는 것을 어리석은 죽음이라고 명시하는데 반

---

91) 소포클레스, 『콜로노스의 오이디푸스』, 547쪽(앞으로 "콜"이란 약호로 본문에 삽입함).

해, 안티고네는 그 죽음이 고귀한 죽음이라고 항변하고 있다. 크레온이 장례와 애도를 금지시키는 데 반해(안 203), 안티고네는 시신을 묻고 애도를 하는 것이다(안 408-430). 그리고 자신의 이러한 행동의 정당성을 입증하기 위해, 그녀는 자신이 왕의 법을 어긴 것은 이보다 더 높은 불문율을 따르고 있기 때문이며, 따라서 자신의 죽음은 고귀한 죽음이라고 주장한다(안 450-460). 이러한 그녀의 행동에 대하여 크레온은 "인간의 한계를 넘어서는 것을 추구하는 것"(안 768)이라고 평가하는 반면, 안티고네는 이러한 행동은 인간이 마땅히 선택해야 할 행동이라고 주장한다. 그리고 이 행동에 따르는 죽음도 그녀에게는 단순한 끝이 아니라 새로운 시작이며, "결혼식"(안 891-899)으로 받아들여지고 있다.

이렇게 운명에 대한 태도에서 오이디푸스와 안티고네는 서로 상반된 모습을 보인다. 물론 오이디푸스가 안티고네의 오빠들에 대하여 한 저주를 염두에 둔다면, 지금 안티고네가 받고 있는 운명의 가혹함은 여전히 오이디푸스와 연결되어 있으며, 이런 한에서 안티고네의 운명은 오이디푸스의 운명을 반복하면서, 그것을 종료시키는 운명이라고 볼 수도 있다(안 595-599, 854-855).

그럼에도 불구하고 하이데거가 오직 안티고네만을 선택한 이유는, 바로 안티고네의 모습에서 운명에 대한 영웅적 저항과 파멸 그리고 새로운 존재 가능성을 보았기 때문일 것이다. 특히 안티고네가 보여준 선취적인 죽음에의 결단과, 이를 통해 운명의 가상을 부수고 은폐된 존재 사건을 드러내는 것은 바로 하이데거 자신의 주장이기도 하다. 그렇다면 안티고네의 모습은 하이데거의 존재론과 매우 밀접한 관계에 있다고 볼 수 있다. 이 점을 밝히기 위해 우리는, 안티고네를 남성 중심적인 측면에서 해석하고 있다고 평가받는 헤겔의 해석을 살펴보고, 이것을 하이데거의 해석과 비교함으로써, 하이데거 해석이 갖는 여성적 특징을 분명히 드러내고자 한다.

2. 안티고네와 그 운명에 대한 헤겔의 해석

1) 불문율에 대한 해석

안티고네에 대한 여러 철학자들의 해석은, 그의 관심이 어디에 있는가에 따라 그리고 『안티고네』 중 어느 부분을 인용했는가에 따라 달라진다. 그러나 일반적으로 말하면, 『안티고네』에서는 가족과 국가의 법의 갈등, 남성과 여성의 갈등, 욕망과 금기의 갈등 등의 문제가 다루어진다.

헤겔의 경우 안티고네는 가족과 국가 간의 갈등이란 측면에서 고찰된다. 그의 『정신현상학』에서 안티고네에 대한 언급은 (C.) (AA.) "이성"이란 제목 중 C.c. '법칙 검증적 이성'이라 부분에서, 그리고 (BB.) "정신" 중 A.b. '인륜적 행동 ; 인간적인 앎과 신적인 앎, 죄와 운명'에서 나타난다.

헤겔은 '법칙 검증적 이성'이란 부분에서, 『안티고네』 456, 457에 나오는 안티고네의 말(ou gar ti nun ge kachthes, all' aei pote ze tauta, koudeis oiden echs hotou phane)을 인용하고 있다.[92] 그런데 그가 인용한 판본은 횔덜린이 번역한 책이다.[93] 그것은 다음과 같이 번역되어 있다 :

---

92) W. F. Hegel, *Phaenomenologie des Geistes*, Felix Meiner Verlag, S. 311 (앞으로 Phae란 약호로 본문에 삽입함).

93) Sophokles, *Antigonae*, ueber. v. Hoelderlin, Frankfurt, Wilmans Verlag, 1804.

"nicht etwa jetzt und gestern, sondern immerdar

lebt es, und keiner weiss, von wannen es erschien"[94]

"(신들의 불문율적이고 명백한 법)은 지금이나 어제가 아니라 오히려 항상 살아 있다, 그리고 그 누구도 그것이 언제부터 나타났는지 알지 못한다."

이 말은, 크레온이 포고한 법을 어겼느냐는 질문에 대한 안티고네의 답변이다. 이때 안티고네는 크레온이 포고한 법과 대립하는 또 다른 법에 대하여 말하고 있다. 그녀는 크레온의 법을 인간의 법으로, 그리고 자신이 따른 법을 신들의 확고부동한 법이라고 칭하고 있다(안 450 이하). 그렇다면 더 이상의 근거에 대한 검증이 필요치 않는 신들의 법이란 무엇을 의미하는가?

헤겔은 이 법을 인륜적 의식이란 측면에서 해석한다. 그에 의하면 인륜적 의식은 단순히 각각의 개별적 인간의 의욕과 인식과정에 대립되는 것이 아니다. 만약 그런 경우 인륜적 의식은 또 하나의 다른 개인적 의식에 불과하기 때문이다. 따라서 인륜적 의식은 각각의 개인의 의욕, 의식을 포괄하면서 넘어서는 보편적인 계기로 파악되어야 한다. 왜냐하면 각각의 개인의 의식이 건전한 이성인 한, 건전한 이성은 이 법칙을 직접적으로 파악할 수 있으며, 또 이 법칙은 건전한 이성에게 직접적으로 타당하기 때문이다(Phae. 302). 이때 건전한 이성으로서 자기 의식과 인륜적 의식은 서로 상이한 것이 아니라, 바로 건전한 이성의 자기 의식이 스스로를 인륜성의 의식으로 확인함으로써, 이 두 의식

---

94) (하이데거는 자신의 작품 『횔덜린의 송가 「이스터」』(전집 53권, 145쪽)에서 다음과 같이 번역한다 :

Nicht naemlich irgend jetzt und auch nicht

gestern erst, doch staendig je

west dies. Und keiner weiss, woher es eh′ erschienen)

은 동일한 의식으로 나타난다. 물론 자기 의식은 인륜적 의식을 초월할 수 없다. 왜냐하면 인륜적 의식은 자기 의식을 두루 포괄하는 의식이기 때문이다. 그러나 동시에 자기 의식은 인륜적 의식을 초월할 필요도 없다. 왜냐하면 인륜적 의식은 건전한 이성으로서의 자기 의식에 다름아니기 때문이다. 그렇다면 인륜적 의식은 자기 의식의 외부에서 찾아야 할 어떤 새로운 것이 아니라 이미 자기 의식 안에 절대적인 것으로 주어진 것이라 할 수 있다. 따라서 헤겔은 : "이러한 인륜적 실체의 여러 법들이나 주된 요소들은 직접적으로 인정된 것이다 ; 따라서 그것들의 근원이나 정당성에 의문을 제기할 수도 없고, 그것들 외에 어떤 다른 것이 추구될 수도 없다. 왜냐하면 이와 같이 즉자대자적으로 존재하는 자기 충족적인 실재 이외의 어떤 다른 것이란 오직 자기 의식 그 자체일 뿐이기 때문이다"(Phae. 302)라고 말한다. 이렇게 인륜적 의식은 단순히 공허한 보편성이 아니라 개별적 의식 안에서도 진리로서 기능을 해야만 한다(Phae. 306). 이런 의미에서 인륜적 의식은 스스로 주어진 존재이기도 하지만 자기 의식 안에서의 존재이기도 하다. 이제 인륜적 의식은 자기 의식에게는 즉자-대자적으로 주어진 영원한 법칙이 된다. 이 점에 대하여 헤겔은 다음과 같이 말한다 :

"… 정신적 실재는 또한 영원한 법칙이며, 이것은 어떤 한 개인의 의지 속에 그것의 근거를 갖는 것이 아니라, 오직 즉자대자적으로 존재하면서 직접적인 존재의 형식을 지닌 절대적이고 순수한 만인의 의지로서 나타난다. 또한 이러한 순수 의지는, 다만 마땅히 그러해야만 할 어떤 계명이 아니라, 단적으로 존재하며 또한 타당한 것이다 ; 즉, 그것은 범주의 일반적인 자아다"(Phae. 310).

이렇게 안티고네의 불문율은 인륜적 법이기 때문에, 그 불문율의 정당성이 단지 지금이나 어제 생긴 것도 아니고, 오히려 항상 정당한 것으로 여겨져 왔으며, 그 법의 근원이 언제 시작되었는지 알 수 없이 이미 주어진 것이라고 헤겔은 해석하고 있다. 따라서 그는 :

"만약 법칙이 나의 통찰에 따라 그 적법성이 인정되어야 한다면, 나는 이미 그것이 지닌 부동의 즉자 존재를 흔드는 것이고, 그것을 경우에 따라서는 참된 것으로, 그러나 또 다른 경우에는 참되지 않은 것으로 간주하는 것이다. 반면에 인륜적인 마음가짐은 정당한 것 안에 요동 없이 확고하게 머물며, 모든 동요나 흔들림, 그것으로 되돌아감 없이 머무는 것에 놓여 있다"(Pha 311)고 말한다. 인륜적 법이 정당한 것은 나의 의식의 관점과 판단에 의한 것이 아니라 오히려 그것 자체가 정당하기 때문이며, 바로 이 이유로 자기 의식도 그것을 정당하다고 판단할 수 있는 것이다(Phae. 312).

그러나 인륜적 의식은 단순히 의식에 머물러서는 안 된다. 왜냐하면 그 의식이 의식으로서 진정한 의미를 갖는 것은, 그 의식이 현실성으로 나타나야 하기 때문이다. 따라서 인륜적 의식은 이제 그것이 진정한 의미를 갖기 위해, 스스로 인륜적 현실성이 되어야 한다. 그렇다면 이제 어떻게 의식이 행동으로 되며, 행동으로 나타나는 인륜적 현실성은 무엇이며, 안티고네의 불문율은 인륜적 현실성 중 어떤 현실성에 속하는지 질문되어야 한다.

2) 안티고네의 말과 행동에서 가상과 진리의 관계

우리는 앞에서, 오이디푸스의 경우 그는 운명을 알지 못했다는 점, 그리고 운명에 대하여 적극적인 행동을 하지 않았다는 점, 반면에 안티고네는 자신에게 닥친 운명을 알고 있었고, 그녀의 운명을 스스로 선택하고 행동했다는 점에 대하여 말했다.

그리고 헤겔에 의하면 인륜적 의식은 인륜적 현실성이 되어야 한다는 점도 지적하였다. 그런데 의식이 현실성이 되기 위해서는 행동이라는 계기가 개입되어야 하지만, 행동이 개입하면 또 다른 문제점이 생긴다. 말은 의식과 동일성을 유지하는 반면 행동은 의식에 반해서 이루어지기도 하기 때문이다. 따라서 헤겔은: "행동은 정신을 실체와 그리고 이 실체에 대한 의식으로 분리시킬 뿐만 아니라, 행동은 실체에 못지 않게 의식도 분리시킨다"(Phae. 317)고 말한다. 그런데 이러한 행동으로부터 비로소 가상과 진리의 구분이 현실적으로 일어나며, 그것은 죄의 문제로 이어지게 된다. 그렇다면 이러한 결과를 야기하고 행동을 수반하는 인륜적 실체는 무엇인가?

인륜적 실체는 인륜성이 현실화된 실체다. 그러나 인륜적 의식은 따로 존재하는 어떤 것이 아니라 바로 건전한 이성으로서의 보편적인 자기 의식이다. 그렇다면 인륜적 실체는 건전한 이성을 지닌 자기 의식들을 포괄하는 실체여야 한다. 이러한 실체를 헤겔은 "국가"라고 명한다(Phae. 319). 국가는 인륜적 의식이 행동을 통해 나타나는 실체인 것이다. 그런데 인륜적 실체는 각각의 자기 의식을 통해 드러난다. 따라서 국가라는 인륜적 실체는 각각의 시민의 의식 속에서 확인될 수 있는 것이다. 이로써 국가의 법과 시민의 의식 사이엔 동일성이 존재할 수 있는 것이다. 각각의 시민에게 국가의 법은 보편적인 현실성으로 주어진 것이고 개인은 그 법을 따라야 한다.

그러나 이 보편적 현실성으로서 국가의 법이 항상 필연적으로 개인의 자기 존립과 일치하는 것은 아니다. 왜냐하면 자기 존립에서 결정적인 것은 보편성이 아니라 바로 자기 자신이기 때문이다. 이러한 자기를 구성하는 가장 직접적인 계기는 가족이다. 가족은,

인륜적 의식이 정신을 통해 실현된 실체로서의 국가와 달리, "자연적인 인륜적 공동체(natuerliches sittliches Gemeinwesen)"(Phae. 320)이다. 헤겔은, 인륜적 정신이라는 인륜적인 힘이 현실화된 국가와 비교해, 자연적 공동체인 가족이 따르는 것은 바로 신적인 법칙이라고 말한다. 가족은 가족 신(Penaten)의 법칙에 따르는 자연적 공동체인 것이다.

이렇게 크레온은 국가의 법을 대표하고, 안티고네는 가족신의 법을 대표하고 있다. 국가가 정신이 현실화된 의식적인 공동체인 데 반해, 가족은 직접적이고 무의식적인 원리에 입각해 있기 때문에 국가와 가족은 서로 대립될 수도 있다(Phae. 320). 그러나 헤겔에 의하면, 가족도 인륜성이란 특징을 띠기 위해서는 단순히 "감상적이거나 사랑"에 의해 이루어진 공동체에 그쳐서는 안 된다(Phae. 320). 오히려 가족 내에서도 인륜적인 것이 가능하기 위해서, 개별적인 가족 구성원은 가족과의 관계성 속에서 보편적인 것을, 즉 전체로서의 가족을 그 목적과 내용으로 삼아야 한다(Phae. 320). 그럼에도 가족에서 고유한 적극적인 목적은 "개별자 자체"(Phae. 320)를 넘어서지 못한다. 그런데 헤겔은 안티고네의 모습이 여기에 해당된다고 주장한다.

3) 죽음과 매장에 대하여

헤겔에 의하면, 국가와 가족의 두 번째 차이는, 국가는 계속해서 자신의 존재를 이루어나가지만, 가족은 죽음이란 사건에 의해 제한된다. 죽음은 가족의 모든 개별자가 동일하게 도달하게 될 "일반성"이기는 하다. 그러나 죽음은 "순수한 존재"며, "직접적이고 자연적인 변화 존재"에 불과할 뿐 "의식의 행위"(Phae. 321)는 아니다. 가족 공동체는 이러한 죽은 자와의 관계 속에서 살아가지만, 이때 죽은 자는 삶의 우연적이고 번거로운 과정으로부터 벗어나, 단순한 보편성에 빠져든 자에 불과하다. 이렇게 죽은 자는 무력하기 때문에, 온갖 위험 앞에 노출될 수 있다. 이 점에 대하여 헤겔은 다음과 같이 말한다 :

"보편적인 존재며, 자체 내로 복귀한 하나의 대자적인 존재 혹은 무력하고 순수한 단독적인 개별성으로서 죽은 존재는, 보편적인 개체성으로 고양된다. 죽은 자의 존재가 자신의 행위로부터 또는 부정적인 하나임으로부터 벗어났기 때문에, 죽은 자는 한낱 공허한 개별자이거나 아니면 단지 타존재를 위한 수동적인 존재에 지나지 않으며, 결국 이것은 모든 비천하고 비이성적인 개체성과 추상적인 질료의 힘에 의해 희생된다"(Phae. 322).

이렇게 순수 존재로 된 죽은 자는 살아 있는 타자에 대하여 전적으로 수동적이고 무력하기에, 가족 공동체는 아직 살아 있는 자로 하여금 죽은 자를 이러한 위험으로부터 보호하도록 하는 의무를 부과한다. 산 자는 죽은 자가 의식 존재가 아니라 단순히 자연 존재라는 가상으로부터 죽은 자를 보호해야 한다. 따라서 죽은 자에 대한 산 자의 의무가 생겨나게 되며, 이 의무는『안티고네』에서 오빠의 죽음에 대한 애도와, 그 시신을 매장하려는 행위로 나타나며, 이것은 바로 가족신의 법에 따른 가족의 의무를 수행하는 것이라고 볼 수 있다. 이때 산 자의 의무는 죽은 자의 궁극적이고 보편적인 존재가 단순히 자연으로 돌아가는 것이 아니라 의식 존재의 권리를 갖도록 하는 데 있다. 산 자는 죽은 자를 대신하여 죽은 자 역시 의식을 가진 존재였다는 것을 드러내야 하는 것이다. 따라서 매장은 죽은 자에 대하여 자연이 지배권을 갖는 것으로부터, 죽은 자 역시 의식 존재였음을 확인하는 작업이다(Phae. 322).

산 자는 이렇게 애도와 매장을 통해 죽은 자와 산 자가 모두 의식 안에서 공속했음을 확인시키지만, 그럼에도 불구하고 죽음을 통해 죽은 자는 자신의 의식으로부터 분리된 존재다. 죽은 자는 단지 죽은 자일 뿐이며, 그가 속했던 의식과는 분리된 타자에 불과한 것이다(Phae. 322). 그런데 헤겔에 의하면, 죽은 자가 완전한 타자로 되어 사라지는 것을 보충하기 위해 필요한 것이 바로 혈연 관계다(Phae. 322). 혈연 관계는 개체적으로 죽어서 사라져가는 자들로부터 새롭게 가족 공동체를 유지하기 위한 방식이다. 그러나 아직 살아 있는 자도 결국은 죽을 것이기 때문에, 애도와 매장은 죽은 자를 모욕으로부터 보호하기 위한 "보편적인" 작업이라고 볼 수 있다. 이에 대하여 헤겔은 다음과 같이 말한다 :

"가족은 무의식적인 욕망과 추상적인 존재가 죽은 자를 모욕하는 것을 막기 위해, 죽은 자를 대신하여 자신의 행위를 통해 죽은 자를 대지, 즉 불멸적인 요소들의 개체성의 품속으로 안치시킨다 ; 이를 통해 죽은 자는 공동체의 일원이 되며, 이 공동체는, 죽은 자를 … 파괴하려는 개체적 질료와 비천한 생명력을 압도하고 구속시킨다. 이 마지막 의무가 개별자에 대한 완전한 신적인 법 혹은 적극적인 인륜적 행위를 완성시킨다"(Phae. 323).

그렇다면 안티고네의 애도와 매장은 자신의 오빠의 시신을 크레온의 힘으로부터 보호하려는 행위라고 볼 수 있다. 그러나 여기엔, 크레온의 힘이 죽은 자를 자의적으로 모욕하는 비천한 힘이란 평가도 깔려 있다. 반면에 안티고네는 오빠에 대한 단순한 사랑으로 크레온의 법을 거역한 것이 아니라 오히려 그녀의 오빠를 그녀의 가족 전체의 입장에서 보호하고 있는 것이다. 따라서 오빠를 향한 그녀의 행위는 바로 가족신의 보편적 인륜성에 입각한 행동이라고 볼 수 있다. 그러나 인간적 권리는, "현실적으로 자신을 의식하는 인륜적 실체, 즉 전체 민족을 자신의 내용과 힘"으로 갖는 데 반해, 신적인 권리와 법은 "현실성의 피안에 있는 개별자를 자신의 내용과 힘"으로 갖는 것이다(Phae. 323). 그렇다면 안티고네는 애도와 매장을 통해 오빠를 단순한 자연적 존재로부터 의식적 존재로 보호하고 있지만, 그럼에도 그 행위의 내용은 결국 현실성의 피안을 향하고 있는 것이라고 볼 수 있다. 그리고 모든 인간이 죽을 운명이기 때문에, 안티고네의 행동은 동시에 그녀 자신을 위한 행위이기도 하다. 그러나 이것이 그녀 "자신"을 위한 행위이지만, 결국 그것은 "추상적이고 순수한 일반자"(Phae. 323)로서의 그녀를 위한 행동에 지나지 않는 것이다.

4) 남편 / 아내, 부모 / 자식, 형제 / 자매에 대하여

헤겔에 의하면 가족을 지배하는 신적 법칙도 자체 안에 구별을 지닌다.

우선 헤겔은, 결혼을 통해 성립되는 남편과 아내의 관계를 단지 가족 공동체를 지속하기 위한 제도적인 측면에서 파악한다. 이 점에 대하여 헤겔은 다음과 같이 말한다 :

"남편과 아내의 관계는, 한 의식이 다른 의식 안에서 직접적으로 스스로를 인식하는 것이며, 상호적으로 인정된 존재를 인식하는 것이다. 그것은 인륜적 의식이 아니라 자연적인 스스로에 대한 인식이기 때문에, 그것은 단지 정신의 표상과 모상일 뿐 현실적인 정신 자체는 아니다"(Phae. 325).

이렇게 헤겔은 남편과 아내의 관계를 인륜적 의식이 아니라 단순한 자연적 의식으로 보고 있다. 그렇다고 남편과 아내의 관계가 단순한 자연성에 의존하는 것만도 아니다. 왜냐하면 남편과 아내는 서로 안에서 스스로 자신을 의식하며, 또한 서로가 서로를 인정하는 존재 안에서 그 관계를 유지하기도 하기 때문이다. 그럼에도 남편과 아내는 자신들 안에 궁극적인 현실성을 갖는 것이 아니다. 오히려 헤겔에 의하면 남편과 아내의 존재 의미는 그들이 아이를 낳음으로써 실현되는 것이다. 따라서 헤겔은:

> "(부부의) 관계는 자신의 현실성을 자체 안에 갖는 것이 아니라 아이들 안에서, 즉 아이들의 출생으로 인해 부부의 관계가 존재하며, 아이들의 출생으로 인해 부부의 관계가 해소되기도 하는, 그러한 그들의 타자 안에 갖는다 ; 그리고 한 세대에서 다른 세대로 이어지는 교체는 민족 안에 그 존립 근거를 갖는다"(Phae. 325).

말하자면 남편과 아내라는 부부의 궁극적인 존재 의미는 바로 또 다른 세대의 출생에 있다는 것이다. 이런 한에서 부부는 아이를 통해 자신들을 확인하는 존재며, 부부 서로간의 신뢰와 애정은 이러한 후세를 위해 의미가 있는 것이다. 따라서 부부 간의 관계 속에서 남편과 아내는 결국 자기 스스로를 완전히 실현된 형태로 의식할 수 없다. 왜냐하면 완전한 실현은 아이에서 보이기 때문이다. 그렇다면 부모/아이 간의 관계는 어떠한가?

이것은 다시 부모가 아이를 대하는 관계와 아이가 부모를 대하는 관계로 구분된다. 부모는 아이를 통해 더 이상 자신이 실현시킬 수 없는 것이 실현되기를 기대하면서, 자신과 아이를 의식하는 것이다 : "자기 자식들에 대한 부모의 헌신성은, 자신의 현실성의 의식을 타자 안에서 가지려는 애착에서, 그리고 자신의 대자 존재가 타자 안에서 이루어지는 것을 보고자 하는 애착에서 감응을 받은 것이다. 그러나 그것은 (부모에게) 되돌려질 수 없고, 그것은 하나의 낯설고 (자식에게) 고유한 것으로서 머문다"(Phae. 325). 부모는 자식을 통해 자신의 존재가 실현되기를 기대하고 그 모습을 바라보지만, 그때 실현되는 것은 부모의 존재가 아니라 바로 아이의 존재인 것이다. 부모는 자식에게서 실현되는 존재를 한편으로는 자신의 존재로서 기대하지만, 다른 한편 그것이 결국 타자의 존재임을, 즉 자신이 가질 수 없는 낯선 존재임을 확인하게 되는 것이다. 결국 부모와 자식은 부부와 마찬가지로 서로 안에서 분리된 타자성을 확인하는 관계라고 볼 수 있다.

이런 점은 아이가 부모를 대하는 관계에서도 유사하다. 단지 부모가 자식에게 미래적으로 기대하는 것과 달리, 자식들은 부모와 맺어진 과거로부터 스스로를 분리시키려고 하며, 이를 통해 자신의 고유한 존재를 실현시키려고 한다는 점이 다르다. 이 점에 대하여 헤겔은 :

"부모에 대한 자식의 헌신성은, 자기 자신의 출생과 자신의 고유한 존재가 사라져버릴 타자 안에 있기에, 그에게 대자적인 존재와 고유한 자기 의식은 단지 이 근원으로부터 분리됨을 통해 가능하다는 애착에서 감응받은 것이다"(Phae. 325)라고 말한다. 아이는 자신이 스스로의 고유한 존재와 의식을 갖기 위해 부모로부터 벗어나야 한다. 부모와 자식 간의 관계는, 부모 입장에선 자신의 불가능해진 존재 실현이 자식을 통해 이루어짐을 바라보려는 애착에, 자식 입장에선 자신의 고유한 존재가 부모에 의해 깊이 연결되어 있기에, 이 과거를 — 비록 이 과거가 그의 존재 기반이기는 하지만 — 단절시킴으로써 자신의 존재를 가지려는 데 있는 것이다. 따라서 부모와 자식의 관계는 분리를 통해 비로소 그 완성된 형태를 향해 갈 수 있는 것이다.

반면에 형제 / 자매의 관계는 이와 다르다. 헤겔에 의하면 형제 / 자매는 모두 동일한 부모로부터 출생한 존재다. 그들은 동일한 혈통에서 유래하며, 바로 이 동일한 혈통이 그들로 하여금 "안정과 균형(Ruhe und Gleichgewicht)"을 갖게 한다. 즉, 형제 / 자매 간에는 부부 관계나 부모 / 자식의 관계와 같이 타자와 분리되지 않고, 오히려 그들은 모두 동일한 부모에서 탄생하여, 동일한 조건 하에 있는 개체들일 뿐이다. 따라서 헤겔은 형제 / 자매가 "서로를 욕구하지도 않으며", "각자의 독립적 존재성을 타자에게 양도하거나 타자로부터 받지도 않으며", 그들은 모두 "자유로운 개체성"(Phae. 325)을 이루고 있다고 말한다. 그러나 이러한 점은 단지 동일한 부모 하에서라는 조건에서 가능하다.

반면에 형제 / 자매가 더 이상 부모가 아니라 자신들과 유사한 동세대인들과 관계를 맺을 때, 그때 형제 / 자매는 남성과 여성으로 분리되게 된다. 이렇게 본다면 남성과 여성이란 존재는, 각각 형제와 자매라는 형태 안에서 자신의 인륜적 본질임을 가장 잘 예견하지만, 그것은 아직 자기 의식에는 이르지 못한다. 왜냐하면 형제 / 자매는 아직 "가족 안에서의"(Phae. 325) 존재 방식이기 때문이다. 이들이 각자의 본질을 자기 의식 안에 실현시키기 위해서, 이들은 더 이상 "가족 안"이 아니라 가족 밖으로부터 자신의 본질을 의식하고 실현시켜야 한다. 그러나 이때 형제와 자매, 아들과 딸은 서로 다른 존재 방식을 취한다.

딸의 경우는 가족신과 연관된 삶을 영위한다고 헤겔은 주장한다. 그런데 가족신과 연관된 딸의 삶에서 특징적인 것은, 그것이 "의식의 빛"으로 드러나지 않고, 단지 "내적인 감정과 현실성을 초탈한 신적인 것"(Phae. 26)에 묶여 있다는 점이다. 그러나 이것은 딸의 삶에서 부정적인 측면이 아니라, 오히려 딸의 존재를 드러내는 특징인 것이다. 딸은 스스로의 존재를 의식의 표면으로 드러내려 하지 않으며, 오히려 그렇게 살아감을 통해 자신의 보편적 존재를 확인하고 실현한다는 것이다(Phae. 326). 헤겔에 의하면, 딸은 결코 부모로부터 완전히 분리되지 않는 삶을 스스로 살아가게 된다. 딸은 스스로 자기 의식을 실현하기보다는 가족신에 묶여 자신의 존재를 부모 안에서 실현시키려는 것이다. 이런 의미에서 헤겔은, 딸의 경우 부모로부터 "스스로의 대자적 존재"를 확립하지 못한다고 평가한다(Phae. 326). 그리고 딸들이 가족신과 연관되어 있는 한, 딸들은 자매로서 자신의 형제들에게 아무런 "욕망(Lust)"(Phae. 326)을 느끼지 않으며, 단지 그녀가 아내와 어머니가 되었을 때 남편과의 관계 속에서 욕망을 가질 수 있다는 것이다. 그러나 위에서 언급했듯이, 부부 간의 아내나 부모 간의 어머니로서 여성은 남편, 자식과 분리되는 존재이기에, 여성은 결국 자신의 고유한 존재를 실현시키지 못하는, 단지 자연적인 존재에 그리고 자연적인 관계에 머물게 된다는 것이다. 여성이 이렇게 가족신과의 연관성에 머물기에 그녀가 관계를 맺게 되는 남편과 자식은, "일반적인 의미"를 띠게 된다고 헤겔은 주장한다. 이렇게 여성의 욕망은 특수한 욕망이 아니라 보편성을 띠기에, 개체적인 욕구와는 떨어져 있다는 것이다.

반면에 남성의 경우, 그는 "보편성을 의식하는 힘"을 지님으로써 욕구를 행하거나 그것으로부터 자유로울 수 있다는 특징을 지닌다(Phae. 326). 남성은 가족신의 법칙으로부터 벗어나 인간적인 법칙의 세계로 나아가게 된다(Phae. 327). 이때 남성은 "개체적 존재"로 스스로를 실현하게 된다. 여성이 가족신의 법 안에서 부모와 연결되는 삶을 사는 데 반해, 남성은 인간적 법의 세계에서 자기 존재를 실현시킴으로써 부모와 분리되게 된다. 그럼에도 형제로서 남성은 자매와의 관계 속에서는 동일한 개체성으로 남기에, 자매에 대하여는 아무런 욕망도 갖지 않는다는 것이다. 따라서 헤겔은 형제와 자매 간에는 어떠한 자연적인, 즉 본능적 관계도 섞여 있지 않다고 말한다. 이런 이유에서 헤겔은 "형제를 상실하는 것이 자매에게는 가장 큰 손실이며, 형제에 대하여지는 자매의 의무는 가장 고귀한 것"(Phae. 327)라고 말한다.

그럼에도 헤겔은, 남성과 여성이 각각 인간적 법과 가족신의 법에 합당하게 자신들의 존재를 확인하고 실현시킴을 통해 각각의 자연적 존재를 극복하고 자신들의 인륜적 의미를 실현할 수 있다고 말한다(Phae. 327). 그러나 이것은 남성과 여성의 차이를 드러내는 대목이며, 헤겔은 이러한 차이를 안티고네와 크레온의 갈등에서 확인한다. 이것은 정의와 불의의 문제로 그리고 다시 죄와 죽음의 문제로 나타나게 된다.

5) 죄와 죽음

헤겔에 의하면 남성과 여성은 각각 인간적 법칙과 신적 법칙을 수행하는 존재들이다. 그런데 각각의 개별자가 이러한 구분을 넘어설 때 불의가 생긴다. 말하자면 불의는 개별자가 자신을 지배하는 법칙을 넘어설 때 그리고 이것이 행동으로 나타날 때 일어나게 된다. 불의가 나타나는 것은 인간적 법칙과 신적인 법칙이 갈등을 일으킬 때다. 신적인 법칙은 여성을 통해, 인간적 법칙은 남성을 통해 각각의 개별화를 전개시킨다. 따라서 인간적 법과 신적 법 사이의 투쟁은 남성과 여성 간의 투쟁으로 나타난다(Phae. 329-330). 또한 여성이 실현하는 가족신의 법칙은 이미 죽은 가족들도 포함하기 때문에, 남성과 여성의 대결은 남성과 죽은 자의 대결로도 나타난다(Phae. 329). 이런 점은, 안티고네와 크레온의 갈등의 핵심이 죽은 오빠인 폴리네이코스라는 점에서 잘 드러난다. 그렇다면 죄란 무엇인가?

헤겔에 의하면, 죄는 자기 의식이 행동을 취할 때 발생한다. 행동을 통해 두 가지 법칙 중 어느 하나를 선택할 때 그의 행동은 이러한 선택과 반대되는 행위도 수반하게 된다. 이렇게 행동은 이미 자체 내에 범행을 저지를 수 있는 요소를 지니고 있으며(Phae. 334), 행동에의 결단은 "즉자적으로 부정적인 것, 즉 자신 안의 타자, 앎을 지닌 자신에게 낯선 자"(Phae. 335)를 대립시키는 행위를 포함한다. 따라서 결단하는 행위와, 그러한 행위를 필요로 하는 현실 간에는 괴리가 있을 수 있다. 헤겔이 "이성의 간계"라고 말했듯이, 현실성 전체는 부분들을 자신과 동일한 방향으로만 이끄는 것이 아니라, 때로는 반대의 방향으로 이끌기도 한다. 이때 전체를 이끄는 정신과 개별자의 주관적 의식 사이에 모순이 생길 수 있다. 이런 의미에서 헤겔은, "현실성은 다른 측면, 즉 앎에 낯선 측면을 자신 안에 은폐하며, 의식에게는 현실성 그 자체, 즉 즉자대자적인 현실성을 지시하지 않는다"(Phae. 335)고 말한다.

이러한 일은 오이디푸스와 안티고네에게도 일어난다. 이들은 모두 자신의 인식과 행동이 전체와 모순되는 것을 경험하게 된다. 그러나 오이디푸스와 안티고네의 경험에는 차이가 있다. 오이디푸스의 경우는, 그의 알려는 욕망이 이러한 모순을 드러나게 하는 계기다. 그는 아직 그에게 닥친 운명을 알기를 원하지만, 그가 정작 알고자 하는 것은 이미 정해져 있는 ― 아직 실현되지는 않았지만 ― 운명을 추후적으로 확인하는 작업에 불과하다. 이 운명은 알려는 행위가 실현되면서 비로소 그 모습을 드러내지만, 이때 드러나는 운명은 이미 그에게 주어진 운명의 모습인 것이다. 따라서 헤겔은 오이디푸스에 대하여 그는 알려는 행위를 통해 죄를 범하게 되지만, 그 죄는 알지 못하고 지은 죄라고 말한다. 오이디푸스가 한 행위는 단지 무의식적으로 그에게 주어진 운명을 드러낸 것이고, 이렇게 드러난 운명에 의해 비로소 그는 죄인이 되었다는 것이다(Phae. 335). 그의 알려는 행위는, 아직 의식되지 않은 것을 그의 의식과 연결시키며, 이러한 연결을 통해 그는 스스로 죄를 지었음을 확인하게 되는 것이다. 알려는 행위는 "움직이지 않는 것을 움직이게 하고, 우선적으로는 단지 가능성 안에 폐쇄되어 있던 것을 드러나게 하고, 이로써 의식되지 않은 것을 의식된 것과, 즉 비존재를 존재와 연결시키는 것"(Phae. 336)이다. 이때 가능성 안에 은폐되어 있던 것이 실현됨을 통해 오이디푸스는 자신의 고유한 존재인 운명이 은폐되었던 것, 즉 의식되지 않았던 것임을 확인하게 된다. 그리고 그는 그때까지 자신에게 타자로 여겨졌던 것이야말로 자신의 진정하고 고유한 운명임을 비로소 알게 되며 죄책을 느끼게 된다. 그러나 그는 죄를 범하려는 의도를 가지고 범한 것이 아니기 때문에, 죄를 추후적으로 발견함으로써 비로소 죄인이 되는 것이다.

반면에 인륜적 의식이 위의 경우보다 더 완전해지고, 그 죄가 더 순수해지는 것은, 그러한 운명에 처한 자가 이미 서로 대립되는 법과 법의 힘을 "알고", 그러한 것을 폭력이나 불의라고 간주하고도 행할 때인데, 이러한 예로서 헤겔은 안티고네를 들고 있다(Phae. 336). 그러나 헤겔에 의하면 안티고네와 같이 이미 그것이 불의인줄 알고 행동한 경우에도, 일단 행동을 하고 난 후에는 그러한 행동을 통해 드러난 모순된 결과 역시 그녀의 운명임을 알게 된다는 것이다. 오이디푸스의 경우 그에게 의식되지 않은 운명이 결국 자신의 고유한 운명임을 의식하게 되듯이, 안티고네 역시 그녀가 알고 거역한 결과 또한 그녀의 운명임을 받아들이게 된다는 것이다. 안티고네는 가족신의 법칙에 따라 크레온의 국가의 법칙을 거역했지만, 이러한 거역함을 통해 야기된 결과에 대하여 그녀는 무심할 수 없으며, 결국 이러한 결과가 그녀를 죄책으로 몰아가는 것이다. 왜냐하면 "(행위를) 수행한다는 것은, 인륜적인 것이 실현되어야만 한다는 사실을 진술하기"(Phae. 336) 때문이다. 따라서 헤겔은, "인륜적 의식은 이렇게 현실화하는 가운데, 그리고 자신의 행위 때문에 자신에 대립되었던 것을 자신의 것으로 받아들여야 한다. 즉, 죄책을 인정해야만 한다"(Phae. 336)고 말한다. 이런 예를 헤겔은 다음의 안티고네의 말에서 찾는다:

> "우리가 고통받기 때문에, 우리는 우리가 잘못했음을 인정한다" (Phae. 336).[95]

이 문장에 따르면, 안티고네는 자신의 행위의 결과를 통해 비로소 자신의 잘못을 알게 되며, 이 잘못 역시 그녀의 고유한 운명임을 알게 되는 것이다. 이것을 자신의 운명으로 인정하고 받아들임으로써 그녀가 선택한 행위와, 이와는 다른 결과 사이의 대립은 해소되며, 진정한 의미의 인륜성이 그것의 길을 전개해나가기 시작한다. 이 점에 대하여 헤겔은: "인정한다는 것은 인륜적인 목적과 현실성 사이의 분열을 지양하고, 정당한 것만이 정당한 것으로 간주된다는 윤리적인 마음가짐으로의 복귀를 표현한다"(Phae. 336)고 말한다.

그러나 실제로 안티고네가 하려는 말은, 자신이 "경건한 행동 때문에 불경한 자라는 악명을 듣게 되었다"는 표현과, "저들이 죄를 짓고 있는 것"이라는 항변에 놓여 있다. 이러한 안티고네에 대하여 헤겔은, "그러나 이제 행동하는 자는 자기 자신의 특성과 현실성을 포기하고, 몰락으로 빠져들었다"(Phae. 336)고 말한다.

---

95) Antigone 926 : pathontes an xyggnoimen hemartekotes : "weil wir leiden, anerkennen wir, dass wir gefehlt."

즉, 안티고네는 이러한 결과를 통해 자신의 고유한 운명을 인정했어야 하는데, 오히려 그녀는 자신의 행동만을 고집함으로써, 진정한 자신의 고유한 운명 대신 가상을 자신의 운명으로 받아들이는 잘못을 범하게 되며 "현실성 대신 비현실성"(Phae. 337)에 도달하게 된다.

이와 비슷한 예를 헤겔은 안티고네가 돌보려고 했던 오빠인 폴리네이코스에게서도 본다. 폴리네이코스는 그의 형제인 에테오클레스와 권력을 놓고 전쟁을 시도하는데, 이러한 갈등을 헤겔은, "한편으로 인륜성과 자기 의식이, 그리고 다른 한편으로 무의식적인 자연과 이 자연을 통해 존재하는 우연성 사이에서 빚어지는 갈등"(Phae. 338)이라고 보고 있다. 폴리네이코스는 가족 정신이라는 무의식적 본질로부터 벗어나 공동체의 개체성이 되지만, 여전히 그가 벗어난 자연에 아직도 속해 있는 자라는 것이다. 폴리네이코스는 자신이 먼저 태어난 자라는 자연적인 정신에 아직도 휩싸여 있기에, 그는 신적인 법과 인간적인 법 모두에 속해 있으며, 이런 점은 에테오클레스의 경우도 비록 그 방향은 폴리네이코스와 반대이지만 마찬가지라는 것이다. 따라서 이 형제들 간의 투쟁은 각각이 주장하는 정의와 이를 통해 은폐된 (그러나 결국 드러나는) 불의가 동시적으로 빚어내는 사건인 것이다. 이러한 점은 안티고네와 크레온 사이에서도 마찬가지다. 크레온은 폴리네이코스를 매장하려는 안티고네에 대하여 죄를 묻고 있으며, 안티고네는 이에 대항하고 오히려 그녀 자신의 정당성을 주장하고 있다. 이에 대하여 크레온은 자신, 즉 국가의 법을 어기는 자에게 죽음이 있을 뿐이라고 강하게 명령하고 있는 것이다.

결국 헤겔에 의하면 크레온과 안티고네의 투쟁은 가족과 국가의 법 사이의 투쟁이며, 이것은 다시 남성과 여성 사이의 갈등인

것이다. 이 점에 대하여 헤겔은 :

"인간적인 법칙은 그것의 보편적인 현존재로서 공동체가 되며, 그것은 활동 양태란 면에서 남성적이고, 그것의 현실적인 활동 양태란 면에서 정부로 존재하며, … (인간적인 법칙은) 여성이 주관하고 있는 가족 안에서의 독자적인 개별화를 … 자신 안에 흡수하고, 이것들을 자신의 유동적인 연속성 안에 녹여서 보존하면서 유지한다"(Phae. 340)고 말한다.

가족은 국가에 의해 지양되어야 할 존재다. 동시에 가족은 국가를 형성하고 존립하게 하는 요소이기도 하다. 따라서 가족 역시 유지되어야 한다는 역설이 생긴다. 그런데 헤겔에 의하면 안티고네는 가족을 유지하려는 대표하는 인물이다 :

"공동체는 단지 가족의 행복을 파괴함으로써, 그리고 자기 의식을 일반자 속으로 해소시킴으로써 자신의 존립을 유지하는데, 이것은 공동체가 자신의 내적인 적을, 자신이 억압하면서 동시에 자신에게 본질적인 것인 여성적인 것에서 산출하고 있는 것이다. 이러한 여성 — 공동체의 영원한 아이러니 — 은 정부의 보편적인 목적을 간계에 의해서 사적인 목적으로 변화시킨다"(Phae. 343).

이렇게 여성인 안티고네는 보편적 목적을 사적인 목적으로 변화시킴으로써 국가를 비웃지만, 크레온으로 대표되는 국가는 이러한 요소를 자신의 보편적인 활동 안에서 지양시킴으로써 전체 공동체를 유지시켜나간다는 것이다. 결국 헤겔에 의하면 여성적 가정은 남성적 국가의 한 요소로서만 존재 의미를 가질 수 있는 것이다. 그러나 보편적인 인륜적 정신이, 폴리네이코스와 에테오클레스 모두를 파멸시킴으로써 부분적인 정의와 부분적인 불의를 지양시키고 고양된 진리를 형성해나가듯이, 크레온과 안티고네 역시 이러한 진리가 스스로를 전개해나가는 운동의 한 계기에 불과하다는 사실을 받아들였어야 했다는 것이다. 이렇게 안티고네는 더 큰 공동체의 한 계기로서 만족했어야 하는데, 그 이상을 추구한 여성이었다는 것이 헤겔의 입장이다. 즉, 헤겔에 의하면, 안티고네는 자신의 존재 의미를 가족 신에 근거한 강력한 자기 주장이 아니라 오히려 어머니가 되는 일에서 찾았어야 했다는 것이다. 왜냐하면 헤겔의 경우, 여성이 여성 자신보다 더 큰 존재 의미를 가질 수 있다면, 그것은 더 이상 여성이 아니라 어머니가 될 때뿐이기 때문이다. 그러나 안티고네는 끝내 어머니가 되지 못한 여성이고 자식을 갖지 못한 여성이다. 따라서 헤겔은 안티고네가 이중적인 죄, 즉 공동체와 어머니에 대하여 죄를 지은 여성이며, 이 죄가 드러났을 때도 죄를 죄로서 인정하지 않은 여성이라고 평가하는 것이다.

3. 오이디푸스와 안티고네에 대한 라캉, 버틀러, 들뢰즈의 해석

헤겔의 안티고네 해석은 그가 살았던 당시의 사회적 분위기를 반영하고 있다고 보아야 한다. 그러나 그로부터 많은 세월이 흐른 지금 그의 해석은 여러 가지 문제점을 드러내기에, 헤겔과 다른 현대 사상가들의 해석을 비교해보는 것도 의미가 있을 것이다. 그런데 이들(라캉, 버틀러, 들뢰즈)이 모두 동일한 주제를 다루고 있는 것이 아니기 때문에, 우리는, 가능하면 헤겔의 문제의식과 병행하여 이들의 개별적인 논지를 제시하려고 한다. 즉, 우리의 의도는 이들의 사상을 밝히는 데 있는 것이 아니라 헤겔의 입장과의 차이점을 비교하는 데 있기에, 모든 주제에 대하여 이들 모두가 인용되고 다루어지는 것이 아님을 미리 밝혀둔다.

1) 죄와 죽음

조지 슈타이너는 『안티고네』를 다루면서, 정신분석학이 오이디푸스가 아니라 안티고네로부터 출발한다면 어떤 일이 벌어질지에 대하여 질문한다.[96] 그의 질문은 매우 흥미로운 점을 시사한다. 정신분석학의 대상이 무의식이고, 정신분석학이 무의식을 다루는 "학문"이라는 특징을 지닌다면, 정신분석학은 어떤 식으로든 의식과 연관되어 있어야만 한다. 다만 의식을 통해 의식을 규명하려는 현상학과 달리, 정신분석학은 의식과 무의식의 사이를 다루는 학문이기 때문에, 그것은 때로는 의식을 통해 무의식을 기술하거나 혹은 의식을 무의식적으로 기술하는 방법을 취할 수 있다. 그러나 이 경우 모두, 무의식은 어떤 식으로든 의식화되어야 하며, 언어화되어야 한다는 전제를 깔고 있다. 헤겔은 무의식적으로 행해진 오이디푸스와 의식적으로 행동하는 안티고네를 구분한다. 이런 점은 라캉의 경우에도 마찬가지다. 그러나 헤겔이 의식과 무의식을 구분하여 오이디푸스와 안티고네를 단절시킨 것과 달리, 라캉은 안티고네가 상상계와 상징계 사이에서 존재하는 것으로 해석한다. 라캉에 따르면 오이디푸스는 안티고네가 행할 일을 앞서서 미리 보여준 인물이다. 이런 의미에서 라캉은 오이디푸스와 안티고네를 반복의 관계로 이해한다. 안티고네의 주체 안에는 이미 오이디푸스가 들어 있으며, 이 오이디푸스는 안티고네를 통해 다시 반복된다는 것이다. 그러나 라캉에 의하면, 그 반복의 주체가 반드시 안티고네일 필연성은 없다. 이러한 예를 그는 다음과 같이 말한다:

---

96) Steiner, *Antigones*, 18쪽, in : 주디스 버틀러, 『안티고네의 주장』, 조현순 역, 동문선, 97쪽(이하 '버틀러'란 약호로 본문에 삽입함).

"나는 그 연결 고리의 하나다. 예를 들어 내가 반드시 아버지를 따라 다시 저지르게 되어 있는 그 실수를 아버지가 저지르는 한에서, 아버지의 담론 그것은 소위 초자아라고 불리는 것이 된다"(버틀러 77).

이와 같이 라캉에 의하면 주체는 닫혀 있는 주체가 아니라 분열되고 다양함을 내포하는 열린 주체다. 따라서 반복의 주체는 안티고네이지만, 동시에 그것은 오이디푸스이기도 하다. 이런 점은 라캉이, 데카르트의 "나는 생각한다, 고로 존재한다"는 문장을 "나는 내가 생각하지 않는 곳에 존재한다"는 식으로 변형시킨 점에서도 잘 드러난다. 오이디푸스와 안티고네는 각자의 특유하고 절대적인 주체성을 갖는 것이 아니라, 오히려 이들의 주체 안에는 수많은 주체들이 혼재하여 존재한다고 볼 수 있다. 그럼에도 이들은 상징적 기능을 통해 동일한 기능을 반복해서 수행하고 있는 것이다. 이 점에 대하여 라캉은 "상징적 기능이 작동한다면 우리는 그 기능 안에 있습니다. 그리고 우리는 지금껏 그 안에 있었기에 그것을 벗어날 수 없다고까지 말씀드리겠습니다"(버틀러 78)라고 말한다. 이러한 라캉의 입장을 따르면, 오이디푸스와 안티고네는 분리되지 않으며, 오히려 상징적인 기능의 보편성 아래 모두 포함된다.

그런데 이렇게 주체가 겹쳐지는 것은 동시에 객체도 겹쳐진다는 사실을 수반하고 객체의 겹침은 바로 현실적인 대상과, 그 대상의 결핍을 통해 나타나는 상징적 대상의 겹침을 의미한다. 따라서 안티고네가 사랑한 사람은 그녀의 오빠인 폴리네이코스이지만, 그것은 또한 아버지인 오이디푸스이기도 하다. 왜냐하면 죽은 오이디푸스와 죽은 폴리네이코스는 모두 안티고네에겐 상징적 존재며, 순수한 관념성이기 때문이다. 이들은 안티고네의 욕망의 대상(대상a)으로서, 단지 부재하는 존재 혹은 부재의 현존을 지시할 뿐이다. 그런데 그녀의 욕망은 바로 이러한 부재를 추구하고 있으며, 그녀의 사랑 역시 이렇게 부재하는 대상에의 사랑이다. 그렇다면 오이디푸스와 폴리네이코스는 그녀의 주체 안에서 울려 퍼지는 욕망의 반복인 것이다. 안티고네는 이러한 대상 a를 추구하는 욕망을 통해 부재하는 대상의 세계, 즉 죽음에의 세계로 진입하게 된다. 이것은 그녀 스스로가 욕망한 것이기 때문에, 안티고네에게 죽음은 삶으로부터의 이별이란 슬픔이기도 하지만, 동시에 사랑하는 대상 a를 만날 수 있는 즐거움이기도 한 것이다. 따라서 안티고네는 "울어주는 이도 없이 친구도 없이 / 그리고 축혼가도 없이 가련한 나는 / 이미 준비되어 있는 이 길로 끌려가고 있어요"(안 876 이하)라고 말하면서, 곧바로 "오오 무덤이여, 신방이여, 석굴 속의 / 영원한 감옥이며, 그리고 나는 내 가족들을 / 찾으러 가고 있어요 … 희망을 품고 있어요"(안 891 이하)라고 상반된 말을 하는 것이다. 이렇게 죽음은 한편으론 이별로, 다른 한편으론 가족과의 결혼으로 묘사되고 있는 것이다.

이러한 역설적인 구도는 안티고네의 삶과 죽음에서도 보인다. 그녀는 "실제적"으로 자신의 삶을 살지 못했고 결혼도 하지 못했으며 아이도 갖지 못했다. 그러나 그녀는 자신이 추구하는 대상 a에 대한 "욕망" 속에서 사랑받고 사랑하고, 가족과의 유대 관계 안에서 살아 있었던 것이다. 그러나 이 욕망의 세계는 현실적으로는 죽음과 연결되어 있다. 그런데 죽음은 상징계도 파괴하기에 안티고네의 욕망은 좌초하게 된다. 이런 점은 크레온의 경우도 마찬가지다. 비록 그는 현실적인 법을 대변하고 있지만, 크레온은 안티고네와의 갈등을 통해 자신의 법보다는 법에의 욕망이 압도적임을 드러내고 있다. 이 점에 대하여 라캉은 다음과 같이 말한다 :

"크레온은 법이나 담론의 원칙 혹은 다른 원칙으로서의 안티고네에게 반대하는 것이 아니다. … 괴테는 크레온이 자기의 욕망 때문에 행동하며, 올바른 길에서 분명히 벗어나 있음을 보여준다. … 크레온 스스로가 자신의 파멸을 향해 돌진한다"(버틀러 83).

이렇게 안티고네와 크레온의 죽음은 공통점을 지닌다. 그러나 크레온의 욕망이 국가법에의 욕망인 데 반해 안티고네의 욕망은 불문율, 즉 대상 a에 대한 욕망이기에, 라캉은 크레온에 비해 안티고네를 "비인간적"(버틀러 85)이라고 부른다. 라캉에 의하면 안티고네는 이렇게 비인간적인, 즉 초인간적인 세계를 향하는 인물이다. 그러나 이러한 주장을 통해 라캉은, 주체는 열려진 주체라는 자신의 주장과 상반되게, 주체 위에 존재하는 또 다른 초월적인 세계를 전제하게 되며, 또한 금기의 보편적 절대성도 전제하는 결과를 초래한다. 이러한 라캉의 주장은 금기와 욕망의 관계에 대한 또 다른 논쟁을 초래한다. 금기가 있기 때문에 인간이 욕망하는 것인지, 아니면 욕망이 있기 때문에 금기가 생겨난 것인지라는 논쟁이 그것이다.

2) 불문율 ; 오이디푸스의 삼각형

라캉은 금기의 보편성을 주장한다. 욕망은 이러한 금기로부터 생겨난 것이고, 이 금기는 상징적 기능으로 모든 주체를 관통해 지배하고 있다는 것이다. 그러나 이러한 주장을 통해 라캉은 또 하나의 초월적 세계를 주장하게 된다. 이것을 들뢰즈는 "오이디푸스의 삼각형"이라고 칭하며, 라캉의 "오이디푸스 삼각형"은 금지와 억압을 전제로 하고 있다고 주장한다. 반면에 들뢰즈에 의하면, 부모와 자식의 계열은 더 이상 소유와 지배의 체제가 아니라 자식은 부모가 제시하는 삼각형화를 거부하는 반생산으로서 자신을 개입시키는 것이다.97) 자식은 부모에 의해 생산되었기보다 스스로 자신을 발생시키는 존재다. 이때 자식은 자신의 주체를 통해 확고히 자신의 삶을 생산해가는 것이 아니라 오히려 "자기가 지나가는 상태들에 의하여 끌려오면서"(앙띠 40) 자신의 주체를 형성해간다. 예를 들어 들뢰즈는:

"문헌학 교수인 니체의 자아란 존재하지 않는다. 즉, 갑자기 이성을 잃고 여러 이상한 인물들과 자기를 동일시하는 니체의 자아란 없다 : 일련의 상태들을 통과하는, 그리고 이 상태들에다가 역사상의 이름들을 그대로 붙이는 니체의 주체가 있을 따름이다 : 역사상의 모든 이름들, 그것이 나다"(앙띠 41)라고 말한다. 이러한 들뢰즈의 입장을 따르면, 오이디푸스와 안티고네는 동일한 "오이디푸스의 삼각형"이란 억압 속에 존재하지 않으며, 또한 안티고네는 오이디푸스의 운명에 소유되거나 지배되지 않는다. 오히려 안티고네는 스스로의 삶의 상태들로부터 그녀에게 고유한 존재를 비로소 형성해나가는 것이다. 이런 점에 대하여 들뢰즈는 다음과 같이 말한다:

"무의식은 인물들을 알지 못한다. 부분적 대상들은 인물로서의 부모를 대표하는 것들이 아니요, 가족 관계들을 지탱시켜주는 것들도 아니다. 그것들은 욕망하는 기계들 속의 부품들이요, 다른 어떤 것으로도 환원될 수 없는 생산의 진행과 생산 관계들에 관련되며, 오이디푸스의 형상 속에 등록되는 것에 비하면 근본적인 것들이다"(앙띠 74).

안티고네로 하여금 자신의 삶을 이끌어내게 하는 것은, 그녀에게 부과된 금지나 억압, 결핍이 아니라 바로 욕망이라는 것이

---

97) 쥘르 들뢰즈, 펠릭스 가따리, 『앙띠 오이디푸스』, 최명관 역, 민음사, 32쪽 (앞으로 "앙띠"란 약호로 본문에 삽입함).

다. 따라서 욕망보다 앞선 금기를 강조하는 정신분석학에 대하여 들뢰즈는 비판적 입장을 취한다 :

"정신 분석의 위대한 발견은 욕망하는 생산, 무의식의 생산들의 그것이었다. 그러나 오이디푸스와 더불어, 이 발견은 하나의 새로운 관념론에 의하여 금방 가려진다 : 공장으로서의 무의식이 옛날의 극장으로 대체되고 : 무의식의 생산 단위들 대신에 표상이 들어"(들 45)선다. 혹은 "오이디푸스, 그것은 관념론으로의 전환점이다. … 욕망의 생산의 무-오이디푸스적 본성은 여전히 현전하고 있지만, 그것을 '전-오이디푸스적', '항-오이디푸스적', '준-오이디푸스적' 등으로 번역하는 오이디푸스의 좌표들에 포갠다"(앙띠 89).

이런 점은 정신분석학에 앞서 이미 욕망을 결여로서, 즉 이데아의 결여로 규정한 플라톤부터 시작된다. 또한 칸트가 욕망을 "그 표상들을 통하여 이 표상들의 대상들의 현실성을 생기게 하는 능력"[98]이라고 말할 때도, 욕망은 "결여의 본질" 속에서 찾아지고 있다(앙띠 47). 이 점은 라캉에게도 해당된다 : "가령 라캉의 '배제'란 개념은 본래 구조적으로 비어 있는 곳을 가리키는 것으로 보인다. 이 비어 있는 곳을 이용함으로써 정신 분열자가 자연스럽게 오이디푸스의 축에 다시 놓이게 되고, 오이디푸스의 궤도에 다시 올려진다"(앙띠 84).

이와 달리 들뢰즈는, "욕망이 생산한다고 하면 그것은 현실적인 것을 생산한다. 욕망은 현실에서만 그리고 현실을 가지고만 생산한다. … 욕망은 아무것도 결여하고 있지 않다. 그것은 그 대상을 결여하고 있지 않다. 욕망에 결여되어 있는 것은 오히려 주체다. 혹은 욕망은 고정된 주체를 결여하고 있다 ; 고정된 주체는 억압을 통해서만 있다"(앙띠 49)라고 주장한다. 이렇게 욕망에

---

98) Kant, *Kritik der reinen Vernuft*, 3절.

따라 자신의 행동을 실행해나가는 안티고네는 바로 그녀의 욕망으로 인해 죽음과 부딪히게 되는 것이다. 이때 그녀에게 "죄책감"은 있을 수 없다(앙띠 70).[99] 왜냐하면 무의식의 욕망은 "고아"(앙띠 78)로서, 더 이상 "오이디푸스의 삼각형"에 구속되지 않기 때문이다. 그러나 들뢰즈의 주장대로, 안티고네의 욕망이 "고아"라고 한다면, 안티고네를 죽음으로 몰아넣는 데 어떤 식으로든 관여하는 인물들, 즉 크레온, 오이디푸스, 폴리네이코스와 안티고네는 어떻게 이해되어야 하는가?

3) 부모 / 자식, 남성 / 여성

헤겔에 의하면 가족신의 법, 혈연의 법을 대표하는 안티고네는 국가의 법에 의해 지양되어야 할 계기다. 그런데 안티고네가 가족신의 법을 주장함으로써 비극은 시작된다. 그러나 헤겔에 의하면 여성은 남성의 법에 의해 지양되어야 하며, 여성이 의미를 갖는 것은 단지 여성 스스로 자신의 여성성을 지양하고 어머니가 될 때인 것이다. 즉, 형제 / 자매 사이에 대하여 헤겔은, 이들이 서로 간에 사랑의 욕망을 품을 수 없으며, 여성은 아내로서도 단지 보편적인 남성을 대한다고 말한다. 헤겔의 경우 여성은 욕망에서도 배제된 인간처럼 보인다. 그러나 안티고네가 크레온에게 죽음을 불사하고 저항한 것을 볼 때, 여성을 단지 지양되어야 할 계기로서만 존재 의미를 부여하는 헤겔의 해석은, 그 밖의 여성의 역할과 능력을 철저하게 거세시키고 있다고 볼 수 있다. 그러나 안티고네는 죽음을 무릅쓰고 크레온에 저항하고 오빠를

---

99) "우리가 고통받기 때문에, 우리는 우리가 잘못했음을 인정한다"(안 926)는 안티고네의 말을, 그녀 스스로가 죄를 시인하는 진술로 보는 헤겔의 해석을 우리는 위에서 제시했었다.

사랑하는 여성이다. 그렇다면 이 모습은 어떻게 이해되어야 하는가?

헤겔과 달리 버틀러는, 안티고네가 오빠인 폴리네이코스를 "두 번" 묻는 장면에 대하여 언급한다(안 245, 384). 그리고 두 번의 매장은 "아버지와 오빠 두 사람에 대한 것"(버 103)이며,[100] 오빠를 매장하는 것은 그녀의 사랑과 연관되어 있다는 것이다. 이 점을 버틀러는 다음과 같은 안티고네의 진술들에서 발견한다 :

> "그래도 나는 그 분을 묻겠어. 그렇게 하고 나서 죽는다면 얼마나 아름다우냐! 그러면 나는 그 분의 사랑을 받으며 사랑하는 그 분 곁에 눕게 되겠지"(안 71 이하).
> "내가 알기로는 그래야만 내가 가장 기쁘게 해드려야 할 분의 마음에 들 테니까"(안 89).

이러한 안티고네의 진술은, 그녀의 행동이 가족 전체를 위한 것이 아니라 특별히 폴리네이코스를 향한 것임을 드러낸다(버 28). 남매간에 사랑이 불가능하다는 헤겔에 반대하면서 버틀러는, 안티고네가 무덤을 자신의 결혼식장이라고 말하고, 오빠를 따르는 것은 바로 근친상간의 욕망에 의한 것이라고 주장한다(버틀러 50).

---

100) 안티고네가 두 번 시신을 흙으로 덮은 것에 대하여, 천병희는 『안티고네』 역주 29에서 R. Jebb의 입장을 소개한다. 즉, 그에 의하면 안티고네가 두 번 시신을 찾아간 것은 첫 번째 찾았을 때 제주를 준비하지 않았기 때문이라는 것이다. 그러나 시신은 첫 번째 찾았을 때도 이미 먼지로 덮여 있었으며(안 255), 또한 두 번째 찾았을 때도 처음에는 시신이 흙에 덮여 있지 않았다는 점에서 그대로 받아들이기 어려운 면이 있다. 그러나 이것을 버틀러와 같이 오이디푸스와 폴리네이코스 두 사람에 대한 것이라고 주장하는 것도 과장된 해석으로 보인다. 왜냐하면 오이디푸스의 죽음은 시신을 남기지 않은 신비한 사건으로 묘사되고 있으며(콜 1640 이하), 또한 그의 죽음의 장소는 성스러운 곳으로서 접근이 "금지"되었기 때문이다(콜 1760 이하).

다른 한편, 오이디푸스가 안티고네에게 한 말, "누가 너희들에게 구혼하겠는가? 천만에 그럴 사내는 없다. 애들아 너희들은 틀림없이 자식도 못 낳고 처녀의 몸으로 시들어갈 것이다"(오 1500 이하), "어느 누구도 나보다 더 너희들을 사랑한 사람은 없을 것이다"(콜 1617 이하)라는 말에도 "근친상간적인 소유욕"(버틀러 101)이 내포되어 있다는 것이다. 그런데 안티고네는 아버지인 오이디푸스의 사랑을 오빠에 대한 사랑으로 대체시키면서, 자신의 욕망을 드러내고 있다. 이 점에 대하여 버틀러는 다음과 같이 말한다 :

"이것은 자신만이 안티고네의 유일한 남자라고 지정한 오이디푸스의 명령이자 저주이지만, 안티고네는 아버지에 대한 사랑을 오빠에 대한 사랑으로 바꾸면서 이 저주를 존중하는 동시에 이에 불복하는 것이 분명하다. 실제로 안티고네는 오빠만이 자신의 유일한 남자라고 생각한다"(버틀러 102).

동시에 버틀러는 안티고네의 남성적인 모습에 대해서도 말한다. 이에 대한 예문을 우리는 여러 곳에서 발견할 수 있다 :

크레온 : "정말이지 이제 나는 사내가 아니고 이 계집이 사내일 것이오. 이번 승리가 벌받지 않고 그녀의 것으로 남는다면 말이오"(안 484 이하).
크레온 : "내가 살아 있는 한, 여성이 나를 지배하지는 못할 것이다"(안 525).
크레온 : "… 우리가 한 여성에게 졌다는 말을 듣느니 차라리 한 남자의 손에 쓰러지는 편이 더 나을 것이다"(안 679).
오이디푸스 : "그 놈들은 마치 이집트 방식으로 자란 철저한 이집트인이기도 한 듯이 행동하는구나. 거기서는 남자들이 하루종일 집

안에 틀어박혀 길쌈이나 하고, 여자들은 밖에 나가 일을 한다고 하더니 말이다"(콜 337 이하).

이 문장들을 근거로 버틀러는, 여성과 남성에 대한 헤겔의 해석을 비판하면서, 안티고네는 크레온에 대항하는 과정에 이미 스스로를 남성적인 모습으로 보이고 있다고 주장한다. 따라서 안티고네와 크레온의 행위는 "서로 맞서는 것이기보다는 서로를 거울처럼 되비치고 있는"(버틀러 29) 행위다. 안티고네는 크레온의 법에 저항하지만, 이러한 저항을 통해 그녀의 목소리는 가족신의 법이 아니라 법의 목소리를 띠기 시작하는 것이다(버틀러 30, 55). 또한 버틀러는, 안티고네의 남성성은 단지 크레온과의 대결에서만 보이는 것이 아니라, 오이디푸스 자신에 의해서 남자라고 불린 점에서도 발견된다고 주장한다(버틀러 104). 반면에 오이디푸스는 자신의 아들들에 대해서는 딸이라고 칭하기도 한다. 이런 점을 근거로 버틀러는 아들과 딸, 남성과 여성의 바뀜에 대하여 주장한다.

그리고 안티고네는 오이디푸스와 이오카스테의 딸이면서 동시에 이오카스테의 손녀이기도 하다(버틀러 63). 그렇다면 이제 아버지와 아들, 아내와 어머니, 아들/딸과 손자/손녀가 서로 미끄러져 혼합되고 있으며, 남성과 여성은 서로 자리를 바꾸는 일이 일어난다. 안티고네는 오이디푸스를 반영하며 반복하는 인물이 되는 것이다.

"… 그대는 아마도 아버지의 죗값을 치르고 있는 것이오"(안 855).

그러나 이러한 반복으로부터 안티고네는 결혼하지 않음으로써 벗어나게 된다. 안티고네는 Anti-Genos로서, 혈통에 대한 반대자, 자식에 대한 반대자가 된다.101) 그리고 이를 통해 안티고네는 이전과는 전혀 다른 인간의 모습을 반영한다 :

"그 분에게서 가련한 나는 전에 태어났고, 그 분에게로 나는 지금 저주받고 결혼도 못한 채 내려가고 있어요, 함께 살기 위하여"(안 866 이하).
"내가 아이들의 어머니였거나, 아니면 내 남편이 죽어 썩어갔더라면 … 이런 노고를 짊어지지 않았을 거예요"(안 905 이하).

이러한 탄식은 동시에 안티고네가 구시대의 인물들에 대한 종말임을 반영하는 것이다. 헤겔에 의하면 여성이 어머니가 되지 못하고 자식도 없는 것은 여성이 국가에 대한 자신의 책임을 방기하는 것을 의미하는 데 반해, 버틀러는 안티고네가 하이몬과의 결혼을 거부하고 오빠를 선택하여 스스로 어머니와 아내 되기를 거부한 것은, 바로 공적인 결혼 제도에 대한 거부라고 해석한다(버틀러 128). 이러한 그녀의 주장은 기존의 결혼관을 부정하고 넘어서려는 입장(예를 들면 동성애자 간의 결혼)에 유리한 해석일 수는 있지만, 안티고네에 대한 적절한 해석이라고 보기는 어렵다. 왜냐하면 여성으로서 안티고네가 남성적인 소리와 행동을 하더라도, 그것은 "남성다움", "여성다움"을 의미할 뿐 남성의 "성", 여성의 "성"으로의 전환을 의미하는 것은 아니기 때문이다. 버틀러의 주장은 한편으론 자유롭고 진보적인 입장을 반영하는 듯이 보인다. 그러나 다른 한편으로 남성과 여성을 서로 대립되는 성으로 고착시키는 보수적인 면도 보여준다.

이에 반해 들뢰즈는 남성과 여성의 대립과 차이에 대하여, 버틀러와 같은 배타택일적인 평가를 거부한다. 오히려 그는 프로

---

101) 버틀러, 『안티고네의 주장』, 48쪽 각주 24.

이트에 의해 대표적으로 주장되는 거세공포증에서 거세라는 개념은 오이디푸스의 삼각형화에 입각해 있으며, 이것을 완성시키는 것이라고 주장한다:

> "거세는 오이디푸스화의 완성이다. 오이디푸스화란 정신 분석이 무의식을 거세하고 거세를 무의식 속에 주입하는 조작이다. 무의식에 대한 실천적 조작으로서의 거세는, 전적으로 적극적이고 전적으로 생산적인 욕망하는 기계들의 수천의 흐름들-절단들이 하나의 동일한 신화적 장소에 시니피앙의 통괄 구획 속에 투사될 때 성취된다"(앙띠 97).

따라서 거세를 중심으로 남성 / 여성을 대립시키는 것은 오이디푸스 삼각형을 전제로 할 때 가능한 것이다.

반면에 오이디푸스화되기 이전의 무의식은 이러한 거세를 모른다는 것이 들뢰즈의 입장이다. 남성과 여성 사이에는 서로 배타적인 대립성이 존재하기보다, 두 성 사이에는 "공통적인 것이 하나도 없는 동시에 두 성은 횡단적 방식으로는 끊임없이 서로 교통하는 일"(앙띠 96)이 존재한다. 그리고 두 성이 서로 대립하는 것이 아닌 한 두 성 중에는 어떠한 상대적 우월성도 존재하지 않는다. 두 성은 서로 "어떤 것도 결여하고 있지 않으며 결여로 정의될 수 있는 것도 하나도 없다"(앙띠 96). 왜냐하면 무의식 속에서 양성은 "배타택일적이 아니라 포괄적인"(앙띠 96) 관계에 있기 때문이다. 따라서 버틀러와 같이 안티고네를 남성으로 전환시키는 것은, 또 다른 권력에의 지향이라고 볼 수 있다. 들뢰즈에 따르면 버틀러의 시도는 "남근중심주의"를 다시 지향하는 것이며, 진정한 의미에서 남성, 남근중심주의를 극복하는 것은 바로 여성이 거세된 존재라는 것을 부정함을 통해서가 아니라 인간에겐, 즉 무의식에겐 애당초 거세라는 것이 없다는 것을 인

정함을 통해서 가능하다는 것이다.[102]

그렇다면 버틀러와 같이 안티고네를 동성애의 관계로 확대 해석하는 것에 대하여 들뢰즈는 어떤 입장을 취하는가? 들뢰즈는 남성-여성의 사랑과 양성 동체적인 꽃들을 예로 들면서 이성애와 동성애의 관계를 다루고 있다. 그에 의하면, 이성애는 오이디푸스의 삼각형이라는 금지에 근거한 것이다. 그 대표적인 예가 어머니에 대한 금지 그리고 누이에 대한 금지다. 이러한 금지 안에서만 남성-여성의 사랑은 허용되는 것이고, 이를 넘어선 것은 저주받은 형태로 배척되는 것이다. 반면에 양성 동체적인 꽃의 경우, 수컷과 암컷은 독립된 실체가 아니라 단지 부분들의 기능으로 작용한다. 수컷은 자체 안에 암컷적인 기능을 포함하며 반대의 경우도 가능하다. 여기서는 오이디푸스적 삼각형의 절대성은 파괴되고, 이로부터 유래한 죄책감도 부정되게 된다. 따라서 들뢰즈는 : "동성애와 이성애 사이의 질적 대립은 사실상 오이디푸스의 한 결과"(앙띠 117)며, 인간은 "전체적으로는 이성애적이지만 개인적으론 알게 모르게 동성애적이요, 요소적 분자적으로는 결국 횡단성애적"(앙띠 110)이라고 말한다. 결국 오이디푸스 삼각형에 의해 제한되지 않는 "욕망하는 생산의 흐름들-절단들은 하나의 신화적 장소에 투사되지 않으며 … 횡단적 성욕은 국소적이고 비-특수적인 이성애와 동성애 사이에 아무런 질적 대립도 생기게 하지 않으며 … (따라서) 이렇게 본래의 상태가 회복되면 도처에 변환으로 말미암는 유죄성 대신 꽃들의 무죄성이 나타난다"(앙띠 117)는 것이다.

이러한 들뢰즈의 입장에 따르면 남성 / 여성, 어머니 / 아내의 역할이 겹쳐지고 혼재되는 안티고네는 "정신분열자"로 보아야

---

102) 들뢰즈는 여성 해방 운동가들이 "우리는 거세되어 있지 않다. 우리는 당신들을 상대하지 않는다"고 말하는 것이 옳다고 본다(앙띠 97).

할 것이다. 그러나 들뢰즈에게서 정신분열자는 단순히 정신적 질환인 신경증이나 도착증과 달리 부정적인 의미를 지니지 않는다(앙띠 139). 오히려 정신분열자는 "삶과의 뭔지 알 수 없는 어떤 접촉을 상실하기는커녕, 현실의 고통의 중심부에 가장 가까운 곳에, 현실적인 것의 생산과 일체를 이루는 강도 있는 점에 살고 있는" 인물인 것이다(앙띠 138). 정신분열자는 오이디푸스적인 삼각형이란 금지의 구도 이전의 본래적인 인간형으로서 혁명가들, 예술가들, 선견자들 등을(앙띠 50) 지칭한다. 이들이 갖는 정신분열증은 "생산하고 재생산하는 욕망하는 기계들의 우주요, '인간과 자연의 본질적 현실'로서의 근원적인 보편적 생산"(앙띠 20)을 뜻한다. 정신분열자에게 죄책감이란 존재하지 않는다(앙띠 70). 왜냐하면 정신분열자는 "단순히 남녀 양성도 아니요, 두 성 사이에 있지도 않으며, 남녀 교체의 존재도 아니라 남녀 횡단의 존재며, 생사 횡단, 부모-아이 횡단의 존재"(앙띠 121)이기 때문이다. 그렇다면 정신분열자로서 안티고네는 바로 횡단적-존재인 셈이다. 이런 존재로서 안티고네는 어느 한편에 속해 다른 것을 부수적으로 포함하거나 대체하는 인물이 아니라 배타적이고 제한적인 오이디푸스 삼각형의 구도를 파괴한 인물이다. 안티고네는 "남자이자 여자며, 부모이자 아이이며, 죽었으면서 살아 있는" 슈레버(앙띠 122)나 햄릿(앙띠 241)이기도 한 것이다. 이런 한에서 안티고네는 가족 모두이기도 하지만 동시에 그 누구도 더 이상 갖지 않는 "고아"이기도 한 셈이다(앙띠 78).

반면에 안티고네에게 죄와 죽음을 행하는 크레온은 또 하나의 오이디푸스의 삼각형을 그녀에게 제시하고 있는 것이다. 이때 크레온은 오이디푸스이기도 하다.[103] 왜냐하면 오이디푸스가 크

---

103) 들뢰즈는, "역사적 혹은 선역사적 기원으로서든 구조적 기초로서든, 오이디푸스가 '처음'이라는 것은 겉으로 보기에만 그렇다. 그것은 전적으로 이데올

레온에게 "이 애들에게는 그대가 단 한 분의 아버지로 남은 셈이구려"(안 1504)라고 말하고 있기 때문이다. 이때 고아인 안티고네에게 아버지가 생기게 되는 것이다. 이에 대하여 들뢰즈는 "오이디푸스는 마치 미궁과 같다. 거기서 빠져나오면 반드시 그 속으로 되돌아간다. … 무의식은 짓밟히고 삼각형화되고 스스로 선택하는 일을 할 수 없게 된다. … (고아인) 무의식에 부모가 생겼다!"(앙띠 125)라고 말한다. 그러나 크레온에 저항함으로써 안티고네는 오이디푸스만큼이나 부모를 살해하는 자이기도 하다. 이러한 살해를 통해 그녀는 다시 오이디푸스의 삼각형을 해체시키고, 스스로 부모와 자식이 없는 고아가 되는 것이다. 이런 한에서 안티고네 안에는 니체의 모습이 이미 들어 있다고 볼 수도 있다.[104] 니체가 신은 이미 항상 죽어 있었고, 따라서 신은 지상적 삶과 아무런 관계도 없었다고, 아버지인 신의 죽음을 선포하고 부정하듯이, 안티고네는 오이디푸스 삼각형을 부정하고 있는 것이다(앙띠 164 이하). 이것은 크레온에 대한 그녀의 저항 행위에서 그리고 산 자와의 결혼을 거부하고 자식을 갖지 않는 데서 잘 나타난다. 이로써 그녀는 라이오스부터 시작된 오이디푸스가의 삼각형을 해체시키고 종말에 이르게 되는 것이다.

로기적인 처음이요, 이데올로기를 위한 것이다"(앙띠 157)라고 말함으로써, 오이디푸스는 닫힌 삼각형 구도를 통해 이데올로기적으로 계속해 재생산될 수 있음을 밝히고 있다. 반면에 안티고네로 대표되는 무-오이디푸스적인 것은 오이디푸스와 똑같이 일찍 시작되고 지속되지만, 리듬·체제·차원을 달리하며, 고아-무의식, 놀이의 무의식, 명상하는 사회적 무의식이란 형태로 나타남을 지적한다(앙띠 156).

104) 들뢰즈는, 아버지의 죽음을 알리는 것은 마지막 신앙, 즉 '불신앙'에 기초를 둔 '신앙'을 구성한다고 말하면서, 니체가 "이 폭력은 언제나 하나의 신앙, 하나의 지주, 하나의 구조 … 가 필요하다"고 말했을 때, 그 구조는 바로 오이디푸스-구조였다고 주장한다(앙띠 165). 그렇다면 니체의 작품의 제목이기도 한 「Ecce Homo」는 안티고네에게도 적용된다고 볼 수 있을 것이다.

이런 점은 『안티고네』에서 크레온으로 대표되는 국가와, 개인적 가족으로 대표되는 안티고네의 관계에서도 마찬가지다. 들뢰즈는 우선 라 보르드(La Borde)의 관점에서 집단과 개인의 일반적인 과제와 차이를 다음과 같이 정리한다[105](앙띠 99-100).

첫째, "집단 환상은 사회 터전을 현실적인 것으로만 규정하는 '상징적' 분절들과 분리될 수 없는 데 반해, … 개인적 환상은 그 자체 사회 터전에 연결되어 있기는 하지만, 이 사회 터전을 '상상적'인 것으로 파악하는 차이를 지닌다."

둘째, 이러한 점으로부터 사회 터전에는 일종의 초월성 혹은 불멸성이 주어진다. 이러한 가치는 개인에 의해 받아들여지고 전승된다. 이때 개인은 이러한 가치를 위해 죽을 수도 있고, 때로는 이러한 가치를 위해 죽은 것이 칭송되기도 한다. 따라서 사회 집단에 비해 개인에게 죽음은 그의 삶과 운명을 위해 훨씬 더 결정적인 역할을 하게 된다.

셋째, 개인 환상은 합법적이고 헌법화된 제도들에 의해 결정된 '나'를 주체로서 갖는 데 반해, 집단 환상은 충동들 자체, 욕망하는 기계들을 주체로 갖는 차이를 지닌다.

이러한 관점 중 첫째 경우에 대하여 들뢰즈는, 크레온의 힘이 국가의 현실적인 힘으로 구성되어 있는데도 불구하고, 안티고네의 힘이 국가의 힘을 단지 '상상적인' 힘으로 여기기에 갈등이 빚어지는 것으로 받아들인다. 그러나 둘째의 경우, 안티고네가 국가의 법에 대립하여 불문율을 제시하는 것은 사회 전체를 단지 그녀 자신의 '상징계'와 대립시킴으로써 가능한 것이며, 이것은 국가로부터 유래한 혹은 국가에게 주어진 초월성과는 아무런

---

105) 물론 들뢰즈는 국가라는 표현을 사용하지 않지만, 그가 말하는 집단과 개인의 관계는 국가와 개별 가족의 관계를 유비적으로 반영하고 있다고 볼 수 있다. 왜냐하면 그가 집단과 개인을 말할 때, 그는 마르크스와 프로이트를 염두에 두고 있기 때문이다(앙띠 101).

관계가 없다고 들뢰즈는 말한다. 오히려 그녀가 죽음을 선택하는 이유는, 국가로부터 개인에게 주어진 초월성 때문이 아니라 국가에 대립한 초월성에 있는 것이다. 그리고 셋째 주장의 경우 국가를 대표하는 크레온은 자신을 유일한 주체로 갖는 데 반해,[106] 안티고네를 이끄는 힘은 그녀 자신의 주체가 아니라 그녀 안에서 혼재되고 겹쳐지면서 나타나는 다양한 인물들인 것이다. 따라서 우리는 크레온과 안티고네가 서로 대립되는 국가와 개인만을 대변하는 것도 아니며, 양자 사이에 아무런 소통 관계가 불가능한 고정된 실체로서 존재하는 것이 아니라고 보아야 한다.

그렇다면 우리는 국가와 개인의 관계를 오히려 주체 집단과 예속 집단으로 구분하는 것이 더 적합할 것이다. 이런 점에 대하여 헤겔은, 자기 의식이 자기 스스로를(대자) 자신의 본질로 여기는 의식과(주인 의식), 자기를 타자로부터 의식하는 대타적 의식(노예 의식)으로 구분되면서 나타나는 현상이라고 말하고 있다. 그러나 헤겔에 의하면 이 두 의식은 서로 분리된 채 고정된 실체성이 아니다. 오히려 두 의식은 서로 매개되어 있으며, 이 매개를 통해 서로 영향과 반영향을 끼칠 수 있는 것이다.[107] 이 점에 대하여 들뢰즈는 다음과 같이 말한다 :

---

106) 이런 점은 하이몬이 아버지인 크레온에게 "한 사람에 속하는 국가는 국가가 아닙니다"(안 737)라고 한 말에서, 역설적이기는 하지만 잘 나타난다.

107) 주인 의식은 자신의 대자적인 존재를 본질로 삼지만, 동시에 그는 타자에 의해 매개되어 있는 존재다. 따라서 주인은 자신의 존재를 향유하고 주인인 한에서 권력을 가지며 노예를 제압하지만, 다른 한편 그의 존재는 바로 타자인 노예의 물성에 의존하기에 주인의 주인성은 노예에 의해 한정되게 된다. 반대로 노예의 경우 그는 주인에 속하는 노예이지만, 사물에 직접적으로 관계함으로써 비록 사물을 향유하지는 못하지만 사물에 대한 자립성을 갖게 된다. 따라서 사물의 향유와 생산이란 관계는 주인과 노예의 관계를 전도시킬 수도 있는 것이다(Phae. 146 이하).

"집단 환상과 개인 환상 사이의 구별들을 발전시켜보면, 결국에는 개인 환상이 없다는 것이 잘 드러난다. 차라리 두 종류의 집단, 즉 주체-집단들과 예속-집단들이 있다. … 이 두 종류의 집단은 끊임없이 예속될 위험에 직면해 있고, 예속 집단은 어떤 경우 혁명적인 역할을 수행하지 않으면 안 되는 수도 있다"(앙띠 101-102).

그러나 들뢰즈는 이러한 주장이 문제가 있음을 지적한다. 왜냐하면 이런 주장은 프로이트적인 오이디프스 삼각형을 사회에 확대시킨 것에 불과하기 때문이다.[108] 그러나 개인이 고정된 실체가 아니고 국가도 고정된 개인들의 단순한 종합이 아닌 한, 그리고 개인이 오이디푸스의 삼각형이란 구조에 속하지 않는다면, 이러한 주장은 인정되기 어렵다. 따라서 들뢰즈는 오이디푸스 삼각형을 가로질러 흘러가는 흐름들, 그리고 이러한 흐름을 통해 삼각형의 정점을 떼어놓은 흐름들, 즉 "욕망하는 생산"에 대하여 말하고 있다. 국가와 개인, 주인과 노예는 모두 생산하면서 흘러가고, 흘러 넘침으로써 둑을 무너뜨리는 욕망의 존재방식들이라는 것이다[109](앙띠 106 이하). 이와 같이 크레온과 안티고네는 대립된 두 존재가 아니라 오히려 서로 흘러 들어가고 간섭하는 욕망들이 생산해낸 동일한 존재 방식이라고 볼 수 있다.

---

108) 참조, 마르쿠제, 『에로스와 문명』.
109) 이러한 들뢰즈의 입장은 니체와 만나게 된다. 니체의 경우 주인과 노예의 관계는 힘에의 의지를 능동적, 창조적으로 행하는가 혹은 수동적, 반동적으로 행하는가에 따라 구분된다. 그리고 이러한 힘은 도덕을 통해 구체화된다. 들뢰즈는 욕망이란 표현을 통해 니체의 힘에의 의지와 동일한 입장을 취하는 것으로 보인다. 그러나 이런 점은 하이데거와 매우 큰 차이를 드러낸다. 하이데거에 의하면 존재에 이르는 길은 "욕망"이나 "의지"를 통해서 가능하지 않다. 오히려 욕망과 의지는 존재자와의 관계에 개입되는 것이며, 이러한 존재자에의 욕망과 의지는 존재 망각이란 위험성으로 나타나게 되었다는 것이 하이데거의 입장이다.

4. 안티고네에 대한 하이데거의 해석의 특징

1) 역사에 대한 헤겔과 하이데거의 차이

위에서 우리는 하이데거의 안티고네 해석의 특징을 명확히 하기 위해 헤겔과 라캉, 들뢰즈, 버틀러의 입장을 제시하였다. 그런데 이 모두를 동시에 다루는 것은 혼란스러운 면도 있기에, 우리는 논의의 중심 축을 하이데거와 헤겔의 해석을 비교 분석하는 데 놓을 것이다.

하이데거와 헤겔 사이에는 차이점만큼이나 유사한 면도 발견된다. 대표적인 유사점은, 하이데거나 헤겔 모두 철학의 역사(정신의 운동이든 존재의 역운이든)를 다루고 있으며, 이때 철학의 시초와 종말에 대하여 말하고 있다는 점이다. 따라서 이들은 그리스 정신과 독일 정신의 위치 혹은 관계에 대하여 말할 때 종종 비교되곤 한다.

또한 이들은 모두 존재를 단순한 실체가 아니라 운동성으로 파악하며, 이때 무라는 주제가 등장한다는 유사점을 갖는다.

그러나 그들 사이엔 분명한 차이점도 있다. 가령 철학의 역사를 다루는 경우 하이데거는 시원의 순수함과 풍부함에 대하여 말하고, 시원으로부터 전개된 것은 일종의 퇴락의 역사로 간주한다. 따라서 철학의 역사가 그 본래적인 의미를 다시 가져올 수(wieder-holen) 있으려면, 시원으로 돌아가야(Schritt zurueck) 한다는 것이다. 이와 달리 헤겔의 경우, 철학의 전개는 정신의 발전, 즉 정신이 더 고양된 계기로 올라감을 의미하기에, 시원보다 종말이 더 위대한 것이라고 주장된다. 감각적 의식에서 시작된 정신은 절대 정신이라는 궁극적인 지향점을 가지며, 정신의 본질은 도상의 여러 계기들을 변증법적 운동을 통해 절대 정신을 향해 전개시켜나가는 능력이라고 볼 수 있다.

반면에 하이데거의 경우 존재의 역운은 절대적으로 규정된 목적점을 가지지 않는다. 오히려 각각의 계기가 의미가 있다면, 그것은 그 계기들이 절대적인 목적점에 가까워지기 때문이 아니라 그 순간마다 그 계기들이 존재와 어떤 관계를 갖는가에 따라 그 의미 여부가 결정된다.

그리고 하이데거와 헤겔이 모두 존재의 운동성을 강조하고 무에 대하여 언급하지만, 헤겔의 경우 무는 순수 존재의 비-규정성이란 의미를 지니는 데 반해, 하이데거의 경우 무는 존재가 존재자가 아니란 사실 그리고 존재가 유한하다는 사실에 대한 표현이다.

그렇다면 하이데거와 헤겔 사이의 이러한 일반적인 차이 외에 작품 『안티고네』를 통해 나타나는 차이점은 무엇인가?

우리가 위에서 제시한 헤겔의 『안티고네』 해석은 "정신현상학"에 나온다. 헤겔의 경우, 안티고네는 정신이 스스로를 드러내는(현상) 전개사적인 측면에서 그 한 계기로 다루어지고 있다. 이렇게 헤겔의 안티고네는 정신이 일정한 계기로 전개되었을 때 벌어지는 '정신 현상'으로 파악된다. 반면에 하이데거가 『안티고네』를 다루는 것은 『횔덜린의 송가 「이스터」』 안에서다. 여기서 하이데거는 『안티고네』를 그 자체가 아니라 오히려 존재의 역사라는 관계성 속에서 다루고 있다.

또한 안티고네를 다루는 데에 하이데거와 헤겔의 가장 큰 차이점은, 첫째 헤겔이 안티고네라는 인간을 여성으로 파악하고 있는 데 반해 하이데거는 안티고네라는 여성을 한 인간으로 파악하고 있는 점이다. 하이데거에게서 중요한 것은 안티고네가 남성인가 여성인가 하는 점이 아니다. 오히려 그의 관심은 안티고네가 존재와 어떠한 관계 속에 있는가에 놓여 있다. 이런 의미에서 하이데거는 안티고네를 이스메네와 비교하기도 하고 또 크레온과 비교하기도 한다. 그리고 이스메네와 크레온은 모두 존재에의 모험을 감행하지 못하는 인물들로 평가된다[110](이스터 153, 180). 이렇게 하이데거는 안티고네를 여성이 아니라 하나의 존재론적 인간으로서 다루고 있다.[111] 이 점에 대하여 하이데거는 "안티고네-비극의 그리스적 진리 안에 머물면서도 망자 숭배와 혈족 관계를 넘어 사유하려면, 우리는 안티고네의 말을, 그것이 말하는 대로 확고히 간직해야 한다"(이스터 184)고 말한다. 즉, 하이데거에게 안티고네는 한 가족의 딸과 여성(혈족 관계)을 뜻하거나, "죽은 오이디푸스"(망자 숭배)와 연관된 인물이 아니다. 안티고네를 가족이란 혈연 관계 안에서 해석하는 헤겔과 달리, 하이데거는 안티고네를 존재와의 연관성 안에서 파악하고 있다. 하이데거에 의하면, 『안티고네』에서 문제되는 중심 주제는 남편 / 아내, 부모 / 자식, 형제 / 자매의 구분이 아니다. 굳이 "혈연 관계"라는 것이 문제가 될 때도, 그것은 부모 / 자식, 부부, 남매라는 성별적 차이나 역할의 차이가 아니라 존재와의 관계성 안에서 해석되어야 한다. 이 점에 대하여 하이데거는 다음과 같이 말한다:

"'죽음'과 '피'는 한 인간 안에서 채워지지도 않고, 또 다른 인간

---

110) M. Heidegger, *Hoelderlins Hymne "Der Ister"*, 전집 53권, 번역본(최상욱 역)은 "이스터"란 약호로 본문에 삽입함.
111) 물론 하이데거가 안티고네를 하나의 인간으로 다룬다는 점이 그의 존재론의 여성적 특징을 감소시키지는 않는다. 왜냐하면 하이데거는 비록 존재와의 관계 속에 있는 인간을 다룰 경우, 언제나 그 인간이 남성인지 여성인지 말한 적이 없기 때문이다(오히려 그는 중성이라고 말한다). 그러나 우리는 하이데거의 이러한 존재론적 인간, 즉 남성과 여성으로 분리되지 않은 인간이 전체적인 측면에서 볼 때, 그리고 형이상학의 전통과의 비교에서 볼 때 여성적이라는 점을 볼 수 있다. 우리는 하이데거가 『안티고네』의 많은 인물 중 굳이 안티고네를 택한 점에서, 그의 존재론의 여성적인 특징을 발견할 수 있다.

안에서 고갈되지도 않는 인간 존재의 상이하고 극단적인 영역을 명명한다. 인간에게 그리고 단지 그에게만 고유한 죽음과 피에의 속함은 그 자체로 존재 자체에 대한 인간의 관계를 통해 비로소 규정된다"(이스터 184).

하이데거에 의하면 오이디푸스의 피, 폴리네이코스의 피, 안티고네의 피가 동일한 가족 관계의 피이기 때문에 중요한 것이 아니라, 오히려 각자의 피가 존재와의 관계성 속에서 어떠한 피의 의미를 지니는가에 따라 그 중요성이 판단되어야 한다는 것이다.

하이데거와 헤겔의 또 다른 차이점은 결혼에 대한 그들의 해석에서 찾아볼 수 있다. 헤겔에게서 결혼은 단지 새로운 세대를 이어나가기 위한 존재 방식인 데 반해, 하이데거에게서 결혼은 죽음과의 결혼, 말하자면 새로운 존재와의 결혼이란 형태로 해석된다. 이런 점을 고려하여 인간으로서 안티고네를 하이데거는 어떻게 해석하는지 살펴보기로 한다.

2) 가장 섬뜩한 자인 인간으로서 안티고네

하이데거가 『안티고네』에 대한 본격적인 해석을 시도하기 위해 도입문으로 선택한 것은 테바이의 노인들로 구성된 코러스의 문장이다. 그런데 이 문장은 안티고네를 언급하지 않고 일반적인 인간에 대하여 말하고 있다 :

"섬뜩한 것은 다양하지만, 그럼에도
인간을 뛰어 넘어서는 더 섬뜩한 것은 없다"(이스터 96).

그러나 하이데거가 『안티고네』를 횔덜린의 「이스터」와 비교하면서 해석하기 위해 인용한 첫 문장은 바로 안티고네의 말이다:

"나를 보시오, 그대들 조국의 사람들이여 …."
"또한 축제의 준비로서 어떠한 축가도 그때 나를 축하하지 않았다"(안 806 이하).

우리는 이 두 부분의 문장을 연결해서 생각해보아야 한다. 첫번째 부분의 문장에서 보이듯이, 하이데거는 남성 / 여성 등의 구분 없이 인간 일반에 대하여 말하고 있다. 그러나 둘째 부분의 문장이 제시하듯이 『횔덜린의 송가 「이스터」』는 횔덜린의 시와 소포클레스의 작품을 비교하려는 의도를 갖지만, 이때 하이데거가 주제적으로 다룬 인물은 안티고네다. 그렇다면 위 문장(이스터 96)에서 제시한 "섬뜩한 것"이 가장 잘 드러난 인물을 하이데거는 안티고네라고 보고 있는 것이다. 이런 점은 "나를 보시오"라는 안티고네의 말을 인용하면서 자신의 입장을 전개시키고 있는 하이데거의 글쓰기 방식에서도 잘 나타난다. 이런 전략은, 마치 영화의 첫 장면에서 수많은 군중들이 보이다가 그 중 한 인물에게로 초점이 맞춰지면서 그 인물을 중심으로 인간의 운명에 대한 영화의 줄거리가 전개되는 것과 유사하다. 이렇게 하이데거는 인간 자체로부터 점차 성별과 역할에 따라 구분된 인간에로, 즉 여성 안티고네에게로 관심의 초점을 맞춰나간다.112) 이

---

112) 하이데거는 운명과 연관된 비극적인 인간의 본질을 논하기 위해 안티고네를 선택한다. 그러나 안티고네만큼 비극적인 운명을 겪은 자로서 오이디푸스를 들 수 있다. 그러나 하이데거는 오이디푸스를 전혀 다루지 않고 있다. 왜 그랬을까? 물론 이에 대하여 하이데거는 아무런 해명도 하지 않는다. 단지 앞에서 말했듯이 하이데거는 오이디푸스에 대하여 이중적인 입장을 가끔 보이고 있을 뿐이다. 그렇다면 우리는 그 이유를 『횔덜린의 송가 「이스터」』 안에서 찾아야 할 것 같다. 「이스터」에 따르면, 하이데거가 오이디푸스를 배제한 이유는, 첫째

점은 하이데거가 여성에서 자신이 추구한 존재론적 인간의 본질을 발견했기 때문이라고 볼 수 있다.

하이데거가 안티고네를 해석하는 데에 맨 처음에 인용한 문장은 바로 그녀가 탄식하는 대목이다. 그녀는 신방도 없고 축가도 없는 결혼식에 대한 자신의 외롭고 쓸쓸한 마음을 토로하고 있다. 그런데 이러한 탄식과 달리 하이데거는 자신의 책 제목을 『송가』라고 붙였다. 하이데거는 송가를 말하면서 맨 처음에 탄식하는 장면을 끌어들이고 있는 것이다. 그렇다면 탄식과 송가는 어떻게 연결될 수 있는가?

하이데거는 『송가』를 "노래하다, 기리다, 명예를 기리다, 경축하다, 봉헌하다, 축제를 준비하다"(이스터 11)라는 의미로 파악한다. 우리가 일반적으로 "송가"라는 의미를 생각할 때도, 그것은 어떤 인물의 행위를 기리기에 충분할 때, 말하자면 그 인물의 운명이 비극적으로 끝나든 혹은 고난을 극복하고 행복한 삶을 살든 전체적으로 볼 때 그의 행동이 찬양받을 만한 고귀함을 지녔을 때 "송가"라는 표현을 사용한다. 그런데 하이데거가 맨 처

오이디푸스는 운명에 대하여 아무것도 모르고 있었다는 점이다. 그러나 하이데거의 경우 존재와 인간의 관계에서 존재는 비록 은폐되어 있을지언정 인간에게 어느 정도 이해되고 있는 것이다. 따라서 전혀 선-이해가 없는 운명과 인간의 만남으로부터, 운명의 본질과 인간의 본질을 논하는 것은 그의 존재론과 어긋나는 것이라고 볼 수 있다. 둘째, 오이디푸스는 운명을 알고 난 이후에도 적극적으로 운명에 대하여 행동(실존)하지 않았다는 점을 들 수 있다. 단지 그는 운명에 자신의 존재를 방기했을 뿐 아니라, 심지어 운명을 외면하고 단지 자신을 자해했을 뿐이다. 이렇게 눈을 찌르는 자해 행위를 통해 그의 삶은 더 이상 삶이 아니었던 것이다. 셋째, 오이디푸스는 실존뿐 아니라 죽음에 대해서도 선취하여 결단하지 않고 단지 죽음이 오기를 기다렸을 뿐이다. 따라서 오이디푸스의 삶에 본래적인 의미의 오이디푸스는 없었다고 볼 수도 있을 것이다. 넷째, 우리의 전제대로 하이데거는 자신의 존재론에 상응하는 인간의 본질을 오이디푸스라는 남성적 인물보다는 여성적 인물인 안티고네에서 보았기 때문이라고 추정할 수 있다.

음에 안티고네의 탄식을 인용하고 있는 점은 안티고네의 탄식이 충분히 찬양받을 만한 것이라는 해석을 암시하는 것이다. 그렇다면 그녀의 탄식은 약함이나 감상적인 아픔의 표현이 아니라, 자신의 운명과 마주친 인간의 위대함을 드러내는 탄식인 것이다. 즉, 그녀의 탄식은 슬프고 아프지만 고귀한 탄식인 것이다. 그렇다면 탄식하는 안티고네가 보여준 고귀함은 무엇인가?

이 점을 우리는 그녀가 이스메네나 크레온과 나눈 대화에서 찾아볼 수 있다. 이 자매의 대화는 테바이의 지배권을 놓고 치른 전쟁에서 죽은 두 오빠 폴리네이코스와 에테오클레스의 시신의 처리 방식을 놓고 선포된 크레온의 법에 이어지는 이야기다. 크레온의 법은 에테오클레스가 테바이를 위해 싸우다 죽은 반면, 폴리네이코스는 자신의 조국인 테바이를 공격하다 죽었으므로, 에테오클레스의 시신은 "명예를 누리도록 … 바른 법도와 관습에 따라 땅 속에 묻어줄 것"(안 24-25)을, 반면에 폴리네이코스의 시신은 "애도도 받지 못한 채 무덤도 없이 … 새떼들의 먹이가 되도록"(안 28-29) 방치해두라는 것, 그리고 이것을 어기는 경우 그 누구를 막론하고 죽음을 받으리라는 내용을 담고 있다. 이러한 크레온의 명령에 복종하기를 권하는 이스메네와 이를 거역하려는 안티고네 사이에 벌어지는 이야기가 바로 그 대화의 줄거리다.

그런데 이 대화에서 이스메네는 처음에는 왕의 법에 대하여 아무것도 모르는 것처럼 보인다. 왜냐하면 그녀는 "기쁜 소식이든 슬픈 소식이든 나는 아무것도 몰라요"(안 12)라고 말하고 있기 때문이다. 그러나 안티고네에 의해 그 소식을 들은 후에도 그녀는 왕의 법에 저항하기를 거부한다. 그 이유로서, 이스메네는 자신이 "여자"라는 것과 "강한 자의 지배에 복종해야 한다는 점"(안 60-64), 즉 "국가에 대항할 힘이 없다는 점"(안 79)을 들고 있다. 이러한 이유로 그녀는 "행동하기"를 거부하며, 더 나아가는 자신의 의견에 안티고네가 동조하기를 권유한다. 이스메네는, 왕의 법이 절대적인 권위와 힘을 갖는 만큼 "그것에 저항해 실행할 것은 아무것도 없다는 것을 처음에 붙잡는 것은 부당하다"(안 92, 이 155)고 말하며, 안티고네가 자신의 결단을 꺾기를 간청한다. 이러한 이스메네의 권유에 대하여, 안티고네는 자신이 행동을 통해 부딪히게 될 운명의 내용을 이미 "알고" 있다고 말한다 :

"그럼에도 나는 이 위급함이 어디서부터 인사를 건네오고, 최고로 나에게 주어졌는지를 안다"(안 89).

안티고네는 자신의 이러한 앎을 그대로 행할 것을 결심하며 다음과 같이 말한다 :

"그럼에도 이것을 나에게, 그리고 내 안에서 매우 위험한 일을 충고하는 자에게 맡겨두라 : 즉, 고유한 본질을, 말하자면 지금 여기서 나타나는 섬뜩한 것을 받아들이도록"(안 95-96).

이와 같이 안티고네는 이스메네에게는 불가능하다고 여겨지는 위험한 일을 결단하여 감행하고, 죽음을 고귀한 죽음으로서 받아들이겠다고 다짐하고 있다. 죽음을 무릅쓴 결단을 통해 삶을 본래적인 의미의 삶으로 받아들이겠다는 표현이다. 우리는 이러한 안티고네의 모습에서 하이데거의 존재론을 발견할 수 있다. 안티고네가 하이데거의 존재론을 앞서 말하고 있는 듯이 보인다.[113]

---

[113] 물론 더 정확히 말하면, 안티고네가 하이데거의 존재론을 앞서 말하고 있는 것은 아니라, 오히려 하이데거가 자신의 존재 사유에 적합한 안티고네의

그런데 안티고네가 죽음으로써 지키려고 한 것은, 얼핏 볼 때 가족의 법처럼 보인다. 왜냐하면 그녀는 "그 분(크레온 왕)에게 는 나를 나의 가족에게서 떼어놓을 권리가 없어"(안 48)라고 말 하고 있기 때문이다. 이와 같은 말만 보면, 크레온이 국가의 법 을, 안티고네가 가족신의 법을 대표한다는 헤겔의 해석은 정당 해보인다.114) 이런 점은 크레온과의 대화에서도 나타난다. 크레 온이 자신의 법을 안티고네가 위반한 것을 알고 있는지 묻는 장 면에서 그녀는 알고 있다고 대답한다(안 447 이하, 이스터 181). 그러면서 그녀는 자신이 크레온의 법을 위반한 것은 더 근원적 인 법을 따르고 있기 때문이라고 말한다.115)

말을 선택하고 해석하고 있는 것이다. 즉, 하이데거가 안티고네를 선택한 이유 는 바로 안티고네 안에서 자신의 마음의 말을 발견했기 때문이다. 따라서 비록 하이데거가 선택했다하더라도 안티고네의 말은 여기서 하이데거의 마음의 말 과 일치하는 것으로 볼 수 있다.

114) 헤겔은 남성 / 여성을 국가 / 가족의 대립으로 보면서, 안티고네가 가족신 의 법을 국가의 법에 대립해 주장하는 것이 옳지 않다고 본다. 그러나 이러한 헤겔의 주장은 너무 국가 중심적이고 남성 중심적이며 가부장적인 견해다. 예 를 들어 프랑스혁명 이후 부르주아들에게 "국가"라는 것은 반드시 가족을 넘어 서는 것이 아니며, 오히려 가족의 이익을 위해 국가가 존재할 수도 있었던 것이 다. 그리고 18세기 후반 실러에 의해 쓰여진 빌헬름 텔은, 국가(게슬러)와 가족 (빌헬름 텔)의 대립을 그린 소설이라고 볼 수 있다. 그리고 이 소설은 큰 반향과 찬사를 불러일으켰다. 그런데 이 소설에서 등장하는 빌헬름 텔과 안티고네는 동일한 역할을 하고 있다. 단지 차이가 있다면 빌헬름 텔이 남성이고 안티고네 가 여성이라는 점뿐이다. 따라서 빌헬름 텔이 비난받을 수 없다면, 안티고네도 똑같이 비난받을 수 없어야 한다는 점은 분명해보인다.

115) 하이데거는 「이스터」 181쪽 이하에서 안티고네가 대답하는 장면을 직접 적으로 인용하지 않고 있다. 그러나 183쪽에서 하이데거는, 그녀가 저항하기에 불가능해보이는 것을 감행하는 최고의 모험을 시도한다고 해석함으로써 이 대 목을 인용하지는 않았지만, 그녀의 대답에 대한 해석을 하고 있다고 볼 수 있다. 그럼에도 하이데거가 이 대목을 인용하지 않은 것은, 말과 행동 사이의 문제뿐 아니라 행동의 결과의 시간적 차이(발화 수반 수행문과 발화 효과 수행문)가 자신의 존재 사유에서는 더 이상 문제되지 않기 때문이라고 볼 수 있다. 참고,

그러나 헤겔과 달리 하이데거는, 안티고네가 따르려는 법이 단지 국가의 법에 대립하는 법이 아니라 그 모든 것을 넘어서는 법이라고 해석한다.116) 이로써 하이데거는 크레온과 안티고네, 국가와 가족, 남성과 여성이란 도식을 거부하고 있음을 알 수 있다. 하이데거는 : "두 주인공인 크레온과 안티고네는 마치 어둠과 빛, 검정과 흰색, 죄책과 무죄와 같이 서로 대립하여 있는 것은 아니다. 두 사람에게서 본질적인 것은 그것이 존재하는 방식으로 존재한다는 것, 즉 본질과 비본질의 통일성으로부터 존재한다는 것이다"(이스터 86)라고 말한다. 이렇게 안티고네가 따르려는 법은 크레온의 법에 대립되는 가족의 법을 의미하는 것이 아니라 오히려 남성 / 여성의 역할을 넘어서서 인간이라면 누구도 "저항할 수 없는 것"으로서의 법을 뜻한다. 이러한 법을 따르는 안티고네는 더 이상 단순한 여성도 혹은 남성도 아니라 단지 인간일 뿐이다. 특히 그것은 "저항할 수 없는 것"을 자신의 존재로 받아들이는 인간의 모습인 것이다. 이러한 존재론적 인간의 모습을 안티고네는, 하이데거적인 표현에 따르면 "이해함"으로 실존적으로 행동하고 있는 것이다. 그리고 이것은 바로 죽음에의 결단을 포함한다. 이런 점을 염두에 두면, 우리는 안티고네가 크레온과의 대화에서 하이데거의 "마음의 말"을 대신하고 있음을 알 수 있다. 그렇다면 안티고네를 통해 드러나는 인간의 본질은 어떠한가? 이 점을 하이데거는 "그것에 저항해 실행할 것은 아무것도 없는 것"과 연관해 살펴보고 있다. 이 문장은 다음과 같다 :

주디스 버틀러, 『안티고네의 주장』, 23-25쪽.

116) 헤겔은 가족신의 법이 국가의 법의 한 계기로서 역할을 할 뿐 국가의 법 안에서 지양되어야 한다고 주장한다. 반면에 하이데거에게서 이 법은 단순한 가족의 법이 아니라 인간에게 사건으로 다가오는 존재의 운명(역운)을 의미하기에, 오히려 안티고네가 따르려는 법 안에서 국가의 법도 비로소 존재 의미를 갖는다고 보아야 할 것이다.

"archen de theran ou prepei tamechana."

"그러나 그것에 저항해 실행할 것은 아무것도 없는 것을 처음에 붙잡는 것은 부당하지요."117)

이것을 횔덜린은 다음과 같이 번역했다 :

"누구도 맨 처음부터 해서는-안-될-것을 해서는 안 된다"(이스터 157).

이때 하이데거가 문제로 삼고 있는 단어는 arche와 tamechana 이다. 하이데거에 의하면 arche는 단순히 시간적인 시초를 뜻하는 것이 아니다. 그리고 tamechana도 단순히 mechane의 부정어로 서 "다룰 수 없는 것", "다루기 불가능한 것"을 뜻하지 않는다. 만약 이러한 일반적인 번역을 따르면, 안티고네의 문장은 : "사람 들은 불가능한 것을 행해서는 안 된다"(이스터 158)가 된다.

그러나 이러한 번역은 안티고네의 본래적인 의미를 드러내지 못한다는 것이 하이데거의 입장이다. 그는 이 단어들을 자신의 존재론적인 입장에서 새롭게 번역하고, 그 번역어에 새로운 의 미를 부여한다.

우선 arche의 경우 하이데거는 시원(Anfang)이라고 번역하는 데, 시원은 물리적인 의미의 시간적인 처음이나 형이상학적인 시 초(Beginn)와 구분된다. 오히려 하이데거는 arche를 근거(Grund), 토대(Boden), 근원(Ursprung)이란 의미로 해석한다.

하이데거에 의하면 근거는 존재자를 두루 주재하는 최고의 존 재자가 아니다. 오히려 근거는 이러한 최고의 존재자까지도 존

---

117) arche를 번역자가 "처음에"라고 번역을 한 것은 독자들에게 용이하게 전 달하기 위해서인데, 하이데거의 본래적인 의미로 번역한다면 "시원에"가 적합 하다. 「이스터」, 156쪽.

재하게 하는 존재다. 이렇게 근거는 모든 존재자를 존재하게 하면서도 그 자체는 존재자가 아니다. 따라서 존재자의 측면에서 보면 근거는 비-존재자적인 근거, 즉 비-근거(Abgrund)로 보이게 된다(SvG 93 이하).

또한 arche는 토대와도 연관되어 있다. 『형이상학이란 무엇인가?』에서 하이데거는 형이상학의 극복을 위해 나무의 줄기로부터 뿌리로 내려가고, 이 뿌리로부터 다시 토대(대지)로 내려가야 한다고 말한다. 왜냐하면 뿌리는 줄기와 잎을 성장하게 하는 존재자적인 근거이지만, 이것이 가능하기 위해서 뿌리는 토대(대지)와 연결되어 있어야 하기 때문이다. 그렇다면 줄기와 잎 그리고 뿌리 모두에게 생명을 제공하는 것은 바로 대지다. 이렇게 대지는 나무 전체를 존재하게 하는 은폐된 근거인 것이다.

이외에 하이데거는 arche를 근원(Ursprung)이란 의미로 해석한다. 샘물의 원천은 끊임없이 물을 뿜어내면서도 그 자체로는 고갈되지 않는다. 이렇게 원천은 모든 물의 근원이고 근거이지만, 원천은 깊은 숲 속에 은폐되어 있다. 그리고 원천은 흘러간 물보다 더 맑고 깨끗하다. 이처럼 근원은 풍요하고 은폐된 순수함을 간직하고 있는 것이다.

이러한 해석을 종합한다면, arche는 모든 존재자의 현상들을 가능케 하면서도 그 자체로는 은폐되어 있는 것이다. 즉, 하이데거의 경우 arche는 존재자가 아니라 은폐된 존재 사건과의 연관성에서 해석되고 있는 것이다. 따라서 시원으로서 arche는 모든 존재자적인 시간보다 앞선다.

이 점에 대해 하이데거는 『형이상학이란 무엇인가?』에서 "비은폐성(aletheia)은 veritas란 의미의 진리보다 더 시원적(Anfaenglicheres)이다"(Weg 365)라고 말한다. 즉, 시원으로서 arche에 의해 비로소 형이상학적 진리가 시작(Beginnen)될 수 있다는 말이다. 이 점에 대하여 하이데거는 "시원적 사유[118]는 존재의 은 총의 반향이며, 이 은총 안에서 존재자가 존재한다는, 유일한 사실이 밝혀지고 존재 사건화한다"(Weg 307)라고 말한다.

또한 "마치 축제일에 …"에서는 arche에 대한 다음과 같은 표현이 있다:

"자연은 고요하다. 이 고요(Ruhe)는 결코 운동의 멈춤을 뜻하지 않는다. 고요는 모든 운동 안에서 현재화하는 시원(Anfang)과 도래함(Kommen)으로 자신을 모으는(Sichsammeln) 것이다."[119]

이 문장에 따르면, 시원은, 마치 그 안에서 아무것도 움직이지 않는 듯이 보이지만, 곧바로 터져 나올 모든 활발한 움직임을 자신 안에 모아 끌어안고 있는 폭풍의 눈과 같이 그 자체로 고요하지만, 모든 존재자의 활동을 잉태하고 있는 것이다. 즉, 폭풍의 눈은 앞으로 닥쳐올 거센 활동성을 이미 지시하는 것이다. 이와 같이 하이데거는 시원을 도래함(Zukommen)과 연관시킨다.

하이데거에 의하면 시원은 형이상학을 통해 망각되어 왔기 때문에, 시원을 경험하려면 형이상학 이전으로 되돌아가야 하지만, 단순히 과거로 되돌아감으로써 시원을 경험할 수는 없다. 오히려 시원은 형이상학을 극복하는 방식으로 경험되어야 한다. 따라서 시원으로 돌아가는 것은 형이상학을 넘어서서 미래적으로 사유하는 것을 뜻한다. 이처럼 하이데거에게서 제1의 시원은 항상 제2의 시원과 연관되어 있기에 arche는 기재적이면서 동시에

---

118) 시원적 사유는 5판(1949)에서는 das anfaenglichere Denken인데, 4판 (1943)에서는 근원적 사유(das urspruengliche Denken)라고 씌어 있다(Weg 307).

119) M. Hedegger, *Erlaeuterungen zu Hoelderlins Dichtung*, 55쪽(앞으로 EzHD란 약호로 본문에 삽입함).

도래적인 근원으로 이해되어야 한다. 이런 의미에서 하이데거는 "예감은 멂을 앞서 사유한다. 그런데 이 멂은 멀리 떨어져 있는 것이 아니라 바로 도래함 안에 있다. 그러나 도래하는 것 자체가 아직 그것의 시원적인 것 안에 고요히 머물고 남아 있기 때문에, 도래하는 것을 예감한다는 것은 앞서-사유하기와 동시에 되돌아-사유하기를 뜻한다"(EzHD 55)고 말한다.

또한 시원으로서 arche는 형이상학적인 언어로 말해질 수도 없다. 따라서 하이데거는 다음과 같이 말한다 :

"시원적인 것의 풍요함은 (시인들의) 말에 결코 말해질 수 없는 의미의 충만함을 선사한다"(EzHD 66).[120)]

이와 같은 점을 종합하면, 하이데거가 arche를 시원이라고 번역할 때 arche는, 존재자의 측면에서 보면 비-근거, 비-존재자, 비-언어로서 보이지만, 동시에 존재자와 언어를 가능케 하는 근거라는 의미를 지님을 알 수 있다. 이 arche를 통해 하이데거는 존재 망각에 빠진 인간으로 하여금 존재를 다시 새롭게 사유하기를 시도하고 있는 것이다. 이런 점은 또 다른 단어인 tamechana에서도 드러난다.

하이데거가 관심을 갖는 둘째 단어인 tamechana는, 코러스의 노래 우2에 등장하는 machaneon(인간이 "만드는 것")에 대한 단순한 부정어로서 '인간이 만들 수 없는 것', '만들기 불가능한

---

120) "시 안의 언어"에서 시원은 아직 탄생하지 않은 종족의 도래함과 연관되어 있다. 즉, 하이데거에 의하면 시원은 타락한 종족의 죽음(몰락)과 대비되는, 아직 태어나지 않은 어린아이가 머무는 곳으로 해석된다. 이때 어린아이는 타락한 종족이 아니기에 어른보다 시원적이지만, 동시에 이러한 타락을 극복하기 위해 도래하는 자이기도 하다. 이렇게 하이데거는 시원을 말할 때, 항상 제2의 시원과 연관짓고 있음을 알 수 있다(UzS 74, 77, 99).

것'을 뜻하지 않는다. 오히려 하이데거에 의하면 tamechana는 arche와 연관해 이해되어야 한다. 따라서 tamechana를 단순히 "불가능한 것"으로 해석하는 것은, 안티고네의 말을 너무 피상적으로 이해하는 것이라고 하이데거는 지적한다. 더 나아가 하이데거는 횔덜린이 "해서는-안 될-것"으로 번역한 것도, tamechana를 인간적인 행위에 국한시키는 위험성을 내포한다고 말한다. 이러한 번역은 tamechana의 주체를 인간으로 여기는 오류를 범하고 있다는 것이다.

반면에 하이데거는 tamechana의 주체가 arche, 즉 시원적 존재라고 강조한다. 이 점에 대하여 그는:

"tamechana는 — 그것에 저항해 실행할 수 있는 것은 아무것도 없다는 것, 따라서 그 자체 전적으로 실행할 수 없는 것이다. 그러나 이것은 보내진-것(das Zu-geschickte), 역운(Geschick, 운명) 그리고 그 본질 근거다"(이스터 156)라고 말한다.

이러한 보냄, 즉 운명(역운)의 주체도 존재라는 사실을 분명히 하기 위해, 하이데거는 prepei라는 단어도 단순한 비인칭 동사가 아니라 존재를 주어로 갖는 동사로 해석한다.[121] 하이데거는 Es gibt Sein, Es brauchet라는 표현과 마찬가지로 prepei도 단순히 "적합한"이라고 번역하지 않고, Es schickt sich(그것이 자신을 보낸다)로서 해석하고 있다. 이 점에 대하여 하이데거는 "to prepon은 근본적인 의미에서 보내는 것(das Schickliche), 즉 존재의 법

---

121) prepei는 사전적으로 "빛나다", "밝아오다" 혹은 "비슷하다"는 뜻을 가지며, 비인칭 동사로서 "적합하다(es schickt sich)", "걸맞다(es ziemt sich)"란 의미를 지닌다. 그런데 하이데거는 비인칭 주어인 es를 Es라고 해석한다. 따라서 하이데거는, 안티고네에 대하여 이스메네가 하는 말을, 단순히 인간적으로 불가능한 것을 하려고 하지 말라는 의미가 아니라, 존재가 보내는 것을 행하지 말라는 의미로 해석한다. 그렇다면 안티고네의 말은 그러한 존재의 보냄, 즉 존재의 운명을 받아들이겠다는 의미로 해석되어야 한다.

칙 안에 결합되고 처리되는 것이다"(이스터 159)라고 말한다. 이렇게 tamechana의 주어는 존재라고 해석되고 있다. 그런데 이러한 존재의 역운을 운명으로 받아들이지 말라는 것이 이스메네의 부탁인 것이다. 반면에 안티고네는 이것을 운명으로 받아들일 때만 인간의 본질에 들어서는 것이라고 주장하고 있는 것이다 :

   "그럼에도 이것을 나에게, 그리고 내 안에서 매우 위험한 일을 충고하는 자에게 맡겨두라 : 즉, 고유한 본질을, 말하자면 지금 여기서 나타나는 섬뜩한 것을 받아들이도록"(안 95-96).

   안티고네가 존재의 역운을 자신의 운명으로 받아들이는 것은 매우 위험한 일이기도 하다. 왜냐하면 존재의 역운은 안티고네의 죽음을 향하고 있기 때문이다. 따라서 죽음을 결단하는 안티고네의 모습은 다른 사람에겐 "섬뜩한 자"로 보이게 된다. 이때 "섬뜩한 자"는 남성, 여성의 구분과는 아무런 연관성이 없다. 이런 점은 코러스의 노래 좌1(안 331-332)에 대한 하이데거의 해석에서 잘 나타난다. 그 문장은 다음과 같다 :

   polla ta deina kouden anthropou deinoteron pelei.
   "섬뜩한 것은 다양하지만, 그럼에도 인간을 뛰어넘어서는 더 섬뜩한 것은 없다"(이스터 98).

   여기서 하이데거가 문제로 삼는 단어는 deinon과 pelein이다. 우선 하이데거는 deinon의 사전적 의미를 열거한다. 그는 그 의미를 공포스러운 것(das Furchtbare), 압도적인 것(das Gewaltige), 익숙하지 않은 것(das Ungewoehnliche)으로 압축한다.[122] 그런데

---

122) deinon의 의미를 하이데거는 이렇게 세 가지로 압축하지만, 사전적으로 볼 때 세 번째 번역은 약간 무리가 따른다고 볼 수 있다. 그럼에도 불구하고

이러한 번역들의 근저에 놓여 있는 근원적인 의미를 그는 "섬뜩한 것(das Unheimliche)"이라고 주장한다. 그는 "'섬뜩한 것'은 deinon의 다양한 의미들의 통일성의 은폐된 근거며, deinon은 그것의 은폐된 본질에서 파악되는 것이다"(이 102)라고 말한다.[123] 그렇다면 deinon을 das Unheimliche로 번역할 때 무슨 일이 일어나는가?

하이데거는 『존재와 시간』에서 unheimlich의 의미를 불안과 연관시켜 해석하고 있다 :

"불안 속에서는 사람이 '섬뜩해진다'. 거기에서는 우선 현존재가 불안 속에 처해 있는 그곳의 독특한 무규정성, 즉 아무것도 아님(Nichts)과 아무 데도 없음(Nirgends)이 표현되고 있다"(SZ 188).

그리고 이러한 "무"와 "아무 곳도 아님"이 현존재를 익숙했던 유의미성으로부터 몰아냄으로써, 불안 안에서 현존재는 더 이상 편안하지 않음, 즉 "집에 있지 않은 것(Unzuhause)" 같은 느낌을 갖게 된다. 이러한 기분의 본질을 그는 "섬뜩함(Unheimlichkeit)"이라고 말한다(SZ 189).

그런데 『존재와 시간』에서 이 "섬뜩함"은 현존재로 하여금

하이데거가 "익숙하지 않은 것"이란 번역을 제시하는 이유는, deinon을 "섬뜩한 것", "비-고향적인 것"이란 의미와 연결시키기 위해서다. 이러한 예로서 하이데거는 이 문장에 대한 횔덜린의 두 번역을 들고 있다. 횔덜린은 deinon을 1801년엔 "압도적인 것(Gewaltige)"으로, 1804년엔 "기이한 것(Ungeheuer)"이라고 번역했는데, 하이데거는 "기이한 것"이란 의미에는 "익숙하지 않은 것"이란 의미가 담겨 있으며, 이것은 더 나아가 "고향적이 아님"이란 의미로 이해되어야 한다고 주장한다(「이스터」, 102, 112쪽).

123) 하이데거는 이러한 번역이 사전적인 의미에서는 올바르지 않을 수 있음을 인정한다. 그러나 그는 이 번역이 deinon의 본래적인 의미에 더 가깝기에 올바른 번역이라고 주장한다(「이스터」, 102).

"자기-스스로-선택하고-포착하는 자유"(SZ 188)를 갖게 하는 역할을 한다. 섬뜩함을 통해 현존재는 존재자로부터 벗어나 자신의 고유한 존재를 찾게 된다는 것이다.

또한 『형이상학이란 무엇인가?』에서는 불안이 "누군가에게 섬뜩하다(einem unheimlich)"라는 표현이 있는데, 여기서 섬뜩함은 누구라는 주체뿐 아니라 그를 둘러싸고 있는 존재자 세계 전체를 무화시키고, 이러한 무화 작용 가운데 존재의 밝힘을 드러내는 기분으로 파악되고 있다(Weg 111).

그렇다면 하이데거가 deinon을 "섬뜩함"으로 번역한 이유는, 안티고네로 대표되는 인간의 본질이 이러한 존재적 세계가 무화되는 것을 경험하고, 더 나아가 자신을 존재론적인 자유 존재로 이해하는 데 있기 때문이다. 이때 안티고네는 다른 사람에겐 익숙하지 않은 인간의 모습으로, 즉 비-고향적인 존재로 나타난다. 이런 의미에서 하이데거는 : "인간이 가장 섬뜩한 존재라는 소포클레스의 말은 인간이 유일한 의미에서 고향적이지 않으며, 고향적이-됨이 그의 쿠라(Sorge)"(이스터 112)라는 점에 있다고 말한다. deinon은 인간의 존재가 쿠라임을 일깨우는 기분인 것이다. 그런데 쿠라는 인간의 존재가 확정되고 고착된 것이 아니라 존재자와 존재 사이를 오가는 존재임을 의미한다. 이와 같이 하이데거는 pelein도 역동적인 의미로 해석한다.

pelein은 사전적으론 방향을 돌리다, 움직이다, 솟아오르다, 변화(werden)와 존재(sein)라는 의미를 지닌다. pelas는 "가까운"이란 형용사이고 ho pelas는 그 명사형으로서 "이웃"이란 의미를 지니며, pelagos는 "물결, 바다, 많음" 등을 뜻한다.

이런 의미로부터 하이데거는 pelein이 "움직이다, 생겨나다, 자신의 장소와 거주지를 발견하고 지키다", "존재(einai)", 더 나아가 "스스로로부터 나타나고 생겨나며, 그렇게 현존함"(이스터

113)이란 의미를 지닌다고 해석한다. pelas의 명사형인 ho pelas에 대해서는 "직접적인 가까움 안에 자신의 현존을 갖는 이웃"이란 의미로, 즉 고정되고 운동 없이 존재하는 이웃이 아니라 현존 안에서 활동하고 움직이며 여기저기로 간다는 의미"(이스터 113)로 해석한다. pelagos에 대해서는, "스스로로부터 움직이는 것, 그러나 이에 따라서 흘러가버리는 것이 아니라 자신의 물결침 안에서 머물며 스스로 고요한 것(으로서) … 바다"(이스터 113)를 의미한다고 말한다.

이러한 그의 해석은 두 가지 특징을 지닌다.

첫째, 하이데거는 각각의 단어들에서 동사적인 역동성을 강조하고 있다. 하이데거는 pelein을 단순히 고정된 존재가 아니라 변화를 포함하고 스스로 생겨나며(physis) 나타나는(aletheia) 존재 방식으로, 또한 자신이 드러날 장소와 거주지(Da, Heimat)와의 연관성 안에 있는 존재 방식으로 해석하고 있으며, pelas도 단순한 이웃이 아니라 가까움과 멀어짐의 관계 속에 있는 이웃으로 해석한다. pelagos도 단순한 바다가 아니라 물결치는 운동성 가운데서 동시에 고요하게 자신으로 머무는 바다로 해석한다.

둘째, 하이데거는 pelein을 pelas와, pelagos와 연결시키면서 자신의 존재 사유를 자연스럽게 전개시키고 있다. 그런데 우리는 pelein과 pelas의 연결에서 "존재"와 "가까움" 혹은 존재에의 가까움(Naehe zum Sei)이란 하이데거의 주요 개념을 떠올릴 수 있다. 하이데거에 따르면, 존재는 바로 눈앞에 보이는 존재자에 비해 인간에게 가장 멀리 떨어져 있는 듯이 보이지만, 동시에 존재는 존재 이해를 통해 만날 수 있기에 인간 현존재에게 가장 가까이 있는 것이다. 이렇게 존재의 멂과 가까움은, 이제 존재의 역운에 인간이 응답하는가 혹은 망각하는가에 달려 있다. 그런데 인간의 본질은 존재의 이웃이라는 점에 있으며, 존재에 속할 때 인간은 고향(Heimat)에 머물 수 있는 것이다. 이러한 존재의 은폐와 탈은폐, 인간의 응답과 망각의 가변성을 표현하기 위해 하이데거는 pelagos를 단순한 바다가 아니라 운동과 고요함을 동시에 담지한 바다로 해석하고 있는 것이다 ;

"pelein은 여기서 비은폐되고 끊임없는 비현존과 현존 안에서, 즉 변천의 현상 안에서 정적과 고요함의 은폐된 본질을 뜻한다 … pelein은 단순히 존재하는 것의 공허한 현존이 아니라 바로 방랑과 강물 안에서 그 자신으로 존재하는 항존을 뜻한다"(이스터 114).

이러한 pelein의 의미를 하이데거는 deinon의 의미와 연결시키고 있다. 하이데거에 의하면, 섬뜩한 것(deinon)인 인간이 존재하는(pelein) 방식은, 바로 섬뜩한 것으로 인간이 향하면서 존재하거나 존재하지 않을 수 있다는 것이다. 그리고 이때 인간은 자신이 존재의 장소(Da)가 되기도 혹은 되지 않을 수도 있으며, 이에 따라 그는 고향에 머물거나 그렇지 않을 수 있다는 것이다. 이 점에 대하여 하이데거는 다음과 같이 말한다 :

"인간은 가장 섬뜩한 자다. 섬뜩함은 인간 정신으로부터 비로소 생겨나는 것이 아니라 오히려 인간 정신이 섬뜩함으로부터 나오며 그 안에 머문다 ― 그것은 섬뜩함으로부터 나오며, 그 안에서 움직인다. 섬뜩한 것 자체는 인간의 본질 안에서 솟아-오르는 것이며, 모든 움직임들과 모든 활동성 안에서 스스로 움직이는 것이다 : 즉, 그것은 현존자며 동시에 비현존자인 것이다"(이스터 114).

이와 같이 하이데거는, 헤겔과 달리, 남성과 여성의 역할을 구분하지 않고 오히려 인간 자체의 본질이 무엇인지를 해명하고 있다.[124] 그리고 이 본질을 섬뜩한 것 안에서 찾고 있다. 섬뜩함이 인간을 덮쳐오고, 인간이 이러한 섬뜩함을 자신의 운명으로 받아들일 때 인간은 자신의 본질에 도달할 수 있다는 것이다. 그런데 이러한 본질은 "고정된" 본질이 아니기에 인간은 자신의 본질을 찾기 위한 방랑에 나서야만 하는 것이다. 그렇다면 인간은 어디를 향해 어디로부터 방랑하는 것일까?

3) 죽음과 죄에 대하여

소포클레스의 작품에는 여러 형태의 죽음들이 묘사되고 있다. 스핑크스의 죽음, 라이오스와 이오카스테의 죽음, 오이디푸스의 죽음, 그의 아들들인 폴리네이코스와 에테오클레스의 죽음, 안티고네의 죽음 그리고 그녀와 결혼을 앞두었던 하이몬의 죽음 등이 나타난다. 이 모든 죽음이 다 비극적인 것은 아니라 하더라도 적어도 몇몇의 죽음은 충분히 논의될 만한 비극적 요소를 지니고 있다. 알지 못한 운명에 의해 고난받던 오이디푸스의 죽음이 그렇고, 가상이기를 바랐던 사실이 참혹한 진실로 드러나면서 자살을 택한 이오카스테의 죽음, 안티고네의 죽음이 그렇다. 그리고 소포클레스의 작품에서는 극적인 역할을 하지 못하는 하이몬의 죽음도, 비슷한 구도를 갖는 햄릿과 비교해보면 가련한 오필리아의 죽음에 해당되는, 순결하고 안타까운 죽음임에 틀림없다. 그러나 하이데거는 이러한 죽음들 중 오직 안티고네의 죽음에 대해서만 언급하고 있다. 하다 못해 그는 오이디푸스의 죽음에 대해서도 거론하지 않는다. 도대체 왜 하이데거는 유독 안티고네의 죽음만을 다루고 있는 것일까?

하이데거는 안티고네의 죽음과 연관해, 크레온이 에테오클레

---

124) 하이데거가 남성과 여성을 구분하지 않지만, 그가 말하는 인간의 본질 자체가 여성적 특징을 띤다는 점을 우리는 이미 제시하였다.

스에겐 예식에 맞춰 매장하도록 하고, 폴리네이코스에 대하여는 매장을 금지했다는 것, 그리고 안티고네는 이러한 금지에 맞서기를 결심하고, 이러한 결심과 행동은 그녀에게 죽음을 의미한다는 것에 대하여 간단히 언급하고 있다(이스터 153). 그러나 하이데거의 간단한 묘사 안에는 중요한 개념들이 포함되어 있다. 그것은 매장, 금지, 죽음이란 단어다. 그리스 사회에서 시신을 매장하지 않는 것은 죄를 짓는 것으로 여겨져 왔다. 헤겔의 경우도 매장은 가족에게 부여된 인륜성을 완성하는 일이다. 그런데 하이데거는 시신을 매장하지 못하게 하는 크레온의 명령에 대하여는 아무런 언급도 하지 않는다. 또한 그는 폴리네이코스의 죽음에도 관심을 갖지 않으며, 단지 안티고네의 죽음에만 관심을 집중할 뿐이다. 그렇다면 폴리네이코스와 안티고네의 죽음은 무슨 차이가 있는가?

죽음에 대한 하이데거의 관심은 죽음이라는 자연적인 사건에 있지 않다. 오히려 그의 관심은, 실존하는 현존재가 죽음을 자신의 고유한 존재 가능성으로 선취적으로 받아들이는가 여부에 놓여 있다. 하이데거에게서 죽음은 현존재의 존재로서만 의미가 있다. 하이데거에게서 중요한 것은 타자의 죽음이 아니라 바로 "나"의 죽음이다.

그런데 폴리네이코스는 왕권을 위해 친형제와 싸우다 죽은 자다. 하이데거에게서 폴리네이코스는 이미 죽은 자, 즉 시신일 뿐이다. 이미 죽은 자이기 때문에 폴리네이코스는 자신의 죽음의 의미를 이해하거나 주장할 수 없다. 단지 그의 죽음은 크레온과 안티고네 같은 타자에 의해 이해될 수 있을 뿐이다. 반면에 안티고네는 아직 살아 있으며, 그녀의 오빠의 시신을 통해 그의 죽음과 그녀 자신의 죽음을 두루 이해하고 있는 여성이다. 그녀는 오빠의 죽음과 관계하면서, 이를 통해 그녀 자신의 죽음을 예감하고 결단하고 있는 것이다. 따라서 폴리네이코스와 안티고네의 죽음의 차이는 타자(안티고네)에 의해 이해되는 폴리네이코스의 죽음과, 자기 자신에 의해 이해되는 안티고네의 죽음이란 차이로 나타난다. 하이데거가 안티고네의 죽음에만 관심을 갖는 것은, 그녀의 죽음이 "나의 죽음"이란 실존론적인 특징을 지니기 때문이다.

또한 안티고네의 죽음에의 결단은 크레온의 금지에 맞서는 결단이기에 더 의미가 있는 것이다. 크레온의 금지 명령에 반해 자신의 고유한 실존을 감행하면서 맞게 되는 안티고네의 죽음은, 자연적인 죽음이나 타자의 죽음에 대한 이해와는 구분되어야 한다. 그렇다면 타자의 죽음과 자신의 고유한 죽음을 하이데거는 어떻게 구분하는가? 이것은 다시 실존의 문제로 이어진다.

하이데거는 인간 현존재의 존재를 쿠라(염려 ; Sorge)라고 규정하였다. 현존재는 단순히 혼자 존재하는 것이 아니라 이미 세계 안에서 살아가는 세계-내-존재이기에, 항상 다른 존재자들과, 그리고 타인들과 더불어 살아간다. 이렇게 현존재는 자신의 주위에 있는 존재자나 타인들과 어떤 식으로든 관계를 맺으며 살아가는데, 인간이 아닌 존재자와의 관계를 하이데거는 배려(Besorgen), 타인과의 관계를 심려(Fuersorge)라고 규정한다. 비록 우리가 다른 존재자들이나 타인과 무심히 지낼 때도 이러한 배려나 심려는 결여적인 형태로 유지되고 있다. 따라서 하이데거는, "염려는, 비록 단지 결여적이라고 해도 항상 배려와 심려다"(SZ 194)라고 말한다. 현존재가 특별히 관심을 갖지 않더라도 이미 일상 생활 속에서 다른 존재자를 "다루고 사용한다면"(SZ 15절) 현존재는 배려하고 있는 것이다. 예를 들어 문의 손잡이를 아무런 생각 없이 돌리는 것은 배려가 포함되지 않은 듯이 보이지만, 그 손잡이는 현존재의 배려함을 통해 만들어진 것이고, 단지 그 후에 이러한 배려가 일상화 속에서 망각되었을 뿐이다. 그런데 염려가 존재자가 아닌 타인과 연관될 때 그것을 하이데거는 심려라고 말한다. 그러나 배려와 심려가 반드시 인간이 아닌 존재자와 타인이라는 형태로 구분되는 것만은 아니다. 왜냐하면 타인을 위해 음식이나 의복을 "배려"하는 것은 바로 타인에 대한 "심려"이기 때문이다(SZ 26절). 또한 현존재가 타인에 대하여 심려를 한다고 해서 이것이 반드시 긍정적인 심려를 뜻하는 것만도 아니다. 왜냐하면 어떤 사람의 염려에 대하여 심려해주면서, 그의 삶의 염려를 빼앗아 해결해주는 방식의 심려는 그 타인을 예속적 존재로 만들기 때문이다. 이와 달리 타자에 대한 진정한 의미의 심려는 그 타인이 자기 스스로의 염려를 이해하고 그 염려를 맡아 해결하도록 하는 것이다. 왜냐하면 이때 타인은 자유로운 존재가 되기 때문이다(SZ 26절).

그러나 죽음에 대한 배려와 심려는 실존의 경우와는 다르다. 실존의 경우 배려는 인간 아닌 존재자에, 심려는 타인에 해당되는 반면, 죽음의 경우 죽음은 인간이 아닌 존재자에겐 해당되지 않기 때문에 배려는 불가능한 것처럼 보인다. 또한 심려는 살아 있는 인간 사이에 가능하기에, 이미 죽은 자에의 심려 또한 불가능해보인다. 따라서 하이데거는 죽음의 경우의 배려와 심려를, 실존의 경우의 배려, 심려와 구분한다. 그는, 배려는 이미 죽은 자에 대한 관계로, 심려는 죽음에 임박해 죽음을 어떤 식으로든 해결해야 하는 인간과의 관계로 해석한다.

죽음에의 심려는, 죽음이 가장 고유하고, 무연관적이고, 건너 뛸 수 없는 가능성임(『존재와 시간』, 336)을 애써 부정하면서, 모든 사람은 죽는 것이고, 죽음은 아직 닥치지 않았다고 위로함으로써 죽음의 위협으로부터 그것을 잊도록 해주는 방식이다. 이렇게 심려는 아직 죽지 않은, 그러나 죽음에 대하여 어떤 식으로든 관계를 맺은 인간에게 위로하는 방식을 의미한다. 심려는 타인으로 하여금, "그가 자신의 가장 고유한, 무연관적 존재 가능을 완전히 덮어버리도록 도와주어 … 이런 식으로 죽음에 대한 부단한 안정감을 배려해주는 것"(『존재와 시간』, 340)을 뜻한다.125) 이러한 모습을 우리는 『안티고네』의 인물 중 이스메네에게서 찾아볼 수 있다.

아직 살아 있는 인간에게 보여주는 죽음에 대한 태도를 심려라고 한다면, 이미 죽은 자를 심려하는 것은 불가능하다. 왜냐하면 이미 죽은 자에겐 아무런 말 건넴도 불가능하기 때문이다. 따라서 죽은 자에겐 단지 배려만이 가능하다. 그런데 죽은 자에 대한 배려는 다시 긍정적인 배려와 그렇지 않은 배려로 구분될 수 있다.

긍정적인 의미의 배려로서 우리는 죽은 자에 대하여 유족이 보여주는 관계를 들 수 있다. 이런 예를 우리는 매장, 장례, 애도, 회상 등에서 볼 수 있다. 이 점에 대하여 하이데거는 다음과 같이 말한다 :

"(유족이 있는) '고인'은 '유족들'을 떠나버리는 것이기에 장례, 매장, 묘제의 방식으로 '배려'의 대상이다. … 그 까닭은 그가 그의 존재 양식에서 그저 배려되어야 할 주위 세계적인 손안의 도구 그 '이상'

125) 이러한 죽음에의 심려는, 실존의 심려의 경우 중 부정적인 심려의 기능과 일치한다. 그런데 실존의 심려 중 타인으로 하여금 자신의 존재인 염려를 받아들이도록 하는 긍정적인 의미의 심려가 있는 것과 달리, 하이데거는 죽음의 긍정적 심려에 대하여는 언급하지 않고 있다. 오히려 그는 죽음에의 배려와 심려에 대한 서술 이후, 곧바로 현존재 자신의 고유한 죽음의 염려에 대하여 말하고 있다. 그렇다면 긍정적인 죽음에의 심려는 존재하지 않는 것인가? 이 점에 대하여 우리는, 현존재의 고유한 죽음 부분에 대한 하이데거의 서술이 하이데거가 독자들에게 제시하는 죽음에 대한 긍정적 의미의 심려라고 볼 수 있다. 그리고 이 부분을 읽고 독자들이 자기 스스로의 죽음을 선취한다면, 그것이 곧 죽음에의 고유한 염려라고 볼 수 있다.

이기 때문이다. 애도하며 회상하며 그에게 머물러 있으면서 유족들은 경의를 표하는 심려의 양태 속에 그와 더불어 있는 것이다"(『존재와 시간』, 320).

우리는 죽은 자의 시신에 대해서도 일반 사물과 같이 대할 수는 없다. 오히려 죽은 자에 대한 이러한 배려는 유족의 심려와 맞닿아 있다. 이런 점은 위의 예에서, 타인을 위한 의복이나 음식의 배려가 타인에 대한 심려인 것과 같다. 우리는 이러한 모습을 안티고네에게서 발견할 수 있다. 그녀는 폴리네이코스의 시신을 흙으로 덮어줌으로써 죽은 자에 대한 배려를 심려로써 행하고 있다. 그녀는 단지 죄책감에 의해 이 행위를 하는 것이 아니라, 그녀의 존재인 염려를 통해 죽은 자에 대한 심려를 표현하고 있는 것이다.

이와 달리 부정적인 의미의 배려는, 죽은 자에 대한 이러한 행위를 부정하는 것이라고 볼 수 있다. 그것은 시신에 대한 훼손이나 모욕 등을 포함하며, 이 모습을 우리는 크레온에게서 볼 수 있다. 그런데 하이데거에 의하면 이러한 행위는 곧 존재에 대한 부정을 의미한다.

이 외에 하이데거는 죽음과 연관된 배려로서, 대리 가능성(Vertretbarkeit), 심지어 타인을 위해 자신을 희생함(fuer den Anderen sich opfern)에 대하여 언급한다(SZ 239-240). 이때 배려의 대상이 반드시 죽은 자일 필요는 없다. 종종 동화에 등장하듯이 살아 있는 타인을 위해 우정이나 사랑 때문에 죽음을 대신하는 이야기들도 많이 있다. 또한 이미 죽은 자의 위대함을 기리기 위해 혹은 그 죽음의 정당성을 주장하기 위해, 죽은 자의 죽음을 따라 스스로를 희생하는 경우도 있다. 그러나 이에 대하여 하이데거는 다음과같이 말한다 :

"어느 누구도 타인에게서 그의 죽음을 빼앗을 수는 없다. 물론 누군가가 '타인을 위해서 죽을' 수는 있다. 그렇지만 이것은 언제나 '어느 특정한 일에서' 타인을 위하여 자기를 희생함을 말한다. 그러나 그러한 누구를 위하여 죽음은 결코, 그로써 타인에게서 그의 죽음을 조금이라도 덜어주었음을 의미하지 않는다"(『존재와 시간』, 322).

하이데거에 의하면, 특히 친밀했던 사람의 죽음을 통해 깊은 "상실감"을 느낄 때도, 이 상실감은 "죽은 자의 상실"에는 미치지 못하는 것이다. 왜냐하면 "상실의 감수 속에서도 죽은 자가 '감수하는' 존재의 상실 그 자체에는 접근할 수 없기" 때문이다. 반면에 이렇게 접근 불가능한 영역은 오직 현존재 자신의 죽음을 통해서만 밝혀질 수 있는 것이기에 하이데거는, "죽음은, 그것이 '있는 한', 본질적으로 각기 그때마다 나의 죽음이다"(『존재와 시간』, 322)라고 말한다. 그리고 이 점이 하이데거가 안티고네의 죽음만을 다루는 이유이기도 하다. 안티고네는 오빠의 시신에 대하여 배려하는 심려를 행하고 있지만, 그럼에도 그녀는 오빠의 죽음을 위해서 스스로 희생하고 있는 것은 아니다. 오히려 그녀는 자신의 심려적 행위를 통해 이런 행위를 금지하는 크레온의 법과 마주치게 되고, 이런 상황은 다시 그녀를 그녀 자신의 죽음과 마주치게 하며, 이때 그녀는 자신의 죽음과 삶을 스스로 결단하고 있는 것이다. 결국 그녀는 궁극적으로 자신의 고유한 죽음과 마주치고 있는 것이다. 이와 같은 점을 하이데거는 『안티고네』 360의 문장을 해석하면서 드러내고 있다. 그 문장은 다음과 같다 :

pantoporos aporos ep ouden erchetai.
"Ueberallhinausfahrend unterwegs erfahrungslos ohne Ausweg kommt er zum Nichts."

"도처를 돌아다니며 중간에 경험도 하지 못한 채 출구도 없이 그는 무에 도달한다"(안 360).

여기서 "그"는 가장 섬뜩한 자로서 인간을 뜻한다. 그러나 우리는 "이 인간"을 단순히 보편적인 인간 일반이 아니라 바로 안티고네의 모습으로 보아야 한다. 왜냐하면 하이데거가 소포클레스의 『안티고네』에서, 코러스의 노래든 안티고네 자신의 말이든 혹은 크레온이나 그 외의 사람들의 말이든, 그 모든 말을 인용하는 이유는 바로 안티고네의 존재를 드러내기 위해서이기 때문이다.

하이데거에게서 안티고네는 "그것에 저항해 실행할 것은 아무것도 없는 것"을 실행하는 인물이다. 도대체 더 이상 아무것도 가능하지 않을 것 같은 것을 실행하는 자로서, 안티고네는 이제 어느 곳에나 달려갈 수도 있으며, 도중에 머물 수도 있는 자와 연결된다. 안티고네는 한명의 방랑자인 것이다. 그런데 존재 사유의 선생이자 존재 사유에의 길의 방랑자인 하이데거 자신은 스스로의 여정에 대하여 다음과 같이 말한 적이 있다 :

"Auf einen Stern zugehen, nur dieses!"(AEdD 7).

이 표현에 의하면 하이데거는 단 하나의 별을 향해 달려갔다는 말이다. 그 별이란 물론 존재의 별이다. 그러나 이 표현은 그가 하나의 별을 향해 갔다는 것이지, 그 길이 하나라고 말하는 것은 아니다. 오히려 하나의 별을 향하는 길은 여러 갈래며, 중간에 다양한 존재 형태들과 만나게 되는 길인 것이다. 하이데거 자신의 작품에서도 다양한 길들이 등장한다. 이정표(Wegmarken), 들길(Feldweg), 숲길들(Holzwege), 도상(unterwegs) 등. 이렇게 하나의 별에 이르는 길은 다양하다. 그러나 하이데거가 추구하는 별에 이르기 위해서는 고속도로를 질주해나가거나, 뚜렷한 목적지를 설정하고 그를 위해 좌우 전후를 살피지 않고 달려나가거나 혹은 스릴과 호기심을 충족시키기 위한 탐험이나 모험가(der Abenteuer)의 발걸음으로는 그곳에 도달할 수 없다. 오히려 하이데거가 걸어가는 길은, 호흡을 길게 하고 천천히 유유자적하게 주위의 풍경을 둘러보고 지나가는 산들바람의 감촉을 느끼면서 때로는 들려오는 새소리나 개울물 소리에 심취하기도 하며 자신을 느끼고 돌아보는 발걸음인 것이다. 이러한 발걸음을 지닌 자를 하이데거는 방랑자라고 부른다. 방랑자는 자신이 걸어가는 순간 순간의 구경거리(Sinnan)가 곧 존재의 의미(Sinn)로서 드러남(aletheia)을 경험하는(Erfahren) 인물이다.126) 그리고 그 길은 좁은 숲길이거나 바람이 일고 때로는 폭우가 몰려오는 들길이다. 그 길을 걸어감으로써(Erfahren) 그는 자신이 보고 듣고 느꼈던 모든 것을 경험(Erfahrung)으로 간직하게 되는 것이다. 그 경험은 그의 존재 이외에 추가된 어떤 것이 아니라 바로 그의 존재가 된다. 왜냐하면 그가 걸어간 길, 그가 별을 향해 따라간(meta) 길(hodos)은 곧 그의 존재 사유의 방법론(Methodik)이 되고, 이렇게 걸어가며 자연스럽게 길(Weg)이 열어가는(bewegen) 또 다른 길은 그의 존재론의 영역(Gegend)이 되기 때문이다.127) 이렇게 하이데거의 길은 사태와 분리된 방법이 아니라 스스로 사태를 만들어나가는 방법론이며, 반대로 방법은 인간의 주체에

---

126) 하이데거는, 무엇을 경험하다란 말을, "어떤 길에서, 도중에 어떤 것에 다가가다"라고 이해한다. 즉, 어떤 것을 경험한다는 말은, 우리가 어떤 것에 도달하기 위해, 도중에 도착한 것이, 우리 자신을 관계하게 하고, 우리에게 요구하게 하는 것을 뜻한다. 참고, 최상욱, 「하이데거를 통해 본 존재론의 새로운 방향과 앞으로의 과제」, 『철학』 40권, 1993.

127) 길을 열다(Be-wegen)는 말은, 단지 이미 존재했던 길을 이리저리로 다시 만드는 것이 아니라, 무엇보다도 … 길을 길 자체로 경험하는 일을 뜻한다. 참조, UzS 261.

의해 만들어지는 것이 아니라 오히려 사태가 스스로 드러내고 이끌 때 길(방법)로서 나타나는 것이다. 이렇게 사태와 방법론이 동시적으로 진행되는 발걸음을 하이데거는 헤라클레이토스를 빌어 "Agchibasie"라고 칭한다.[128] 이것은 "가까이 감(In-die Naehe-gehen)"으로 번역된다. 이러한 "가까이 감"은 이미 그 별을 향하는 발걸음이고, 이런 한에서 그 발걸음은 이미 별의 영역 안에 가까이 다가와 있는 것이다. 그러나 그것은 그 별을 "향하는 도상"이기에 비록 별의 영역에 들어서 있지만, 아직은 도상으로서의 발걸음인 것이다.

이렇게 별을 향하는 발걸음이 항상 방랑자의 유유자적한 발걸음만을 포함하는 것은 아니다. 때로는 존재자에 파묻힌 호기심의 발걸음일 수도 있고, 존재자 전체가 무화되는 캄캄한 어둠의 길일 수도 있다. 이런 점을 하이데거는 poros라는 단어를 통해 해석하고 있다.

poros는 길, 좁은 길, 통과 등의 의미를 지닌다. 그리고 panto-poros는 여러 갈래로 난 길이란 의미가 되고, aporos는 길이 없음, 길의 끊어짐의 의미를 지닌다. 이 길을 안티고네는 서둘지 않은 채 천천히 좀더 긴 호흡으로 묵묵히 자신의 길을 걸어가면서, 그 길을 경험하고 그 경험이 바로 그녀 자신의 존재가 되는 것이다. 따라서 도상의 모든 것이 그녀의 경험이고 그녀 자신의 존재인 것이다. 반면에 위에서 말한 현대인의 빠른 발걸음은 도처를 향하고 있는 듯이 보인다. 그 발걸음은 자신이 정한 목적지를 향해 아무것도 돌아보지 않고 숨 가쁘게 뛰어가는 발걸음이다. 따라서 일상적인 현대인에게 도상은 별 의미를 갖지 못하며, 단지 도상의 점들은 끝없이 명멸하는 불빛처럼 사려져갈 뿐이다. 이렇게 현대인들은 여러 곳으로 달려가서 많은 존재자들을

---

128) M. Heidegger, Gelassenheit, 69쪽(앞으로 Gel이란 약호로 본문에 삽입함).

획득하고 소유하지만, 아무것도 경험하지 못하는 것이다. 이런 점을 하이데거는 릴케의 시 「순례 여행의 책」을 통해 제시하고 있다 :

"세계의 왕들은 늙었고
아무 유산도 갖지 못할 것이다.
그 아들들은 이미 어린아이일 때 죽었고,
그들의 창백한 딸들은
지친 왕관들을 권력에게 주었다.
그 시대의 세계의 지배자인 천민들은
그 왕관들을 잘게 부숴 돈으로 만들고
그 왕관들을 불 속에 넣어
그들의 욕망에 웅얼거리며 시중을 드는 기계로 만들었다"(Hw 269).

이 시에 따르면 이전의 왕은 이미 무기력해졌고, 그 아들은 죽었고, 딸들도 그 왕관을 빼앗긴 모습이 묘사되고 있다. 이 왕가는 더 이상 아무런 힘이나 능력을 갖지 못한다. 모든 권력은 천민들에게 이양되었다. 이제는 그들이 지배자며, 그들의 지배력을 공고히 해주는 것은 돈과 기계다. 돈과 기계는 천민이 추구하는 욕망이자 동시에 천민을 지배자가 되도록 해주는 힘이다. 그리고 돈과 기계는 점점 더 거대해져야만 한다. 왜냐하면 돈과 기계가 원하는 것은 더 많은 돈과 더 유용한 기계이기 때문이다. 바야흐로 욕망을 위한 욕망이 지배자가 되며, 욕망의 본질이 무엇인지는 더 이상 질문되지 않는다. 이런 인간의 모습을 하이데거는 특히 근대 형이상학 이후의 현대인에게서 발견한다. 그들은 끊임없는 호기심과 욕망에 이끌려 존재자를 만들고 지배하고 지배당하며 존재자에 파묻혀 있는 인간형인 것이다. 그러나 하이데거에 의하면 이들은 자신들의 길을 달려가면서 존재자 외에는 아무엇도 경험하지 못한다. 왜냐하면 "pantoporos는 모든 것을 경험하지만, 자신이 그 경험을, 경험한 것으로부터 자신의 고유한 본질을 통찰하게 하는 경험으로 변화시키지 못하는 한 경험 없이 머무는 것"(이스터 118)이기 때문이다. 비단 이런 점은 현대인만의 문제가 아니다. 오히려 인간이란 종은 그가 "이성적 동물(animal rationale)"이란 특징을 부여받은 한, 이미 다른 동물과 달리 이성을 통해 욕망을 극대화한 동물이었던 것이다. 이런 점에 대하여 하이데거는 릴케가 그의 부인인 클라라에게 보낸 시를 예로 들고 있다.

"… 단지 우리는,
식물이나 동물들보다 더 많이
이러한 감행과 더불어 걸어간다, 그것을 욕망하면서, 때로는 종종
삶 자체보다도 …
더 감행자로서 존재한다, 숨 한 번만큼 더 …"(Hw 255)

하이데거가 "돌은 세계가 없다, 동물은 빈약한 세계를 갖는다, 인간은 세계를 형성한다"(전집 29/30권, 263)라고 표현한 것과 같이, 인간은 세계를 형성하는 자다. 인간이 인간인 것은, 자연이 그에게 부여한 일정한 존재 구역을 벗어나 스스로 자신에게 적합한 존재 영역을 산출해냈기 때문이다. 동물이 충동이란 자신의 은밀한 욕망에 사로잡혀 있는 데 반해, 인간은 자신의 욕망과 "더불어" 감행하는 자라는 점, 자신과 자신의 욕망 사이의 틈새를 느끼고 이 틈새를 없애기 위해 더 많은 존재자로 틈을 채워버리는 존재자인 것이다. 이런 의미에서 인간은 자연이 베풀어준 보호의 밖에 놓여 있는 존재자인 것이다(Hw 283). 그러나 이러한 인간 역시 모든 곳을 향해 무한정 질주할 수 있는 것은 아니다. 왜냐하면 동물과 인간의 차이는 단지 "숨 한 번만큼"의 차이

이기 때문이다. 인간은 동물에 비하면 한편으론 세계를 자유롭게 형성하는 능력을 지녔지만, 자신이 죽을 존재라는 것에 대해 가장 명확히 느끼고 아픔을 인지하면서 견뎌야 하는 존재다. 이렇게 자연은 인간에게 동물보다 무한히 큰 능력을 준 것이 아니라 단지 한 번 내쉬고 들이쉬는 숨결129)만큼의 차이를 준 것이다. 따라서 동물에 비해 인간에게 유일하게 주어진 앎과 감행하려는 욕망이 인간을 위대한 존재로 만드는 것은 아니다. 오히려 그것은 슬픈 일이다. 그럼에도 하이데거에 의하면, 인간은 자신의 존재가 비극적이라는 것을 안다는 점에서 동물이나 신과 다른, 자신만의 고유한 위대함을 지니는 것이다. 그는 신과 달리 인간이 위대할 수 있는 점을 횔덜린의 시를 통해 다음과 같이 말하고 있다 :

　　"… 천상의 신들이
　　모든 것을 다할 수 있는 것은 아니다. 말하자면 그보다 먼저
　　죽을 자인 인간들이 심연에 도달한다. 따라서 이들과 함께
　　전회가 일어난다. 그 시간은
　　길다. 그러나 진실한 것은 일어난다"(Hw 249)

　　이런 의미에서 안티고네는 신들보다도 그리고 존재자에 몰두해 있는 그 어떤 인간보다도 더 진실한 자며, 그 안에서 존재 세계를 드러낼 수 있는 인물인 것이다. 다른 인간들이 도처를 달려가지만(pantoporos), 아무 곳에도 도달하지 못하는 것(aporos)과 달리, 안

---

129) 인간을 창조했다는 설화에는 거의 대부분 숨결이란 요소가 등장한다. 그런데 동물을 창조하는 경우 숨결이란 표현은 나타나지 않는다. 하이데거가 인용한 쿠라 설화나 그리스도교 창조 설화에도 숨결은 인간 존재와 더불어 나타나는 표현들이다. 이것은 인간과 신적 존재의 연관성을 의미한다. 특히 그리스도교의 경우 프뉴마는 단순한 숨이 아니라 정신·영을 뜻하기도 한다.

티고네는 도처를 달려가는 것이 결국은 숨 한 번만큼의 달려감이며, 그것이 아무 곳에도 도달하지 못한다는 것, 즉 "보호처(Schutz)"를 제공하지 못한다는 사실을 알고 있는 인물인 것이다. 그녀는, 인간이 결국엔 무에 도달한다(ep ouden erchetai)는 사실을 알고 있는 자다. 그런데 존재자의 측면에서 생각할 때 아무것에도 도달하지 못한 것처럼 보이지만, 안티고네는 자신이 "아무것도 아닌 것", 즉 "무"에 도달한 것을 알고 그러한 무를 자신의 존재로 받아들이고 있는 것이다. 그녀는 자신이 비-고향적-존재임을 이해하며, 그 비고향적-존재를 감수하고 받아들이는 것이다. 이것을 그녀는 동생인 이스메네와의 대화 속에서 밝히고 있다 :

all ea me kai ten echs emou dysthoulian.
"그럼에도 이것을 나에게, 그리고 내 안에서 매우 위험한 일을 충고하는 자에게 맡겨두라"(이스터 160).

여기서 안티고네는 자신의 선택이 가장 위험한 일임을 밝히고 있다. 그리고 그녀에겐 아무런 보호처도 없으며, 그녀는 이제 이렇게 섬뜩한 것을 받아들이고 견뎌내야만 한다고 말한다. 그녀는 이 위험한 일을 마지못해 하는 것이 아니라 기꺼이 자신의 운명으로서 받아들인다. 왜냐하면 운명(Schicksal)은 그녀에게 보내진 것(Zu-geschickte)을 향하여 스스로를 던져 보내는 것(sich schicken)이기 때문이다. 이런 한에서 운명을 받아들이는 것(pathein)은 단순히 수동적으로 운명에 내맡기고 그 운명을 감수하는 것이 아니라 오히려 운명에 적극적으로 향하며, 운명을 만들어나가는 것을 뜻한다. 이 점을 하이데거는 "pathein은 단순히 받아들이고 참는 '수동성'이 아니라 오히려 … archen de theran, 즉 끝까지 관철해 만듦 ; 본래적으로 경험함"이라고 말한다(이스터 161). 이렇게 안티고네의 위대한 점은 그녀 스스로가 자신의 운명을 만들어나갔다는 점에 있다. 그녀에게 미리 정해진 운명은 없다. 단지 운명을 만들어나가면서 그녀는 그 운명이 자신의 존재임을 드러내고 확인하는 것이다. 만약 그녀가 이스메네와 같이 국가의 법이라든가 일반적인 사회적 가치에 따라 자신의 존재를 포기했다면, 그녀에게 운명은 없었을 것이다. 오히려 이러한 통념적인 가치에 저항하며 자신의 존재와 맞닥뜨릴 때 그녀의 운명은 시작된 것이고, 바로 이 점에 그녀의 운명의 비극성과 위대함이 있는 것이다. 안티고네는 비극적 여성이다. 왜냐하면 그녀는 섬뜩한 것을 자신의 운명으로 스스로 선택했기 때문이다. 이런 선택을 통해 그녀는 몰락하지만, 이러한 몰락의 사건을 통해 그녀의 비극성은 그녀 자신의 존재를 드러내는 위대하고 "아름다운" 비극으로 나타나는 것이다. 물론 이때 아름답다(kalos)는 것은 미학적인 의미가 아니라 존재론적인 의미로 이해되어야 한다. 안티고네가 아름다운 것은 그녀가 스스로의 운명을 선택함으로써 운명을 그녀 자신의 존재로 만들었기 때문이다. 이제 안티고네의 운명은 운명적인 안티고네가 되는 것이다. 따라서 하이데거는, "그녀의 죽음은, 만약 도대체 어떠한 것이 존재한다면 kalos를 완성시키는 것이며, 존재에 속하는 것"이라고 말한다. 즉, 죽음을 통해 자신의 존재를 드러낸 점에 안티고네의 죽음이 갖는 아름다움의 이유가 있는 것이다. 안티고네의 죽음은 운명을 완성시키고 자신의 존재를 드러내는 계기이기에, 다른 모든 사람들의 죽음과 구별된다. 안티고네는 죽음과 더불어 존재자의 세계로부터 존재의 영역으로의 초월을 감행하며, 이 존재 세계를 운명으로 받아들이고 있는 것이다. 이런 한에서 그녀는 다른 사람들의 눈에는 "가장 섬뜩한 존재", 즉 비고향적인-존재로 보인다. 그러나 비-고향적으로 보이는 세계야말로 존재론적으로는 고향적인 세계인 것이다. 따라서 하이데거는 "비고향적인 것은 단순히 무-고향적인 것이 아니라 오히려 자기 스스로를 찾지만, 그러나 발견하지 못하는 그러한 고향적인 것이다"(이스터 132)라고 말한다. 그리고 이런 의미에서 안티고네는 죽음의 장소인 무덤을 결혼의 장소로 받아들이고 있는 것이다.

4) 국가와 안티고네

헤겔은 크레온과 안티고네의 관계를 국가와 가족 신(종교) 간의 관계로 규정하였다. 헤겔이 이렇게 해석한 것은 polis에 대한 그의 이해와 연결되어 있다. 그는 당시의 프랑스 대혁명을 경험하면서 국가지상주의적인 입장을 가지고 있었기에, polis를 당연히 크레온과 연결시키며 안티고네는 배제시키고 있는 것이다. 이런 점에 대하여 하이데거는 직접 헤겔을 지적하지는 않는다. 그러나 좀더 포괄적인 표현으로 헤겔 당시 해석의 경향에 대하여 다음과 같이 말한다 :

"소포클레스의 비극에 대한 근대적 해석은 '사람들은 이 시 전체를 문화의 아가서라고 부를 수 있다'는 것이다. … 그렇다면 이러한 견해로부터 곧바로 안티고네는 '문화', '국가'라는 '가치들'에 반하여 '종교'라는 '가치'를 대변한다는 점이 명확해진다"(이스터 150).

이러한 하이데거의 지적은 헤겔적인 해석의 입장을 긍정하려는 것이 아니라 그 문제점을 지적하기 위한 것이다. 하이데거에 따르면, 근대적 해석은 "가치"에 입각한 해석인 데 반해 그리스 세계는 아직 존재가 가치로부터 규정되지 않았기 때문이다. 심지어 하이데거는, 그리스인의 경우 이미 존재 세계 안에 거주했기 때문에 존재 자체에 대하여 질문할 필요도 느끼지 않았다고 본다. 그런데 존재에 대한 목가적 상태가 형이상학의 시작과 더불어 존재 망각에 빠져들기 시작했다는 것이다. 따라서 존재 망각으로부터 벗어나려면 존재 자체에 대한 질문이 선행되어야 한다는 것이다. 이런 의미에서 하이데거는 이제 현대인은 "그리스인 자체보다 더 그리스적으로 사유해야 한다"(이스터 128)고 주장한다. 그러면서 그가 새롭게 질문거리로 제시하는 것이 polis, kalon, tolma라는 개념들이다. 그렇다면 polis를 그리스인들보다 더 그리스적으로 사유하는 것이 가능할까? 만약 가능하다면 그것은 어떠한 이해를 제시하는가?

우선 우리가 지적할 수 있는 것은, 그리스 사회에서 polis가 헤겔적 의미의 근대적인 "국가"를 뜻하지는 않는다는 점이다. 그렇다면 그리스의 polis는 "도시"라는 의미를 지니는 것일까? 현대인은 도시라는 개념을 시골의 대립 개념으로 여긴다. 그러나 하이데거에 의하면 그리스의 "도시"라는 개념은 시골의 대립 개념이기보다 오히려 그곳에서 정치를 포함한 "모든 인간 행위"가 이루어지는 "국가" 개념에 더 가깝다는 것이다(이스터 128-129). polis는 정치 행위(Politik)가 이루어지는 곳만을 의미하는 것이 아니라 오히려 Politik의 영역까지 포함하는 더 큰 개념으로 보아야 한다. 이 점에 대해 하이데거는, 예를 들어 논리학(Logik)이 로고스(logos)로부터, 윤리학(Ethik)이 에토스(ethos)로부터 유래하고, 그 반대가 아니듯이, 정치학(Politik)이 폴리스(polis)로부터 규정되는 것이지, 그 반대는 아니라고 강조한다.[130] 오히려

---

130) 하이데거가 나치 정권 하에서 10여 개월 동안 프라이부르크대 총장으로 재직했다는 점을 들어 하이데거를 나치 정권과 연관된 인물로 보는 견해도 있다. 그러나 logos에 대하여 말하는 자가 논리학자가 아니듯이, 그가 polis에 대하여 말하기 때문에 정치적인 학자라고 보기는 어려울 것이다. 오히려 하이데거는 "정치적"인 것이 아니라 정치적인 것의 본질에 대하여 질문했다고 보는

정치적인 것으로서 국가가 인간과 그 외의 존재자를 규정하기 시작한 것은 근대의 국가에 의해서라는 것이다. 그리고 이에 따라서 헤겔은 개인의 의식이 국가에서 완성되는 것으로 보았던 것이다. 헤겔에 의하면, 국가는 각 개인과 역사를 모두 포괄하는 궁극적인 목적이다. 그러나 하이데거는 이러한 국가의 등장은 근대 철학이 제시한 "주체"의 등장과 맥락을 같이 한다고 해석한다.131) 이 점에 대해 하이데거는 다음과 같이 말한다 :

"… 근대적으로 자기 스스로를 설정한 인간의 자아 의식이 모든 존재자를 질서짓는 근본 형식은 국가다. 따라서 '정치적인 것'은 역사적인 의식에 척도를 제공하는 자기 확실성이 된다. 정치적인 것은 의식에 걸맞게 파악된, 즉 '기술적으로' 경험된 역사를 규정한다. '정치적인 것'은 역사의 실행이다. 이렇게 정치적인 것이 모든 활동에 대한 기술적-역사적인 근본 확실성이기 때문에, '정치적인 것'은 자신에 대한 무조건적인 질문 없음이란 특징을 띤다"(이스터 148).

게 타당할 것이다. 물론 이런 의미에서 하이데거는 나치가 아니라 나치의 나치, 즉 나치의 본질이었다는 주장도 있다. 그러나 분명한 것은 하이데거 자신은 정치의 본질은 정치적인 행위가 아니라 polis로부터 유래하며, polis는 그리스인이 경험한 존재 경험에서 유래한다고 밝히고 있는 점이다.

131) 앞에서도 밝혔듯이, 국가의 절대성은 선험적인 가치가 아니다. 오히려 그것은 여러 필요성에 의해 대두된 개념이다. 따라서 그것은 필요성만큼이나 부정적인 측면도 가지는 것이 사실이다. 특히 그것이 민족이란 개념과 연결될 때(예를 들어 잘못 이해되고 있는 니체의 "금발의 야수"와 같은 개념이나 나치 정권)나 이데올로기적인 종교와 연결될 때 나타나는 광기는 국가가 지닌 부정성을 잘 보여준다. 그러나 국가나 민족이 아니라 보편적이고 세계사적인 계급을 주장하는 경우도 마찬가지의 광기를 보였음이 분명하다. 그리고 현대에 이르러 주장되는 "세계화" 역시 이러한 "광역화"를 주장한다는 점에서 일치를 보인다. 하이데거는 이러한 현상을(나치즘, 미국주의, 소비에트주의) 모두 근대 형이상학에 기초를 두고 있는 현대 기술이 드러난 모습으로 평가하고 있다(「이스터」, 111).

이렇게 근대의 국가는 정치적인 것이 이루어내는 "총체성"을 일컫는 개념이며, 이러한 총체성에 대해 근대인들은 더 이상 질문하지 않기 때문에 — 오히려 헤겔과 같이 긍정적인 확신을 가졌기에 — 그것은 독재자의 출현을 항상 내포하고 있다는 것이다(이스터 148). 반면에 하이데거는 그리스인의 polis는 "근대적인 '정치적인 것의 총체성'의 무조건적인 우위성과는 전적으로 다른 것"(이스터 149)이라고 강조한다.

그렇다면 polis란 그리스적으로 무엇을 의미하는가? 이를 위해 하이데거는 그리스인 철학자인 플라톤과 아리스토텔레스의 견해를 해석하고 있다. 국가와 연관해 잘 알려진 플라톤의 말은 다음과 같다 :

"만약 철학자가 polis의 지도자가 되지 않거나 혹은 지금 언명된 지도자와 권세가가 순수하고 적당한 방식으로 철학을 하지 않는다면 — polis를 위해 재앙의 끝은 없다"(국가 V. 473c 이하, 이스터 134).

일반적으로 플라톤의 이 말은 정치와 철학, 실천가와 이론가의 관계에서 해석되곤 한다. 그리고 이 두 가지 면을 겸비한 인물에 대한 기대와 찬미가 나타나기도 한다. 그런데 플라톤의 이 말이 정치가가 철학자이거나, 철학자가 정치가이거나 하는 식으로 해석된 배후엔 정치가(basileus, dynastes), 철학자(philosophos), polis에 대한 피상적인 해석이 놓여 있다는 것이다. 따라서 하이데거는 첫째 철학자가 "삶과의 가까움"이 결여된 "비실천적"인 인물이라고 해석되는 경우의 문제, 둘째 정치가가 철학을 해야 한다면, 그때 그는 무슨 철학을 어떻게 할 것인지의 문제, 그리고 이때 두 경우가 모두 전제하고 있는 polis라는 개념을 어떻게 이해해야 할지에 대하여 질문한다.

첫째 질문에 대하여 그는 우선적으론 소극적인 대답을 제시한다. polis는 국가도 '정치적인 것'도 아니라는 것이다. 단지 그는 polis는 질문할-만한 것(das Frag-wuuerdige)이라고 말하고 있다. 그런데 이러한 주장이 무엇을 뜻하는지는 아리스토텔레스를 인용하면서 조금 더 분명해진다. 그는 아리스토텔레스의 '정치학'에서 인간이 zoon politikon으로 표현된 것에 대하여 언급하면서, 사람들이 아리스토텔레스의 이 표현을 있는 그대로 전제하는 점에 대하여 의아해한다. 그리고 그는 왜 인간이 정치적 존재인가 하고 질문하면서 인간이 zoon politikon일 수 있는 것은 인간이 '정치적'인 존재이기 때문이 아니라 인간이 "polis에 속할 능력이 있는 존재"이기 때문이며, 이 능력은 다시 인간이 "언어를 갖는 생명체(zoon logon echon)"이기 때문이라고 말한다(이스터 130-131). 하이데거에 의하면 polis의 본질은 정치적인 것 안이 아니라 바로 인간의 본질 안, 즉 logos와의 연관성 안에 놓여 있는 것이다. 말하자면 polis는 존재가 드러나는(로고스) 장소라는 것이다. 이 점에 대하여 그는 : "polis는 단지 국가(Staat)도 도시(Stadt)도 아니며, 오히려 이에 앞서서 그리고 본래적으로 장소(Statt)인 것이다 : 즉, 존재자 한가운데 있는 인간의 인간적이고 역사적인 체류의 장소들인 것이다"(이스터 129)라고 말한다.

　이렇게 polis는 그 안에서 신전을 중심으로 신의 임재 그리고 신과 인간의 만남이 이루어지는 곳이며, 그 안에서 비극이 상연되고, 체육 경기가 행해지고, 사랑이 이루어지고, 원로회의 모임과, 전투를 치르기 위해 출병하는 함대와 총사령관 그리고 그것을 배웅하는 아낙네들이 이루어내는 거대한 무대인 것이다. 특히 하이데거는 『예술 작품의 근원』에서 그리스 신전을 예로 들면서, 신전은 그 안에서 인간의 탄생과 삶의 불행과 축복, 승리의 명예와 치욕 등의 길과 관계, 지리적이고 역사적인 운명 그리고 죽음이 드러나는 곳이라고 해석한다. 신전은 그 민족과 개인들의 세계 그리고 그들이 거주하는 대지를 드러내는 장소며, 타민족과의 전투를 둘러싼 신의 신탁과 영웅들의 등장과 몰락이 드러나는 곳이다. 말하자면 polis는 신전을 포함한 모든 존재 현상이 드러나는 곳, 존재의 역운(Geschick)이 드러나는 aletheia의 장소인 것이다(이스터 129, 143). 이런 점을 하이데거는『안티고네』370 / 371을 해석하면서 제시하고 있다 :

hypsipolis apolis hoto to me kalon
ksynesti tolmas charin.
"높이 솟아오른 장소들, 그는
그 장소들을 잃을 것이며, 그에겐 모험으로 인하여
항상 비존재가 존재할 것이다"(이스터 124-125).

여기서 하이데거는 polis가 hypsipolis – apolis의 대립을 통해 드러나고 있으며, 이 관계는 앞서 언급했던 pantoporos – aporos의 대립과 평행 관계를 이룬다고 지적한다. poros가 길을 의미하며, poros를 중심으로 어디든 가는 경우와, 어디에도 가지 못하는 경우가 대립되듯이, polis를 중심으로 높이 솟아오른 장소와 장소의 상실이 서로 대립되는 것이다. 그러나 하이데거는 단지 이러한 대립성을 말하려고 두 단어들의 관계를 제시하는 것은 아니다. 오히려 그는 polis와 poros가 서로 밀접한 관계에 있음을 강조한다. poros는 한정되지 않은 길이고, polis는 한정된 공간인 것이 아니라 오히려 poros와 polis의 관계는, 길(Weg)과 길이 열어감으로써(be-wegen) 열려지는 장소(polis)의 관계로 보아야 한다. poros와 polis는 부분과 전체의 관계가 아니며, 또한 poros에 의해 polis가 비로소 열리는 것도 아니고, 반대로 polis에 의해 poros가 비로소 가능해지는 것도 아니다. 오히려 하이데거에 의하면 길(Weg)과 영역(Gegend)은 동시적인 사건으로 파악되어야 한다. 인간이 자신의 운명의 길을 달려가는 것은 곧 운명 안에 들어서는 것이며, 이런 한에서 자신의 길을 간다는 것은 이미 운명을 달려간다는 것과 동일한 의미가 된다. 이렇게 안티고네는 스스로 도처로 달려가면서 죽음이라는 '길의 끊김'에 부딪히게 된다. 이러한 그녀의 행위(poros)는 그녀의 존재를 드러낼 수 있는 거주처(polis)의 상실과 부딪히게 하는 것이다. 그러나 죽음이 삶의 종말이 아니라 진정한 의미의 본래적인 삶을 드러내는 계기이듯이, polis의 상실은 단순히 공동체로부터의 추방이나 사라짐이 아니라 오히려 polis의 본질을 드러내는 계기가 된다.

안티고네는 자신의 행위를 통해 이미 polis의 상실을 결단하고 실행하고 있으며, 이러한 상실은 오히려 그녀를 은폐되었던 polis의 본질로 이끌게 한다. 안티고네는 자신의 행위를 통해 높이 솟아오른 장소(hypsipolis)에 도달하게 되는 것이다. 이때 hypsipolis가 단순히 아크로폴리스와 같이 지리적인 높음만 의미하는 것이 아니라 오히려 존재론적 높이를 의미하는 것은 분명하다. 따라서 안티고네의 행위는 높아진 polis에 속하는 행위다. 그러나 동시에 이 행위는 그녀가 거주하는 polis의 상실을 의미한다. 이렇게 polis 안에는 존재가 보내주는 역운이 혼재해 존재한다. polis 안에는 그 장소가 허용하는 것과 허용하지 않는 것이 사건화될 수 있으며, 안티고네는 스스로를 이러한 사건으로 드러내고 있는 것이다. 이 점에 대하여 하이데거는 다음과 같이 말한다 :

"hypsipolis … apolis … 여기서 polis는 그 자체 … 균질적 공간이 아니라 polis의 본질은 올라가도록 몰아대고, 내려가도록 끌어당겨서 인간을 이러한 양쪽의 대립적인 가능성들 안으로 보내고 연결시키며, 따라서 이런 형태로 인간을 두 가능성들 자체이게 하는 것이다"(이스터 136).

polis 안에는 스스로 은폐하는 섬뜩함 자체가 도사리고 있으며, 안티고네는 이 섬뜩함을 자신의 운명으로 받아들임으로써 polis를 상실하지만(apolis), 동시에 본질적인 polis를(hypsipolis) 얻게 되는 것이다.

그러나 우선적으로 보기에 안티고네는 polis를 상실하는 것처럼 보이며, 안티고네는 가장 비-고향적인 존재(das Un- heimisch-Sein)가 된다. 그러나 그녀는 이러한 비-고향적 존재를 감행함으로써 자신의 고유하고 본래적인 고향적-존재를 선택하고 있는 것이다. 횔덜린의 시 「사랑스러운 푸름 안에서 꽃피다」에서 보이듯이, "삶은 죽음이고 죽음은 또한 삶"(이스터 184)이기 때문이다. 이러한 그녀의 행위가 바로 감행(tolma)의 본질이고, 이렇게 tolma를 통해 죽음을 넘어 자신의 고유한 삶을 드러낼 때 그것을 하이데거는 kalos(아름다움)라고 말하는 것이다. 이렇게 안티고네는 하이데거에 의해 비극적이고 섬뜩하고, 그럼에도 아름다운 여성으로 해석되고 있다. 이때 안티고네는 polis의 본질에 도달하고 그녀의 polis를 얻게 되는 것이다. 즉, 하이데거에 의하면 polis의 본질은 국가가 아니라 바로 존재의 역운과 이를 받아들이는 안티고네의 운명이 벌어지는 장소인 것이다.

따라서 크레온은 polis를 대변하고 안티고네는 종교(가족)를 대변한다는 헤겔과 달리, 하이데거에 의하면 이제 polis를 얻게 되는 것은 크레온이 아니라 바로 안티고네다. 얼핏 보기에 크레온은 존재자의 장소에 거주하는 권력자로서 높은 곳에(hypsipolis) 위치하고, 안티고네는 장소의 상실(apolis)를 통해 전적인 비-고향적 존재가 되는 듯이 보이지만, 그 본질에서 더 높은 곳을 차지한 인물은 안티고네라는 것이다. 왜냐하면 그녀는 비-존재자의 polis, 존재의 polis를 얻었기 때문이다. 이 점에 대하여 하이데거는 다음과 같이 말한다 :

"인간의 섬뜩함은 그 본질을 비고향적인 것 안에 가지며, 비고향적인 것이 비고향적인 것일 수 있는 것은 단지 인간이 전적으로 존재 안에서 고향적으로 존재하기 때문이다. 말하자면 '개방적인 것을 볼' 뿐 아니라, 그것을 보면서 그것 안에 서 있기 때문이다"(이스터 143-144).

안티고네는 가장 섬뜩한 존재며 비고향적 존재이기 때문에 polis를 상실한 것 같지만, 자신의 본래적인 운명을 통해 존재의 역운을 드러냄으로써 존재의 polis를 얻게 되며, 이로써 aletheia의 영역 안에 고향적-존재로서 거주하게 되는 것이다.

5) Hestia(부뚜막)와 고향 ; 불문율

우리는 안티고네가 그녀의 비고향적 존재를 떠맡는 섬뜩함으로 인해 오히려 고향적-존재로 거주하게 된다고 말했다. 그러나 이제 비고향적-존재와 고향적-존재의 관계에 대한 더 자세한 규명이 필요하다. 왜냐하면 이 부분에서 우리는 하이데거의 『안티고네』 해석 중 가장 독특한 입장을 발견할 수 있기 때문이다. 그렇다면 우선 하이데거가 인용한 문장부터 살펴보는 것이 필요하다. 그는 『휠덜린의 송가 「이스터」』16절 '가장 섬뜩한 것인 인간의 배제'라는 소제목의 글을 다음의 문장으로 시작한다 :

met emoi paresitos
"그러한 자는 나의 부뚜막에 앉지 말 것이며,
또한 그의 망상을 나의 앎과 공유하기를

실행하지 말지어다"(이스터 145-146)

이 문장 중 하이데거가 관심을 갖는 단어는 mete와 부뚜막 (hestia)이다. mete는 무엇을 부정하는 단어로서 "배척", "배제" 의 의미를 지닌다. 이것을 부뚜막과 연결하면서 하이데거는 누 가 배제되는지, 무엇이 배제되는지, 이러한 배제에 대하여 말하 는 자가 누구인지, 배제시키는 부뚜막의 의미는 무엇인지 질문 한다.

우선 누가 배제되는지 여부는 『안티고네』 작품을 통해 볼 때 명확하지 않다. 위의 인용문은 코러스 노래 우 2의 문장인데, 코 러스 노래 앞에는 크레온의 말이 있고, 코러스 노래 뒤엔 안티고 네에 대한 코러스 장의 말이 이어진다. 이러한 구조를 볼 때 배제 대상은 크레온과 안티고네 모두에게 해당되는 듯이 보인다. 실 제로 부뚜막에서 배제되는 자는 국가의 법을 대변하지만, 옳지 않은 법의 대변인인 크레온일 수도 있고, 다른 한편 국가의 법을 어긴 안티고네일 수도 있다. 그러나 코러스 노래에 앞선 크레온 과 파수꾼의 대화에서, 파수꾼이 크레온의 명령에 대하여 "잘못 된 판단"(안 323)이라고 말하는 점이나, 코러스의 노래에 이어지 는 코러스장의 말에서 안티고네에 대하여 "가엾다"(안 380)는 표 현이 등장하는 것을 보면, 배제되는 자는 크레온처럼 보인다. 그 러나 또한 코러스장의 말에는, 크레온의 명령을 어긴 안티고네 의 "어리석음"이란 표현도 등장하는데, 이때 배제되는 자는 안티 고네처럼 보인다. 그리고 배제되는 자는 어느 법을 더 우선적으 로 받아들여야 하는지에 따라 달라진다. 이 경우에 대하여 헤겔 은, 배제되는 자가 안티고네라고 분명히 말한다. 왜냐하면 안티 고네는 국가에 지양되어야 할 가족의 법칙을 주장하면서 국가의 법을 어겼기 때문이다.132)

다른 한편, 코러스 노래 우 2의 문장을 이전의 크레온의 말이나 뒤의 코러스장의 말과 연결시키지 않고, 코러스 노래 안에서 바로 앞에 진술된 코러스 노래 좌 1과 연결시켜서 해석할 수도 있다. 이 경우 좌 1에는 "섬뜩한 것은 다양하지만, 그럼에도 / 인간을 뛰어넘어서는 더 섬뜩한 것은 없다"는 표현이 있고, 이어서 우 1에는 인간이 문화와 기술을 통해 습득한 영리한 능력이 묘사되며, 좌 2에서는 언어와 학문의 능력에 대한 묘사와 더불어 피할 수 없는 죽음에 대한 묘사가 이어진다. 그리고 우 2에서는 영리한 자인 인간은 훌륭할 수도, 동시에 사악할 수도 있음이 말해지고 있다. 그리고 배제에 대한 언급이 나타난다. 이러한 해석에 따르면, 배제되는 자는 구체적인 어떤 인물을 지칭하는 것이 아니라 보편적인 인간의 존재 양태에 따라 정의롭지 못한 자를 지시하는 듯이 보인다. 그러나 이 코러스 노래가 『안티고네』라는 작품 속에 들어 있으며, 『안티고네』의 극중 인물과 연관되어야 한다면 누가 배제되는가의 문제는 결국 누가 "섬뜩한 자"인가에 대한 판단에 맡겨지는 듯이 보인다. 그러나 "섬뜩한 자"를 어떻게 해석하는가에 따라 그 대답은 다시 달라질 것이다. 만약 섬뜩한 자를 일반적인 의미로서 정상적이지 않은 자라고 해석한다면 이때 배제되는 것은 안티고네일 것이다.

반면에 독일 시민 비극 이론에 따라 힘없고 선량한 안티고네와 이에 대한 크레온의 무자비한 명령을 대비시킨다면, 그때 배제되는 자는 크레온일 것이다.

이 문제에 대하여 하이데거는 적어도 표면상으론 이중적인 입장을 취하고 있는 것처럼 보인다. 우선 그는 우 2의 문장을 앞의

---

132) 주디스 버틀러의 경우, 배제되는 자는 크레온이라고 말할 것이다. 왜냐하면 안티고네는 크레온의 법과 맞서면서 스스로 더 강한 크레온적인 법의 힘을 갖추게 되었기 때문이다.

크레온의 말과 연결시키면서, 배제되는 자는 크레온이라고 명백하게 말한다(이스터 146 중간 부분)

그러나 우 2의 문장을 좌 1의 문장의 "섬뜩한 자"와 연결시키면서, 하이데거는 이때 배제되는 자가 안티고네라고 말한다(이스터, 146). 왜냐하면 하이데거의 경우 "섬뜩함"은 바로 인간으로 하여금 존재 사건과 만나는 것을 가능케 하는 요소며, 이런한에서 죽음을 자신의 죽음으로 결행하는 안티고네야말로 "가장 섬뜩한 자"(이스터 163)이기 때문이다. 크레온이 단지 힘의 양에서 섬뜩한 자이고, 이 섬뜩함은 익숙한 힘의 과도함을 뜻하는 반면, 안티고네는 은폐된 힘의 질에서 섬뜩한 자이기 때문에 그녀는 전혀 낯선 능력으로 나타나기 때문이다. 이 점에 대하여 하이데거는 다음과 같이 말한다 :

"그녀(안티고네)는, 모든 존재자의 장소들 안에서 자신의 방식으로 높아진 크레온과 같이 모든 존재자의 장소들을 능가할 뿐만 아니라, 오히려 안티고네는 심지어 그리고 전적으로 이 장소들로부터 빠져나오기도 하는 것이다. 그녀는 전적으로 비고향적이다"(이스터 162).

하이데거에 의하면 안티고네는 섬뜩한 것 중 가장 섬뜩한 자다. 그녀는 부뚜막으로부터 배제되어야 한다. 그렇다면 안티고네는 부뚜막으로부터 영원히 배제되는 것일까? 혹은 이러한 사건이 일어나기 전의 안티고네는 부뚜막에 속해 있었던 것일까? 다음의 하이데거의 말은 그 답변을 이미 암시하고 있다 :

"가장 섬뜩한 존재자는 자신 안에서 비고향적으로 존재하는 존재자다. 그러나 이러한 비-고향적-존재는, 그리고 바로 이것은 그때 자신 안에서 또 다른 '상승'의 가능성들을 갖는다"(이스터 163).

이러한 하이데거의 말을 염두에 두고 일단 이러한 배제에 대하여 말하는 자가 "누구"인지 살펴보기로 한다. 누가 이러한 배제에 대하여 말하는 주체인가?

그것은 물론 코러스다. 그런데 코러스란 누구인가? 이에 대하여 하이데거는 테바이의 원로들이라고 말한다(이스터 165). 그런데 이들이 배제 여부에 대하여 판단할 수 있는 근거가 있는가? 무엇을 근거로 그들은 배제에 대하여 말할 권리를 갖는가? 만약 배제가 "가장 섬뜩한 것"과 연관되어 있다면, 그리고 테바이의 원로들이 배제 여부를 결정할 수 있다면, 적어도 그들은 가장 섬뜩한 것의 본질에 대하여 이미 알고 있을 때, 섬뜩한 자인 크레온과 가장 섬뜩한 자인 안티고네 중 누가 배제되어야 할지 결정할 수 있을 것이다. 그리고 배제가 부뚜막으로부터의 배제라면, 원로들은 부뚜막의 본질도 이미 알고 있어야만 한다. 그렇다면 결국 테바이의 원로들인 코러스의 결정권의 근거는 바로 이러한 "앎"에 놓여 있는 것이다. 말하자면 코러스는 이러한 앎을 등장 인물들의 행위에 앞서 알려주는 존재며, 이러한 알려줌을 통해 독자나 관객들에게 등장 인물의 운명을 암시하는 역할을 하는 것이다. 이런 의미에서 코러스는, 비록 모든 것을 다 아는 것은 아니지만, 등장 인물이나 독자, 관객에 앞선 앎을 가지고 있으며, 이것을 전달하는 역할을 하는 것이다. 그렇다면 코러스가 알고 있는 앎은 무엇인가?

이 점에 대하여 하이데거는 다음과 같이 말한다 :

"이러한 앎은 이미 섬뜩한 것과 가장 섬뜩한 것 너머까지 아는 앎이다. … 만약 가장 섬뜩한 것이 비고향적-존재 안에 있다면, 이러한 앎은 비-고향적-존재에, 심지어 고향적-존재에 더 가까워야 하며, 이러한 가까움으로부터 비고향적-존재의 법칙을 예감해야 한다"(이스터 131).

이러한 하이데거의 말을 따른다면, 배제된 자는 크레온이어야 한다. 그런데 "또한 그의 망상을 나의 앎과 공유하기를 실행하지 말지어다"라는 코러스의 노래에 따르면, 코러스의 앎은 가장 섬뜩한 것에 대한 앎이며, 부뚜막과 연결되어 있고, 반면에 배제는 망상과 연결되어 있다. 그러나 하이데거의 이런 해석은 스스로 모순을 빚는 것처럼 보인다. 왜냐하면 그는 앞에서 가장 섬뜩한 것은 부뚜막으로부터 배제된다고 말했기 때문이다(이스터 146). 그리고 안티고네가 배제되는 자라면, 그녀의 앎은 코러스의 앎과 대립되는 망상이어야 한다. 그런데 앞에서 하이데거는 코러스의 앎은 가장 섬뜩한 것에 대한 앎이고, 안티고네는 가장 섬뜩한 자라고 말하지 않았는가? 그렇다면 이러한 모순을 어떻게 이해해야 하는가?

이러한 하이데거 해석의 모순을 이해하기 위해서는 무엇보다도 부뚜막에 대한 그의 이해가 필요하다. 하이데거는 코러스의 앎과 망상 사이에 "가상"이라는 문제를 삽입시킨다. 즉, 코러스의 앎과 망상의 구분은 경우에 따라서는 가상처럼 보일 수도 있다는 것이다. 얼핏 보기에 이러한 하이데거의 말은 궁색한 변명처럼도 들린다. 그러나 그의 말이 타당성을 지닐 수 있는 것은, 만약 진실한 앎과 망상이 항상 명확히 구분되는 것이라면, 크레온과 안티고네 중 누가 잘못하고 있는지는 분명하게 판단될 수 있을 것이기 때문이다. 그러나 누구도 크레온과 안티고네에 대한 보편적이고 절대적인 대답을 제시하지 못하는 것이 사실이다.[133] 따라서 하이데거는 ison phronon이란 표현에 주목하면서, "앎으로부터의 배제와, 구분하는 제거 그리고 … 앎은 항상 ison,

---

[133] 우리가 앞의 각주에서 빌헬름 텔의 예를 들었는데, 거의 동일한 사건을 다루는 두 작품에서 거의 동일한 역할을 하는 빌헬름 텔과 안티고네에 대한 평가가 상이할 수 있다는 사실이, 앎과 망상의 구분이 절대적이지 않으며 앎이라고 생각하는 것이 망상일 수도 있음을 보여준다.

즉 똑같은 것이라는 외양(Anschein)이 지배적인 곳에서는, 본래적인 앎 역시 외양적으로는 망상과 같이 보임에 틀림없다"(이스터 166)고 말한다. 그리고 하이데거에 의하면 앎과 망상 그리고 가상이 혼재되어 나타나는 이유는 부뚜막(고향)에 대한 이해의 불명료성에서 기인한다는 것이다. 그렇다면 부뚜막(고향)이란 무엇을 의미하는가?

하이데거는 부뚜막에 대해서는 아니지만, 이와 유사한 이야기를 아리스토텔레스가 헤라클레이토스에 대하여 전해주는 말에서 언급하고 있다. 호기심 많은 사람들이 신비로운 현자로 알려진 헤라클레이토스를 보기 위해 찾아온다. 그런데 그들은 그가 빵 굽는 화덕에 불을 쬐고 있는 모습을 보고 실망하여 돌아가려고 한다. 이때 헤라클레이토스는 "말하자면 여기에도 신들이 현존한다(einai gar kai entautha theous)"라고 말한다.[134] 여기서 하이데거는 호기심(neugierige Zudringlichkeit)에 가득 찬 구경꾼과 헤라클레이토스를 비교하고 있다. 구경꾼은 그들의 호기심을 채워줄 수 있는 새로운 어떤 것이 비범하고 신비스러운 곳에 있을 것이라고 생각하고, 헤라클레이토스 역시 이에 걸맞게 위엄과 신비함을 갖추고 있을 거라고 생각한다. 그러나 그들은 빵굽는 화덕에서 추위를 막고 있는 초라한 헤라클레이토스를 본 것이다. 그리고 그 순간 그들에게 헤라클레이토스는 더 이상 관심의 대상이 되지 않는다. 그런데 이때 헤라클레이토스는 구경꾼들에게 "여기에도 신들이 있다"고 말하고 있는 것이다. 이것은 일상적인 모습과 익숙하지 않은 모습의 구분이 단지 외양에 있는 것이 아님을 보여준다. 즉, 일상적 존재자와 신적 존재자는 외양적으로 서로 다른 영역에 존재하는 것이 아니다. 신적인 것

---

134) Aristoteles, *anim.* A 5, 645a 17 참고, M. Heidegger, Brief ueber den Humanismus, in : *Wegmarken*, 351.

을 볼 수 있는 자는 일상적인 것 안에서도 신적인 것을 볼 수 있는 것이다. 그런데 외양이라는 가상에 빠져 있을 때, 진정한 앎과 망상은 서로 혼재되고 뒤바뀔 수도 있는 것이다. 이러한 점은, 특히 빵 굽는 화덕의 경우에서 잘 나타난다. 그것은 일상적 삶을 위해 필수적인 것이지만, 현자를 보기 위해 몰려든 구경꾼들에게 현자 옆의 화덕은, 특히 추위를 막기 위해 불을 쬐고 있는 현자 옆의 화덕은 너무도 초라한 것일 수 있다. 그러나 구경꾼들에겐 단순히 빵을 구울 때만 필수적인 화덕이 헤라클레이토스에게는 신들과 만나는 장소이기도 한 것이다. 이런 점은 유비적으로 부뚜막에도 해당된다.

고대 사회에서 부뚜막은 집안의 중심에 모셔지는 일종의 신성한 장소였다. 그것은 불이 소중했던 시절임을 고려할 때 당연한 현상이라고 볼 수 있다. 이러한 성스러운 특징 외에, 일상 생활에서도 부뚜막은 식사와 추위를 막아주기 때문에 생존을 위해 필수적인 것으로 여겨졌다. 또한 부뚜막은 가족 구성원을 한 곳으로 모으는 역할도 했다. 밖에서 일을 마치고 집으로 돌아온 구성원들은 부뚜막을 중심으로 모여들어 자신이 무엇을 했는지, 무엇을 경험했는지 등의 이야기를 서로 나누는 것이다. 이런 점은 전체적으로 난방이 되는 현대적인 아파트와 달리, 아궁이에 불을 지피는 시골 집에서는 아직도 볼 수 있는 일이다. 그러나 이 두 경우의 차이는 매우 크다. 왜냐하면 아궁이는 식구를 한 곳으로 모으며, 그곳을 통해 대화의 장과 만남의 장, 사랑의 장이 창출되기 때문이다. 이 점에 대하여 하이데거는 다음과 같이 말한다 :

"hestia란 단어는 '빛나다', '불타다'란 어간으로부터 유래한다. 이 불은 신들의 모든 사원 안에서 그리고 인간의 모든 거주처들 안에서 그것의 확고한 장소를 가지며, 이러한 것으로서 불은 발생하고 증여된 모든 것을 자신의 주위에 모은다. 부뚜막은 이러한 불을 통해 항존적인 근거며, 규정하는 중심이다"(이스터 164).[135]

그는 이러한 점을 근거짓기 위해 hestia에 대한 철학사적인 전거들을 제시한다. 우선 그는 부뚜막의 이런 특징을 위해 필로라오스를 인용하고 있다:

"시원적인 조화로서 현존하는 자, 합일하는 합일자는 원형구의 중심 안에서 '부뚜막'이라 불린다"(이스터 176).

이 표현에 의하면, 부뚜막은 시원적인 조화(harmonia)를 이루는 자, 모든 것을 하나로 모으는 합일자(to hen), 모든 것의 중심이라고 불린다. 부뚜막은 시원적인 존재인 합일자로서 모든 존재자를 조화롭게 유지시키고, 그러한 조화를 통해 모든 존재자의 중심으로 존재하는 것이다. 그런데 이렇게 스스로 존재하며 모든 것을 존재하게 하고, 조화로서 유지시키는 능력을 그리스인들은 physis라고 불렀다. 그리고 모든 존재자를 그러한 존재자로 존재하게 하는 것은 바로 존재 자체다. 따라서 하이데거는 : "존재는 부뚜막이다. … 존재의 본질은 그리스인에게 physis, 즉 자신으로부터 스스로 출현하는 번쩍임이며 … 그 자체로 중심"인 것이라고 말한다(이스터 176).

---

135) 하이데거는 hestia가 라틴어로는 vesta며, 이것은 부뚜막 불의 여신을 위한 이름이라고 말하며, 그 여사제는 Vestalinnen이라고 친절하게 말한다. 그런데 이 문장들은 이 대목을 이해하기 위해 꼭 필요한 내용이 아니다. 그렇다고 하이데거가 별 의미 없이 라틴어에 대한 정보를 독자에게 제공하고 있다고 보기는 어렵다. 그렇다면 하이데거가 이 내용을 친절하게 밝힌 이유는 바로 hestia, vesta, Vestalinnen이 모두 여성이라는 점을 드러내기 위한 것이라고 볼 수 있을 것이다(「이스터」, 164). 그리고 hestia를 하이데거가 고향적-존재라고 해석한다면, 하이데거는 고향(Heimat)도 여성적 의미로 이해하고 있다고 볼 수 있다.

또한 하이데거는 플라톤이 부뚜막을, 모든 신들을 항존적으로 현존하게 하는, "가장 지속적인 신"(이스터 177)으로 묘사하고 있음을 지적한다. 부뚜막은 모든 존재자로 하여금 그것들의 항존성과 현존성(Anwesenheit)을 가능케 하는, 말하자면 모든 존재자들의 "고향의 장소"(이스터 177)라는 것이다.

이 두 인용은, 부뚜막이 가족 구성원을 포함하여 모든 존재자를 자신의 주위로 모아들이고, 대화를 가능케 하고, 안식을 취하게 하는 중심이며, 바로 고향임을 지시한다. 부뚜막에 모여 있다는 사실은 곧 "고향의 장소의 보호와 친밀함의 영역 안에 함께 현존하며, 이 불의 광채와 따뜻함과 빛살 안에 속함"(이스터 165)을 뜻하는 것이다.

그런데 하이데거는 코러스 노래를 해석하면서, 테바이의 원로들이 섬뜩한 자는 자신들의 부뚜막에 앉지 말라고 주장한 점을 지적하면서, 누가 부뚜막으로부터 배제되는지 묻고 있다. 그리고 이렇게 배제되는 자가 크레온이라고 말한다. 크레온이 자신의 과도한 욕망에 휩쓸려 그릇된 권위와 명령을 지시하는 자라는 것을 생각할 때, 크레온이 배제되는 것은 당연해보인다. 그런데 하이데거는 이 부뚜막에서 안티고네도 배제되는 듯이 보인다고 말한다. 그리고 곧바로 하이데거는 안티고네가 이러한 배제를 통해 부뚜막에 속하는 자라고 말하기도 한다. 그렇다면 왜 안티고네는 부뚜막으로부터 배제되며, 왜 그녀는 또다시 부뚜막에 속할 수 있는가?

이것을 해명하기 위해서는 하이데거가 이해하는 고향의 의미가 무엇인지 살펴보아야 한다. 일반적으로 우리는, 고향은 모든 것을 안락하고 편안하게 해주는, 소박하고 목가적인 곳이라고 여긴다. 마치 첫 번째 낙원과 같이. 그러나 우리는 위에서 부뚜막은 가족 구성원이 모여드는 곳이라고 말했다. 그런데 그곳에서 즐거운 대화와 사랑의 정이 가능한 것은 그들이 각자의 일을 마치고 돌아와서 다시 한 곳에 모여들었기 때문이다. 반면에 하루 종일 부뚜막에 앉아 있는 사람을 그려본다면, 그곳에서 만남이 즐거운 일은 아닐 것이다. 그렇다면 부뚜막이 조화의 중심일 수 있는 근거는, 바로 부뚜막을 중심으로 구성원들이 부뚜막 밖으로 나가 자신의 일을 하고 다시 돌아와 피곤한 몸을 추스르고 서로의 대화를 통해 기분을 돋우는 데 있는 것이다.

이것은 고향의 경우에도 마찬가지다. 고향을 고향으로 이해할 수 있는 것은, 고향으로부터 떠나고 다시 고향을 찾았을 때일 것이다. 이런 점을 우리는 트라클의 시 「겨울밤」에 대한 하이데거의 해석에서 살펴보았다. 이 시에서는 집안의 밝음과 따뜻함이, 거리의 추움과 어두운 길에서 돌아오는 지친 나그네와 대비되었다. 마찬가지로 고향은 고향을 떠나서 겪는 비고향의 낯설음과 두려움과의 대비 속에서만 그 진정한 의미를 지닐 수 있는 것이다. 그리고 이런 경우에 우리는, 단순히 자신의 고향이 최고라는 순진한 망상으로부터 벗어나, 자신의 고향이 왜 소중하고 중요한지, 그 본래적인 의미를 깨달을 수 있을 것이다. 즉, '고향을 떠남'을 통해 고향과 비고향에 대한 단순하고 편협적인 망상(가상)은 깨질 수 있는 것이다. 그렇다면 안티고네의 경우는 어떤가?

그녀는 섬뜩한 것 중 가장 섬뜩한 존재다. 그녀는 가장 안락하고 편하게 해주는 고향적인 것과는 대립되는 존재다. 그녀는 "실행할 수 없는 것을 그녀의 본질의 근원으로" 받아들이고, 그녀에게 다가오는 존재의 역운과 이에 대항하는 자신의 운명을 "유일하게 주어진 것으로 선택"했으며, 이를 통해 그녀는 "비고향적-존재를 스스로 받아들인"(이스터 171) 인물이다. 그녀는 더 이상 고향적이지 않은 자다. 따라서 그녀는 부뚜막으로부터 배제된다.

그러나 이러한 배제를 통해 자신이 배제되었다는 것을 그녀는 알고 있다. 그리고 이렇게 자신이 배제되었다는 단순한 사실에 대한 앎은, 계속해서 자신이 배제되었다는 사실의 의미가 무엇인지에 대한 질문으로 이어지며, 이 질문은 다시 이러한 배제에도 불구하고 그녀가 스스로 배제되기를 감행한 근거에 대한 질문으로 이어진다. 행동할 때는 아직 불분명하게 잠재되어 있던 앎이, 이제 질문을 통해 명료한 앎으로 드러나기 시작하는 것이다. 이 점에 대하여 하이데거는 다음과 같이 말한다 :

"(코러스 노래의) 결어는 단순히 비고향적인 것을 배척하는 것이 아니라 그것은 비고향적-존재를 질문하게끔 한다. 비고향적-존재는, 그것이 단지 인간에게 속한 상태이거나 습관으로 경화된 겉모습이라는 외양으로부터 빠져나온다. 비고향적-존재는 아직-깨워지지-않은, 아직 결정되지 않은, 아직 넘겨받지 못한 고향적-존재일 수-있음과 고향적이-됨이다. 바로 이런 비고향적-존재를 안티고네는 넘겨받는다"(이스터 180).

안티고네가 부뚜막으로부터 배제된 이유는, 그녀가 자신의 삶을 주어진 사회법과 통념에 맡긴 것이 아니라 자신의 운명을 스스로 선택함으로써 사회로부터 멀어졌기 때문이다. 그러나 바로 이러한 멀어짐을 통해 그녀는 스스로의 운명에게 닥쳐온 존재의 역운의 비밀을 알게 되는 것이다. 이 경우와 달리 우리는, 어떤 인물이 깨어 있는 정신을 지니지 않은 채 우연에 자신을 맡기고 이로 인해 우연히 고통을 받을 때 그것을 비극이라고 부르지 않는다. 오히려 어떤 인물이 자신에게 닥친 운명의 위험을 무릅쓰고 선택함으로써 몰락하게 되고, 이러한 몰락을 통해 자신의 선택과 행동이 몰락보다도 더 위대하다는 것을 알게 될 때 그 비극의 정도는 더 강렬한 것이다. 그런데 안티고네는 이러한 선택과 행동 그리고 몰락을 경험한 자며, 이러한 몰락 속에서 자신의 고유한 존재의 위대함을 확인한 자다. 따라서 그녀는 비고향적-존재로부터 다시 고향적-존재로 돌아올 수 있는 것이다.

그리고 이런 과정을 통해 그녀의 고유한 존재일 뿐 아니라 그녀의 존재로 하여금 이러한 길을 걷도록 한 존재의 역운 자체도 드러나게 된다. 이러한 역운을 하이데거는 불문율이라고 해석한다. 불문율을 단순히 가족신의 법으로 해석한 헤겔과 달리, 하이데거에게 불문율은 바로 존재가 스스로를 드러나도록 보내주는 역운인 것이다. 즉, 크레온의 법과 달리 안티고네가 따르려 했던 법은 제우스나 디케가 명령한 법도 아니고 오히려 그 기원을 알 수 없지만 항상 현존하는 법(이스터 182, 안 449-457)이며, 이러한 불문율로서의 법을 하이데거는 부뚜막, 고향적-존재라고 해석하고 있다. 이 존재의 법에 따라 안티고네는 "존재자의 영역"으로부터 배제되지만, 배제라는 죽음을 통해 그녀는 "존재의 법"에 다시 들어서게 되는 것이다. 이 점에 대하여 하이데거는 다음과 같이 말한다 :

"이렇게 비은폐적인 것에 안티고네의 본질이 속한다. 이러한 비은폐적인 것에서 태어나고 고향적이 되는 것은 그녀 자신이 pathein to deinon touto, 즉 지금 여기서 나타나는 섬뜩한 것이라고 명명한 것인 이 비고향적-존재를 그녀의 고유한 본질로 넘겨받을 때, 그녀는 '본래적으로' 고향적이다"(이스터 182).

만약 그녀가 불문율에 따라 행동함으로써 맞게 되는 운명의 극점인 죽음을 단순히 삶의 종말로 여겼다면, 그녀는 고향적-존재가 되지 못했을 것이다. 그런데 그녀는 이 죽음을 통해 그녀의 본질과, 그녀에게 다가오는 존재의 역운의 본질을 앎으로써, 비극을 통해 드러나는, 그러나 비극보다 더 위대한 자신의 존재를 만나고 알게 되고, 스스로 고향적-존재가 되는 것이다. 이 점에 대하여 하이데거는 "비고향적인 자는 단지 그리고 유일하게 그의 비고향적-존재에 고착되어 있고, 이렇게 불안정하게 존재자 안에서 헤매는 한, 그때 그는 고향적인 자가 되지 못한다"(이스터 183)라고 말한다.

안티고네는, 인간에겐 모든 것을 피할 수 있는 능력과 영리함이 있지만, 단 한 가지 죽음으로부터 피할 수 있는 능력은 없다는 사실을 알고 있는 자로서, 이 죽음을 자신의 삶의 존재로 받아들임으로써 존재의 세계, 고향적-존재로 존재하게 되는 것이다. 이렇게 그녀는 "존재 안에서 고향적이-되었기 때문에 존재자 안에서 가장 섬뜩한 자로 존재"(이스터 188)라는 것이다. 그리고 이런 점 때문에 하이데거는 그녀가 한편으론 비고향적-존재이면서 동시에 고향적-존재라고 주장하는 것이다.

그러나 이런 일이 현실적으로 가능할 수 있을까? 이 질문은 하이데거의 이러한 해석이 과연 현실에서도 가능할까 하는 질문과 연결되며, 이것은 다시 하이데거의 존재론이 현실적인 의미를 지니는가 하는 질문으로 이어진다. 이 점에 대하여 하이데거는 현실적이란 개념(Wirklichkeit)은 존재자에 대한 표현이라고 말한다. 따라서 존재자와 달리 존재는 "현실적"이지는 않다. 왜냐하면 존재는 어떤 것(존재자)을 만들어내는 것(machen, producere)도 아니고 존재자에 작용(Wirkung)을 끼치는 것(causa sui)도 아니기 때문이다. 오히려 존재가 활동적(handeln)이라면, 그것은 존재가 본질을 드러내는 사유를 통해 사건화하기 때문이다. 따라서 하이데거는, 존재가 현실성(Wirklichkeit, existentia)과 가능성(Moeglichkeit, essentia) 중 어느 한 편에 속하는 것이 아니라(Weg 326), 오히려 존재는 존재자들을 바로 그러한 존재자들로 존재하도록 원하는(moegen) 능력(vermoegend)을 의미한다고 말한다. 이때 원함과 능력을 그는 사랑(lieben)이라고 말한다

(Weg 314). 존재는 보호하고 아끼며 사랑하는 힘으로서 자신을 사건화하는 것이다. 즉, 존재는 존재자와 같은 의미로서 현실적이지는 않지만, 그럼에도 존재는 자신의 역사를 통해 스스로를 드러내는 능력인 것이다. 이렇게 스스로를 드러내는 존재의 말 건넴에 귀 기울일 수 있는 사람이 바로 사유가며 시인이라는 것이다.

그렇다면 안티고네의 비극은 "현실적"인 비극이 아니라 바로 사유의 비극이고 시적인 비극이라고 할 수 있다. 그리고 안티고네 역시 현실적인 인물이 아니라 바로 시적인 인물이라고 볼 수 있다. 따라서 하이데거는, "안티고네는 최고의, 그리고 본래적인 비고향적-존재의 시로 존재한다. … 인간의 이러한 존재는, 그리고 존재자 한가운데서 그의 비고향적-고향적-존재는 시적으로 말해진다"(이스터 189)고 말한다. 소포클레스는 시로 지어져야 할 것 중 가장 고귀한 것을 시로 지었으며, 안티고네는 바로 소포클레스의 시 중의 시라는 것이 하이데거의 입장이다. 이렇게 안티고네는 시로 존재하며 바로 시 자체였다는 것이다.

그런데 우리는 안티고네와 같은 모습을 횔덜린의 시 「회상」에 대한 하이데거의 해석에서도 찾아볼 수 있다. 이 해석을 통해 우리는 안티고네를 존재사적인 측면에서 살펴보기로 한다.

제6장

횔덜린의 시 「회상」에 나타나는 갈색 피부의 여성을 통해 본 안티고네의 존재사적인 의미

하이데거의 작품 『횔덜린의 송가 「이스터」』에 의하면, 안티고 네와 서로 인사와 대화를 나눠야 할 인물은 구체적인 인물이 아 니라 중성적이고 보편적인 "독일인"이라고 표현된다. 이 점에 대 하여 하이데거는 "횔덜린과 소포클레스 사이엔 시적-역사적 대 화가 존재한다"고 말하면서, "여기서 상이한 것은 그리스인과 독 일인이라는 그때마다 다른 역사적인 인간 정신인 것이다"(이스 터 193)라고 말한다. 혹은 "횔덜린은 두 인간 정신의 역사성의 경우 그리스인의 고유한 것과 낯선 것이 독일인의 고유한 것과 낯선 것과는 다르기 때문에, 그 자체 안에서 상이하다는 점을 인 식했다"(이스터 194)라고도 말한다. 이러한 표현에 의하면 안티 고네와 대화해야 할 상대는 "독일인"이다. 이때 대화의 상대는 안티고네와 독일인이 아니라 "그리스인"과 "독일인"이다. 왜냐 하면 횔덜린의 시 「이스터」에는 알페우스 강, 헤라클레스, 이스 터 강, 올림포스 등의 그리스와 연관된 이름이 등장하지만, 안티 고네는 등장하지 않기 때문이다. 그럼에도 우리가 안티고네라는 여성을 다룬 것은, 하이데거가 횔덜린의 시를 소포클레스와 비교하면서, 그리스 정신을 대표하는 인물로 여성인 "안티고네"를 선택했기 때문이다. 그렇다면 안티고네와 대화를 이뤄야 할 "독일인"의 경우는 어떤가? 이 점을 알기 위해 우리는 횔덜린의 또 다른 시 「회상」에 대한 하이데거의 해석을 살펴보아야 한다. 이 시에서 안티고네는 등장하지 않고 단지 하이데거에 의해 그리스 여성으로 해석된 "갈색 피부의 여성들"이 등장한다. 그런데 우리는 이 시에서 묘사되는 갈색 피부의 여성들에게 하이데거가 부여한 특징을 안티고네에게 그대로 적용해도 무리가 없을 것이다.[136)

횔덜린의 시 「회상(Andenken)」은 1803~1804년에 씌어졌다.[137) 그 구조는 다섯 연으로 이루어져 있다. 그 중 우리의 관심은 둘째 연의 5행부터 8행까지다. 그 내용은 다음과 같다 :

"축제일에
갈색 피부의 여성들은 비단 같은 대지,
그곳으로 나아가며,
3월 어느 날
밤과 낮이 같아질 때,
그리고 기분 좋게 살랑거리는 바람은
황금빛 꿈에 겨워

---

136) 하이데거가 횔덜린의 시 「회상」을 해석하면서 그리스 정신과 독일 정신을 비교하는 것은, 「이스터」를 해석하면서 안티고네와 독일 정신을 비교하는 것과 서로 대응한다. 따라서 우리는 안티고네와 갈색 여성을 동일인이라고 볼 수는 없지만, 그들 모두가 존재사적으로 그리스 정신을 대변하는 인물이라고 볼 수 있다. 따라서 갈색 여성에게 하이데거가 부여한 특징은 안티고네에게도 적용될 수 있는 것이다.

137) M. Heidegger, *Hoelderlins Hymne 'Andenken'*, 전집 52권, 19쪽(앞으로 회상이란 약호로 본문에 삽입함).

천천히 오솔길 위로 지나간다"[138] (회상 19-20)

이 시는 3월 어느 날, 비단 같은 대지 위에서 황금빛 꿈을 싣고 기분 좋게 불어오는 바람을 맞으며 펼쳐지는 축제가 묘사되고 있다. 그리고 그 축제에 참여하는 갈색 피부의 여성들이 그려지고 있다. 이 시의 첫째 연에 의하면 이 여성들은 프랑스 남부에 위치한 보르도(Bourdeaux) 여성으로 보는 것이 타당할 것 같다.[139] 이와 달리 넷째 연에 보면 "벨라르민"이란 이름이 등장한다.[140] 이렇게 상반되는 표현에도 불구하고 하이데거는 이 여성들과 그 배경 그리고 벌어지는 축제의 사건을 모두 그리스로 옮겨놓고 있다. 횔덜린은 자신의 시 「회상」에서 독일 여성이나 그리스 여성에 대하여 말하고 있지 않은 반면, 하이데거는 이 여성을 그리스 여성이라고 해석하고 있는 것이다. 이 점에 대하여 하이데거는 다음과 같이 말한다 :

---

138) An Feiertagen gehen
    Die braunen Frauen daselbst
    Auf seidnen Boden,
    Zur Maerzenzeit,
    Wenn gleich ist Nacht und Tag,
    Und ueber langsamen Stegen,
    Von goldenen Traeumen schwer,
    Einwiegende Luefte ziehen.

139) 이 시 1연 5~7행의 내용은 다음과 같다 : "그러나 지금 가서 아름다운 / 가론느 강에게, 그리고 보르도의 / 정원에 인사하라."

140) 벨라르민이란 이름은 횔덜린의 소설 「휘페리온」에 나오는 친구의 이름이다. 그런데 「휘페리온」이 독일과 그리스를 사이에 두고 떨어져 있는 친구들 간의 서신 교환이란 형태를 띠고 있는 점을 고려한다면 갈색 여성을 그리스 여성으로 볼 수도 있겠지만, 그럼에도 이러한 하이데거의 해석은 자신의 존재사에 맞추어 해석하기 위한 방편이란 인상을 지울 수 없다. 어쨌든 하이데거는 갈색 여성을 그리스 여성으로 해석하고 있다.

"휠덜린이 '갈색 여성들은 그곳으로'라고 말한다면, 즉 남부 프랑스의 여성들이라고 말한다면, 이 여성들은 그리고 이 여성들과 관련된 모든 것, 즉 그녀들과 함께 인사를 나누는 모든 것은 그리스 세계와 그곳에서 있었던 축제에도 해당된다 …"(회상 80).

이렇게 말하면서 하이데거는 3월의 축제에 대하여 해석하기 시작한다. 그런데 우리는 "축제"에 대한 인용문을 『휠덜린의 송가 「이스터」』에서도 보았다. 거기서는 『안티고네』 806 이하의 글 "또한 축제의 준비로서 어떠한 축가도 그때 나를 축하하지 않았다"는 구절이 인용되고 있다. 이 축제는 안티고네가 자기의 죽음을 "신방"(안 891)으로 맞이하는, 축가도 없는 결혼식이란 축제였다.

그런데 하이데거는 이제 휠덜린의 송가 「회상」을 해석하면서, 갈색 피부의 여성이 맞는 축제에 대하여 논하고 있는 것이다. 그렇다면 안티고네가 맞은 축제와 갈색 피부의 여성이 맞는 축제는 어떤 공통점을 지니는가? 또한 축제의 본질은 무엇인가?

휠덜린의 시 「회상」의 4연 말미에 따르면, 2연의 축제일의 배경과 달리, "밤의 불빛도 비추지 않고, 도시의 축제일도, 그리고 현악기의 연주와 토속적인 춤도 없는"(회상 67) 장면이 묘사되고 있다. 우리는 얼핏 축제일에 흥겨운 노래 소리와 춤, 찬란한 불빛들을 연상하게 된다. 그러나 「회상」의 4연에서 그려지는 분위기는 이와는 정반대다. 이 분위기는 안티고네가 처한 죽음의 축제의 분위기와 비슷하다. 하이데거도 이 구절을 해석하면서 축제는 춤과 노래, 악기의 연주, 불빛에 의해 밝혀지는 것이 아니라 오히려 반대로 축제의 불빛이 노래와 춤, 밤까지 밝게 해준다고 말한다(회상 67). 그렇다면 안티고네의 경우 무덤이 신방일 수 있는 것은, 무덤 안에 유쾌하게 해주는 요소가 있기 때문이 아니라 그녀가 죽음을 축제로서 받아들였기 때문임을 알 수 있다. 왜냐하면 죽음이나 축제는 모두 익숙하지 않은 것으로 자신을 자유롭게 맡김을 통해 익숙한 것으로부터 자유로워지는 사건이기 때문이다(회상 66). 이렇게 죽음은 인간의 궁극적인 한계이지만, 동시에 이와 대면하면서 인간이 자신을 벗어나 신적인 것들과 만나게 되는 사건이기도 하다. 따라서 하이데거는 횔덜린을 거론하면서, 축제의 본질은 "인간과 신들 사이의 결혼식"(회상 69)이라고 말한다 : "축제는 신들과 인간이 마주치는 존재 사건이다. 축제의 축제성은 이러한 존재 사건의 근거인데, 존재 사건은 신들에 의해 야기되는 것도, 인간에 의해 만들어진 것도 아니다. 축제적인 것은 시원적으로 스스로 발생한 존재 사건이다 …"(회상 69).

이러한 해석은 안티고네가 따르려고 했던 불문율이 신들에 의해서도, 인간에 의해서도 만들어진 것이 아니라는 문장을 연상시킨다. 그렇다면 안티고네의 불문율은 스스로 발생하는 존재 사건임이 분명해진다.

그리고 시원적인 축제성 안에서 신들과 인간은 이제 서로에게 인사를 하고, 인사를 받는 일이 가능해진다. 왜냐하면 "결혼식으로서 축제는 시원적인 인사 나눔의 존재 사건"(회상 70)이기 때문이다. 축제성은 갈라져 있던 신들과 인간의 사이, 인간과 인간의 사이, 삶과 죽음의 사이를 부수고, 그 안에서 시원적인 합일과 조화가 일어나게 한다. 축제의 축제성에 힘입어 시원적인 모든 축제에는, 서로를 나누어온 장벽에 대한 파괴와, 더 시원적인 전체 안에서의 합일과 조화라는 긴장이 존재하는 것이다. 축제의 축제성은 파괴와 합일이라는 특징을 띠며, 이러한 특징은 파괴적인 "기분"과 합일의 "기분"을 통해 가능한 것이다. 이러한 점은 죽음이라는 결혼 축제에 당면한 안티고네에게도 적용될 수 있다. 죽음을 앞둔 안티고네를 휩싸고 있는 기분은 바로 축제적인 기분이지만, 이 기분은 한편으로는 파괴와 단절의 기분이고, 다른 한편으로는 합일과 재회의 기분이기도 한 것이다. 한편으론 축가도 없이 결혼식도 못하고 죽는 슬픔이, 다른 한편으론 헤어진 가족들과의 재회의 기쁨이 안티고네를 지배하고 있는 것이다. 그런데 이러한 기분을 자아내게 하는 것은 바로 축제의 축제성이 갖는 성스러움에 기인한다. 성스러운 축제성은 "기쁜 것, 가장 기쁜 것보다 더 근원적이며, 또한 슬픈 것, 가장 슬픈 것보다 더 시원적이다"(회상 71). 이렇게 기쁨보다 더 황홀한 기쁨 그리고 슬픔보다 더 쓰라린 슬픔의 기분이 성스러운 기분으로서 안티고네를 지배하고 있는 것이다. 하이데거는 그리스의 polis를 지배하고 있었던 것도 이러한 성스러운 기분이었다고 말한다(회상 72). 그렇다면 안티고네는 죽음을 통해 성스러움의 기분과 만나며, 동시에 polis의 본질과 만날 수 있게 되는 것이다.

　이런 점 외에 횔덜린의 시 「회상」은 축제가 일어나는 배경에 대하여도 묘사하고 있다. 그것은 "비단 같은 대지"와 "3월 어느 날", "바람"이라는 단어들로 표현되고 있다. 이 시에서 대지는 혼돈의 덩어리나 황야가 아니라 비단 같은 대지라고 칭해지고 있다. 시원적인 대지를 횔덜린은 비단 같은 대지로 표현하고 있으며, 시원적 대지는 바로 축제적인 대지이기도 한 것이다.141) 시원적 공간이 성스러운 축제적 대지라면, 이에 상응하는 시간

---

141) 횔덜린은 시원적인 대지를 카오스, 코라가 아니라, 이미 조화롭고 자애로운 비단 같은 대지라고 칭한다. 그리고 대지 이전의 존재에 대하여는 언급하지 않는다. 그리스도교 성서 안에도 창조 이전의 대지적인 것이 암시되고 있다. 그러나 그것은 카오스와 연관된 코라적인 성격을 띤다(그리스도교의 창조론은 creatio ex nihilo라고 주장되지만, 엄밀히 말하면 이것은 "교리적인 표현"이다). 플라톤의 경우도 창조 이전엔 코라적인 혼돈의 덩어리가 있었을 뿐이다. 이에 비해 플라톤 이전 철학자들에겐 단지 physis가 있었을 뿐이다 그런데 이 차이는 매우 크다고 할 수 있다. 그런데 횔덜린이나 하이데거는 시원적인 축제의 대지를 physis적인 의미로 이해하고 있다.

은 바로 3월 어느 날이다. 그곳에서 갈색 피부의 여성은 대지와 시간과 신들과 인사를 나누는 축제에 참여하고 있는 것이다. 그런데 3월은 낮과 밤의 길이가 같아지는 때라고 묘사된다. 그렇다면 왜 축제는 낮과 밤의 길이가 같아지는 때 벌어지는 것인가?

하이데거는 낮과 밤의 길이가 같아진다는 표현을, 낮과 밤의 화해(Versoehnung)와 조정(Ausgleichen)이란 의미로 해석한다. 일반적으로 낮과 밤은 밝음과 어두움으로 대립된다. 어두움보다는 밝음이 인식론적으로나 윤리적, 형이상학적으로 더 나은 가치로 평가되어 왔다. 그런데 휠덜린은 낮과 밤의 동일함(gleich)에 대하여 말하고 있다. 낮과 밤이 스스로 뿐 아니라 서로에게도 (aus) 동일하게(gleich) 여겨질 때 낮과 밤은 조화를 이루게 된다는 것이다(Ausgleichen). 또한 조화를 통해 낮과 밤의 전이도 가능해진다. 그런데 기존의 형이상학이 낮과 밤을 구분하고 분리함으로써, 진리 / 비진리, 선 / 악의 투쟁을 낮과 밤의 투쟁으로 여겨온 것이 사실이다. 그러나 휠덜린은 낮과 밤 사이의 투쟁에 대하여 말하지 않는다. 오히려 낮과 밤은 아침 여명과 저녁 노을을 통해 서로 겹쳐지고 장엄한 조화의 광경을 연출하면서 서로에게 고유한 본질을 넘겨주는 것이다. 이때 사라짐은 나타남이고 몰락함은 상승함을 수반하게 된다(회상 87). 이렇게 낮과 밤이 조화를 이루고, 서로의 위치를 바꾸는 가운데 축제가 벌어지고 있는 것이다. 그렇다면 안티고네가 맞이한 죽음의 결혼식도 비단 같은 대지를 통해 낮과 밤이 서로 조화를 이루는 배경 속에서 이루어지는 것이라고 볼 수 있다. 이때 대지와 낮과 밤의 조화 속에서 인간과 신들이 서로 인사를 나누듯이, 안티고네는 그녀에게 덮쳐오는 존재의 역운(Geschick)과 그녀의 운명(Schicksal)이 하나가 되고, 삶과 죽음이 하나가 되는 것을 경험하게 되는 것이다. 왜냐하면 축제의 장 안에서 인간과 신들은 서로의 본질을 보냄

(Schicken)을 통해, 서로에게 인사를 나눌 수 있기 때문이다. 인사를 나누는 것은, 서로를 서로의 타자에게 열어놓고 타자를 받아들이는 행위를 의미하기 때문에, 안티고네의 운명과 존재의 역운은 서로 개방된 장소 안에서 만나지고, 서로는 서로에게 속하게 되는 것이다(회상 89). 이렇게 운명이란 것은 덮쳐오는 존재의 역운에 속하는 것을 의미하며, 그 안에서 대지와 시간과 신들과 인간이 하나가 되고 조화를 이루는 축제와 같은 것으로 해석된다.

이때 기분 좋게 살랑이는 바람은 축제를 더욱 흥겹게 한다. 우리가 "기분 좋게 살랑이는 바람"이라고 번역한 것은 einwiegende Luefte다. 이러한 횔덜린의 표현을 하이데거는 자신의 존재사적인 입장에 맞게 "근원적 바람"이라고 해석한다. 즉, 살랑이는 바람은 존재의 "요람(Wiege)"을 향해 부는 바람인 것이다 : "살랑(Einwiegen)임은 요람 안으로 숨는 것이고, 그 안에 안전하게 간직되는 것이고, 근원 안에서 존재하게 함(Seinlassen im Ursprung)"(회상 105)이라는 것이다. 하이데거에 의하면, 이 바람은 태초의 대지 위를 살랑이며 지나가던 바람인 것이다. 축제일에 부는 바람은 비단 같은 대지 위를 스쳐가는 바람이며, 동시에 낮과 밤이 조화를 이루던 때의 바람이며, 그것은 곧 존재의 요람 속의 바람인 것이다. 축제날 부는 바람은 이미 시원적, 근원적 바람의 모습을 간직하고 있으며, 이것을 횔덜린은 "황금빛 꿈(von goldenen Traeumen)"이라고 칭한다. 횔덜린의 바람은, 하이데거에 의하면 지금은 망각된 존재의 역운의 빛을 간직한 근원적인 꿈을 뜻하는 것이다. 그리고 하이데거에 의하면 꿈은 그리스 정신의 가장 대표적인 특징이기도 하다[142](회 113).

---

142) 그리스 정신에서 꿈이 갖는 의미를 가장 잘 이해한 철학자 중 한 명은 니체일 것이다. 니체는 꿈을, 그리스인들로 하여금 무시무시한 현실을 이겨낼 수 있게 한 아폴로적인 특징이라고 말한다. 그런데 니체의 아폴로는 조화와 정형화의 신이다. 반면에 횔덜린과 하이데거의 경우 꿈이 현실적인 것보다 더

그런데 하이데거는 핀다로스를 인용하면서 꿈을 그림자로 해석한다:

"하루살이 같은 존재. 그러나 그는 무엇으로 존재하는가? 그러나 그는 무엇으로 존재하지 않는가? / 그림자의 꿈, 그것이 인간이다" (Phytia VIII, 135sqq)(회상 111).

이 문장은, 인간이 자신 안에 존재와 비존재가 동시에 속하는 하루살이 같은 존재라고 말한다. 인간은 꿈에 불과하고, 그것도 그림자의 꿈에 불과한 존재라는 것이다. 그러나 횔덜린은 그림자의 꿈을 황금빛 꿈이라고 말한다. 그렇다면 이제 그림자와 같은 꿈이 스스로 빛을 발하고 있는 것이다. 이때 꿈은 단순히 허황한 비현실이 아니라, 오히려 현실을 가능케 하는 능력으로 파악되고 있다. 왜냐하면 꿈은 바로 시원적, 근원적인 바람에 실려온 꿈이기 때문이다. 이렇게 꿈은 지금의 현실을 가능케 한 능력이기에 그것은 예언(das Prophetische)이기도 하며, 현실을 완성시키는 도래적인 것(das Zukommende)이기도 한 것이다(회상 127). 꿈은 하루살이 같은 존재인 인간으로 하여금 근원, 시원과 만나게 하는 능력이기에, 꿈은 황금빛 꿈으로서 인간의 운명을 존재의 역운과 만나게 할 수 있는 것이다. 따라서 하이데거는: "그리스인의 모국에 고유한 것과 본질적인 것은 작열하고 매혹적인 그리고 밝히면서 황홀케 하는 하늘의 불, 즉 황금빛 꿈의 반짝임이다"(회상 130)라고 말한다.

그렇다면 안티고네는 이렇게 근원적인 황금빛 꿈을 꾸었던 여

─────────────────

시원적이고 근원적이기에 더 섬뜩한 것으로 해석된다. 따라서 니체의 아폴론적인 요소는 횔덜린과 하이데거에 의하면 디오니소스적인 요소가 되고, 횔덜린과 하이데거의 아폴론적인 요소는 니체에게서는 디오니소스적인 요소가 된다(「회상」, 154 참조).

성이라고 볼 수 있다. 그러나 꿈은 현실의 입장에서 볼 때, 플라톤이 말했듯이 광기어린 예언(mania propheteuousa)(회상 127)일 수 있으며, 이런 한에서 꿈은 현실을 파괴하는 무서운 힘으로 나타날 수도 있다. 그런데 횔덜린의 시에서 갈색 피부의 여성은 축제날에 이러한 황금빛 꿈을 좇아 자신만의 좁은 "오솔길(Stegen)"을 걸어가고 있다. 이것은 안티고네가 죽음의 좁은 길을 홀로 걸어가는 것에 상응한다. 그때 그녀를 이끄는 힘은 바로 황금빛 꿈을 담은 바람이었다고 볼 수 있다. 그런데 그것은 "가장 섬뜩한 것"을 수반하는 "하늘의 불(Feuer im Himmel)"과 같은 위험성이기도 하다. 따라서 하이데거에 의하면, 모든 것을 불태워 재로 만들어버리는 하늘의 불을 피하는 것이 시급한 일로 나타나게 된다(회상 145).

그러나 하이데거는 하늘의 불을 피하는 것이 그리스 정신으로는 불가능하다고 해석한다. 왜냐하면 그리스 정신의 본질은 바로 이러한 불 자체이기 때문이다. 이러한 하이데거의 주장은 안티고네의 모습에서도 찾아볼 수 있다. 그녀는 황금빛 꿈을 좇아 죽음을 불사하는 가장 섬뜩한 자로 행동한다. 하이데거에 의하면 이러한 행동은 그리스 정신의 특징이기도 하다. 왜냐하면 그리스인들은 이미 존재의 세계에서 순진무구하게 살고 있었기 때문에, 그들은 존재의 세계에 대하여 생각하지 않았으며, 이러한 행위는 하늘의 불과 같은 맹렬함과 위험성을 가졌기 때문이다. 이것은 안티고네도 마찬가지다. 따라서 하이데거에 의하면, 이제 이러한 그리스인 안티고네가 행위를 통해 경험한 것을, 명료하게 묘사할 수 있는 또 다른 인물이 필요한 것이다. 그것은 안티고네와 같이 단순히 경험하는 자가 아니라 이러한 경험을 경험으로 사유할 수 있는 인물을 뜻한다. 이러한 인물을 하이데거는 「이스터」에서는 "독일인"이라고 표현하고 있다(회상 131, 이스터 195). 이렇게 하이데거의 진정한 관심은 바로 안티고네로 대표되는 그리스 정신과 "독일인"의 정신을 넘나들면서, 이것들을 종합할 수 있는 인물에 놓여 있다고 볼 수 있다. 그렇다면 하이데거가 『안티고네』에 등장하는 불문율과 부뚜막을 비고향적-존재인 동시에 고향적-존재라고 해석한 진정한 의미는, 시 자체인 안티고네를 또 다른 시와 연관시킬 때 완전히 해명될 수 있다. 이를 위해 하이데거는 소포클레스와 횔덜린의 대화를 안티고네와 "독일인"의 관계로 해석하고 있다. 그렇다면 하이데거가 말하는 "독일인"은 누구인가?

제7장
안티고네와 독일 부인의 존재사적인 위치

우리는 위에서 하이데거가 횔덜린의 시「회상」에 나타나는 갈색 피부의 여성을 그리스 여성으로 해석하는 것을 보았다. 우리는 이 그리스 여성을 안티고네에 적용시켰다. 그런데 하이데거는「회상」을 해석하면서 지나가는 말처럼, 횔덜린에 의해 명명된 것은 독일 여성이 아니라 갈색 피부의 여성이라고 덤덤하게 말한다. 그리고 갈색 피부의 여성의 특징인 "하늘의 불"에 대응할 수 있는 인물로서 "독일 여성"을 언급한다. 이때 독일 여성이 갖는 특징은「이스터」에서 "독일인"이라고 칭한 인물의 특징과 일치한다. 그렇다면 하이데거가 "독일인"이라고 칭한 인물은 결국 "독일 여성"을 뜻한다고 보아야 한다. 이런 의미에서 하이데거는 갈색 피부의 여성에 대한 해석 도중에, 아주 간단하게 "독일인의 노래"라는 횔덜린의 또 다른 시를 언급한다:

"독일 여성들에게 감사하라! 그녀들은 우리에게
신상(神像)들의 우호적인 정신을 보존해왔다"(회상 79).

하이데거는 이 시를 인용한 다음, 독일 여성은 역사적인 존재 사건이 발생하도록 신들의 현현을 돕고, 또한 신들의 현현이 "우호적인 빛의 부드러움" 안에서 나타나도록 돕는 자라고 해석한다. 따라서 안티고네에 대응하는 인물로서 하이데거가 언급한 "독일인"은 "독일 여성"임이 분명해진다. 그렇다면 이제 남은 문제는, 어떻게 그리스 여성인 안티고네와 독일 여성 간의 만남과 대화, 그리고 서로간의 조화가 가능한가에 모아지게 된다.

이 점을 해명하기 위해 하이데거는, 횔덜린이 기획했던 시 구절 중 "… 정신이 집에 있는 것은 시원과 원천에서는 아니다. 고향은 그 정신을 먹어치운다. 식민지를 사랑하고 과감히 잊기를 정신은 사랑한다"는 부분을 인용한다. 이 시구에 따르면, 정신이 단지 집에 머물러 있기만 할 때, 정신은 자신을 정신으로서 알지 못한다는 것이다. 이런 점은 당연한 일이기도 하다. 왜냐하면 집안에 머무는 것은, 집이 어떠한 의미를 지니는지 비교할 척도를 갖지 못하는 것을 뜻하기 때문이다. 집에 머무는 정신은 집(고향)에 의해 먹히고 만다. 이와 달리 정신이 자신의 본질을 알려면, 정신은 자신의 집을 떠나 낯선 것을[143] 만나야만 한다. 이것은 정신의 본질이 바로 방랑성(Wanderschaft)에 있음을 의미하며, 방랑이란 이미 자신으로부터 떠나 낯선 장소성(Ortschaft)을 향한 발걸음을 뜻한다. 하이데거에 의하면 인간의 존재가 이미 고유한 존재를 위한 운동성이기에, 인간 존재는 이미 고향적이며 동시에 비

---

143) 하이데거에 의하면 "낯선"이란 의미를 지니는 fremd의 고대 독일어는 fram이며, 이것은 "어떤 다른 곳으로 나아감", "어디를 향한 도상"이란 의미를 지녔다. 즉, 하이데거는 "낯선 것"을 "낯선 것을 향함"이란 운동성, 즉 방랑성으로 이해하고 있는 것이다. 따라서 하이데거에 의하면, 고향적인 고유한 것과 비고향적인 낯선 것은 두 개의 상이한 실체가 아니다. 또한 두 실체 간의 소통을 통해 고향적 존재와 비고향적 존재 사이의 이해가 가능한 것도 아니다. 오히려 고향적-존재와 비고향적-존재는 모두 경험하는 방랑성 안에서 그 고유한 장소성을 확인할 수 있는 것이다.

고향적인 존재일 수 있다는 것이다. 낯선 것은 고유한 것에 대립되는 것도 아니며 고유한 것을 위협하는 것도 아니다. 낯선 것은 고유한 것을 고유한 것으로 본질적으로 이해할 수 있게 해주는 것이며, 이런 한에 있어 낯선 것은 고유한 것에겐 사랑스러운 존재다. 그리고 낯선 것을 향하면서 고유한 것은 자기 존재를 잊어야만 한다. 왜냐하면 그렇게 자신의 고유한 것을 잊고 자신을 비워둘 때만 낯선 것을 낯선 것 자체로 받아들일 수 있기 때문이다. 만약 자신을 잊지 않는다면, 낯선 것은 항상 자신의 고유한 것에 대립하는 존재로 남을 것이다. 그런데 낯선 것을 그 자체로 받아들이려면 자신의 존재를 낯선 것으로 모두 쏟아부어야만 한다. 이러한 행위는 바로 "사랑"이다. 따라서 하이데거에 의하면 고유한 것과 낯선 것의 관계는 각각의 존재를 확고히 유지하면서 타자와 만나는 대립과 비교, 위협, 계산의 관계가 아니라 오히려 자신의 고유한 것을 고집함 없이, 즉 잊어버린 채 타자를 있는 그대로 받아들이는 사랑의 관계인 것이다. 이런 의미에서 하이데거는 "정신은 자신의 사랑의 의지 안에서 비고향적-존재를 받아들인다"(이스터 206)라고 말하며, 낯선 것에의 "사랑 안에서 잊음의 과감성은, 고유한 것을 위해서 낯선 것 안에서 낯선 것에 대하여 배우기 위한 준비"(이스터 208)라고 말한다. 양자가 사랑의 관계이기에 비고향적-존재를 향한 방랑이나 고향적-존재에의 귀향은 모두 기쁨을 수반하는 것이다.

그런데 하이데거가 고향적-존재를 과감하게 잊는 것이 필요하다고 말했지만, 그것이 곧 자신의 고유한 존재의 근원까지 잊는 것을 뜻하지는 않는다(이스터 227). 왜냐하면 자신의 고유한 존재마저 잊는다면 그는 낯선 것을 향해 나아가는 데 그치지 않고 바로 낯선 것 자체가 되어버리기 때문이다. 그러나 낯선 것 자체가 된다는 것은 바로 고향으로의 귀향이 불가능함을 뜻한다. 그는 고향을 상실한 미아가 될 수 있는 것이다. 따라서 하이데거는 타자를 향할 때의 과감한 잊음과 자신의 고유한 존재의 근원에 대한 잊지 않음을 구분한다. 그런데 이러한 행위 역시 사랑에 다름아니다. 왜냐하면 사랑은 타자를 자신의 고유한 입장과 가치에 따라 평가하지 않고 타자 그 자체로 받아들이는 것이지만, 동시에 타자 안에서 자신의 고유성을 상실하는 것이 아니기 때문이다. 만약 자신의 고유성을 상실한다면, 그때 사랑은 불가능할 것이다. 그럼에도 사랑은 항상 낯선 것을 자신 안에서 상실하거나 혹은 반대로 낯선 것 안에 자신이 소멸될 위험성을 내포하고 있는 것이다. 이렇게 사랑은 기쁨이지만 동시에 위험한 것이기도 하다. 이렇게 기쁨과 위험성을 동시에 내포하는 '낯선 것에의 방랑'을 하이데거는 그리스 여성 안티고네와 독일 여성 사이의 관계로서 해석하고 있다. 그렇다면 왜 하이데거는 이러한 관계에 처한 인물로서 안티고네와 독일 여성을 선택한 것일까?

하이데거에게서 안티고네는, 플라톤의 형이상학이 시작되기 이전의 시원적인 인간의 모습을 의미한다. 이 여성은 적합성(Adaequatio)에 근거한 형이상학적인 진리에 따라 진리 / 비진리, 윤리학적인 선 / 악과 죄, 미학적인 미 / 추, 성별적인 남성 / 여성에 대한 평가나 판단에 구속되어 있지 않은 모습이다. 오히려 안티고네는 섬뜩한 것을 피하지 않고 스스로 선택하고, 행위를 통해 은폐된 존재를 드러냈기에 더 정당하며(Aletheia), 자신의 존재의 장소를 드러냈기에 더 고귀하며(Ethos), 존재의 역운에 맞서 자신의 운명을 부딪혀 나가면서 자신의 운명을 스스로 완성시켰기에 더 아름다우며(kalos), 사회적인 가치에 의해 제한된 성별적 한계를 넘어섬으로써 섬뜩한, 그러나 더 인간적인(Da-sein) 모습을 보여준 인물인 것이다. 이렇게 하이데거는 안티고네를, 전통 형이상학적인 의미의 진리, 윤리, 미와는 구분되지만 동시에 이러한 진리, 윤리, 미를 가능케 한 더 근원적이고 시원적인 의미의 알레테이아, 에토스, 칼로스를 결단하고 행동하고 완성한 인물로 해석한다. 즉, 하이데거는 시원적인 인간의 모습을 안티고네라는 "여성"에서 발견하고 있는 것이다. 그렇다면 우리는 하이데거가 그리는 인간의 근원적이고 시원적인 본질 역시 여성성을 띤다고 말할 수 있다.

그런데 이렇게 시원적인 인물은 형이상학적 가치와 판단보다 더 근원적이기에, 인간의 본질을 간직한 자이지만, 동시에 이것은 형이상학적 가치 속에 살고 있는 현대인에겐 가치를 파괴하고 부정하는 위험한 인물로 보일 수 있다. 이것은 시원적 인간인 안티고네가 "가장 섬뜩한 자"라고 해석한 하이데거의 표현에서도 잘 나타난다. 따라서 안티고네는 미래적으로 새롭게 해석되어야 한다.

하이데거는 첫 번째 시원(der erste Anfang)을 단순히 돌아보고 기억하면서, 이것을 현시점에서 똑같이 반복함으로써 형이상학을 넘어설 수 있다고 생각하지 않는다. 오히려 본질적인 시원의 의미는 형이상학을 견디며 넘어서는(verwinden) 두 번째 시원(der zweite Anfang)을 통해 비로소 완성될 수 있다는 것이다. 따라서 첫 번째 시원적 인물144)인 여성 안티고네는 두 번째 시원

---

144) 그리스도교에 의하면 첫 번째 시원적 여성은 이브(하와)다. 그녀는 유혹자인 뱀에게 먼저 유혹되었고, 이것을 첫 번째 남성인 아담에게까지 부추긴 여성이다. 반면 첫 번째 남성인 아담은 이브보다는 순진하게 묘사되지만, 그리스도교 교리는 첫 남성인 그로 인해 죄가 세상에 들어왔다고 말한다. 따라서 이 죄의 극복을 위해 둘째 남성, 즉 그리스도가 필수적이라는 것이다. 이렇게 그리스도교의 교리에는 첫째 남성과 둘째 남성이 등장한다. 반면에 죄를 유혹한 첫째 여성의 구원을 위한 둘째 여성은 명시적으로 주장되지 않는다. 단지 가톨릭에서는 이러한 흔적을 마리아에게서 느낄 수 있을 뿐이다. 이와 달리 하이데거는 첫 번째 남성 / 여성을 구별하지 않으며, 단순히 시원적 인간에 대하여 말하고 있다. 그리고 이때 시원적 인간은 그리스도교와 달리 죄인이나 타락한 종족이 아니다. 그리고 하이데거는 두 번째 시원적 인간에 대하여 말하지만,

적 인물인 독일 여성과의 만남의 과정을 가져야만 한다. 이때 독일 여성은 시원적 여성인 안티고네를 향해 자신을 떠나면서, 동시에 안티고네를 통해 자신의 고유하고 본질적인 존재를 다시 찾아내야 한다. 그런데 안티고네는 독일 여성에겐 맹렬하게 타오르는 불과 같은 여성이다. 왜냐하면 "그리스인에게 고유한 것은 '하늘의 불'; 즉, 신들의 도래와 가까움을 규정하는 것의 빛과 작열함"(이스터 212)이기 때문이다. 이제 독일 여성은 이러한 맹렬한 불을 배워야만 한다. 왜냐하면 두 번째 시원에서 이와 같은 맹렬한 불이 결핍될 경우, 두 번째 시원은 단지 냉철한 묘사의 명료성만 갖게 되기 때문이다. 그런데 여기엔 마음의 뜨거움이 없다.

반면에 안티고네는 독일여성과의 만남을 통해, 그리스인에게 닥친 존재의 역운과 이에 대한 그리스인의 불같은 대응이 무엇을 의미하는지 사유할 수 있기를 배워야 한다.[145] 이렇게 하이데

이 인간 역시 죄인이나 혹은 첫 번째 인간의 죄를 극복하는 인물이 아니다. 오히려 그는 첫 번째 인물과의 교감과 대화 나눔을 통해 첫 번째 인물의 존재를 도래적으로 다시 길어오는(wieder-holen) 자다. 따라서 그리스도교와 하이데거의 큰 차이점은, 하이데거의 경우 성별적인 차이를 두지 않고 이들을 죄라는 가치로 평가하지 않는다는 점이다. 이렇게 하이데거는 성별적인 구분을 하지 않고 전체로서 인간 자체에 대하여 말하고는 있지만, 그럼에도 그는 시원적 인간이나 둘째 시원적 인간의 모습을 제시하기 위해 '안티고네'와 '독일 부인'이라는 "여성"을 선택하고 있다. 이것은 하이데거의 인간이 남성/여성의 구분 이전의 통합적 인간을 뜻하지만, 그 통합적인 인간은 여성적인 특징을 띤다는 것을 의미한다.

145) 하이데거는 그리스 여성 안티고네를 "하늘의 불"로, 독일 여성을 "묘사의 명료성"이라고 특징짓는다. 그리고 양자간의 만남과 배움의 필요성에 대하여 말한다. 이런 해석은 첫째 시원과 둘째 시원이란 그의 존재사적인 구도에 따른 것이다. 그런데 이런 해석은 니체가 그리스 정신을 아폴론과 디오니소스적 정신으로 구분한 것과 유사하다. 단지 다른 점은 이 두 요소를 니체는 그리스 정신 안에서 보았는데, 하이데거는 그리스와 독일 정신에서 각각 보고 있다는 점이다. 또한 니체의 경우 아폴로는 형상화하는 힘이고 디오니소스는 파괴적인

거는 안티고네와 독일 여성을 통해 형이상학에 의해 망각된 존재를 하늘의 불의 맹렬함과, 묘사의 명료성의 종합 속에서 다시 회상할 수 있기를 시도하고 있는 것이다. 제2의 시원은 안티고네의 불을 인간의 고유한 존재로서 받아들이려는 회상을 통해서 묘사의 명료성으로 드러날 때 가능하다는 것이다.

이러한 하이데거의 시도는 독일 시인 트라클을 해석하면서 다시 한 번 나타난다. 그런데 여기서는 제1시원과 제2시원 사이의 방랑성과 만남이 아니라 제2시원을 가능케 하는 새로운 인간형, 즉 새로운 존재 방식을 갖는 어린아이의 죽음과 삶이 묘사되고 있다. 그들은 바로 트라클의 시에 나타나는 엘리스와 그의 누이다. 그렇다면 이들이 보여주는 새로운 존재론적 세계와 인간의 모습은 어떠한가?

힘인 데 반해, 하이데거의 경우 아폴로가 태우는 불이고 디오니소스는 그것을 온화하게 하는 힘으로 해석되고 있다.

제8장
엘리스와 그의 누이를 통해 본 존재론적 세계

하이데거는 안티고네와 독일 여성을 자신의 존재사적인 입장에서 해석한다. 안티고네가 제1의 시원을 대표한다면, 독일 여성은 제2시원을 준비하는 자로서 해석된다. 그런데 트라클의 시를 해석하면서 하이데거는 새로운 시원에 걸맞는 인물로서 어린아이를 선택한다. 어린아이는 다시 엘리스라는 사내아이와 그의 누이로 구분된다. 그렇다면 하이데거가 어린아이에서 어떠한 존재론적 희망을 보았는지, 그리고 왜 엘리스와 그의 누이를 모두 필요로 했는지 살펴보고자 한다.

하이데거가 다루는 트라클의 시는 한 가지가 아니다. 그는 「영혼의 봄」, 「지나가는 여름」, 「꿈속의 세바스티안」, 「진리의 거울」, 「신비한 노을」, 「죽음의 일곱 노래」, 「가을의 영혼」, 「시편」, 「어려서 죽은 자에게」, 「뮌히스베르크에서」, 「탄식」 등을 언급하고 있다. 이 많은 시들은 제각기 다른 내용을 담고 있다. 그런데 하이데거는 자신의 존재 사유에서 어린아이가 갖는 의미를 드러내기 위해, 트라클의 다양한 시들을 하나의 주제로 모으고 있다. 이때 등장하는 인물들은 어린아이인 엘리스와 그의 누이, 이들을 지켜보는 푸른 들짐승이다. 이들의 행동이 묘사되는 시간은 저녁 노을이 질 때부터 한밤중까지다. 그 배경엔 푸른 하늘에 번지는 붉은 노을 그리고 노을이 짙어지다가 사라지면서 드러나는 어두움이 묘사되고 있다. 이렇게 푸름과 붉음, 엷은 빛과 어두움이 혼재된 배경을 뒤로 하고 웅크리고 있는 푸른 들짐승과, 어린 나이에 죽은 엘리스와 누이가 등장하고 있다. 그렇다면 하이데거는 이 인물들과 배경에 대하여 어떻게 해석하고 있는가?

1. 성스러운 순간으로서 죽음

저녁 노을이 지는 때 등장하는 인물은 우선 "낯선 자"라고 명명되는 엘리스와 푸른 들짐승이다. 엘리스가 "낯선 자"라고 불리는 까닭은, 그가 기존의 어른과 구분되는 새로운 인간형, 즉 어린아이기 때문이다.[146] 그리고 또 다른 이유는, 그가 너무도 어린 나이에 죽은 자이기 때문이다. 이렇게 죽은 자를 트라클은 「꿈속의 세바스티안」이란 시에서는 "몰락하는 자"라고 표현하고 있다. 따라서 하이데거는 죽음을 몰락(Untergang)과 연결시키고 있다.

하이데거는, 한편으로 몰락이란 의미를 단순히 부정적인 파멸이 아니라 "안식과 침묵에로 침잠하는 것"[147]이라고 해석한다.

---

146) 물론 해석의 처음 부분부터 낯선 자가 어린아이라고 밝혀지지는 않는다. 처음에 낯선 자는 단지 "인간"으로 해석된다. 그러나 Ⅱ 부분 이하에서, 이 인간은 단순한 인간 일반이 아니라 어린아이 엘리스라고 해석된다.

147) M. Heidegger, Die Sprache im Gedicht, in : *Unterwegs zur Sprache*, 42쪽. 앞으로 UzS란 약호로 본문에 삽입함.

몰락은 운세가 쇠잔해지거나 성장이 멈추는 것이 아니라 엘리스로 하여금 편안한 안식을 갖도록 하는 방식으로 해석되고 있다. 다른 한편, 몰락이 의미하는 것은 죽음이다. 그리고 "푸른 들짐승"은 이렇게 죽어간 엘리스를 회상하고 있는 자다.

몰락이 죽음을 뜻한다면, 몰락은 결코 즐거운 일이라고 볼 수 없다. 그럼에도 엘리스라는 소년의 "죽음"은 결코 삶의 종말이라는 슬프고 애달픈 사건이 아니라, 동시에 삶과 연관된 사건으로 해석된다. 이런 점은 엘리스와 푸른 들짐승을 비추고 있는 노을에 대한 그의 해석에서도 잘 나타난다. 트라클의 시에 묘사되는 배경은 저녁 노을이 지는 때다. 저녁 노을은 하루를 마감하는 시간에 나타나는 현상이다. 저녁 노을은 아름답게 여겨지기도 하지만, 그것의 아름다움은 곧바로 사라질 아름다움에 불과하며, 결국 그것은 곧 다가올 밤을 지시하는 씁쓸한 현상이라고 볼 수 있다.

그런데 하이데거는 저녁 노을의 붉음을 아침 노을의 붉음과 연결시키고 있다. 그는 노을이 하루의 종말이 아니라 시원에서도 가능함을 지적하면서, 노을이 갖는 이중성을 드러내려고 시도한다. 말하자면 아침 노을 사이에서 보이는 푸름은 존재의 시원을 향해 돌아가는 길을 의미한다. 반면에 저녁 노을의 경우 노을의 극치에서 얼핏 보이는 푸름은 어두운 푸름으로 더욱 짙어지기도 한다. 이렇게 노을은 시원을 향한 되돌아감뿐만 아니라 종말을 향한 뻗어나감이기도 하다.148) 이런 의미에서 푸른색은 "어둠 속으로 은닉된 밝음"(UzS 44)이라고 해석된다. 두 겹의 겹침으로서 푸름이 어둠과 더불어 더욱 깊어지면서 동시에 태고

---

148) 노을을 아침과 저녁 노을로 동시에 해석할 수 있는 것은, 하이데거의 시간성이 흘러가는 흐름이 아니라 순간 안에 도래와 기재가 모여지는 것이기에 가능하다. 참조, 『존재와 시간』, 68절 이하.

적 근원을 드러낼 때, 그 푸른색을 하이데거는 성스러움의 색이라고 말한다. 이 점에 대하여 하이데거는 "이 성스러운 것은 푸름으로부터 빛나며, 동시에 푸름 안의 고유한 어둠을 통해 스스로를 감추기도 한다"(UzS 42)고 말한다. 말하자면 푸름은 붉음과 대조되기도 하지만, 동시에 붉음과 함께 얽혀져 밝은 빛을 몰아내는 어둠의 색상이기도 하다는 것이다. 이렇게 붉음과 푸름, 빛과 어둠이 서로 한데 얽혀 연출하는 성스러운 노을 가운데 죽은 엘리스가 놓여 있는 것이다.

이런 분위기는 엘리스의 죽음에도 성스러운 의미를 부여한다. 따라서 하이데거는 성스러운 엘리스의 죽음이 갖는 존재론적인 의미가 무엇인지를 해명하기 시작한다. 그리고 안티고네가 죽음을 통해 자신의 운명을 드러낼 수 있었듯이, 엘리스의 죽음은 단순히 존재적인 사건이 아니라 성스러운 배경 안에서 이루어지는 인간 존재의 가장 극단적인 가능성을 드러낸다고 말한다. 그렇다면 "죽음"은 무엇을 의미하는가? 이 점에 대하여 하이데거는 트라클의 「시편」 중 두 구절을 인용하고 있다 :

"미친 자는 죽었다
낯선 자는 매장되었다"(UzS 53)

"그의 무덤 가운데서 창백한 마술사는
그의 뱀들과 놀고 있다"(UzS 53)

이 두 시구에 따르면 죽음이란 표현은 서로 다른 의미로 사용되는 듯이 보인다. 한편으로 죽음은 존재적인 종말이다. 그러나 다른 한편으로 죽음은 변화되고 달라진 존재 방식을 의미한다. 이를 위해 하이데거는 '죽은 자'의 의미를 '미친 자'의 의미와 어원론적으로 비교 분석하고 있다. 미쳤다(Wahnsinn)는 고대 독어의 의미는 어원론적으로, Wahn의 고대 독어인 Wana, 즉 "없다, 결핍하다"란 의미에서 유래하며(UzS 53), Sinn은 Sinnan, 즉 "여행하다, … 을 향해 노력하다, 어떤 한 방향으로 나아가다"란 의미를 지닌다는 것이다. 그렇다면 죽은 자는 "다른 어떤 곳을 향한 도상에 있는 자"(UzS 53)며, 죽음을 향해 몰락해가는 자를 의미한다. 죽은 자는 죽음에의 존재를 결단하여 선취하는 자(SZ 53절)며, 이를 통해 존재자로부터 존재 세계로 전회를 감행하는 자다. 이와 같이 엘리스는 철저한 "없음"과 "무"를 향해 여행하는 자로서 존재적으로는 죽었지만, 존재론적으로는 "죽음에의 존재"로서 현전하고 있는 것이다. "죽은" 엘리스는 "자기 무덤 안에서 살아 있는 것이다"(UzS 53). 이렇게 무덤은 부정적 의미의 무의 장소가 아니라 바로 존재론적인 세계가 열리는 장소로 해석되고 있다(Weg 113-114). 그렇다면 존재론적인 죽음의 세계에서는 어떠한 사건이 일어나고 있는가?

하이데거는 엘리스가 무덤 안에서 뱀들과 유희를 즐기고 있는 장면을 인용하고 있다. 이때 뱀들은 더 이상 사악하지 않고 유순한 동물로 변화되어 있다. 죽은 엘리스는 죽지 않았고, 사악한 뱀은 더 이상 해를 끼치지 않는 곳, 과연 그곳은 어떠한 곳인가? 죽음은 엘리스를 어떠한 세계로 이끌어 가는가?

2. 존재론적으로 이해된 죽음의 특징

하이데거는 엘리스가 향하는 세계를 해명하기 위해 다음의 시를 인용한다.

"이마에는 선혈처럼 조용히

태고의 전설과

새의 비상의 어두운 의미가 흐르고 있다"(UzS 54)

하이데거는 이 시구를 통해 엘리스가 태고의 전설을 향해 가고 있다고 해석한다. 엘리스는 죽음을 통해 "태고적인 원초로 되돌아가고"(UzS 55) 있는 것이다. 그런데 하이데거는, 태고적 원초의 세계는 인류가 부패하기 시작한 것보다 더 오래되었다고 말한다. 이 점은, 하이데거의 존재론적인 시원이 형이상학적인 학문보다 더 오래되고 새로우며 더 풍성한 것과 상응한다. 따라서 시원의 세계로 되돌아간 엘리스는 아직 부패한 인류가 등장하기 이전의 세계로 되돌아간 것을 의미한다. 엘리스는 스스로 죽음을 향함으로써 부패한 종족으로부터 떠나는 자며, 부패한 종족에 더 이상 속하지 않는 자다. 이런 의미에서 하이데거는 다음과 같이 말한다 :

"엘리스는 죽은 자이지만, 원초에로 빠져나가 존재하는 자다. 이 낯선 자는 아직 잉태(고대 독어의 giberan)되지 않은 원초 가운데로, 앞서서 인간의 본질을 전개하고 있다"(UzS 55).

그런데 원초로 되돌아가기 위해 엘리스는 죽음이라는 "밤의 연못과 별로 가득한 하늘"을 "금빛 거룻배"(UzS 56)를 타고 건너야 한다. 레테(은폐)의 강을 건널 때, 그는 시원의 세계가 탈은폐되는 경험을 하게 되는 것이다. 즉, 강을 건너는 그 순간 엘리스는 종말의 "침울한 인내"와 "시원의 금빛 눈"(UzS 57)을 동시에 경험하게 되는 것이다.149) 그런데 종말의 침울함과 시원의 금빛 눈이 서로 연결되어 있기에, 여기서 침울한 고통은 단순한 아

___

149) 여기서 우리는 시원과 종말의 동일성이란 긴장된 관계를 주장하는 하이데거의 입장을 볼 수 있다.

폼이 아니라 어둠 가운데서 피어오르는 푸른 성스러움의 고통이라고 해석된다(UzS 45). 그 고통은 은폐되어 있는 것의 진리로 이끄는 성스러운 고통이며, 시원적인 "황금빛의 진실한 것"(UzS 57)에 의해 비춰지는 고통인 것이다. 이렇게 침울한 인내를 견뎌내고 엘리스의 마음이 열렸을 때, 그때 엘리스는 황금빛의 진실의 세계, 즉 존재론적인 진실의 세계를 보게 되는 것이다. 이때 드러나는 세계를 하이데거는 신비스러운 세계라고 말한다. 엘리스는 죽음과 더불어 이렇게 신비스러운 존재론적 세계 안에 거주하게 된다. 그렇다면 신비스러운 세계가 의미하는 것은 무엇인가?

트라클은 정신적(geistig)이란 표현 대신 신비스러운(geistlich)이란 표현을 쓰고 있다. 하이데거는 트라클의 '신비스러운'이란 의미를 더 이상 감각적인 것에 대립하는 초감각적이란 의미가 아니라 전혀 새로운 존재론적 세계를 지시하는 의미로 해석한다. 하이데거에 의하면, 트라클은 정신을 "프네우마(pneuma)"로서, 즉 영적인 것으로 이해한 것이 아니라 오히려 타오르고 몰아대며 놀라게 하는, 따라서 포착될 수 없는 불길로 이해하고 있다는 것이다. 이처럼 엘리스가 거주하는 존재론적인 세계는 타오르는 불길에 의해 밝혀지고 뜨거워진 세계인 것이다. 그런데 철학적 불의 경우 밝음과 명료함을 제시하는 데 반해, 트라클적인 불길은 밝힘과 불타오름, 그리고 태워 없앰이란 의미를 모두 포함하고 있다는 차이를 지닌다. 엘리스의 세계는 타오르는 불의 밝힘과 동시에 타올라 태워버리는 광포함을 모두 지닌 불길인 것이다. 따라서 신비스러운 세계는 "부드러운 것과 동시에 파괴적인 가능성을 포함하는"(UzS 60) 세계로 드러난다.

이렇게 신비스러운 정신은, 한편으론 부드러운 불로서 "길을 열고 밝히며"(UzS 60), "불타버림으로써 사라져버린 것을 결코 파괴하지 않고, 오히려 그것을 다정한 안식 가운데로 모아"(UzS 60)들이기도 하지만, 다른 한편으론 파괴적인 힘으로서 "모든 것을 집어삼켜 하얀 재로 없애버릴 수도"(UzS 60) 있다. 그러나 이렇게 극단적이고 파괴적인 힘으로 전개되지만 않는다면, 이 불길은 인간의 우울함, 즉 외로운 영혼에게 길을 밝혀주는 불이기도 하다. 이러한 불길은 엘리스로 하여금 금빛 눈으로 자신의 세계를 돌아보게 하고, 그것에 순종하게 하는 불길이다. 따라서 하이데거는, "관조는 아픔을 들춰내는 것이며, 이것을 통해 아픔은 온화함에 도달하고, 이 온화함으로부터 자신의 탈은폐하며-안내하는 능력에 도달한다"(UzS 62)고 말한다. 즉, 아픔을 아픔으로서 받아들일 때 아픔은 더 이상 고통스러운 것이 아니라 오히려 아픔에 겨워하며 살아가는 인간의 존재론적인 존재 방식과 세계를 변용시키는 온화함이 되는 것이다(UzS 62).

이와 같이 엘리스가 아픔을 아픔으로 받아들일 때, 그는 자신의 "참다운 존재"를 경험하게 된다. 이런 한에서 "아픔"과 "참다운 존재"는 서로 밀접하게 연관되어 있다. 참된 존재는 말없는 돌의 단단함에 비견되는 심연적인 아픔을 수반하는 것이다. 이렇게 돌과 같은 아픔의 깊이에서만 엘리스는 자신의 본래적인 존재로 존재하게 되는 것이다. 그런데 아픔을 통해 본래적인 존재로 존재한다는 것은 어떻게 가능한가?

이 점에 대하여 하이데거는 돌과 같이 단단해진 아픔이 '무언의 말'을 하기 때문이라고 해석한다. 엘리스가 아픔에 순종할 때 아픔은 침묵 속에서 말을 하기 시작하며, 이때 아픔의 말은 엘리스의 존재를 드러내는 온화함의 말로 변화되고, 온화함 안에서 아픔은 극복되기 때문이라는 것이다.

그러나 아픔에 순종할 때 들려오는 침묵의 말은 인간 스스로의 의지에 의해 가능한 것이 아니다. 오히려 아픔이 아픔으로 극

대화되는 것을 인간이 견뎌낼 때, 그래서 아픔이 스스로 말하기 시작할 때 인간은 그 말을 들을 수 있는 것이다. 말하자면 아파하는 인간을 지켜보는 것은 인간 자신이 아니라 바로 "태고의 바위"(UzS 63)로서의 아픔 자체인 것이며, 이렇게 아픔에 진지하게 대응하는 인간에게 말을 건네는 것도 아픔 자체인 것이다. 따라서 하이데거는 "위대한 영혼의 근본 특징으로서 아픔은, 저 푸른 신성함에 순수하게 대응하게 한다"(UzS 64)고 말한다. 그리고 이때 인간은 심연의 깊이에 있는 시원적 세계, 즉 부패된 종족 이전의 존재론적 세계를 보게 되는 것이다. 그렇다면 아직 부패하기 전의 인간이란 어떠한 모습인가?

3. 부패하기 이전의 인간 존재의 본래적인 모습

트라클의 시 「가을의 영혼」 중 :

"푸른 영혼, 어두운 방랑이
곧 우리를 사랑하는 이들과 남들로부터 갈라놓으리라
해 저물녘은 의미와 모습을 바꾸어놓는다"(UzS 49)

하이데거는 이 시에 나타나는 남들이란 표현을 다른 인간, 다른 종족으로 해석한다. 종족(Geschlecht)이란 단어는 "인간 종족", "부족, 씨족, 가족" 그리고 "남성과 여성이라는 양성"(UzS 50)이란 의미를 포함한다. 그런데 하이데거에 따르면, 종족들 간에는 이미 "인간의 본질적 양태로부터 제외되고 추방된 … 저주"가 주어져 있으며, 그들은 서로 "불화" 가운데로 빠져들게 되었다는 것이다(UzS 50). 그리고 이러한 불화로 인해 각 종족 또는 남성과 여성들은 "개별화되고 단순한 들짐승의 야수성이 빚어내는 소동 가운데로 빠져들게"(UzS 50) 되었다는 것이다. 따라서 여성과 남성 사이에 나타나는 불행의 본질은, 인간이 남성과 여성으로 나뉘어 있다는 사실이 아니라 이들이 빚는 "불화"(UzS 50)에 놓여 있는 것이다. 이제 분명한 것은 인간 사이에 혹은 남성과 여성 사이에 불화가 나타나기 시작했다는 점이다. 그렇다면 이 둘 사이의 불화가 그칠 가능성은 있는가?

하이데거는 이미 불화 속에 빠져들어간 '타락한 종족'에서는 그 극복 가능성을 찾지 못한다고 말한다. 오히려 가능성을 그는 아직은 하나의 "성"인 소년／소녀에게서 찾는다. 부패한 종족의 구원은 거창한 "인류"에서부터 오는 것이 아니라 아직은 어른이 아닌, 그러나 존재론적 의미에선 어른보다 더 시원에 가까운 어린아이로부터 온다는 것이다. 따라서 인간이 올바른 길을 찾아갈 수 있는 가능성은, 불화로 인한 대립으로부터 벗어나 서로 하나가 되는 온화함 안으로 들어설 때다. 이것은 저 "낯선 자"인 엘리스를 따라갈 때 가능하다(UzS 50).

그렇다면 엘리스가 향하는 태고적 시원의 세계는 어떠한 모습을 지니는가? 하이데거에 의하면, 그곳에는 단지 똑같음이란 의미의 목가적인 단일한 모습이 아니라 다양한 모습들이 존재한다. 단지 그 다양성이 온화함이란 통일성 안에서 조화를 이루고 있을 뿐이다. 그곳엔 단지 선한 세계만 존재하는 것이 아니라 선과 악이 분리되기 이전의 혼합된 통일성의 세계가 존재하는 것이다. 따라서 부패한 족속으로부터 벗어나 엘리스가 향하려는 태고적 시원에는 아픔과, 깊고 어두운 밤의 연못, 신비스러운 푸름, 몰락과 구원의 모습이 아직 분화되지 않은 통일성 가운데 함께 어우러져 존재하고 있는 것이다. 이곳엔 아직 대립이 존재하지 않는 것이다. 이런 점은 죽은 엘리스가 뱀과 놀이를 즐기는 장면에서 잘 나타난다. 그리고 이 세계 안에서 소년 / 소녀는 구분되기는 하지만, 더 큰 통일성 안에서 하나의 성으로 존재한다는 것이다. 이런 의미에서 하이데거는 아직 소년 / 소녀가 구분되지 않는 태고적 시원의 세계 자체에 대하여 말할 때는 더 이상 소년이나 소녀가 아니라 시구 처음 부분에서 언급한, 대지 위에서 낯선 자인 고뇌하는 영혼이란 표현을 사용하고 있다.

낯선 자로서 엘리스는 "아직 잉태되지 않은 시원 안으로 인간의 본질을 미리 전개하고 있는"(UzS 55) 자다. 즉, 죽음을 통해 "세상을 떠나는 것은 하나의 모아들임이며, 이러한 모아들임을 통해 인간 본질은 자신의 고요한 어린아이성으로 되돌아가고, 이 어린아이성은 또다시 다른 시원의 태고적으로 되돌아가게 한다"는 것이다(UzS 67). 말하자면 세상을 떠나는 것은 어린아이성과 태고적 시원으로 돌아가는 것이며, 이런 의미에서 무덤은 존재적 세계로부터 존재론적 세계로의 전이가 일어나는 장소다. 무덤은 "낯선 자"의 죽음과 어린아이성의 회복, 그리고 그를 따라가기를 감행하는 모든 인간들로 하여금 자신의 고유한 존재의 길로 들어서게 하는 곳이다(UzS 70). 이곳은 부패한 종족들이 자신의 부패성으로부터 벗어나 새로운 존재로의 부활(Auferstehen)이 이루어지는 곳(UzS 67)이기도 하다. 즉, 이곳에서 "악은 변화"(UzS 67)된다.

그렇다면 엘리스를 따르려는 푸른 들짐승에게 남은 일은 이러한 죽음 / 부활이 말하는 무언의 말에 귀를 기울이며, 그 말을 듣는 일 뿐이다(UzS 70). 그런데 아직까지 엘리스와 그의 누이의 존재 혹은 역할은 구분되지 않고 있다. 따라서 하이데거는 트라클이 "하나의 성"을 강조하고 있음을 주목하며, "이 강조된 '하나의 성'이라는 말 안에는, 그것에 대하여 트라클의 시가 비밀을 지키고 있는 근본 음향이 은닉되어 있다"(UzS 78)고 말한다. 이때 하나의 성이란 표현은 생물학적 단성이나 동성을 의미하는 것도 또는 일정한 한 성의 우월성을 의미하는 것도 아니다. 오히려 어린아이가 거주하는 태고적 시원에서의 하나의 성이란 표현은 "신비스러운 밤의 모든 것을 모아들이는 푸름의 … 통합시키는 힘"(UzS 78)을 뜻한다. 그리고 이러한 하나의 성으로부터 양성의 불화가 시작되는 한, 어린아이의 하나의 성은 존재론적으로 남성/여성의 구분보다 앞선 것이다. 이렇게 어린아이는 어른보다 존재론적으로 도래적이면서 동시에 기재적인, 말하자면 앞선 존재이자 완성시키는 존재라고 볼 수 있다. 그런데 인간의 불화 그리고 부패한 종족의 출현과 더불어 이제 소년과 소녀의 존재론적 위치와 역할은 구분되게 된다.

4. 소년과 소녀의 존재론적 역할의 구분

하이데거가 인용한 트라클의 시에서, 엘리스에 관한 표현은 대부분의 시구에서 등장한다. 엘리스는 어떤 구절에서는 낯선 나그네로도 표현되지만, 이것을 하이데거는 모두 엘리스로 해석하고 있다. 반면에 소녀가 등장하는 시구는 그리 많지 않다. 그 시구("신비스러운 노을"과 "탄식")는 다음과 같다:

"너는 …
별이 가득한 하늘을 건넜다.
누이의 달빛 목소리가 끝없이
신비스러운 밤을 꿰뚫고 울려퍼졌다"(UzS 48)

"질풍 같은 우울에 휩쌓여 있는 누이여
보라 저 불안하게 흔들리던 거룻배가 침몰하고 있다
저 별들 아래로

밤의 말없는 얼굴 아래로"(UzS 58)

이와 같이 하이데거가 인용하고 있는 시구 중 소녀가 등장하는 것은 이 두 편뿐이다. 반면에 트라클에 대한 하이데거의 해석에서 맨 처음에 등장하는 것은 ① 지상에서 낯선 자로서의 영혼인 인간이다. 그리고 인간의 본질을 해석하기 위해 하이데거는 ② 부패한 종족과 대비되는 '낯선 자'로서 인간을, ③ 낯선 인간의 본질로서 어린아이를, 그리고 ④ 어린아이를 소년과 소녀로 구분하고 있다. 그리고 이 구분은 다시 ⑤ 어린아이로 통합되고 ⑥ 어린아이와 어른의 구분으로, 그리고 ⑦ 부패한 인간과 구원받은 인간으로 분류되고 있다.

그런데 소년과 소녀의 역할이 구체적으로 구분되는 지점은, 부패한 종족과 그들의 구원 가능성이 다루어지는 부분이다. 즉, 인간 종족은 처음엔 시원적 인간과 부패한 인간이란 대립 형태로 해석되고 있지만, 이 대립을 극복하기 위해 어릴 때 죽은 소년인 엘리스가 등장하고, 존재론적인 전환점에서 그의 누이인 소녀가 등장하고 있는 것이다.

하이데거에 따르면, 아직 태어나지 않은 자라고 해석되는, 어린 시절에 죽은 소년 엘리스 안에는 앞으로 전개될 인간의 성별적 차이를 간직하고 있는 "어린아이성"이 보존되어 있다"(UzS 55). 엘리스 안에는 이미 남성과 여성의 차이가 존재론적으로 앞서 보존되어 있다는 것이다. 이 점에 대하여 하이데거는 다음과 같이 말한다 :

"소년 엘리스의 모습 안에는, 소녀성과 대립되는 소년성만이 놓여 있는 것이 아니다. 소년성은 좀더 고요한 어린아이성의 현상이다. 이 어린아이성은 소년뿐 아니라 '소녀의 황금빛 모습'이라는, 즉 남성과 여성의 부드러운 이중성을 자신 가운데 은닉하고 보존하고 있다"(UzS 55).

이렇게 아이 안에는 소년 / 소녀의 존재론적 차이가 잠재되어 있는 것이다. 그렇다면 굳이 엘리스 외에 소녀가 등장하는 구체적인 이유는 무엇인가?

트라클의 시나 하이데거의 해석에서 소녀는 주제의 전면에 등장하기보다는, 항상 소년과의 동행자로서 혹은 소년의 존재론적 세계를 푸른 들짐승에게 안내하는 지시자로서 배후에서 등장하고 있다. 이때 소년 엘리스는 그의 죽음을 통해 이미 존재론적 영역에서 거주하는 자다. 푸른 들짐승은 그 엘리스를 회상하며 존재론적 영역 앞에서 고통으로 화석화된 인간을 뜻한다. 이러한 푸른 들짐승에게 엘리스가 거주하는 존재론적 세계를 따라가도록 도와주는 인물이 바로 소녀다. 이런 점은 하이데거가 존재론적 세계를 경험한 자면서 동시에 그 안내자이기도 했다는 점과 상응한다. 이때 하이데거는 한 사람이지만 그 역할은 둘로 구분되는 것이다.150) 이와 마찬가지로 하이데거는 트라클의 시를 해석하면서, 이미 존재론적 영역 안에 거주하는 엘리스와, 그곳으로의 안내를 돕는 소녀를 통해 존재론적 세계 자체와 그곳으로 안내하는 길에 대하여 말하고 있는 것이다. 엘리스와 소녀는 모두 존재론적 영역을 선취한 존재자라는 동일성을 지니지만, 다른 한편으로는 이미 존재론적 영역에 거주하는 엘리스와 달리, 소녀는 푸른 들짐승으로 하여금 그 길을 향하도록 돕는 자

---

150) 이것은 마치 니체가 차라투스트라를 통해 초인과 영원 회귀를 말하지만, 그것을 독자에게 인도하는 직접적인 화자는 니체가 아니라 차라투스트라라는 점, 그럼에도 차라투스트라라는 화자와 니체라는 저자가 서로 상이한 인물일 수는 없는 것과 같다. 이러한 관계를 하이데거는 엘리스와 트라클에 적용시키고 있는데, 우리는 이런 점을 저자인 하이데거와 화자인 하이데거 사이에, 그리고 엘리스와 그 누이 사이에 적용시킬 수 있을 것이다. 참조, UzS 54.

인 것이다.

이러한 구분은 동일한 존재론적인 세계 안에서의 구분이기에, 이들의 역할은 서로 다르지만 동일한 모습을 반영하고 있는 것이다. 이런 의미에서 하이데거는 트라클의 시에 등장하는 "연못"을 "연못의 거울"(UzS 48)로 해석하고 있다. 말하자면 거울은 인간으로 하여금 인간의 모습을 '비춰주면서', 동시에 인간으로 하여금 거울에 비친 상이 아니라 자기 스스로를 바라보게 하는 존재자인 것과 같이, 연못의 거울을 통해 존재론적 세계를 지시하는 소녀는, 이미 그곳에 거주하는 소년을 반영하는 누이며, 그 소녀의 안내는 소년의 거주처에 대한 회상이라고 볼 수 있다.

5. 존재에의 회상과, 회상의 말로서의 소녀

회상은 단순히 지나간 일에 대한 기억이 아니다. 오히려 존재론적 세계에의 회상은 구체적인 연못의 건넘을 실존적으로 감행해야 한다. 이러한 감행함을 위해 푸른 들짐승이 처한 상황은, 이미 황혼의 푸름이 어두운 푸름으로 밤의 깊이를 더한 때다. 이때 소녀는 푸른 들짐승으로 하여금 심연과 같은 푸른 어둠을 건널 수 있도록 도와주는 인물이다.

"검은 구름 위로
너는 아편에 취한 채
밤의 연못을 건너,

별이 총총한 하늘을 건너간다.
누이의 달빛 음성이 끝없이
신비한 밤을 꿰뚫고 울려퍼진다"(UzS 48).

이처럼 소녀는 푸른 들짐승에게 엘리스의 거주처에 대하여 "말하는 자"다. 소녀의 말은, 소년과 푸른 들짐승이 심연에 빠져들고 고뇌의 정점에 이르렀을 때, 그것을 견뎌 넘어가기를 지시하는 역할을 하고 있다. 엘리스가 심연과 같은 어두운 밤의 연못을 건너려 할 때, 이를 은은한 달빛으로 비춰주며 길을 밝혀주는 자는 소녀다. 이때 엘리스는 혼자가 아니다. 오히려 그의 누이인 소녀가 달빛 가운데 지켜보며 그와 함께 하고 있는 것이다.

이와 같이 소녀는 엘리스가 존재론적 세계로 넘어가는 것과 동행하고 있으며 그 길을 밝히고 있다. 또한 소녀는 푸른 들짐승에게 존재론적 세계로의 길을 지시하는 자이기도 하다. 그렇다면 우리는 소녀에게서 궁극적인 구원자의 모습을 발견할 수 있을 것이다. 그리고 하이데거가 그의 존재론을 전개하는 데에 엘리스 외에 엘리스를 향하도록 지시하는 자로서 소녀를 필요로 한 이유도 바로 여기에 있는 것이다. 이 점에 대해 하이데거는: "왜 이 시인이 여기서(「비탄」, 「그로테크」란 시에서) 그의 마지막 말을 하는 데에 겪는 극도의 위급함 가운데서도 신을 부르지 않았는가, 그리고 그가 그렇게 결정적인 그리스도교인이었다면 왜 그리스도를 부르지 않았는가? 그는 신을 부르는 대신에 왜 '누이의 흔들리는 그림자'를 부르고 그녀를 '인사하는 여자'라고 명명한 것일까? 왜 그의 노래는 … '아직 태어나지 않은 후손'의 이름을 부르며 끝냈을까? 그리고 왜 그 누이는 다른 하나의 후기의 시인 「비탄」 가운데서도 역시 나타나고 있는 것일까?"(UzS 76)라고 말하고 있다. 이러한 하이데거의 질문은 트라클과 그리스도교와의 대비라는 주제로 들릴 수도 있다. 그러나 이 질문은 하이데거의 존재론에서 소녀가 차지하는 존재론적 역할의 중요성에 대한 표현이라고 해석될 수도 있다. 그렇다면 존재-하이데거(시인)-현존재라는 도식적인 구분은, 트라클 시 해석에서는 존재(엘리스)-존재에의 안내자(소녀)-푸른 들짐승이라는 구분으로 나타나고 있으며, 그 안내자의 역할로서 여성이 주장되고 있는 것을 볼 수 있다.

이렇게 하이데거는 트라클 시를 해석하면서 새로운 시원에 적합한 인간의 존재론적인 모습을 엘리스와 그의 누이를 통해 제시하고 있다. 이들은 죽음과 구원, 부패한 종족과 새로운 종족에 대한 전환점에서 등장하며, 이 전환점에서 이들은 다시 소년과 소녀의 역할로 구분된다. 이때 소녀는 구원에의 지시자로서 나타나고 있다. 그렇다면 독자로 하여금 존재 사유에 이르도록 돕는 하이데거의 시도는, 트라클 시에서 나타나는 소녀의 역할과 유사하다고 볼 수 있다. 이러한 소녀의 역할이 『사유란 무엇인가?』에서는 어머니로 표현된다.

제9장

어머니 : 존재 사유의 선생

하이데거는 『사유란 무엇인가?』에서 존재에 대한 사유가 어떻게 가능할 수 있는지를 어머니와 어린아이의 예를 통해 보여주고 있다. 하이데거가 독자들에게 존재 사유의 필요성을 강조하고 가르치기를 원했다는 것은 잘 알려진 사실이다. 그런데 이제 하이데거는 자신이 한 일을 "어머니"라는 여성의 모습을 통해 묘사하고 있다. 이것은 존재 사유를 가르치는 것, 그리고 존재 사유 자체가 여성적인 특징을 띤다는 점을 암시한다. 그렇다면 존재 사유를 가르치는 어머니의 방식은 어떠한가? 이에 대하여 하이데거는 다음과 같이 말한다 :

"'기다려라, 내가 너에게 순종이 무엇인지 가르쳐주겠다' ― (이렇게) 어머니는 집에 가지 않으려는 아이를 향해 외친다. 어머니는 그의 아들에게 복종에 대한 정의를 말하는 것인가? 아니다. 그러면 그녀는 아들에게 아마도 훈계를 주는 것인가? 만약 그녀가 올바른 어머니라면 그러지 않을 것이다. 오히려 그녀는 아들에게 순종함을 가르칠 것이다. 혹은 더 나은 방법은 그 반대로서 : 즉, 그녀는 아들로 하여금 순종함에 이르도록 이끌어갈 것이다. 그녀가 꾸짖지 않을수록, 그것은 더 지속적인 영향을 끼칠 것이다. 어머니가 더 직접적으로 아들로 하여금 듣도록 이끌수록, 그것은 더 간단히 성공할 수 있을 것이다. 이것은, 아들이 마지못해 따르도록 하는 방식이 아니라 오히려 그가 듣기를 기꺼이 원하도록 하는 방식이다. … 왜냐하면 그는 듣는 동안, 그의 본질이 속하는 그러한 존재가 되기 때문이다. 따라서 배움은 어떠한 꾸짖음을 통해서도 생기지 않는다. 그럼에도 불구하고 가르침에서는 때때로 목소리를 높여야만 한다. 심지어 사유와 같이 고요한 사태를 가르치는 데에서도 크게 소리쳐야 한다."151)

이 인용문에는 어머니와 아들, 순종, 가르침 / 배움, 소리침 등의 표현들이 등장한다. 존재 사유를 가르치기 위한 인물로서 하이데거가 어머니와 아들을 선택한 것은, 임의적인 것이 아니라 그의 존재 사유의 특징과 부합하기 때문이다. 이러한 예를 우리는 그의 후기 작품 안에서 유비적으로 발견할 수 있다. 『휴머니즘에 관한 서한』에서 하이데거는 남성적 / 여성적 사유란 표현을 사용하지는 않는다. 그러나 그는 자신의 존재 사유를 기존 형이상학의 존재자-사유와 구분하면서 존재 사유를 목자와, 존재자-사유를 지배자와 연결시키고 있다(Weg 338). 그리고 존재 사유를 다시 염려(쿠라), 알레테이아와 연결시키고 있다(Weg 339, 353 이하). 반면에 기존의 형이상학적인 사유에 근거한 세계의 모습은 "고향 상실"(Weg 336)이라고 표현하고 있다. 하이데거는, "고향 상실은 세계의 운명이 되었고"(weg 336), "진리를 보내주는 역운으로서 존재는 은폐되었다"(Weg 336)고 말한다. 이렇게 고향 상실은 존재가 망각된 사실에 기인하며, 이러한 존재

---

151) M. Heidegger, *Was heisst Denken?*, 19쪽. 앞으로 WhD이란 약호로 본문에 삽입함.

망각의 시대를 "기술"의 시대의 특징으로 규정한다. 하이데거는 이러한 기술과 학문이 인류에게 구원을 가져다줄 것으로 생각하지 않는다. 오히려 그는 이러한 생각이 갖는 위험성에 대하여 경고하고 있다. 예를 들어 마이나우 섬에서 18명의 노벨상 수상자들이 공동으로 발표한 성명, "학문 — 즉, 현대 자연과학 — 은 인간의 행복한 삶으로의 길이다"(Gel 17)라는 주장이나, 미국 화학자 스탠리가 린다우에서 개최된 국제 모임에서 "생명이 화학자의 손에 넘겨질 때가 가까워졌다. 화학자는 생명 있는 실체들을 임의적으로 분해시키고 합성시키며 변화시키는 자다"라고 주장한 데 대하여 하이데거는 이러한 시각이 존재 망각에서 비롯되었던 것임을 지적하고 있다. 이런 주장은 맹목적인 기술의 발달이 가져올 위험성에 대한 진지한 숙고를 결핍한 사고라는 것이다. 왜냐하면 기술의 발달은 단지 발달된 기술에 그치는 것이 아니라 인간이 갖고 있는 기술에 대한 통제력마저 빼앗는 결과를 초래하기 때문이다. 이런 점을 그는 "현대인은 사유로부터 도망하고 있다"(Gel 12)고 말한다. 그렇다고 이러한 표현은, 현대인이 사유를 하지 않는다는 것을 의미하는 것은 아니다. 오히려 현대인은 현대적으로, 기술적으로 많은 사유를 한다. 현대인은 "계산하고, 계획을 세우고, 탐구하는 사유"(Gel 12)에 몰두해 있다. 그리고 계산적인 사유는 결코 고요하게 멈추지도, 숙고에 이르지도 못하는 특징을 지닌다. 이러한 계산적 사유를 하이데거는 고속도로에 비교한다. 계산적인 사유는 직선적이고 가장 빠르며 가장 값싸게 얻을 수 있으며, 또한 그러기를 원하는 사고라는 것이다. 이런 의미에서 하이데거는 현대인들이 사려의-빈곤, 사려-없음에 빠져 있다고 말하는 것이다.

이러한 예를 통해 우리는, 하이데거가 존재 사유를 가르치는 자로서 왜 어머니를 선택했는지 추정할 수 있다. 그것은, 어머니가 모든 인류의 고향이고 하이데거의 사유 역시 고향적인 사유이기 때문이다.

"어머니"라는 개념 외에 위 인용문에는 순종에의 가르침과 소리침이란 표현이 등장한다. 어머니는 왜 아이에게 소리를 쳐야(schreien) 하는가? 여기서 Schreien이란 단어는 절규함을 뜻한다. 그렇다면 존재 사유를 가르치려는 어머니가 아이에게 절규한다는 것이다. 왜 절규인가?

하이데거는 "황무지가 자라난다"는 니체의 말을 인용하면서, 니체의 이 표현은 황무지가 가져올 가공할 만한 위험성에 대한 예지를 포함하고 있기 때문에, 이러한 위험성에 둔감한 독자들에게 니체는 절규라는 방식을 취할 수밖에 없었다고 말한다. 따라서 하이데거는 : "가장 조용하고 부끄러워하는 사람 중의 한 명인 니체는 이러한 필연성을 알았다. 그는 소리쳐야만 하는 고통에 시달렸던 것이다"(WhD 19)라고 말한다. 이러한 니체의 절규는, 차라투스트라의 말 : "웃고들 있구나. 그들은 나를 이해하지 못한다. 나는 이와 같은 자들의 귀를 위한 입이 아닌가보다. 그렇다면 그들이 눈으로라도 들을 수 있도록 먼저 그들의 귀를 때려부숴야 하는가? 아니면 울리는 북과 참회의 설교자들처럼 요란을 떨어야 하는가?"[152)]라는 말에서도 잘 나타난다. 여기서 니체는 눈 대신 귀를, 문자 대신 말을 요구하고 있다. 즉, 『차라투스트라는 이렇게 말했다』라는 "책"은 비록 "모든 사람을 위한, 그러면서도 그 어느 누구를 위한 것도 아닌 책"이란 부제를 달고 있지만, 그럼에도 이 책 안에서는 "차라투스트라는 이렇게 말했다(Also sprach Zarathustra)"라는 표현이 거의 모든 장의 끝에 등장한다. 물론 두 번에 걸쳐 "차라투스트라는 이렇게 노래했다

---

152) F. Nietzsche, *Also sprach Zarathustra*, 번역본(정동호 역)은 "차라"라는 약호로 본문에 삽입함. 서문 5.

(Also sang Zarathustra)"는 표현이 나타나지만, 어디에도 "차라투스트라가 이렇게 썼다"는 표현은 없다. 이런 점은 니체가 자신의 작품을 돌아보면서 회고적으로 해석하고 있는 책인『이 사람을 보라』의 서문에서도 "내 말을 들으시오! 나는 이러이러한 사람이기 때문이오. 무엇보다도 나를 혼동하지 마시오!"[153)]라고 말하는 점에서도 발견할 수 있다. 니체는 자신의 사상이 글이 아니라 말로서 전달되기를 바랐던 것이다. 그렇다면 왜 니체는 말을 선호했을까?

이에 대한 해석은 다양하지만, 적어도 니체는 자신의 글 안에서 독자들이 언어적 개념이 아니라 그의 마음의 파토스를 발견하기를 원했기 때문이라고 볼 수 있다. 파토스는 아직 화석화되지 않은 에토스이기 때문이다. 반면에 에토스가 에틱(윤리학)으로 변하고 도덕률이 등장하게 되는 것은, 에토스를 가능케 했던 파토스가 화석화되었을 때다. 그렇다면 파토스는 에토스의 근거라고 할 수 있다. 이런 이유에서『차라투스트라는 이렇게 말했다』서문 4에서는 "나는 사랑한다"라는 표현이, 서문 5에서는 "슬프다(Weh)"는 표현이 반복해서 말해지는 것이다. 즉, 니체는 황무지가 자라나는 시대, 신이 죽은 시대에서 다가오는 위험을 사랑과 슬픔의 파토스로서 알리고 있는 것이다. 따라서『차라투스트라는 이렇게 말했다』에 씌어진 언어는 바로 절규의 외침인 것이다(WhD 20). 이러한 외침은, 에토스적인 언어로 씌어진 것처럼 보이는『이 사람을 보라』는 책에서도 발견된다.

그런데 하이데거 역시 말을 강조하고 있다. 그의 말도 절규하는 말이다. 물론 하이데거는 많은 글을 썼다. 그러나 그가 강조하는 것은 말하기(Sagen, Sprechen)이지 쓰기(Schreiben)가 아니

---

153) F. Nietzsche, *Ecce Home*, 번역본(백승영 역)은 "사람"이란 약호로 본문에 삽입함. 서문 1.

다. 그렇다면 니체와 마찬가지로 하이데거도 자신의 글이 독자들에게 말의 글로서 읽혀지기를 원했다고 볼 수 있다. 그렇다면 그는 왜 말을 원했을까?

그는 씌어진 글이 갖는 특징에 대하여 다음과 같이 말한다 :

"씌어진 것 안에서는 절규가 쉽사리 질식된다. 이러한 점은, 특히 쓰기가 단지 기술하는 것에 빠져버리고, 표상함을 다루고, 표상함을 위해 항상 충분한 소재를 제공하는 것을 목표로 할 때, 절정에 달한다. 씌어진 것 안에서는 사유된 것이 사라진다. 만약 쓰기가 씌어진 것 자체 안에서도 여전히 사유를 진행시키는 길로서 남을 능력이 없다면"(WhD 20).

여기서 하이데거는 사유된 것(das Gedachte), 사유해야-할 것(das Zu-denkende)이 쓰기를 통해 멈춰 있는 글씨(Beschreiben)로 질식될 수 있음을 지적하고 있다.154) 쓰기 안에서 사유의 생명력이 상실될 수 있다는 것이다. 이렇게 하이데거의 경우 말은 생명과, 글은 생명 상실과 연결되고 있다. 그런데 하이데거가 말하는 생명력이란, 사유 자체가 스스로 살아서 진행되는 능력을 뜻하며, 이런 한에서 하이데거가 말을 선호하는 이유는, 니체가 말이 갖는 파토스를 선호한 것과 비슷하다. 하이데거는 자신의 마음의 파토스가 문자 안에서도, 살아서 움직이며 말하기를 원

---

154) 데리다는 글이야말로 부재를 현존케 하는 능력으로 파악하고 있다. 그리고 라캉 역시 "잃어버린 편지"에 대한 해석에서, 글은 바로 주체와 객체의 구분을 부수며, 주체 객체 자체 안에서의 흔들림과 자리바꿈을 가능케 하는 능력으로 보고 있다. 이 점은 소크라테스의 말이 플라톤의 글(문자)를 통해 다이몬의 말로 현존하게 되는 과정에서도 찾아볼 수 있다(참고, 최상욱, 『진리와 해석』, 다산글방, 219쪽 이하). 반면에 니체와 하이데거는 모두 글보다 말의 우위를 강조한다. 특히 하이데거의 경우 글은 마음의 말의 능력을 질식시키며, 존재의 말건넴에 응답(entsprechen)할 수 없다는 점에서, 말보다 평가절하되고 있다.

했던 것이다. 니체가 "거리의 파토스(Pathos der Distanz)"를 파토스 자체로 전달하려 했듯이, 하이데거는 자신의 "존재론적 차이를" 차이 자체로 전하기를 원했던 것이다. 하이데거는 자신의 파토스적인 마음(Gemuet)이 표현되기를 원했던 것이다.

그런데 그의 마음은 기쁨과 슬픔을 담은 마음이다. 왜냐하면 존재 망각의 시대에 존재 사유는 위험성으로부터 구원이란 기쁨을 가져다주지만, 동시에 존재 사유를 절규하며 외쳐대는 소리에 귀를 기울이지 않는 사람들에 대한 슬픔도 수반하기 때문이다. 이렇게 하이데거의 마음은 기쁨과 슬픔을 모두 포함하는 아픔(Schmerz)의 마음이다 : "최고의 기쁨과 가장 깊은 슬픔은 각각의 방식으로 아픔이다. 그러나 아픔은 죽을 자들의 마음을 북돋아서, 마음이 아픔으로부터 그 중심점을 받아들이게 한다"(UzS 235)고 말한다. 즉, 아픔은 인간의 흔들리는 존재에 무게 중심을 잡아주며, 존재 사유에의 용기(Mut)를 북돋아준다는 것이다. 그럼에도 그 용기는 아픔에서 유래하기 때문에 하이데거의 마음은 용기를 가지려 하지만, 그 자체로는 무거운 마음, 우울함(Schwermut)인 것이다 : "아픔에 상응하는 용기(Muot), 이것을 통해 그리고 이것을 향해 기분지어진 마음은, 우울함이다"(UzS 235). 이렇게 우울한 마음에서 하이데거와, 위의 인용문의 어머니는 아이를 향해 절규하며 소리지르는 것이다. 그러나 이때 우울함은 정신 질환적인 우울증[155]이나 인간의 감정적인 측면을

---

155) 지젝에 의하면 우울증은 대상 a를 상실한 채 대상을 유지할 때의 증상이다. 즉, 우울증은 사랑했던 타인의 부재(죽음)에 처하여, 이 리비도를 증오의 리비도로 변환시켜 자신을 향하게 할 때 일어나는 증상이라는 것이다. 그러나 하이데거의 경우 존재는 대상이 아니며, 존재에 대한 사랑의 부재가 곧 증오로 이어지지 않는다. 오히려 그것은 존재자에 대한 탐닉과 일상적인 편안함, 질문-없음으로 나타나기에, 우울증과는 상관이 없다고 볼 수 있다. 오히려 하이데거의 우울함은 단어 그대로 무거운 마음으로 보아야 한다. 이 점에 대해서는 이미 『존재와 시간』에서도 존재의 짐스러운 특징(Lastcharakter des Seins)이라고

뜻하지 않는다. 오히려 우울함은 존재론적 아픔에 처해 있는 사유가와 시인의 마음인 것이다. 이 마음이 위 인용문에서는 어머니의 마음으로 묘사되고 있다. 그것은 존재 사유를 모르는 아이에게, 존재 사유를 향하려고 하지 않는 아이에게 존재 사유를 가르쳐야만 하는 어머니의 마음이다. 그런데 그 마음이 무거운 것은, 훈계나 꾸짖음을 통해서가 아니라 아이 스스로 존재 사유를 할 수 있게 가르쳐야 하기 때문이다. 그렇다면 가르침이란 무엇인가?

위 인용문에서 어머니는 가르치는 선생의 역할을 하고 있다. 가르치는 일은 그녀가 아이를 부르는 것(Rufen)으로부터 시작된다. 반면에 아이는 배우는 자며, 배움은 어머니의 절규를 들음(Hoeren)으로부터 시작된다. 이렇게 하이데거에게서 가르침과 배움은 모두 시각적인 봄과는 상관이 없다. 오히려 그것은 들음과 연관되어 있다. 하이데거의 존재 사유에서 가르침과 배움은 시각적인 형태(idea, eidos), 실체성, 내용의 무엇임(Washeit)과는 무관한 것이다. 그렇다면 하이데거는 왜 청각적인 들음을 강조하는가? 또한 인간이 시각적인 것과 청각적인 것을 대할 때 나타나는 차이점은 무엇일까?

예를 들어 "내 글자를 보아라"는 경우와 "내 말을 들어라"는 경우, 글자를 본다는 표현에서 본다는 것은 반드시 "내 문자"에 동의함을 뜻하지는 않는다. 반면에 "내 말을 들어라"는 경우, 듣다란 표현에는 단순히 "들음"뿐 아니라 "내 말을 들음", "내 말을 따름"이란 의미가 포함되어 있다. 이와 같이 하이데거는 들음(Hoeren)의 본질은 말을 따름, 말에 속함(Gehoeren), 순종함(Gehorchen)에 있다고 주장한다. 그렇다면 존재 사유를 가르치는 어머니에 대

표현되고 있다. 그리고 현존재의 존재가 염려(쿠라)인 것도 마찬가지 맥락에서 이해되어야 한다.

하여 아이가 배울 수 있는지 여부는, 그가 듣는 것을 배우는지, 그래서 들음 안으로 들어갈 수 있는지 여부에 달려 있다. 배움의 본질은 어머니의 부름에 대한 아이의 태도(Einstellung)와 연관되어 있는 것이다. 아이가 어머니의 말을 듣기만 한다면, 듣는 순간에 아이는 이미 어머니의 말 안으로 들어갈 수 있는 것이다. 문제는 아이가 어머니의 말을 듣는가에 달려 있는 것이고, 어머니가 할 수 있는 일은 단지 말하는 것으로 족하다. 어머니는 설명할 필요도, 훈계할 필요도, 더 더욱 꾸짖을 필요도 없다. 단지 말하면 되는 것이다. 그 다음은 아이의 태도에 달려 있는 것이다. 그러나 아이가 어머니의 말을 들으려 하지 않는다면, 말을 듣지 않는 아이의 태도를 어떻게 바꿀 수 있는가?

이 점에 대하여 하이데거는, 가르침의 본질은 어머니가 아이에게 순종하도록 가르치는 데 있는 것이 아니라 아이가 기꺼이 스스로 순종하도록 하는 데 있다고 말한다. 어머니는 아이가 스스로 원해서 들을 수 있도록 해야만 한다. 이렇게 가르침의 말은 배우는 자가 들을 수 있도록 하는 말이어야 한다. 반면에 배움은 가르치는 자의 말을 우선적으로 들으려 하는 것, 그리고 그것을 따르는 것이라고 한다면, 가르침과 배움의 경계선에는 듣기를 스스로 원하게 할 수 있는 말함과, 그 말함을 듣기를 원함이 놓여 있는 것이다.

그러나 아이는 어머니의 말을 들으려 하지 않는다. 그런데 어머니의 말을 듣지 않는 것이 위험에 빠지는 것이라면, 어머니의 말함과 아이의 들음 사이엔 가장 위험한 상황이 놓여 있는 것이다. 따라서 어머니는 절규하고 자신의 말을 따르도록 외친다. 그러나 그 절규는 강요의 말이 아니라 아이가 스스로 말을 듣도록 하는 말이어야 한다. 그런데 이렇게 절박한 상황에서 무슨 말이 말해져야 하는가? 이러한 상황에 대하여 하이데거는 다음과 같

이 말한다 :

　　"들길의 말 건넴이 말을 하는 것은 단지 들길의 바람 안에서 태어
나고, 그것을 들을 수 있는 인간이 존재하는 한에서다."156)
　　"인간은 자신의 계획을 통해 세계를 질서지우지만, 만약 그가 들길
의 말 건넴에 편입되지 않는다면, 그런 것은 헛된 일이다. 위험은, 현대
인이 들길의 언어를 들으려 하지 않는다는 점에 있다"(Denk 39).

　이 인용문은 서로 모순되는 순환에 빠져 있는 듯이 보인다. 들
길의 말은 들을 수 있는 사람이 있을 때 말해진다고 하면서, 다른
한편으론 사람들이 그 말을 들으려 하지 않는다는 주장이다. 그
렇다면 듣지 않으려는 사람들을 어떻게 듣게 할 수 있는가?157)
여기서 우리는 다시 위의 질문과 부딪히게 된다.
　예를 들어 현대인은 어린아이와 달리 어머니의 말을 곧바로
들을 수 있는 소박한 상태를 벗어나 있다. 어머니의 몸짓을 통해
무언의 말을 들을 수 있는 어린아이와 달리, 형이상학의 시대를
거친 현대인은 사유를 배워야만 한다. 그런데 계산적 사유에 익

---

156) M. Heidegger, *Denkerfahrungen*, 39쪽. 앞으로 Denk란 약호로 본문에 삽
입함.
157) 언젠가 필자는 옥상 난간에서 떨어지기 직전에 처한 아이를 발견한 어머
니가, 무슨 말을 해야 아이를 구할 수 있을까란 문제를 들은 적이 있다. 이때
어머니가 아이에게 다가가서는 안 된다고 한다. 왜냐하면 어머니가 구하러 오
는 것을 보고, 아이는 자기를 잡으러 오는 장난으로 알고 도망칠 수도 있기
때문이다. 또한 상황을 설명하거나 꾸짖는 것도 사태를 더 악화시킨다는 것이
다. 반면에 이 상황을 안전하게 종료하기 위해 가장 좋은 방법은 어머니가 젖가
슴을 아이에게 보여주는 것이라고 한다. 이것은 아이로 하여금 스스로 원해서
어머니에게 돌아오도록 하는 방법이기 때문이다. 하이데거도 존재 사유를 가르
침과 배움의 경계선에서, 이렇게 어머니의 젖가슴을 보여주는 방식을 시도하고
있는 듯이 보인다. 그렇기 때문에 존재 사유의 선생인 하이데거 자신이 "사유란
무엇인가?"에서는 어머니의 모습으로 그려지고 있다고 볼 수 있다.

숙한 현대인에게 존재의 사유는 낯설게 여겨진다. 존재의 말 건넴도 현대인에겐 들리지 않는다. 그렇다면 어떻게 들을 수 있는가? 이에 대하여 하이데거는 일상적으로 가깝게 여겨지는 존재자의 웅성거림에 귀를 막음을 통해, 존재의 소리가 아주 가까이 있는 것임을 경험할 수 있다고 말한다. 이것은 익숙한 것을 부정하고 해체시키는 것으로부터 시작된다. 그리고 모든 것에 대하여 새롭게 질문하는 것이 필요하다. 이러한 질문함을 통해 존재의 말을 들을 수 있는 가능성을 가지게 된다고 하이데거는 주장한다. 왜냐하면 질문함은 망각된 시원적인 존재 경험을 다시 길어올 수 있기 때문이다. 질문자는 이때 존재의 말이 바로 자신의 존재의 근원임을 확인하게 된다. 따라서 존재함을 사유하면서 존재 사유는 더 이상 낯설고 먼 사유거리가 아니라, 바로 자신을 포함하는 모든 것이 존재한다는 사실에 대한 가장 본질적이고 가장 가까운 경험이 되는 것이다. 이런 의미에서 존재 사유는 고향의 경험이기도 하다.

그런데 하이데거에 의하면 고향의 경험은, 존재사적으로 형이상학 이전에 그리스인에 의해 경험되었다는 것이다. 이런 경험은 형이상학의 극복을 가능케 하는 경험이기에, 이제 존재 사유는 그리스의 제1시원과 제2시원 사이의 대화가 되어야 한다. 따라서 하이데거는 존재 사유가 존재한다면, 그것은 "존재에의 회상으로서만" 가능하다고 말한다(Weg 354). 이러한 존재에의 회상의 가능성을 하이데거는 그리스 여성 안티고네와 독일 여성 간의 대화를 통해 제시하고 있는 것이다. 그리고 존재 망각의 시대에 살고 있는 현대인은 이 대화로부터 존재 사유를 배울 가능성을 얻게 된다. 그것은 바로 낯선 것과 고향적인 것을 배우는 것을 의미한다. 즉, 어머니의 말함을 들음으로써 어머니의 들음에 속하게 될 때, 현대인은 한편으로는 그리스인의 근원적인 존재 경험을 배울 수 있고, 다른 한편으로는 독일 여성을 통해 이러한 경험을 "묘사의 명료성"으로 사유할 수 있는 능력을 배울 수 있는 것이다. 『횔덜린의 송가 「이스터」』에서는 배움에 대한 표현이 많이 등장한다. 예를 들어 "고유한 것을 위해서 낯선 것 안에서 낯선 것에 대하여 배우기"(이스터 208), "독일인에게 부족한 것, 따라서 그들에게 낯선 것으로서 비로소 만나야 하는 것은 '하늘의 불'이며, 이것을 경험하기를 독일인은 배워야만 한다"(이스터 213), "독일인은, 그들에게 고유한 것을 사용하기를 배우기 위해 하늘의 불과 만나야만 한다. 따라서 남쪽 나라로의 출발은 피할 수 없다"(이스터 213)는 표현들을 들 수 있다. 결국 존재 사유를 위해 그리스적인 "하늘의 불"과 독일적인 "묘사의 명료성"(이스터 212)을 경험하기를 배워야 한다는 것이 하이데거의 마음인 것이다. 그의 마음속에서 안티고네와 독일 여성은 동등한 고귀함을 갖는다. 즉, 하늘의 불이라는 그리스 정신과, 이러한 불의 광포함을 막아주는 꽃들과 숲의 그림자라는 독일 정신은 제2의 시원적 사유를 위해서 모두 필요한 것이다(이스터 210).

그런데 이 두 요소를 모두 포함한 시인이 하이데거에 의하면 바로 횔덜린이다. 그에 의하면 횔덜린은 "신의 빛에 의해 얻어맞은 자"며(이스터 213), 그는 불을 향해 그리스로 떠나지만, 이러한 떠남은 곧 자신의 고향을 본래적이고 본질적으로 이해할 수 있는 귀향의 길이기도 하다는 것이다. 중요한 것은 어느 한 곳에 머무는 것이 아니라 비고향적인 것과 고향적인 것 사이의 길을 걸어가는 방랑성인 것이다. 그리고 방랑성이 가르침과 배움의 본질이기도 하고, 사유가와 시인과 어머니의 마음의 본질이기도 한 것이다.

그런데 어머니가 제시하는 "여성적인 존재 사유"의 가르침 안에서, 불과 그림자가 동등한 고귀함을 지니듯이, 남성적 상징인 태양과 여성적 상징인 달도 더 이상 구분되지 않는다. 오히려 이 것들은 서로를 향해 서로를 비추는 자신들의 모습인 것이다. 이런 점을 횔덜린의 시에선 다음과 같이 말한다 :

"… 태양과 달이 분리되지 않고, 마음속에 간직되기 위하여
그리고 … 운행하기 위하여
하나의 표지를 필요로 한다"(이스터 232)

하이데거는 이 시에 표현된 "표지"라는 단어를 시인이라고 해석한다. 시인의 마음은 태양과 달을 분리하지 않는 마음이다. 이런 점은 존재 사유가 이론과 실천의 구분, 윤리적인 구분, 논리적인 구분보다 앞선 근원적인 사유임을 드러낸다(Weg, 352, 354 이하, 359). 이렇게 여성적인 특징을 띠는 하이데거의 존재 사유는 진리 / 비진리, 선 / 악, 미 / 추 구분에 앞선 사유며, 이러한 형이상학적인 구분은 단지 존재 자체 안에 있는 투쟁성(das Strittige)에 의해, 즉 존재의 드러남과 감춤에 의해 발생한 결과들에 불과한 것이다. 이런 의미에서 하이데거의 존재 사유에는 아직 대지와 하늘의 구분도 없다. 오히려 대지와 하늘은 서로를 향해 소리를 낸다(toenen).[158] 하늘은 대지를 향해, 대지는 하늘을 향해 소리를 내며, 이 소리는 모든 세계를 뒤덮는 소리로서, 이 소리를 하이데거는 안티고네가 좇았던 불문율의 소리라고 해석한다(EH 167). 이렇게 존재의 소리는 하늘과 대지에서 서로를 향해 소리내고 있으며, 이 소리는 인간의 근원적인 존재의 장소(Da)를 통해 울려퍼지며, 그곳(Da)은 신들이 임재하는 곳이기도 하다. 존재 사유를 지시하는 "마음" 안에서 하늘과 대지,

---

158) M. Heidegger, *Erlauterungen zu Hoelderlins Dichtung*, 166쪽. 앞으로 EH란 약호로 본문에 삽입함.

죽을 자들로서 인간과 신들이 어우러져 유희하는 투쟁과 조화가 펼쳐지는 것이며(EH 170), 그 마음은 대지와 하늘, 인간과 신들이 이루어내는 성스러운 축제인 결혼식의 마음인 것이다(EH 173). 결혼식은 사랑의 축제다. 그렇다면 존재 사유의 마음은 바로 사랑의 마음인 것이다. 이 점을 하이데거는 다음과 같이 말한다 :

> "사유는, 사유가 존재로부터 사건화되고, 존재에 속하는 한, 존재의 사유다. 동시에 사유는, 사유가 존재에 속하면서 존재를 듣는 한, 존재의 사유다. 들으면서 존재에 속하는 것이 사유다"(Weg 314).

그런데 사유가 존재에 속하고 존재를 드러내는 한, 그리고 어떠한 것을 그 자체로서 받아들이는 것이 사랑의 본질이기 때문에, 하이데거의 존재의 사유의 본질은 사랑에 있다고 볼 수 있다(Weg 314). 하이데거의 여성적인 존재 사유는, 계산적 사유와 같이 "지배하는" 사유가 아니며, 크레온으로 대표되는 형이상학적인 진리 / 비진리, 삶 / 죽음의 이분법적인 사유가 아니라, 목자와 같이 모든 것을 포괄하고 끌어 모으는 사랑의 마음의 사유인 것이다.

그렇다면 아이가 어머니의 말을 스스로 들을 수 있는 이유는, 어머니의 존재를 고향적인 것과 비고향적인 것의 관계로 파악할 때다. 아이는 어머니의 존재가 자신의 존재와 다른 존재임을 이해하면서 동시에 어머니의 존재가 자신의 근원적인 존재임을 확인할 때, 아이는 어머니의 존재를 스스로 사랑하는 마음으로 따르고 속할 수 있는 것이다.

이런 의미에서, 하이데거가 존재 사유를 가르치기 위해 어머니를 통해 한 말이 아렌트에게 한 말과 많은 유사점을 갖는다는 것은, 어떤 의미에서는 당연한 일이라고 할 수 있다. 그렇다면 어머니가 아이에게 한 말을 하이데거가 아렌트에게 한 말과 비교해보는 것도 존재 사유의 본질을 밝히는 데 도움이 될 수 있을 것이다.

제10장

어머니의 말과 하이데거의 말 : 또 다른 낯선 자로서 유대인 여성 아렌트

하이데거가 『사유란 무엇인가?』에서 제시한 어머니의 말은 그가 아렌트와 나눈 말과 상당한 유사성을 지닌다. 어머니의 말은 아이로 하여금 존재 사유를 배울 수 있도록 가르치는 말이다. 그런데 존재 사유는 제1시원과 제2시원 사이의 대화를 통해 완성된다. 따라서 하이데거는 그리스 여성 안티고네와 독일 여성의 관계를 해석하고 있는 것이다. 이때 그리스와 독일 여성은 서로 "고유한 것"과 "낯선 것"의 관계로 표현되었다. 이러한 낯선 자를 우리는 하이데거의 서한에서도 찾아볼 수 있다. 그 낯선 자는 그리스인 안티고네가 아니라 유대인 여성 아렌트다. 그녀가 "낯선 자"라는 점은 다음의 아렌트의 말에서도 잘 나타난다 :

"제발 나를 오해하지 마십시오 ; 개인적으로 내게는 모든 것이 똑같습니다. 나는 나를 결코 독일 여성으로 느낀 적이 없고, 오래 전부터는 유대 여성이라고 느끼지도 않습니다. 나는 나를, 단지 바로 언젠가 나였던 모습으로, 즉 낯선 곳으로부터 온 소녀로 느끼고 있습니다."[159]

여기서 아렌트가 자신을 "낯선 곳으로부터 온 소녀(das Maedchen aus der Fremde)"라고 표현한 것은, 독일 사회에서 그녀가 스스로를 이방인으로 느꼈음을 의미할 수도 있다. 그런데 그녀는 처음엔 유대 공동체와도 소원하게 지냈던 것으로 알려져 있다.[160] 그렇다면 이 표현은 단순히 독일인과 유대인 사이에서의 이방인 느낌이 아니라 자신의 존재 자체로부터 온 느낌이라고 볼 수 있다. 이러한 자신의 모습을 아렌트는 실러의 시에 나오는 "낯선 곳으로부터 온 소녀"라는 표현을 통해 묘사하고 있다. 그 시의 둘째와 다섯째, 여섯째 연은 다음과 같다 :

"소녀는 그 골짜기에서 태어나지 않았네.
그 소녀가 어디서 왔는지는 아무도 몰랐네.
소녀가 작별을 고하고 떠나자마자
금방 그녀의 자취는 사라졌네.
…
모두에게 선물을 나눠주었네.
이 사람에게는 과일을, 저 사람에게는 꽃을.
소년에게도, 지팡이를 짚은 노인에게도.
누구나 선물을 안고 집으로 갔네.

찾아오는 손님은 누구든 반갑게 맞았으나
서로 사랑하는 한 쌍의 남녀가 가까이 오자
소녀는 그 중에서 가장 좋은 선물을 건네주었네.
가장 아름다운 꽃을."

159) Hannah Arendt, Martin Heidegger, *Briefe 1925~1975*, Klostermann, Frankfurt, 76쪽. 앞으로 "서한"이란 약호로 본문에 삽입함.

160) 참조 : 알로이스 프린츠, 『한나 아렌트』, 김경연 옮김, 여성신문사. 아래 실러의 시는 이 책의 302-303쪽 인용임.

이 시를 통해 볼 때 낯선 곳에서 온 소녀는 혈통이나 지연, 국
가에 의해 제한을 받지 않는 인물이다. 오히려 우리는 이 소녀에
게서 근원을 알 수 없을 정도로 풍요하고 시원적인 인간 존재를
발견할 수 있다. 이 소녀는 기존의 외부적인 가치와 체계, 제도들
로부터 자유로운 존재며, 또한 모든 낯선 자들과의 만남에서 자
신의 고유한 것을 베풀어줄 수 있는 존재이기 때문이다. 이러한
비움과 나누어줌의 모습이 다른 사람들에게는 오히려 낯설게 보
일 수도 있다. 혹은 정신분열자 같은 모습으로 보였을 수도 있
다.161) 그러나 그녀의 존재가 낯설게 보이는 이유는, 익숙한 일
상적 존재자의 세계와 비교할 때 그렇게 보일 뿐이다. 어떻든 그
녀는 이렇게 "낯선 곳으로부터 온 소녀"라는 존재로서 살아왔다
고 서한에서 밝히고 있다.

그런데 이 서한의 다른 곳에서는 다음과 같은 내용이 이어진다 :

"숲길들(Holzwege)이 탁자 위에 놓여 있고, 매우 다행스럽게도
나는 헤라클리트를 (다시 읽기를) 시작했습니다. 기쁨에 넘쳐 polla
ta deina를 보고 있습니다"(서한 76).

그런데 "숲길들(Holzwege)" 안에 있는 「무엇을 위한 시인인
가?」라는 작품에는 다음과 같은 헤라클레이토스의 문장이 인용
되고 있다 :

Aion pais esti paizon, pesseuon paidos he basileie
"세계의 시간, 어린아이는 이것을 놀이하는 주사위 놀이다 ; 어린
아이의 놀이 중 하나는 지배다"(Hw 258).162)

---

161) 앞의 책, 46, 들뢰즈, 『앙띠 오이디푸스』, 138쪽 참조.
162) 이것은 딜스에 의하면, "인생은 이리저리 주사위를 던지면서 놀이를 하는,
즉 어린이 왕국의 놀이를 하는 어린아이이다"라고 번역되고 있다. 참조, *Die*

물론 아렌트가 이 부분을 지적하는지는 알 수 없다. 그러나 "숲길들"에서 헤라클레이토스가 개별적 주제로 다루어지지 않고 산발적으로 인용되고 있기 때문에, 아렌트가 자신을 "소녀"라고 표현한 것을 고려하면, 우리는 그녀가 이 대목을 지시하는 것으로 볼 수 있다. 이곳에서는 놀이하는 어린아이가 묘사되고 있다. 그런데 하이데거에 의하면 존재의 세계는 바로 놀이의 세계다. 그리고 트라클 시를 해석하면서 새로운 존재 세계를 어린아이를 통해 지시하고 있는 점을 염두에 두면, 아렌트는 자신의 낯선-존재를 바로 존재론적인 유희로서 이해하고 있다고 보아도 무방할 것이다. 그렇다면 아렌트의 낯선-존재는 바로 비고향적-존재를 반영하는 것이다. 이러한 추정은 그녀의 다음 문장에서 더 분명해진다. 그녀는 "polla ta deina"를 기쁨에 넘쳐 보고 있다고 말한다. 이 표현은 하이데거의 작품 『횔덜린의 송가「이스터」』에서 안티고네와 연관되는 표현이다. 그렇다면 아렌트는 자신을 또 다른 의미의 안티고네로서 파악하고 있다고 볼 수 있다. 그리고 하이데거도 아렌트를 또 다른 안티고네, 즉 또 다른 시(詩)로서 받아들이고 있다고 볼 수 있다. 그렇다면 존재 사유를 가르치는 어머니의 목소리는 안티고네와 독일 여성 사이에서 들려왔고, 이제 다시 아렌트와 하이데거 사이에서 들려오는 것을 알 수 있다. 따라서 우리는 아렌트와 하이데거의 대화가 존재 사유를 가르치는 어머니의 언어와 얼마나 유사한지 살펴보도록 한다.

우리는 아렌트에게 보낸 하이데거의 첫 서한 안에서, 그의 존재론에 고유한 단어들을 많이 발견할 수 있다. 예를 들어 고귀한(wuerdig), 사건으로 일어남(geschehen), 속함(gehoeren), 은폐됨(verborgen), 고독함(Einsamkeit) 가장 내적인 선물(Geschenk im

---

Fragmente der Vorsokratiker, 162.

Innersten) 등이 그렇다. 그리고 "가르침"과 연관된 그의 표현은 다음과 같다 :

"그대가 나의 학생이 되었고, 내가 그대의 선생이 되었다는 사실은, 단지 우리 사이에서 일어났던 사건의 한 단초에 불과합니다. 나는 그대를 결코 소유해서는 안 되지만, 그대는 나의 삶에 계속해서 속하게 될 테고, 나의 삶은 그대에게서 성장해나갈 것입니다"(서한 11).

이 말은 "내가 너에게 순종이 무엇인지 가르쳐주겠다"는 어머니의 말을 그대로 반영하고 있다. 그리고 하이데거는 서한에서 "속함(gehoeren)"을 강제적으로 가르치려고 하지 않으며, 오히려 속함은 아렌트가 자기 스스로에 충실하게 머무는 것(sich selbst treu zu bleiben)을 통해서 가능하다고 말하고 있다. 이것은 어머니가 아이에게 훈계하지 않고 아이로 하여금 스스로 어머니의 말을 듣고 속하게 되기를 원하는 것과 일치한다. 즉, 스스로의 존재에 충실하게 머물라는 서한의 내용은, 아이가 어머니의 말을 들으면서 스스로 자신의 본질을 찾아가라는 내용을 반영하는 것이다(WhD 19).

그리고 두 번째 서한에서는 고유한 것과 낯선 것의 관계를 떠올릴 수 있는 대목이 있다 : "가까움은 여기서 낯선 자와 가장 멀리 떨어짐 안에 있는 존재다"(서한 13). 여기서 하이데거는 가까움(Naehe)와 멂(Ferne)의 상관 관계에 대하여 말하고 있다. 그리고 가까움과 멂은 지리적인 공간의 길이가 아니라 바로 운명이 운명으로 드러나는 장소(Da)에 의해 정해진다고 말한다. 말하자면 존재의 가까움이 존재자의 멂이고, 존재자의 가까움이 존재의 멂이기도 하듯이, 고유한 것과 낯선 것 사이의 가까움과 멂은 단지 그곳(Nur-Da)에서 존재의 사건이 일어날 수 있는지 여부에 따라 결정된다는 것이다. 이것은 존재의 역운과 그것에 응답하는 안티고네의 운명의 관계와 다르지 않으며, 그리스 여성 안티고네와 독일 여성 사이의 가까움과 멂의 관계와 다르지 않다. 서한에서 우리는, "인간의 운명은 인간의 운명에게 스스로를 건네주며, 순수한 사랑에의 봉사는 이러한 스스로-줌(Sichgeben)을 … 깨어서 지키는 것"(서한 13)이란 표현을 볼 수 있다. 여기서 하이데거는 Es gibt das Sein과 유사한 방식인 "스스로 줌(sich geben)"에 대하여 말하고 있다. "스스로 줌"은 낯선 것으로 자신을 넘겨주는 것이고 맡기는 것이며(Hingeben), 동시에 이것은 스스로의 존재를 유지하면서 타자의 존재를 존재 자체로 받아들이는 방식이기도 하다. 즉, 아이가 스스로 어머니의 말을 듣기를 원하는 것과 마찬가지로, 선생으로서 하이데거는 학생인 아렌트가 스스로 들을 수 있기에 대하여, 그리고 그것에 충실히 머물 수 있기에 대하여 말하고 있는 것이다.

그리고 그곳에서는 하이데거의 존재론에서 여성의 중요한 역할을 암시하는 표현도 발견된다. 그는 : "자유로운 정신적 생명에게는 단지 여성만이 그녀가 존재하는 방식으로 고상함을 줄 수 있다"(서한 13)고 말한다. 또 다른 곳에서 하이데거는 여성의 변용된 모습(frauliche Verklaerung)이란 표현을 쓰고 있다. 물론 우리는 이런 표현을 하이데거의 존재론 안에서는 찾기 힘들다. 왜냐하면 이것은 예수의 변용된 모습과 같은 종교적인 의미를 갖는 단어이기 때문이다. 그러나 우리는 존재의 전적인 변화와 같은 하이데거의 표현들에서, 그리고 트라클 시에 등장하는 무덤 속의 목가적인 조화의 세계를 보면서, "여성의 변용된 모습"이란 표현을 존재 경험의 "섬뜩함", 그러면서 동시에 고향적인 편안함의 경험과 비교할 수 있을 것이다. 그리고 "변용된 모습"이 그리스도교에서 구원자의 모습을 가리킨다면, 여성의 변용된 모습 역시 어떤 구원자의 모습을 드러내는 것이라고 볼 수 있을 것이다. 이런 주장을 뒷받침할 수 있는 근거로서, 우리는 하이데 거가 이 표현을 쓰기 바로 전에 다이몬에 대하여 말하고 있는 점을 예로 들 수 있다. 그는 "다이몬적인 것이 나를 사로잡았다"(서한 14)고 말한다. 그런데 그의 존재론에서 보면, 다이몬은 바로 신적인 존재를 의미한다. 그는 헤라클레이토스 단편 119 "ethos anthropo daimon"을 "인간은 그가 인간으로 존재하는 한, 신의 가까이에 거주한다"고 해석한다. 여기서 다이몬은 인간으로 하여금 존재에의 가까움(Da)에 이르게 하는 신적인 존재로 해석되고 있다. 그렇다면 다이몬에 사로잡힘, 여성의 변용된 모습은 모두 인간을 존재의 장소에 이르게 하는 표현이라고 볼 수 있다. 따라서 각자는 스스로의 존재에 충실하면서 각자의 존재를 서로에게 건네주는 것이 필요하다. 이를 통해 각자는 서로에게 "가까움"으로 존재할 수 있는 것이다. 그런데 아이가 가까이 다가옴을 통해 자신의 말을 듣고 속하기를 어머니가 원했듯이, 하이데거는 서한에서 "그대가 온다는 것은 얼마나 멋진 일인가"(서한 20)라고 말한다. 여기서 온다는 것은 가까움과 만남을 가능케 하는 근거며, 동시에 기다림을 통해 이루어지는 것이기도 하다. 그런데 하이데거가 그의 존재론에서 존재의 다가옴과 만남 그리고 기다림에 대하여 자주 말한 것을 떠올린다면, 우리는 하이데거의 존재론의 표현과 서한에 나타난 표현이 얼마나 밀접한 유사성을 갖는지 알 수 있을 것이다. 하이데거가 강조하는 존재와 인간 본질의 공속성을 떠올릴 수 있는 표현이 서한에는 다음과 같이 씌어 있다:

"그러나 우리는 세계가 더 이상 나의 세계 그리고 그대의 세계라고 말하지 않고, 우리의 세계가 되었다고 말할 수 있을 것입니다 ―

즉, 우리가 행동하고 이루어내는 것은 그대 그리고 나에게 속한 것이 아니라 우리에게 속한 것입니다"(서한 29).

존재와 인간의 본질은 두 개의 실체가 하나로 합쳐지는 것이 아니라 바로 존재 방식의 전적인 바뀜을 뜻하듯이, 하이데거는 아렌트와 자신이 변화된 존재 방식 안에서 거주하고 서로 빚지고 있을 때(schuldig)(서한 28) 서로 속할 수 있다고 말하고 있는 것이다. 그리고 이러한 것이 왜, 무엇 때문에 가능한지에 대하여 그는 다음과 같이 말한다:

"무엇 때문에 그리고 '왜'라고 묻지 말고, 단지 '존재하십시오'"(서한 29).

이것은 존재 사건이 언제, 어디서, 어떻게 일어나는지 묻지 말고 존재 사건은 단지 존재 사건으로 일어나기 때문에, 일어나는 것이란 표현과 상응한다. 그러면서 하이데거는 아렌트를 "보물(das Kleinod)"이라고 표현하는데, 이것은 게오르게의 시에서, 시인이 그 이름을 불러보고자 하지만 끝내 부를 수 없었던 보물이란 표현을 생각나게 한다.

이렇게 언어로 고정되고 소유될 수 없는, 또 소유되어서도 안 되는 보물을 하이데거는 "아이"라고도 표현한다:

"아이 — 이렇게 그대는 이제 모든 것을 새롭게 다시 얻었습니다. 그대는 그것을 더 이상 상실하지 않을 것입니다. 그대는 그대의 아이성을 단순히 자연의 선물로서가 아니라 그대의 영혼의 근거로서, 그리고 그대의 존재의 힘으로서 가지고 있는 것입니다"(서한 35).

위에서 우리는 트라클의 시에 나오는 아이와, 하이데거 해석에 나타나는 여성이 모두 구원자의 모습을 띠고 있다고 지적하였다. 그리고『사유란 무엇인가?』에서 등장하는 것도 아이와 어머니인 점을 떠올린다면, 하이데거의 존재론에서 아이와 여성은 모두 서로를 반영하는 모습이라고 할 수 있다. 따라서 하이데거는 : "그리스 여신들의 초상 안에서 비밀스러운 점은 : 소녀 안에 여성이 은폐되어 있고, 여성 안에 소녀가 은폐되어 있다는 점입니다. 그리고 이때 본질적인 것은 : 바로 스스로를 밝히는 은폐 자체라는 것입니다"(서한 98)라고 말한다.

이것은 하이데거의 존재가 여성적인 특징, 특히 은폐의 특징을 지닌다는 점과 상응한다. 이렇게 고유한 것과 낯선 것 사이의 만남과 대화는 서로 은폐된 것을 관통해 드러나는 밝힘에서 가능한 것이다. 따라서 하이데거는 아렌트에게 "Volo, ut sis!"[163] (서한 59)라고 말한다. 이것은 신뢰(Vertrauen)에 대한 표현이자 그녀의 존재가 탈은폐되기를 바라는 표현이기도 하다.

그런데 우리는 이런 유사성을 일일이 다 열거할 수는 없다. 단지 이러한 유사성이 무엇을 의미하는지 지적하는 것으로, 이에 대한 논의를 마치려고 한다.

우선 우리는 하이데거의 서한 속에서 그의 존재론과 깊은 연관성을 보이는 문장들을 발견할 수 있다. 이것은 그가 아렌트에게 보낸 서한이 그의 존재론을 반영하고 있음을 보여준다. 반대로 이 점은 그의 존재론이 아렌트에게 보낸 서한과 유사한 점이 있음을 보여주기도 한다. 그의 서한이 사랑의 마음을 담은 서한이라면, 그의 존재론 역시 사랑의 마음을 담은 사유라고 볼 수 있을 것이다. 그렇다면 하이데거의 존재 사유는 바로 그의 마음의 사유(Denken des Herzens)인 것이다.

둘째로 우리는, 하이데거의 서한이 사적인 편지이기도 하지만,

---

163) "나는 그대가 (그대 자신으로) 존재하기를 원합니다"라는 의미임.

그의 서한은 제1시원과 제2시원 사이에서 벌어지는 고유한 것과 낯선 것의 대화를 반영하고 있다고 볼 수도 있다. 하이데거가 안티고네를 해석하면서 독일과 그리스 여성이 대화할 것에 대해 말하고 있듯이, 여기서는 아렌트라는 또 다른 유대 여성과 대화를 나누고 있는 것이다. 이때 안티고네와 아렌트는 신화 속 인물과 현실적 인물이란 차이를 지니지만, 모두 존재론의 맥락 속에서 "낯선 자", "비-고향적인 자"라는 공통점을 지닌다. 단지 안티고네는 고대 그리스와 현대 독일 사이에서 "시간적"으로 낯선 자인 반면, 아렌트는 미국과 독일 사이에서 "공간적"으로 낯선 자라는 차이를 지닌다. 그럼에도 그들은 모두 존재론의 대화자였다는 동일성을 지니며, 시간적 공간적인 멈(Ferne)에도 불구하고 하이데거와 아주 가까이(Naehe) 거주한 자였다는 공통점을 지닌다.

마지막으로 우리는, 하이데거가 묘사한 어머니와 아이의 대화는 아렌트와 하이데거의 대화의 내용을 서로 반영하고 있다는 점을 지적할 수 있다. 이를 위해 우리는 하이데거의 서한 속에 드러난 존재론적 표현들을 살펴보았고, 존재의 언어가 사랑의 마음의 언어와 유사함을 지적하였다. 그렇다면 이제 우리는 또 다른 시인 게오르게에 대한 하이데거의 해석을 통해 존재 언어가 무엇이고 어떻게 가능한지를 살펴보고자 한다.

제11장
존재 언어를 지시하는 여신 노른(Norne)

하이데거는 자신이 형이상학을 극복하고 제2의 시원을 시작할 수 있기 위해서 꼭 필요했던 인물로서 니체와 횔덜린을 들고 있다. 이때 니체는 기존의 형이상학의 완성이란 의미로, 횔덜린은 이러한 형이상학으로부터 제1의 시원으로의 되돌아감과 새로운 시원에의 가능성을 제시한 인물로 파악한다. 그런데 횔덜린이 처음에 부딪힌 것은, 그때까지 인간에게 섭리로서 말을 건네왔던 신들이 이미 인간 세계를 떠나버렸고, 새로운 신들의 도래는 아직 이루어지지 않았다는 암울한 경험이다. 말하자면 그때까지 등장했던 "헤라클레스, 디오니소스, 그리스도"가 세계를 떠나면서부터, 세계의 저녁은 밤으로 접어들었다는 것이다. 그리고 세계를 뒤덮은 밤은 자신의 어두움을 전 영역으로 넓히고, 바야흐로 신의 부재의 시대가 그 정점을 이루었다는 것이다. 그렇다고 새로운 신의 도래가 고지되는 것도 아니다. 따라서 세계의 밤은 과거와 미래 양방향에 걸친 이중 결핍의 암울함에 빠져들었다는 것이다.[164] 이런 의미에서 횔덜린은 신의 부재의 밤과,

이러한 밤 안에서 언어를 상실하게 된 경험에 대하여 말하고 있다. 그는「빵과 포도주」에서 신의 떠나감에 대하여 다음과 같이 말한다 :

"우리에겐 오래 전처럼 여겨지나, 사실은 얼마 전에
인간 삶에 축복을 내리던 그들은 모두 승천하고 말았다."165)

또 신의 부재의 시대에 처한 인간의 모습에 대하여는 다음과 같이 말한다 :

"허나 친구야! 우린 너무 늦게 왔어. 신들은 살아 계시나,
우리의 머리 위 저 세상 높이 머물고 있을 뿐이야."(횔 44)

이 시들에 의하면, 신들은 이미 떠났고, 신의 부재의 시대에 살고 있는 인간의 삶 속에서는 더 이상 신들의 능력이 보이지 않게 되었다는 것이다. 이런 경험은, 신의 임재를 경험했던 신전에서조차 신의 존재를 전혀 느낄 수 없다는 점에서 더 두드러지게 느껴질 것이다. 이렇게 신이 떠나고, 슬픔인지조차 알 수 없는 적막만이 감도는 신전의 무상함에 대하여 횔덜린은 다음과 같이 말한다 :

"어째서 고대의 성스러운 극장 역시 침묵하고 있는가?
어떠한 이유에서 신을 위한 춤조차도 즐겁지 않은가?
왜 신은 이전처럼 남자의 이마에 표시를 남기지 않고,
옛날처럼 당사자들에게 아무런 영향을 끼치지 않을까?"(횔 42)

---

164) M. Heidegger Wozu Dichter?, in : Hw. 248.
165) 프리드리히 횔덜린,『빵과 포도주』, 박설호 역, 민음사, 46쪽. 앞으로 "횔"
이란 약호로 본문에 삽입함.

또한 신의 말조차 끊긴 상태에 대해서는 다음과 같이 말한다:

"축복받은 그리스여! …

…

그러나 왕관은 어디에 있는가? 사원은? 넥타로 가득 채워진
그릇들은? 신들을 즐겁게 해주던 노래는 어디에 있는가?
멀리까지 적중시키던 신탁은 어디서 빛을 발하고 있는가?
델피가 잠들어 있다면, 위대하고 재빠른 섭리는 어디서
울릴까? …"(횔 34-36)

그러나 횔덜린은 이중 결핍의 시대의 문턱에서 절망에 사로잡
혀 있지만은 않는다. 왜냐하면 밤은 낮과는 또 다른 소리가 들릴
가능성도 제시하기 때문이다. 이것은, 마치 신의 죽음을 선포한
니체가 「밤의 노래」에서 또 다른 구원의 가능성을 보고 있는 것
과 유사하다. 그는 다음과 같이 말한다:

"밤이다. 이제 솟아오르는 샘들은 더욱 소리 높여 이야기한다. 나
의 영혼 또한 솟아오르는 샘이다.
밤이다. 이제야 비로소 사랑하는 자들의 모든 노래가 잠에서 깨어
난다. 나의 영혼 또한 사랑하는 자의 노래다.
내 안에는 진정되지 않은 것, 진정시킬 수도 없는 무언가가 있다.
그것이 이제 소리 높여 말하고자 한다."166)

이런 점은 하이데거가 "밝은 어두움"이라고 표현한 것과 유사하다.
그리고 횔덜린도 이러한 예감에 찬 경험을 시로 말하고 있다:

---

166) 니체, 『차라투스트라는 이렇게 말했다』, 정동호 옮김, 책세상, 172쪽, '밤의
노래'.

"숭고하디 숭고한 밤의 호의는 놀랍기만 하다. 또한 아무도
밤에 어디서, 어떤 일이 발생할지 전혀 알지 못한다.
…
그대에겐 밤보다 깨어 있는 낮이 더 낮게 생각 될테니.
허나 명료한 눈은 때로는 그림자를 사랑하는 법이야"(횔 28-30).

이렇게 신의 죽음과 신의 떠남을 경험한 니체와 횔덜린은 모
두 암흑과 같은 어둠 속에서 또 다른 빛의 드러남의 가능성에
대하여 말하고 있다. 이런 점은 붉게 물든 저녁 노을의 찬란함이
사라지면서 땅부터 깔리기 시작하는 땅거미와 더불어 푸른 하늘
이 점차 짙은 코발트색으로, 그리고 다시 그 끝을 알 수 없는 검
은색으로 변해가면서 대지와 하늘의 모든 형태들이 동일한 어둠
속으로 녹아져 사라질 때, 문득 사위가 고요해지면서 이전까지
은폐되어 있던 미세한 소리들이 들리기 시작하는 것과 마찬가지
다. 그리고 바쁜 한낮의 일과 속에서 놓치고 상실했던 모습들과
생각들이 밤의 고요함 속에서, 마치 성성한 샘물과 같이 솟아오
르는 것과 유사하다. 즉, 낮 동안 은폐되고 망각되었던 또 다른
세계가 밤의 어둠 속에서 펼쳐지기 시작하는 것이다. 우리는 이
러한 광경을 앞의 트라클 시에서는 은은한 달빛으로 말하는 소
녀의 모습에서 보았는데, 횔덜린도 이와 유사한 광경에 대하여
말하고 있다 :

"보라! 우리의 지상에 드리운 그림자의 모습을, 달 또한
비밀리에 나타난다. 열광적인 여인, 밤이 별들을 가득
데리고, 아마 우리를 개의치 않는 듯 다가온다.
저기 놀라운 자, 사람들 사이 휩쓸린 여인은 슬프게
장려하게 산정 위를 향해 환한 빛을 비춰준다"(횔 28).

그런데 이렇게 밤을 묘사하면서, 트라클이나 휠덜린이 모두 여성을 부르고 있는 것도 흥미로운 일이다. 그리고 우리는 하이데거의 진리가 은폐와 탈은폐를 동시에 간직하는 특징을 지니는, 여성적 진리인 알레테이아임도 밝혔다. 이렇게 이들은 모두, 낮이 사라진 밤에 처해서, 밤이 들려주는 새로운 진리와 진리의 말을 여성성으로 파악하고 있는 것이다. 그러나 이러한 말은 낮의 말과 같이 밝고 명료하게 드러나는 말이 아니다. 따라서 두 시인은 예감에 차서 그러한 말을 느끼지만, 그럼에도 그 말을 표현하려는 순간 그들은 모두 고민에 빠져들고 있는 것이다. 따라서 휠덜린은, "궁핍한 시대에 시인들은 왜 존재하는가를 나는 모른다"(휠 44)고 말한다. 그럼에도 이러한 모름은 아무것도 알지 못하는 전적인 무지가 아니라, 오히려 예감하지만 그 예감을 어떻게 전해야 할지 모르는 안타까운 모름인 것이다. 왜냐하면 그들은 그들에게 전해지는 밤의 신탁의 소리를 듣기 때문이다. 따라서 휠덜린은 위의 시구 뒤에 곧바로,

　　"허나 그대는 말한다, 시인은 마치 성스러운 밤에 여러 나라를 배회하는, 포도주 신의 성스러운 사제와 같다고"(휠 44).

라고 말한다. 그는 자신을 밤의 신의 신탁을 전해야 하는 성스러운 밤의 사제라고 파악하고 있는 것이다. 따라서 휠덜린은 자신이 예감 속에서 들은 밤의 소리를 새롭게 도래할 낮의 말로 표현해야만 하는 사명을 시로서 말하고 있는 것이다 :

　　"그러나 지금 날이 밝는다! 나는 기다렸고 그것이 오는 것을 보았다, 그리고 내가 본 성스러운 것은, 나의 말이 될 것이다"(EH 57).

그렇다면 밤에 예감으로서 들은 성스러운 소리는, 어떻게 다가올 낮을 비추는 말이 될 수 있는가? 이러한 가능성을, 하이데거는 「언어의 본질」이란 작품에서 스테판 게오르게의 시 「말」을 해석하면서 제시하고 있다. 그런데 게오르게의 시에서는 노른이란 여신이 등장한다. 그 여신은 시간과 운명을 관장하는 북유럽의 여신이다. 이때 하이데거가, 옛 신이 떠나가고 남은 어두운 밤의 소리를 말로서 드러내기 위해, 즉 제2의 시원의 언어를 말하기 위해 그리스가 아니라 북유럽의 노른이란 여신을 택한 것이 의도적이었는지는 명확하지 않다. 단지 이 작품이 1957년에 씌어졌고, 그 이후에 그리스에 대한 본격적인 논의가 없었다는 점을 고려한다면, 하이데거가 새로운 언어의 가능성을, 더 이상 고대 그리스의 언어를 통해서가 아니라 오히려 형이상학의 종말과, 새로운 존재 사유의 시작이란 경계선에서 찾으려 했다고 추정할 수 있다. 그리고 이때 북유럽의 여신 노른이 등장하는 게오르게의 시를 하이데거는 해석하고 있는 것이다. 그 시는 다음과 같다 :

말

먼 곳으로부터 경이 혹은 꿈을
나는 나의 왕국의 경계로 가져왔다

그리고 나는 백발의 여신 노른이
그녀의 샘에서 그 이름을 발견하기까지 기다렸다 ―

그 후 나는 그것을 꼼꼼하고 힘차게 잡을 수 있었다
이제 그것은 국경에서 꽃피고 빛나고 있다 …

한때 나는 좋은 여행 후에
귀하고 부드러운 보석을 가지고 그곳에 도착했다

그 여신은 오랫동안 찾아보다가 나에게 알려주었다 :
'여기 깊은 바닥에는 아무것도 그렇게 잠들어 있지 않아'

그 후 그것은 나의 손으로부터 빠져나갔고
다시는 나의 왕국으로 그 보물이 돌아오지 않았다 …

이렇게 나는 슬프지만 체념하는 것을 배운다 :
말이 결여된 곳에는 어떠한 사물도 없으리라는 것을(UzS 162, 220).

　이 시에서 우리의 관심은 여신 노른에 모아진다. 1~3연에서
는 몇 가지 중요한 개념들이 등장한다. 1연에서 시인은 자신이
경험한 경이와 꿈을 자신의 왕국 안으로 가져온 것에 대하여 말
하고 있다. 경이와 꿈을 시인이 시로 지을 수 있었던 이유는 2연
에서 밝혀지고 있다. 즉, 그것이 가능했던 것은, 운명의 여신인
노른이 경이와 꿈의 "이름"을 가르쳐주었기 때문이다. 이때 시인
은 비로소 그 경이와 꿈을 꼼꼼하고 힘차게 포착할 수 있고, 경이
와 꿈은 그 우아한 모습을 꽃피우고 빛나게 되었다는 것이다.
　한편에서는 경이와 꿈이, 그리고 다른 한편에서는 여신이 이
름을 가르쳐줄 때, 비로소 경이와 꿈은 바로 그러한 것으로서 빛
나게 되었다는 것을 이 시는 표현하고 있다(UzS 171). 이 과정에
서 가장 중요한 역할은, 시인이 가져온 경이와 꿈의 이름이 무엇
인지를 노른이란 여신이 불러준 점에 놓여 있다. 노른의 명명함
을 들을 때까지 시인은 기다리고 있는 것이다. 이렇게 시의 1~3
연에 의하면, 시가 씌어지기까지 ① 경이와 꿈을 가져옴 ② 노른
이 이름을 알려줌 ③ 시인이 언어로 표현함이라는 과정이 필요

하다고 말해지고 있다. 사물에 대한 인간의 인식도 이런 순서를 통해 가능하다. 그렇다면 "말(이름)이 사물에게 비로소 존재를 부여하는 것"은 타당해보인다. 그리고 이런 점은 우리의 일상적인 사물들을 둘러볼 때도 마찬가지로 적용된다. 그런데 일상 생활에서는 위의 시와 달리, 우리는 운명의 여신이 이름을 불러주는 것을 듣지 못한다. 그렇다면 우리가 어떤 사물에 이름을 붙이는 것이 이와 같은 여신의 명명해줌에 의한 것인지, 아니면 인간의 경험을 통해 인간이 사물에 부여한 것인지 여부는 문제로 남는다. 즉, 이름을 붙임이란 행위는 선험적으로 인간에게 주어진 것인가? 혹은 경험으로부터 부여된 것인가? 첫 번째 경우의 예로서 우리는 아담이 이름 붙이는 경우를 들 수 있다. 마치 운명의 여신 노른이 이름을 부르듯, 아담은 아무 거리낌없이 이름을 부른다. 이미 다 알고 있다는 것이다. 그러나 실제적인 삶 속에서 이렇게 선험적인 명명함이 가능한지는 의문으로 남는다. 어쨌든 여기서 시인은 여신 노른을 불러들이고 있는데, 이 여신은 아담에 비해서는 그다지 선험적인 총명함을 갖지는 못한 것으로 보인다. 왜냐하면 시인이 가져온 경이와 꿈에 무슨 이름이 적당한지 한동안 생각하고 있으며, 시인은 이것을 기다리는 것으로 묘사되어 있기 때문이다. 그럼에도 시인은 노른이 명명해주었을 때, 비로소 자신이 가져온 것을 드러낼 수 있는 것으로 그려진다.

그런데 일단 명명함의 과정이 지나면, 일상적인 삶 속에서 사물과 말의 관계는 뒤바뀌게 된다. 명명함이 선험적이고 순간적으로 이루어진 것이든, 경험적인 과정을 통해 이루어진 것이든, 일단 이름이 정해진 다음엔 사람들은 그 사물을 대하면서 더 이상 이러한 배후 과정을 생각하지 않는다. 오히려 이제 사물의 이름과 사물은 동일한 것으로 여겨지며, 사람들은 사물을 표현하기 위해 그 사물을 끌고와 제시할 필요도 느끼지 않는다. 단지 그 사물의 이름, 즉 말을 통해 그 사물을 전달하고 표현할 수 있는 것이다. 그렇다면 선험 / 경험적 배후 과정에 상관없이, 이제 중요한 것은 사물과 말이 정확하게 일치하는지에 달려 있는 것이다. 따라서 일단은 다음과 같은 표현이 타당한 것으로 보일 수도 있다 : 즉, "어떠한 것이 존재하는 것은 단지, 그것에 적합하고 따라서 그것에 속하는 말이 그것을 존재자라고 명명할 때며, 따라서 그때마다의 존재자를 바로 그러한 존재자로 건립할 때다" (UzS 165).

이런 판단은 사물에 앞서 혹은 사물과 동시적으로 그때마다 그 사물에 적합한 말이 항상 주어져 있다는 것을 전제로 하는 것이다. 그러나 이 시에 의하면 말이 사물과 동시에 항상 주어져 있는지는 아직 밝혀지지 않고 있다. 단지 1~3연에서는 여신 노른의 도움으로 사물과 말을 일치시킬 수 있었다는 점이 말해지고 있을 뿐이다.

그런데 하이데거는 사물과 이름의 관계에 대한 또 다른 측면을 지적한다. 그는 현대인에게 "꿈과 경이"로 불린 인공위성 (Sputnik)을 예로 들면서, 이런 것들은 우리가 알든 모르든 상관없이 지구를 따라 돌아가고 있지만, 이것들은 많은 경우 이름을 갖지 않는다고 말한다. 이러한 하이데거의 예 외에도, 경이와 꿈이 반드시 거대한 것만은 아니라고 한다면, 들판이나 물가에 피어 있는 수많은 꽃들도 이름 없이 존재하고 있는 것은 분명하다. 그렇다면 이름이 비로소 그 알 수 없는 꽃에게 그것의 존재를 부여한다는 위의 입장은 부정되어야 한다. 그럼에도 불구하고 일상 생활 속에서 우리는 누군가에 의해 — 신이든, 운명의 여신이든, 과학자든, 시인이든 — 이름이 붙여진 것들과 만나면서 살아가고 있기 때문에, 우리가 처음 만나는 사물에 대하여도 그것에 이름을 부여하는 수고를 할 필요가 없다. 모든 사물과 그에 적합한 말은 동시적으로 이미 우리에게 안전하고 정확하게 주어져 있기 때문이다.

그런데 다음 연으로 넘어가기에 앞서 우리가 주의를 기울여야 할 대목이 또 있다. 그것은 바로 경이와 꿈이 시인에 의해 가져가지는 "장소"다. 그것을 시인은 자신의 왕국의 "경계(Saum)"라고 말한다. 그런데 왜 게오르게는 그 장소가 자신의 왕국의 중심이나 내면이 아니라 경계(Saum)라고 말했을까?

Saum을 우리는 경계라고 번역했는데, 그 의미는 가장자리, 변두리 등을 뜻한다. 왕국의 가장자리란 곧 그 왕국을 다른 곳과 구분하는 경계다. 그런데 경계는 가장자리로서 한 곳의 끝이기도 하지만, 동시에 한 곳을 다른 곳과 구분하는 "지시"이기도 하며, 또한 이 구분이 지시에 의해 유지되는 한 경계는 양쪽을 모두 안전하게 유지시키는 곳이기도 하다. 따라서 하이데거는 "경계는 시인의 안전한 체류지의 가장자리를 이루고, 체류지를 유지하며, 한계 짓고, 둘러싼다"(UzS 225)고 말한다.

또한 경계는, 엘리아데의 설명에 따르면 성과 속을 구분하는 문턱이다. 이러한 문턱에 의해 성과 속은 구분되고, 이러한 구분에 의해 성과 속의 혼재 상태인 카오스의 위협으로부터 사람들은 안전할 수 있는 것이다. 그러나 제의나 축제 기간 중에는 이러한 문턱을 넘을 수 있는 기회가 주어지고, 이때 성과 속의 근원적인 합일의 경험이 허용된다. 하이데거도 트라클의 시에서 "문턱(Schwelle)"을 어둡고 외로운 방랑자와, 식구들이 살고 있는 밝고 온화한 집안을 구분하는 경계로서 해석하고 있다. 그리고 이 경계를 넘어설 수 있는 가능성을 "황금빛 은총의 나무"에서 발견한다(UzS 18 이하).

그런데 게오르게의 시에서 문턱은 "경계"라고 표현되어 있으며, 시인은 자신의 경이와 꿈을 자신의 왕국의 경계, 즉 성과 속을 구분하는 문턱으로 가져가고 있는 것이다. 그렇다면 트라클 시에서, 성과 속을 구분하는 문턱을 넘어설 수 있게 하는 "황금 빛 은총의 나무"와 같은 역할을 하는 것이 게오르게의 시에서는 무엇으로 표현되는가? 우리는 이것을 둘째 연에서 찾을 수 있다. 그것은 바로 운명의 여신의 샘이다(Born). 시인은 자신의 경이와 꿈을 자신의 왕국의 중심이 아니라 경계로 가지고 가는데, 그곳에 는 바로 여신의 샘이 있기 때문이다. 이 샘물을 하이데거는 "언어 의 역운적인 원천(die geschickhafte Quelle der Sprache)"이라고 해석한다. 따라서 여신의 샘이 놓여 있는 경계 지역은 신비로운 장소다. 이 신비로운 곳으로 시인은 자신의 경이와 꿈을 가져가 고, 여신은 자신의 샘 안에서 이름을 찾아서 시인에게 건네주고, 이때 시인은 자신의 경이와 꿈을 이름을 통해 부르기 시작하는 것이다. 이 대목만 본다면, 야훼 신이 뒤에서 불러주는 그대로 아담이 자신의 앞에 놓인 사물들의 이름을 부르는 것과 유사하 다. 그러나 다음 연에서는 이와는 전혀 다른 상황이 벌어진다.

4~5연에 의하면, 시인은 또다시 여행한 후 귀중한 보석을 가 지고 여신의 샘물로 찾아간다. 지금 시인이 가져가는 것은 "경이 나 꿈"과는 다른 보석이다. 시인은 별 어려움 없이 그 보석의 이 름을 여신으로부터 들을 수 있으리라 기대한다. 그런데 이번에 여신은 다른 때와 달리, 이름을 찾기 위해 오랫동안(lang) 수고 하는 모습을 보여준다. 그리고 오래 걸린 이유는 여신이 깊은 바 닥까지(auf tiefem Grund) 찾았기 때문이라고 묘사된다. 그렇다 면 여신은 이번 경우엔 왜 오랫동안 깊은 바닥까지 살폈을까? 그리고 이전에 쉽게 이름을 건네준 것과는 무슨 차이가 있는가?

하이데거에 의하면, 이전의 경우 여신이 쉽게 이름을 건네줄 수 있었던 것은 그 이름이 이미 샘물 안에 있었기 때문이다. 그런 데 하이데거는 이러한 이름들은 이미 존재하는 존재자에 대한 표상 작용을 통해 만들어진 단어들이라고 주장한다(UzS 225). 이렇게 표상된 것을 시인은 쉽게 건네받을 수 있었고, 이 이름을 통해 인간은 존재자를 지배할 수 있었던 것이다.

반면에 이번 여행 후 시인이 내민 보석은 이와는 다르다. 따라서 여신은 그 이름을 자신의 샘에서 오랫동안 찾았고, 심지어 깊은 바닥까지 찾았던 것이다. 그리고 그녀는 '여기 깊은 바닥에는 아무것도 그렇게 잠들어 있지 않아'라고 말한다. 즉, 시인이 이번 여행에서 가져온 것은 "경이와 꿈"과 같은 존재자가 아니며, 따라서 존재자에 대한 표상 작용을 통해 그 이름을 발견할 수 있는 것이 아니었던 것이다. 그래서 시인은 여신으로부터 그런 이름이 깊은 바닥에는 잠들어 있지 않다는 말을 들어야 했던 것이다. 그 이유에 대하여 하이데거는, 그 말은 "더 이상 이미 표상된 현전자를 명명하는 파악이 아니며, 앞에 놓인 존재자를 묘사하는 수단이 아니기 때문"(UzS 227)이라고 말한다. 이번의 보석은 존재자가 아니며, 여신은 존재자가 아닌 것을 담을 수 있는 이름을 발견할 수 없었기 때문에, 시인은 여신으로부터 절망적인 말을 듣게 된 것이다.

6~7연은 이러한 여신의 말을 시인이 듣는 순간, 그 보석이 손으로부터 빠져나가 다시는 시인의 왕국으로 돌아오지 않았다고 말해지고 있다. 그리고 시인이 체념을 배웠다고 말한다. 그렇다면 시인은 무엇을 체념한 것이며, 체념을 배웠다는 것은 무엇을 의미하는가?

우리는 배운다(Lernen)는 단어의 의미를 이미 앞에서 보았다. 어머니는 아이가 존재 사유를 배울 수 있기를 가르치는 자이고, 아이는 배우는 자로서, 이때 배움의 본질은 단순히 훈계나 설명을 통해 알게 되는 데 있는 것이 아니라, 자신이 스스로 어머니의 가르침을 원하고 따르는 태도의 변화에 있다고 지적하였다. 하이데거에 의하면 배움의 본질은 자신의 태도를 변화시키는 과정을 스스로 걸어가면서, 그때마다 벌어지고 자신에게 주어지는 것들을 받아서 간직하는 경험에 있는 것이다. 말하자면 배움은 "스스로를 걸어-감(경험, Er-fahren) 안으로 보내는 것"(UzS 224)에 그 본질이 있는 것이다.

그렇다면 체념하는 것을 배웠다는 표현은, 체념의 단순한 단어적 의미가 아니라 체념을 체험해가면서 그 과정에서 자신에게 보내지는 것들, 즉 역운을 받아들이게 되었다는 의미로 이해되어야 한다. 그런데 그 체념에의 배움은 우선적으론 슬픈 경험이다. 왜냐하면 일반적으로 체념은 무엇인가에 대한 포기를 의미하기 때문이다. 지금까지 존재자에 적합한 말을 시인에게 알려주었던 여신이 침묵하고, 이러한 침묵 속에서 보석은 끝내 시인의 손으로부터 빠져나갔기 때문이다. 그러나 하이데거에 의하면, 체념은 이러한 피상적인 이해와 달리 지금까지와는 또 다른 세계를 열어줄 수 있는 가능성을 제공한다는 것이다.

이런 그의 해석은 게오르게의 시에서도 이미 나타나 있다. 이 시 5~6연에서 여신 노른은 시인이 가져온 보석에 적합한 말을 찾기 위해 노력하며, '여기 깊은 바닥에는 아무것도 그렇게 잠들어 있지 않아'라고 말하고 있는데, 이 표현들 중 우리의 관심을 끄는 개념은 "샘의 바닥"이란 표현이다. 하이데거에 의하면 샘의 바닥(Grund)은 이중적인 의미로 해석될 수 있다. 샘의 바닥은 존재자를 위한 말을 근거짓는 근거이지만, 동시에 이 바닥은 말의 본질이 존재하는, 가장 깊은 근거(Abgrund)이기도 하기 때문이다. 그런데 "말의 본질"은 존재자에 대한 말들과 다르다. 따라서 그것은 시인에게 존재자적인 말로서 전달될 수 없다. 그런데 체념을 배우는 과정에서 시인은 존재자에 대한 언어의 거부라는 슬픔을 경험하기도 하지만, 이것이 존재 언어로의 이행을 가능케 하는 것임을 배우기도 하는 것이다. 따라서 하이데거는 "이렇게 배운 체념은 어떤 요구에 대한 단순한 거부가 아니라 거의 은폐된 채 소리내는 노래와 같은, 말해질 수 없는 근원적인 말(unsaegliche Sage)의 반향 안에서 말함이 변화되는 것"(UzS 231)을 뜻한다고 주장한다. 체념은 시인으로 하여금 존재자적인 말로부터 근원적인 말로 넘어가도록 하는 계기인 것이다. 이렇게 체념은 시인으로 하여금 "언어의 본질"에 대한 추구와 그 좌절로부터, 이제는 "본질의 언어"(UzS 200)가 스스로 말하는 것을 들을 수 있도록 변화시키는 것이다. 그렇다면 "찾을 수 없다"는 운명의 여신 노른의 말은, 시인으로 하여금 "언어의 본질"에 대한 추구로부터 "본질의 언어"가 스스로 말하는 것을 듣도록 하는 말이다. 즉, 여신 노른의 말은 바로 존재 언어로 초대하는 말인 것이다. 이로써 우리는 시인이 자신의 언어의 왕국의 경계로부터 떠나 언어 자체의 세계로 들어가야 하는 순간에, 이러한 이행을 가능케 하는 존재가 바로 여신 노른임을 알 수 있다. 이렇게 언어의 영역에서도 여성은 존재론적으로 중요한 역할을 하고 있는 것이다.

제12장

존재 언어 : 태조모(Ahnin)의 동산 안에서의 언어

게오르게의 시 「말」에서는 체념의 언어를 배우는 것까지 말해지고 있다. 그러나 이 체념의 언어가 그 자체로 어떠한 언어인지는 적극적인 방식으로 해명되지 않는다. 따라서 하이데거는 게오르게의 또 다른 시를 해석한다. 그런데 이 시의 제목은 없다. 단지 하이데거는 이 시의 제목이 「전설(Die Sage)」일 것이라고 추정한다. 그 시는 다음과 같다.

> "어느 대담하고-경쾌한 발걸음이
> 태조모의 동화 동산의
> 가장 고유한 왕국을 통과해 거니는가?
>
> 전설의 졸고 있는 숲을 일깨우는
> 그 어떤 외침을
> 은빛 호른의 취주자는 따라가는가?

그 어떤 고향적인 숨결이
최근에-사라진 우울함의
영혼 안으로 들어가는가?"(UzS 194, 234)

이 시의 배경은 「말」이란 시처럼 시인의 왕국의 경계 지점이 아니라 바로 근원적인 말(전설)의 동산의 안이다. 시인은 전설의 왕국 안에 있다. 또한 하이데거는 이 시가 더 이상 말이 아니라 노래며 노래는 말의 예감적인 비밀을 드러내는 것이라고 주장한다(UzS 194). 하이데거에 의하면, 노래는 존재자에 적합한 표상적인 말이 끝나고 본질의 언어가 드러나는 지점에서 시작된다는 것이다. 말하자면 언어의 본질에 대한 시인의 추구가 체념으로 끝나고, 체념을 통해 본질의 언어가 스스로를 알려오는 방식이 바로 노래라는 것이다(UzS 200).

따라서 이 시에서 시인은 더 이상 체념의 슬픔을 경험하지 않는다. 왜냐하면 고향적인 숨결이 시인의 영혼에 깃들인 우울함을 걷어가기 때문이다(UzS 235). 이제 노래를 감싸고 있는 것은 언어가 아니라 발걸음(Schritt), 즉 길(Weg)과 부름(Ruf)과 숨결(Hauch)인 것이다. 그렇다면 길을 따라 부르는 숨결이란 무엇을 의미하는가?

이 시에서 시인은 태조모의 동산 안에서 길을 따라 거닐고 있는 것으로 묘사된다. 이렇게 길을 따라가는 것을 하이데거는 "경험"(UzS 177)이라고 말한다. 시인은 태조모의 동산 안에서 무엇인가를 경험하고 있는 것이다. 그가 경험하는 것은 여러 길이 나 있는 태조모의 동산 자체다. 그렇다면 길과 동산은 어떤 관계에 있는가?

하이데거에 의하면 길(Weg)과, 길이 속한 영역(Gegend)은 부분과 전체의 관계가 아니다. 오히려 길이 스스로 움직이면서

(be-wegen) 영역을 드러내며, 이때 드러난 영역은 길을 걸으며 겪은 경험과 다르지 않다. 그런데 이때 시인이 경험한 것은 고향으로 부르는 근원적인 말, 즉 태조모의 전설인 것이다. 이것은 시인으로 하여금 "인간 본질의 장소성으로 되돌아가기(Der Schritt zurueck in die Ortschaft des Menschenwesen)"(UzS 190)를 요구하며, 고향적이고 근원적인 언어로의 되돌아가기를 요구한다. 그러나 이것이 어떻게 가능할까? 하이데거는 이것을 이해시키기 위해 말의 본질에 대한 해명을 시도한다.

그에게 말은 존재자가 아니다. 따라서 말이 존재한다(ist)는 표현은 잘못된 것이다. 그럼에도 우리는 말이 존재하지 않는다고 표현할 수도 없다. 왜냐하면 말은 어떤 방식으로든 존재하기 때문이다. 따라서 하이데거는 말에 대해서도 존재와 마찬가지로 "Es gibt das Wort"(UzS 193)라고 표현한다. 그렇다면 이때 Es는 무엇인가? 말인가? 혹은 존재인가? 하이데거는 이 모두라고 말한다. 그는 한편으로는 말은 주는 것(das Gebende)이라고 함으로써 말이 존재를 준다고 주장한다(UzS 193). 그러나 다른 한편 말이 드러내는 것은 존재자의 존재라고도 주장한다. 또한 『휴머니즘에 관한 서한』에서는, 언어(die Sprache)는 "존재로부터 존재 사건화하고 존재에 의해 얽혀 붙어 있는 존재의 집"(Weg 330)이라고 주장한다. 『언어의 본질』에서는 "존재 사건은 그 안에서 언어가 우리에게 그 본질을 말해오는 전설로서 주재한다"(UzS 196)고 주장한다. 그러나 근원적인 말인 전설과 존재 중 어느 것이 먼저인지를 따지는 것은 어려운 일이다. 따라서 이 문제는 여기서는 열려진 채로 남겨두기로 한다. 다만 어느 것이 우선이든 상관없이 분명한 것은, 이제 태조모의 동산 안에 있는 전설과 존재는 시인이 추구하는 말과는 다르다는 점이다. 여기서는 말이 스스로를 건네주는 것으로 묘사되고 있다. 그리고 건네주는 말이 열어젖히는 길을 따라가는 것이 시인의 사명인 것이다. 이렇게 이곳에서는, "언어의 본질"이 바로 "본질의 언어"로서 경험되는 것이다. 그것은 노래로서 들려오는 것이다. 그리고 노래가 부르는 것(Rufen)은 바로 태조모의 동산의 노래인 전설이다. 그렇다면 하이데거는 여기서 마치 에덴 동산에서 아담의 말과 같은 보편적이고 선험적인 말을 주장하는 것인가?

이 점에 대하여 하이데거는 게오르게의 시를 해석하면서, 태조모의 동산의 말은 바로 "고향의 숨결"이라고 주장한다. 그렇다면 고향의 숨결이란 무엇인가?

이를 위해 하이데거는 오순절에 일어난 기적을 묘사한 부분인 사도행전 2:3-4절을 인용한다. 이때 그는 루터의 번역을 선택한다:

"그들에게 불과 같은 … 혀들이 갈라져 나타났다. … 그리고 그들은 다른 혀들로 선포하기 시작하였다."

이 번역에서 하이데거가 관심을 갖는 단어는 glossa다.[167] 그리스 성서에서 glossai, glossais(glossa)라고 씌어진 단어를 불가타 라틴어본에서는 linguae, linguis(lingua)라고 번역하고 있다. 이것을 루터는 모두 "혀들"이라고 번역하였다. 그런데 대부분의 현대 번역본에선 앞부분은 "혀"로 뒷부분은 "언어"로 번역한다. 반면에 하이데거는 앞뒤를 모두 동일하게 "혀"라고 번역한 루터를 인용하고 있다. 왜 그는 루터를 인용했는가?

그것은 자명해보인다. 루터는 두 단어를 모두 혀라고 번역했기 때문이다. 그렇다면 하이데거는 언어, 더 정확히 말의 본질을 혀와 연관해 해명하기 원했다고 볼 수 있다. 그는 아리스토텔레스를 인용하면서, 음성적 발화(소리)는 영혼의 체험을 드러내는

---

167) 한국어 성서는 이 단어를 앞부분은 혀로, 뒷부분은 방언으로 번역하고 있다.

표지이고, 글은 소리를 드러내는 표지임을 지적한다. 그리고 글과 소리는 모든 사람에게 동일하지 않지만, 그럼에도 이렇게 서로 상이한 글과 소리는 동일한 영혼의 체험에서부터 나온다고 지적한다(UzS 203-204). 말하자면 글은 소리의 표지이고, 소리는 영혼의 표지며, 영혼은 외부 사물의 표지라는 것이다(UzS 204). 그렇다면 하이데거는 말의 본질을 입과 혀가 내는 소리라고 말하려는 것인가? 이 점에 대하여 하이데거는 언어는 "입의 꽃(die Blume des Mundes)"(UzS 206)이라고 분명히 지적한다.

그런데 "입의 꽃"으로서의 소리는 울림에서부터 오는 것이기는 하지만, 그 울림은 단순히 입과 혀의 울림이 아니라 입과 혀를 둘러싼 존재 세계로부터 기인한다고 말한다. 즉, "입의 꽃"의 소리에서 울리는 것은 육체적 기관인 입과 혀가 아니라는 것이다.

이런 현상은 날씨나 주위 환경에 따라 그리고 그 민족이 경험한 현상들에 따라 소리의 발화가 달라지는 것을 통해 알 수 있다. 언어가 소리에 기인한다고 할 때 그것은 언어가 단순한 입을 통해서가 아니라 바로 그 민족을 둘러싼 대지와 하늘, 그리고 역사적인 사건들을 통해 익혀진 '육화된 혀'를 통해 말해지는 것을 의미한다(UzS 208).

이런 의미에서 하이데거는 "본질의 언어"를 해명하기 위해 "혀"라고 번역한 루터본을 선택한 것이다. 그렇다면 언어의 본질은 아담의 언어와 같이 단순히 선험적인 것도 아니고, 그렇다고 육체 기관이 내는 감각적인 소리에 불과한 것도 아니라는 점이 분명해진다. 언어는 단순히 선험적인 것이 아니라 이미 존재론적인 혀를 포함하고 있으며, 동시에 이 혀는 소리를 내는 감각 기관이 아니라 대지와 세계의 울림을 드러내는 지시(Zeigen)인 것이다(UzS 214). 따라서 하이데거는 단순히 혀나 입이 아니라 "입의 꽃"이라고 표현하고 있는 것이다. 이러한 존재론적인 혀를 하이데거는 "고향을 부르는 숨결"이라고 표현한 것이다.

그렇다면 태조모의 동산에서 노래되는 근원적인 말의 본질은, 고향의 길을 따라 부르는 숨결로서, 고향의 대지와 그 위를 흐르는 바람이 이는 하늘 그리고 그 안에서 역운적으로 벌어지는 죽을 인간과 신적인 존재가 어우러져 울리는 소리에 있는 것이다. 따라서 하이데거는 : "하늘이 울린다. 그것은 역운의 음성의 하나다. 다른 음성은 대지다. 대지도 울린다"(EH 166), "대지는, '하늘의 메아리' 안으로 조율되어서 울린다"(EH 168)고 말하며, 결론적으로 "네 가지 음성들은 하늘, 대지, 인간, 신의 울림이다. 이 네 가지 음성 안에 서 역운은 전체 무한한 관계를 끌어모은다. 그럼에도 그 중 어느 한 가지도 그 자체만을 위해 일방적으로 존재하지 않는다"(EH 170)고 말한다. 이렇게 하이데거가 주장하는 언어의 본질은 혀와 무관한 것도 아니고, 육체적 기관인 혀만을 의미하는 것도 아니다. 오히려 하이데거에서 언어의 본질은 존재론적인 혀의 울림에 있는 것이며, 이것을 그는 "정적의 울림(das Gelaeut der Stille)"(UzS 215)라고 말한다. 이렇게 한편으론 보편적인 듯이 보이면서, 다른 한편으론 고향적인 고유성을 지니는 언어를 그는 존재론적으로 태고적인, 근원적인 말, 즉 전설에서 발견하는 것이다. 그리고 이러한 것을 발견하기 위해 그는 시인의 체념과 새로운 경험에 대하여 말하고 있는 것이다. 그리고 이러한 존재의 언어를 해명하기 위해 하이데거는 여신 노른(Norn)과 또 다른 태초의 어머니 신 아닌(Ahnin)을 필요로 했던 것이다. 그렇다면 이제 남은 문제는 무엇인가?

존재 언어를 듣기 위해 우리 모두가 시인이나 사유가가 될 수는 없을 것이다. 그러나 존재 언어와 존재 사건에 대하여 숙고하면서 사유하는 시간을 가질 수는 있을 것이다. 그렇다면 하이데거가 독자에게 마지막으로 바라는 것은, 존재를 다시 한 번 진지하게 사유해보라는 부탁일 것이다. 그리고 존재를 사유하는 것은 존재사적인 시원과 근원을 돌이켜 다시 한 번 사유하는 것을 뜻한다. 그런데 그것을 하이데거는 "존재에의 회상"이라고 표현한다.

제13장
여신 므네모쉬네 : 존재에의 회상

1. 남성 중심적 진리 체계로부터 여성적 진리 세계로의 패러다임의 변화

하이데거는 그의 존재 사유 내내 존재가 형이상학의 역사를 통해 망각되었다고 말한다. 그러면서 이제 존재를 사유하여야 한다고 말한다. 그런데 존재는 존재자가 아니기에, 존재 사유는 … 에 대한 사유가 아니라, 존재"의" 사유(Denken des Seins) 혹은 존재에의 사유(Denken an dem Sein)여야 한다. 이러한 사유는, 인간이 존재를 목적격으로 사유하는 것이 아니라 오히려 존재가 주격으로서 인간에게 드러날 때 가능하며, 이렇게 드러난 존재로 인간의 사유가 향해야 한다는 것이다. 하이데거는 이렇게 존재를 향하는 사유를 곧 회상(Andenken)이라고 부른다. 그리고 그는 존재를 회상하기 위해, 존재 망각의 시대에 살고 있는 현대인은 그리스인보다 더 그리스적으로 사유해야 한다고 말하기도 한다. 특히 존재 사유를 말할 때 하이데거는 시원적인, 근원적인 사유(anfaengliches Denken, urspruengliches Denken)라는 표현을 쓴다. 그렇다면 그가 자주 표현하고 강조하는 "시원적", "근원적"이란 단어의 심층적인 의미는 무엇일까? 왜 그는 존재 사유를 시원적, 근원적이라고 말하는가?

우선 우리는 하이데거가 존재 사유의 시원(Anfnang)을 형이상학의 "시초(Beginn)"와 구분하는 점에 유의할 필요가 있다. 그에 의하면 시원은 시초보다 더 앞선 것이다.[168] 그리고 존재 사유로서 회상은 바로 이곳을 향해야 한다는 것이다. 그러나 왜 그곳을 향해야 하는가?

우리는 플라톤에서 시작된, 그리고 그리스도교와 연결된 서구 형이상학의 역사가 남성 중심적인 형이상학의 역사라고 말했다. 이러한 형이상학은 거의 2000년간 서구 사회를 지배해왔다. 그런데 하이데거는 시원, 근원으로 되돌아가기를 주장한다. 그것은 남성 중심적인 형이상학적 진리 체계로부터 그 이전의 세계로 돌아감을 의미한다. 그런데 앞에서 우리는 시원, 근원을 향하려는 하이데거의 존재 사유가 여성적 특징을 띠고 있음을 밝혔

---

168) 하이데거의 시원이 형이상학의 시초보다 이르지만, 그렇다고 시원이 그리스도교 성서에서 말하는 태초를 뜻하지는 않는다. 오히려 그는 형이상학에 의해 망각되기 이전의 세계를 시원이라고 표현하고 있을 뿐이다. 그리고 그 시원을 그는 진리를 알레테이아로 경험했던 고대 그리스 정신에서 발견한다. 그렇다고 하이데거는 그 이전의 정신이 없었다고 생각하지는 않았을 것이다. 왜냐하면 그는 「이스터」에서 인도에 대하여도 말하기 때문이다. 그리고 그리스 정신 역시 스스로 탄생한 정신이 아니라, 이집트나 소아시아 등의 주변 세계로부터 영향을 받은 정신임은 분명하다. 그럼에도 하이데거가 고대 그리스 정신을 시원으로 보는 이유는, 자신의 사유를 서구인의 사유로 한정시키려 했기 때문이라고 볼 수 있다. 즉, 하이데거가 서구 철학자로서 존재 사유의 근원을 이집트나 수메르, 앗시리아, 바빌로니아 등에서 찾을 수는 없었을 것이다. 따라서 유럽의 경계인 그리스에서 시원을 본 것은 이러한 그의 입장을 반영한 것이라고 볼 수도 있을 것이다.

다. 그리고 이렇게 여성적 진리 세계가 남성 중심적 진리 체계보다 앞섰던 현상이라는 점은 많은 인류학자나 문화학자들에 의해 주장되어 왔다. 그렇다면 시원적이고 근원적인 존재 세계로 되돌아가야 한다는 하이데거의 주장은, 여성적 진리 세계로 되돌아가려는 시도라고 볼 수 있다. 그리고 이것이 존재 망각의 형이상학으로부터 제1시원으로 되돌아가자는 하이데거의 존재론의 본질적인 의미인 것이다.

그러나 이미 남성 중심적 진리 체계 안에서 살아온 현대인이 그 이전의 여성적 진리 세계로 단순히 되돌아갈 수 없다는 것은 자명하다. 따라서 하이데거는 제2시원에 대하여 말하고 있는 것이다. 즉, 남성 중심적 진리 체계를 강요했던 수직적이고 가부장적인 형이상학의 주장으로부터, 그 "이전"의 여성적 존재 세계를 "미래적"으로 재해석하고 숙고해야 한다는 것이 하이데거의 의도인 것이다. 그렇다면 이러한 그의 시도를 통해 무슨 일이 벌어질 수 있는가?

우리는 인류의 역사를 통해서 진리 체계의 거대한 변동이 있었음을 알고 있다. 하다못해 형이상학적인 사유의 틀 안에서도 천동설로부터 지동설로의 패러다임의 변화가 있었다. 그리고 현대인은 지동설에 머물지 않고, 이제 태양도 변방의 별이며, 지구 역시 마찬가지이고, 인간도 우주의 주인이 아니라 변방인임을 자각하고 있다. 그런데 이러한 진리 체계의 거대한 지진 현상은 형이상학적 사유의 틀 안에서 뿐 아니라 그 이전에도 있었던 것이다. 즉, 남성 중심적 진리 체계는 여성적 진리세계라는 진리의 패러다임을 획기적으로 바꾸면서 나타난 사건이다. 그런데 하이데거는 니체의 신 죽음의 선포와 궤를 같이 하여, 이제 남성 중심적 진리 체계가 빛 바래고 무의미해지는 것을 예감하고, 남성 중심적인 형이상학적 진리의 패러다임, 즉 진리를 떠받치고 있는 축 자체를 바꾸기를 시도하고 있는 것이다. 따라서 그는 형이상학에 의해 전복되기 이전의 "시원", 그리고 "근원"에 대하여 말하고 있는 것이다. 동시에 그는 미래에 대하여도 말한다. 왜냐하면 형이상학 이전의 여성적 진리로 단순히 복귀하는 것으로는, 이미 디지털 시대, 생명 공학적 복제의 시대에 접어든 인류의 문제점을 해결할 수 없다는 것을 그는 잘 알고 있기 때문이다. 따라서 그는, 가부장적 진리 체계가 구심점을 상실하기 시작했을 때, 형이상학의 죽음을 알리는 조종을 울리면서 이러한 위기를 극복하기 위해 형이상학 이전의 진리 세계에 대한 미래적인 재해석을 시도하고 있는 것이다. 바로 이런 점이 포스트모더니즘을 여는 출발점이기도 했음을 우리는 알고 있다. 왜냐하면 많은 포스트모더니스트들이 자신들은 니체와 하이데거에 빚지고 있다는 점을 고백하고 있기 때문이다. 이런 의미에서 하이데거의 존재에의 회상은, 남성 중심적 진리 체계인 형이상학 안에서 이루어지는 그 어떤 개혁적이거나 반동적인 해석 ─ 그것이 여성학, 환경학, 정치학, 이데올로기 비판, 이념에 대한 논쟁이든 ─ 보다 더 근본적인 혁명성을 지닌다.[169] 왜냐하면 존재에의 회상은, 다양한 형이상학적인 해석들 중 또 하나의 새로운 해석이 아니라 이러한 형이상학이 속해 있는 진리 체계 자체의 패러다임을 바꾸는 행위이기 때문이다. 그렇다면 이러한 진리의 패러다임의 전적인 전환을 위해 요구되는 "존재에의 회상"의 의미가 무엇인지 살펴보기로 한다.

---

169) M. Heidegger, Andenken, Bd 52, 93쪽. 앞으로 "회상"이란 약호로 본문에 삽입함.

2. 레테와 므네모쉬네

하이데거의 주장에 의하면 형이상학의 존재 망각과 그 극복은 서로 분리된 두 과제가 아니다. 오히려 진정한 의미의 극복이 가능하려면, 망각과 회상이 동시에 시작되는 지점에 대한 숙고가 필요하다. 그런데 망각과 회상은 근원에 매우 가까운 곳에서 일어난 사건들이다. 이런 만큼 존재 망각과 존재 회상은 그 본질에서 매우 밀접한 관계 속에 있는 것이다. 즉, 우리가 존재를 회상할 수 있는 것은 바로 존재를 망각했다는 사실을 질문할 때 가능하며, 이러한 존재 망각에 대한 질문과 더불어 이미 존재에의 회상은 시작될 수 있는 것이다. 말하자면 망각과 회상은 지평선의 양끝에 과거와 미래라는 대립 점으로 위치하는 것이 아니라 오히려 거의 동일한 장소로부터 유래하는 것이다. 물론 이러한 주장은 망각과 회상이 서로 상반되는 개념임을 부정하는 것이 아니다. 오히려 이 주장은 망각과 회상의 근원이 매우 가깝다는 점을 지적하려는 것이다. 즉, 망각과 회상은 그 흐름의 끝에서 볼 때는 서로 상반되는 개념이지만, 이들의 근원은 매우 가까운 지점에서 유래하고 있다는 것이다. 그렇다면 오래된 이야기인 신화에서는 망각과 회상의 관계를 어떻게 이해하고 있는가?

그리스 신화에서 레테는 밤의 여신인 뉙스로부터 출발하여 불화의 여신 에리스의 딸로 묘사되고 있다. 레테는 밤에 속하는 여신이다. 반면에 므네모쉬네는 대지의 신 가이아와 하늘의 신 우라노스의 딸로서, 제우스와 결혼해 무사이들을 낳는 여신으로 묘사된다. 무사이는 예술과 시의 여신이다. 그런데 예술과 시(poiesis)는 하이데거에 의하면 은폐되어 있던 것, 즉 망각되어 있던 것(레테)을 드러내는 것이기에 그 본질에서 episteme, physis와 같은 "끄집어-냄(Her-vor-bringen)"을 의미한다(Hw 48). 따라서 하이데거에 의하면 무사이의 본질은 바로 알레테이아에 놓이게 된다. 그렇다면 무사이의 어머니인 므네모쉬네는 바로 은폐된 것을 탈은폐시켜 보존하는 능력을 지니는 여신이다. 그런데 이렇게 은폐된 것을 드러내면서 보존하는 능력을 하이데거는 회상이라고 말한다. 그렇다면 은폐의 어두움이란 의미의 레테와 드러남의 밝음이란 의미의 므네모쉬네는, 이미 그리스 신화에서부터 서로 대립하는 개념처럼 보인다. 그렇다면 레테와 므네모쉬네는 그렇게도 서로 멀리 떨어져 있는 것인가? 혹시 이 둘은 거의 동일한 근원에서부터 출발한 것은 아닌가?

이런 점에 대하여 고대 지리학자 파우사니아스는, 레테의 강의 근원과 므네모쉬네 강의 근원은 보이오티아라는 지방에 서로 가까이 놓여 있다고 주장한다.170) 그런데 이러한 주장 역시 어쩌면 당연할 수도 있다. 왜냐하면 위에서 말했듯이 망각과 회상의 결과는 서로 다르지만, 그 근원이 유사하지 않다면 망각과 회상의 상호 관계도 불가능하겠기 때문이다. 즉, 인류 정신의 발달사적인 과정을 둘러보더라도, 어떤 것을 잊을 수 있다는 것은 어떤 것이 있었음을 전제하고 있으며, 잊기 전까지 그 어떤 것은 기억 속에 보존되고 있다는 것도 당연한 일이다. 만약 인류가 사고를 하지 못하고 문화를 이끌어내지 못한 채 머물렀다면, 인류에겐 망각이나 회상 모두 무의미한 개념으로 남았을 것이다. 반면에 인류가 어떤 것을 알게 되고 그것이 유용하다고 판단되었을 때, 인류는 그것을 기억을 통해 보존하기 시작했던 것이다. 그런데 이렇게 기억하려고 노력한 이유는, 바로 그것이 잊혀지기도 하기 때문인 것이다. 하이데거 식으로 말한다면, 인간 현존재에게 어떠한 존재 세계가 드러나면서부터 그에겐 이 존재 세계를 잊

---

170) 하랄트 바인리히, 『망각의 강 레테』, 백설자 옮김, 문학동네, 24쪽. 앞으로 레테란 약호로 본문에 삽입함.

거나 기억하거나 하는 가능성이 동시적으로 주어졌다는 것이다. 그렇다면 인간에게 레테와 므네모쉬네가 문젯거리로 등장하기 시작한 것은, 바로 인류 정신사의 시원에 근접한 곳에서일 것이다. 그렇다면 바로 이러한 곳은 어디일까?

우리는 인간의 정신이 최초로 드러나기 시작한 곳을 신화의 세계라고 부른다. 그렇다면 인간이 가장 단순하고 시원적인 예술 작품인 신화를 가지면서부터, 이미 그곳에서 레테와 므네모쉬네는 인간에게 시작된 것이다.

그런데 하이데거에 의하면 이러한 신화의 지점은 그리스 신화를 직접적으로 의미하지는 않는다. 오히려 그에게서 Mythos는 근원적인 이야기를 뜻하며,171) 이러한 이야기를 그는 게오르게의 시 해석에서는 "전설(Sage, Saga)"이라고 말하기도 한다. 그 이야기는 소포클레스를 비롯한 고대 그리스 작가의 작품을 의미하기도 한다. 그리고 이곳에서 그는 존재 망각과 존재 회상의 흔적을 찾고 있는 것이다. 그리고 망각된 존재를 회상하기 위해 그는 횔덜린과 같은 탈-형이상학적인 시인을 대화의 상대로 끌어들이고 있다. 따라서 신화와 전설이라는 근원적 이야기(Mythos)는 바로 레테와 므네모쉬네가 분리되는 지점이기도 하고, 동시에 그 분리 상태를 다시 극복할 수 있는 장소이기도 한 것이다.

그렇다고 하이데거에게서 므네모쉬네가 레테보다 무조건적으로 후한 평가를 받는 것은 아니다. 오히려 후기에 들어서 그는 알레테이아보다 레테가 더 넓고 깊다는 것을 인정한다. 이런 한

---

171) M. Heidegger, *Was heisst Denken?* 6쪽. 하이데거에 의하면, 뮈토스는 "말함 안에서 본재하는 것", 즉 "모든 인간 존재에 앞서서, 그리고 근본적으로 이것과 관계하는 요구"로서, 어떤 것이 드러나도록 하고 사유하도록 하는 말을 의미한다. 따라서 그는 로고스와 뮈토스가 본질적으로 동일한 의미를 지니며, 단지 이 둘이 분리되는 것은 로고스와 뮈토스 모두 그것들의 시원적이고 본질적인 의미를 상실했을 때라고 주장한다.

에서 그는 레테 역시 단순히 망각(Verborgenheit)이 아니라 은닉하는 힘(Bergen)이라고 긍정적인 평가를 내리기도 한다. 그럼에도 불구하고 하이데거의 주 관심은 역시 은폐를 드러내는 (Unverborgenheit) 회상에 놓여 있다고 보아야 할 것이다. 그렇다면 그는 왜 망각보다 회상을 강조하는가?

3. 망각과 회상에 대한 소묘

우리는 이 책의 처음 부분을 니체와 더불어 시작했다. 그리고 우리는 지금 다시 니체를 거론하려고 한다. 특히 망각과 회상이란 문제를 두고 하이데거의 입장과 비교하려는 의도에서다. 그런데 니체와 하이데거를 비교하기에 앞서 우선 망각과 회상이 갖는 장단점을 밝히는 것도 의미 있는 일이라고 할 수 있겠다.

예를 들어 망각이 갖는 단점을 우리는 시모니데스 이야기에게서 찾아볼 수 있다. 시모니데스는 유명한 시인으로서, 스코파스라는 권투사의 승리를 시로 지어달라는 부탁을 받는다. 이때 시인은 이 권투사의 승리 배후엔 쌍둥이 신의 도움이 있었음을 알고, 이 신들에 대한 칭송 부분에 3분의 2를 할당한다. 따라서 이 시를 본 권투사는 시모니데스에게 3분의 1만큼만 지불한다. 그후 식사 초대를 받고 향연을 즐기던 중, 향연장이 무너지는 사고가 일어난다. 그런데 쌍둥이 신들이 사고에 앞서 시모니데스로 하여금 탈출하도록 해서 그는 사고를 면했다는 이야기다. 여기서 신들의 기억은 시인을 살게 한다. 반면에 돈을 전체로 지불하기를 잊으려 했던 권투사는 죽음을 맞게 된다. 이 이야기에 따르면 기억은 삶으로, 망각은 죽음으로 해석되고 있다.

또한 오디세우스 이야기 중 로토파고스족 이야기는, 로토스라는 과일을 먹고 모든 근심을 잊고 사는 장면에 대하여 묘사하고 있다. 이 이야기 역시 망각을 부정적으로 평가하고 있다. 플라톤의 경우도 망각은 이데아의 세계를 잊는 것이며, 망각은 진정한 진리 세계로부터 멀어짐을 뜻한다. 티마이오스(23 a-c)에서 망각은 무지와 연결되고 있다.

이 외에 단테의『신곡』에 의하면, 레테 강과 같은 원류에서 에우노에(좋은 기억이란 의미를 지님) 강이 흐르는데, 레테 강은 죄에 대한 기억을 덮어주며, 에우노에 강은 좋았던 기억들을 보존해주는 역할을 한다. 그런데 천국이나 연옥과 같이 기억이 필요한 곳과 달리 지옥은 기억보다는 망각이 더 효율적일 것같이 여겨진다. 그러나 단테에 의하면, 들어온 모든 사람에게 아무런 희망도 주어지지 않는 곳이며, "빛이란 빛은 모조리 침묵하는 곳"인 지옥(레테 63-65)에서조차도 기억은 중요한 역할을 한다. 왜냐하면 지옥에 갇혀 고통을 받는 사람들이, 아직 살아 있는 사람들에게 지옥의 고통을 전하기 위해서도 기억은 필요하기 때문이다. 이렇게 여기서도 기억은 삶과 망각은 지옥의 고통과 연결되고 있다.

반면에 프로이트는 망각의 우위성에 대하여 말한다. 즉, 잊혀진 채 우리의 심층에 쌓여 있는 무의식이야말로 인간을 이끄는 힘이라는 것이다. 왜냐하면 망각은 철저하게 잊혀져 사라지는 것이 아니라 오히려 잊혀진 채 머물러 있기 때문이다.

스테판 말라르메의 경우도 망각은 "시적 정황의 본질적 조건"이다(레테 223). 말라르메에게서 진정한 시의 언어는 시인이 철저하게 망각했을 때 비로소 드러날 수 있다는 것이다. 그는 망각에 대하여 다음과 같이 말한다 :

"내가 '꽃'하고 말하면, 내 목소리가 하나하나 윤곽을 그려내어, 망각 속에서부터 마치 음악 소리처럼 우리에게 익숙한 꽃받침과도 다르고, 진정한 부드러운 관념과도 다른, 그 어떤 꽃다발에도 없는 부재의 꽃이 피어난다"(레테 224).

이 말에 따르면 본질적인 시어는 망각을 통해 부재의 꽃으로서 피어난다는 것이다. 이런 점은 발레리의 경우도 마찬가지다. 그에 의하면 "망각은 호수 깊은 곳에 잠자고 있으며 시인이 경박한 승리를 완전히 포기할 때만 시인에게 헌신한다"(레테 228)는 것이다.

또한 망각은 용서와 화해를 의미하기도 한다. 요한복음에서 간음한 여인을 예수가 돌려보내면서 다시는 죄를 짓지 말라는 말에는 용서와 망각이 포함되어 있다(레테 270). 실러의 작품 『오를레앙의 처녀』에서도 "지난 일은 영원히 레테 강물 속에 가라앉히게 … 잊어버리게! 모든 것은 용서되었네. 모든 것을 이 귀한 순간이 지워버리네"란 표현이 있다(레테 278).

또한 대표적인 기억의 민족으로 우리는 유대인을 들 수 있을 것이다. 그리고 유대교로부터 발원한 그리스도교도 예수의 최후의 만찬을 기억하라고 외친다. 또한 구약의 신도 인간의 죄를 기억하는 신이다. 그러나 예수나 구약의 신은 인간이 회개했을 때, 그 죄를 망각하는 신이기도 하다. 이처럼 인간이 기억이나 망각 중 하나를 선택할 때 신은 망각과 기억을 모두 간직한다. 그런데 현대인도 컴퓨터를 사용하면서 마치 한스 마그누스 엔첸스베르거의 시처럼 "저장했음, 즉 잊어버렸음"(레테 331)을 동시적으로 행한다. 즉, 기억을 위해 글쓰기를 주장했던 고대 이집트인의 충고(티마이오스 23a-c)와 달리, 컴퓨터 시대엔 기억과 망각은 거의 동시적으로 일어나고 있는 것이다. 왜냐하면 저장은 기억을 위한 것이지만, 저장과 더불어 그것은 기억을 끊는 행위이기도 하기 때문이다. 그렇다면 니체와 하이데거의 경우는 어떤가?

니체는 기억에 대하여 부정적인 입장을 취한다. 그에 의하면 인간이 기억하는 것은 대부분 괴로운 기억들이다. 말하자면 인간이 어떤 것을 기억한다면, 그것은 대부분 괴롭게 각인된 것들이거나 혹은 원하지 않는데도 해야만 하는 일들의 경우가 그렇다. 따라서 니체는, 인간은 가장 부끄러워하는 자며, 인간의 역사는 수치의 역사이고, 인간은 가장 웃을 줄 모르는 존재라고 말한다. 이렇게 기억은 인간을 이러한 부끄러움과 죄에 얽어매는 근본적인 장치라는 것이다. 반면에 인간이 웃을 수 있으려면 인간은 기억하지 말고 잊어버려야 한다. 잊을 때 인간은 도덕적, 종교적, 기타 사회적 가치들로부터 자유로울 수 있으며, 그때 웃을 수 있는 것이다. 따라서 니체는 망각을 명랑성(Heiterkeit)과 연결시키며 기억을 죄(Schuld), 양심의 가책들과 연결시킨다. 결국 이제부터는 기존의 모든 가치를 잊어버리고, 명랑하고 가벼운 가치들을 만들어나가야 한다는 것이 니체의 입장이다.

이와 달리 하이데거는 기억해야 한다는 입장을 취한다. 왜냐하면 그에게 망각은 곧 서구 철학이 범한 가장 큰 오류였기 때문이다. 따라서 망각으로부터 존재를 다시 회복해야 하며 그것은 존재에 대한 기억, 즉 회상을 통해 가능하다는 것이다. 형이상학의 역사와 연관해 니체는 과거의 모든 가치들이 무의미해서 더 이상 기억할 필요가 없고, 이제 새로운 가치를 창조하는 것이 중요하다고 생각하기 때문에 망각을 강조하는 반면, 하이데거의 경우 형이상학의 극복은 단순히 기존의 형이상학을 부정하고 잊는 것이 아니라 형이상학을 견뎌내면서, 그러한 형이상학이 존재할 수 있도록 한 그 배후 근거를 찾아나가는 것이 중요하기 때문에, 그는 형이상학이 뿌리 내리고 있는 배후 근거인 "근원과 시원에의 회상"이 필요하다고 강조하는 것이다. 이렇게 하이데거는 시원적이고 근원적인 존재 사건을 기억함을 통해 형이상학을 견뎌내고 새로운 존재 사유를 시작할 수 있기를 시도하고 있다. 따라서 근원과 시원에 대한 회상은 반드시 필요한 과제로 등장하는 것이다. 그렇다면 무엇을 어떻게 회상해야 하는가? 회상이란 무엇을 의미하는가?

4. 회상 : 감사함

우리는 위에서 기억과 회상을 분명하게 구분하지 않았다. 그런데 철학사적으로 기억은 다양하게 해석되어 왔기에, 하이데거가 회상이란 의미로 사용하는 기억이 다른 철학자들의 경우와 어떻게 다른지 간단하게나마 언급할 필요가 있다.

플라톤의 경우 기억은 anamnesis, 상기함을 뜻한다. 상기함으로써 기억은 이전에 이데아의 세계에서 보았던 것을 감각적인 것을 통해 다시 기억해내는 능력을 뜻한다. 이러한 능력은 순수하게 이데아를 볼 수 있는 이성에 속한다. 따라서 플라톤의 기억은 교육을 통해 감각과 욕망으로부터 벗어나서 순수하게 이성의 지도를 받을 때, 이성에 의해 다시 확인될 수 있는 것이다. 반면에 헤겔의 경우 기억(Erinnerung)은, 정신이 타자를 자신의 고유한 정신 안으로 내재화시키는 행위를 뜻한다. 기억은 정신에 의해 타자가 정신의 고유한 내용으로 들어와 경험되고 간직되는 것(Er-innerung)을 뜻한다. 이런 한에서 헤겔의 기억은 플라톤과 달리 외부적인 이데아에 의존하지는 않지만, 이 두 경우 모두 기억은 이성과 정신에 의한 것이라는 공통점을 지닌다.

반면에 하이데거에게서 기억은 회상의 의미를 지닌다. 그러나 회상으로서 기억은 임의적인 어떠한 것을 주체적으로 사유하는 것을 뜻하지 않는다. 오히려 회상으로서 기억은 "도처에서 무엇보다도 앞서 이미 숙고되어야 하는 것을 향한 사유의 모음"이다 (WhD 7). 즉, 회상은 "사유되어야 할 것(das Denkwuerdige, das Zu-denkende)"을 사유하는 것을 뜻한다.

그런데 "사유되어야 할 것"은 바로 망각된 존재의 세계다. 그렇다면 회상으로서 기억은 거의 2000년간 인류를 지배했던 형이상학보다 더 멀리 있는 형이상학 이전의 존재 세계를 뒤돌아 바라보면서, 이 시원적인 존재 세계를 미래적으로 현재에서 사유하는 행위를 뜻한다. 즉, 하이데거에게서 기억은, 현재엔 더 이상 존재하지 않는 과거의 것을 다시 떠올리는 것이 아니다. 기억은 이미 지나가버린 공허한 허상에 대한 막연한 추상과 아쉬움을 뜻하지 않는다. 또한 하이데거에게서 회상으로서 기억은 과거에 국한된 것이 아니라 과거가 현재에도 살아서 관계를 맺으며, 동시에 미래 역시 살아서 관계를 맺는 순간의 경험인 것이다. 따라서 회상으로서 기억은 지금은 없어진 것, 아직은 오지 않은 것, 지금 이 순간에 부재하는 것에 대한 대체적이고 보충적인 정신의 행위를 뜻하지 않는다. 오히려 회상으로서 기억과 더불어 이미 있었던 것(기재적인 것)과 도래적인 것은 현재의 순간에 살아 있는 사유거리로서 현존재와 관계를 맺게 되는 것이다. 이 점에 대하여 하이데거는 다음과 같이 말한다 :

"여기서 회상(Andenken)은 단순히 이미 있었던 것에 대해 사유하는 것이 아니라 오히려 동시에 도래하는 것'으로' 앞서-사유하고, 고향적인 것의 장소성을 숙고하고, 그 장소성에서 건립되어야 하는 근거를 숙고함을 뜻한다"(이스터 235).

즉, 회상은 형이상학 이전의 제1시원의 존재 경험과 동시에 제

2시원을 맞이하는 숙고며 비-고향적인 것과 고향적인 것을 두루 함께 포괄하는 숙고인 것이다.

그러나 이것은 모든 인간에게 가능하지 않다. 따라서 인간이 이렇게 회상할 수 있기 위해서는 길을 안내하는 표지가 필요하다. 이러한 이정표로서 표지를 알려주는 사람이 바로 시인이고 사유가다. 그렇다면 회상은 이들이 제시하고 드러내는 길을 따라 숙고하는 것을 뜻한다. 하이데거가 이러한 주장을 하는 배경엔 회상, 즉 므네모쉬네가 바로 무사이의 어머니라는 점도 놓여있다. 하이데거에 의하면 므네모쉬네에겐 놀이와 음악, 춤과 시가 속한다(WhD 7). 따라서 그는 : "'므네모쉬네', 이것은 시적으로 시로 지어져야 하는 것에 대한, 상존자에 대한 회상의 근거로서, 이 상존자는 모든 인간의 상존함과 거주함에 비로소 근거를 제시하는 것이며, 이것을 시인은 건립하는 것이다"(이스터 236)라고 말한다. 이렇게 "신의 뇌우 아래서 … 드러난 머리로 서 있는"(이스터 237) 시인과 사유가가 드러내는 것을 인간이 회상을 통해 따라 사유할 때 형이상학에 의해 망각되었던 근원적이고 시원적인 존재의 진리의 세계는 드러날 수 있다는 것이다. 이때 시인에 의해 드러나는 시원적인 존재의 세계 안에서는, 형이상학적 진리 체계와 달리 밝음과 어두움이 분리되지 않는다. 오히려 여기서는 "태양과 달", "낮과 밤"이 서로 연결된 채 자신의 고유한 존재를 드러내는 것이다(이스터 239).

그런데 길을 안내하는 자로서 시인과 사유가는 아무렇게나 그에게 떠오른 생각을 전하는 것이 아니다. 오히려 시인과 사유가에게 회상의 내용을 전해주는 것은 바로 회상을 통해 만나지는 존재 자체. 존재가 회상하는 시인들에게 비로소 회상의 표지를 드러내준다는 것이다. 그 표지는 시인에 의해 임의적으로 창작될 수 있는 것이 아니다. 이런 의미에서 하이데거는 "시로 지어져야 할 것을 회상하는 것은, 시를 짓는 것의 원천 근거다. 따라서 시를 짓는 것은 때로는 원천으로, 즉 회상으로서 사유로 거꾸로 흐르는 물결들이다"(WhD 7)라고 말한다.

이렇게 회상은 더 이상 없는 것, 사라진 것, 없어진 것에 대한 추후적이고 감상적인 기억이 아니라, 항상 현전하는 존재가 건네주는 말을 회상하는 것이고, 존재의 말 건넴은 인간의 근원적인 존재를 일깨우기에 회상은 즐거운 일이다. 따라서 하이데거는 회상(Andenken)의 본질을 "감사함(Danken)"이라고 말한다. 이 점을 그는 어원론적으로 다음과 같이 말한다 :

"'Gedanc'라는 시원적인 단어는 모아지고, 동시에 모든 것을 모으는 추모함(Gedenken)을 뜻한다. 'Gedanc'는 마음(Gemuet), 용기(muot), 가슴과 같은 것을 뜻한다"(WhD 92).

그런데 이러한 그의 주장에는 한국어 번역으로 표현할 수 없는 것이 담겨 있다. 즉, Gedanc는 마음을 통해 어떤 것을 추모하는 것이지만, 이때 마음이란 심리학적으로 파악된 개인의 내면적인 마음이 아니라 바로 존재사적인 사건들을 모으는(Ge) 용기(Muot)인 것이다. 이런 의미에서 사유(Denken)의 본질은 존재에의 사유(Andenken)로서 회상이며, 회상은 바로 존재에의 추모이고, 그것은 존재 사건들을 모으는 용기 안에서 발견하는 존재에의 추억(Gedaechtnis)인 것이다. 즉, 회상은 형이상학에 의해 망각된 근원과 시원에의 추모이고 추억인 것이다. 그런데 시원적 근원(der anfaengliche Ursprung)은 그것으로부터 발원된 것(das Entsprunge)과 비교할 때 훨씬 풍부하고 순수하기 때문에, 이러한 시원적 근원을 추억하는 회상에는 감사함이 포함되어 있다는 것이다. 따라서 하이데거는 "Gedanc 안에는 감사함과 같은 추억함이 머물러 있고 본재한다"(WhD 92)고 말한다. 더 나아가 이러한 고향적인 감사함을 그는 기도라고 표현하기도 한다 : "추억은 근원적으로 기도(An-dacht)와 같은 것을 뜻한다"(WhD 92). 그러나 이러한 추억은 과거에의 추억이 아니라 바로 존재했었고 지금도 존재하는 추억이고, 미래와 연관해 도래적으로 다가오는 예감적 추억이다. 따라서 하이데거는 : "근원적인 추억인 Gedanc 안에는 이미 사유된 것(Gedachtes)을 사유되어야 할 것(dem zu-Denkenden)을 향해 사유하는 추모가, 즉 감사함이 지배하고 있다"(WhD 94)고 말한다. 그렇다면 시원적이고 근원적인 사유로서 회상이 감사함일 수 있는 구체적인 이유는 무엇인가?

5. 회상 : 근원적인 대화로서 인사함

하이데거에 따르면, 인간은 "표상"이나 정복, 지배, 극복과 같은 방식으로는 시원적이고 근원적인 존재를 만날 수 없다. 오히려 그는 제2시원을 위해 근원적 존재 세계로 되돌아가 대화하려는 인간과 존재 세계의 관계를 인사함(Gruessen)이라고 표현한다(회상 52-55). 그렇다면 우리는 언제 어떻게 인사를 나누는가? 물론 현대인들은 도처에서 만나는 사람들과 인사를 나눈다. 그러나 진정한 의미의 인사는 이렇게 외면적이고 자신에 대한 소개나 광고에 있는 것은 아닐 것이다. 오히려 인사함은 인사 받는 자와 인사를 서로 나누는 것을 의미한다. 즉, 우리가 진정으로 인사를 건네는 것은, 상대방에 대한 존중과 신뢰를 바탕으로 한 것이다. 하이데거는 아렌트에게 보낸 서한에서도 인사를 건넨다. 여기서 인사는 상대방이 "그 자신으로 충실하게 존재할 때"(서한 11), 그리고 양자 사이에 신뢰가 있어서 서로 가까움(Naehe)을 느낄 때 (서한 12, 13), 그리고 만난다는 사실이 즐거움일 때(서한 20), 그리고 그러한 상대방이 존재한다는 사실 자체(서한 27), 그리고 부재중에도 진정한 의미의 회상이 가능할 때(서한 31), 그리고 서로에게 속한다고 느낄 때(서한 40), 그리고 상대방의 고통에 대하여 진실로 아픔을 같이 느낄 수 있을 때(서한 60) 가능함을 보여주고 있다. 하이데거의 서한에 따르면 인사함의 본질적인 의미는 바로 각각이 존재한다는 사실, 그리고 그 사이에 존재론적인 가까움이 지배적이고, 각자를 유지하면서도 서로에게 속하며, 이러한 속함에 서로 충실하면서 서로의 존재를 나누어 공유할 때 가능하다는 것이다. 따라서 하이데거는, 인사함의 본질은 인사하는 자와 인사 받는 자가 서로에게로 넘어감(Uebergang)을 통해 완성된다고 말한다 :

　"순수한 인사함은 이러한 넘어감의 방식으로 존재한다. 가장 단순하지만 동시에 가장 내밀적인 인사함은, 이 인사를 통해 인사 받은 자가 비로소 고유하게 그 자신의 본질 안으로 되돌아가게 하는 것이다 …"(회상 51).

　즉, 인사를 통해 인사받은 자는 비로소 그 자신의 본질로 존재하게 되는 것이다. 왜냐하면 우리 주변에 많은 사람들이 존재하더라도 서로 인사가 없을 때 우리는, 그들이 존재하든 그렇지 않든 아무 상관도 하지 않고 살아가기 때문이다. 그러나 이름을 불렀을 때 나와 상관없는 존재자가 하나의 의미로 살아서 다가온다는 시구와 같이, 인사함을 통해 양자는 서로에게 소중한 "존재의 의미"로서 나타나게 되는 것이다.
　이렇게 회상은 시원적인 먼 곳 — 그러나 본질적으론 가까움 자체인 — 을 향해 인사를 나누는 것이고, 이를 통해 시원과 현재는 서로 "존재의 의미"를 지니게 되는 것이다. 말하자면 제1시원과 제2시원의 세계는, 더 이상 대상적인 두 세계의 외면적인 만남이 아니라 인사 나눔을 통해 두 세계는 서로에게로 넘어감을 수행하며, 서로를 존중하고 서로에게 충실히 속하게 되는 것이다. 이렇게 회상은 제1시원을 현재의 나의 세계로 강압적으로 끌어들여 해석하는 것도 아니고, 제1시원 속에서 나의 세계를 상실해버리는 것도 아니다. 오히려 회상은 인사함을 통해 살아 있는 존재 의미로서 서로 만나고 마음의 말을 나누는 무언의 대화인 것이다. 이 대화를 통해 일상적인 말과 태도로부터 벗어날 수 있기에 회상은 자유로운 것이다. 이렇게 자유롭게 어떤 것에 빠져든다는 것은 곧 즐거운 유희를 의미한다. 그렇다면 회상의 시간은 자유로운 유희며 축제의 순간인 것이다(회상 67-69). 또한 유희는 "모든 일 중 가장 순진무구한 것"이다. 그런데 하이데거는 순진무구한 유희를 "시를 짓는 것"이라고 해석한다. 그렇다면 회상은 시인이 시를 통해 시원적인 것과 나누는 대화를 듣는 일이다. 왜냐하면 시원적인 존재 세계는 바로 이와 같은 시인의 근원적인 말이 건네는 표지를 통해서 회상될 수 있기 때문이다.

그런데 시인의 언어를 통해 드러나는 시원의 존재 세계는, 현대인에겐 "비-현실적"인 것처럼 보인다. 왜냐하면 형이상학의 역사를 통해 망각되었던 시원의 세계는 이미 2000년이란 간격을 두고 있기 때문이다. 따라서 이 시원적인 세계와 나누는 시인의 대화는 꿈의 언어처럼 들릴 수도 있다. 그러나 꿈은 현실적인 것과 비교할 때 비현실적인 것으로 보이지만, 오히려 꿈은 현실적으로 보이는 것이 가상임을 드러내기에, 현실적인 것보다 더 본질적인 것이라고 하이데거는 말한다(회상 126). 이런 한에서 꿈은 은폐된 본질적인 현실을 드러내는 능력(das Moegliche)이기도 하다(회상 127). 꿈은 비-현실적인 듯이 보이지만, 현실에 다가와 현실의 피상적인 현실성을 파괴하고, 본래적인 현실성을 드러내는 능력인 것이다. 꿈은 형이상학에 의해 부정된 시원의 세계를 드러내지만, 동시에 이 꿈과 대화를 준비하는 자에겐 예감의 꿈이기도 하다. 이렇게 꿈과 같은 시의 말을 통해 말을 건네는 행위가 바로 인사함인 것이다.

그런데 우리는 형이상학 이전의 제1시원의 존재 세계가 여성적 진리 세계라는 특징을 지닌다고 말했다. 그렇다면 시의 언어를 통해 제1세계와 인사를 나누는 방식도 여성적 특징을 띤다고 볼 수 있다. 즉, 이때 중요한 것은 강압적인 설득이나 배타적인 자기 주장이 아니라 인사를 나누는 대화인 것이다. 이런 의미에서 하이데거는 인사하기를, 그리고 인사를 서로 나누기를, 그리고 이러한 인사 안에서 오가는 대화에 대하여 말하고 있는 것이다. 그런데 이러한 인사 나눔은 긴 시간의 흐름을 뛰어넘는 시원과의 대화다. 따라서 하이데거의 주장은 꿈처럼 들릴 수도 있다. 즉, 이러한 하이데거의 주장은 가공할 시간의 속도 속에서 살고 있는 현대인에게 "언제까지, 어떻게 그런 식으로 기다려야 하는가?"라는 불평에 찬 비판을 받을 수 있다. 그럼에도 하이데거의 주장이 꿈과 같이 들린다는 사실은, 현대인이 너무 깊숙이 형이상학적인, 남성 중심적 진리 체계 안에서 살아왔음을 반증하는 것이기도 하다. 그러나 긴 존재의 역사 속에서 본다면 사정은 달라진다.

예를 들어 인간은 짧은 시간만을 본다. 나무는 이보다 더 많은 것을 본다. 그리고 존재의 역사는 나무보다 더 많은 것을 보아온 것이다. 인간의 짧은 삶의 기간 동안 변화 없이 보이는 것들도 존재의 역사 안에선 끊임없이 변화해온 것이다. 그러나 인간은 자신이 처해 있는 세계나 가치들, 진리 체계가 쉽게 변치 않는다고 생각한다. 그럼에도 그가 이렇게 생각하는 것도 사실은 이미 변해온 것이며 앞으로도 계속 변할 것이다. 그가 불변적이고 절대적이라고 여기는 형이상학적인 진리조차도 제1시원으로부터 변해온 것이고, 이제 형이상학적 진리도 다시 변해야 한다는 것이 하이데거의 입장이다. 제1시원과 형이상학 그리고 제2시원은 존재가 드러내며 감추는 역운에 따라 변해온 것이며, 형이상학의 종말과 제2시원에의 도래라는 변화도 이미 미세하지만 진행되고 있다는 것이다. 따라서 그는 "기다리라"고 말한다. 그렇다면 하이데거는 언제까지 기다리라고 말하는가? 기다림이란 무엇인가?

6. 회상 : 운명의 기다림

하이데거에 의하면 대화가 가능하기 위해서는 우선 들을 수 있어야 하며, 들음을 통해 대화에 속할 때 비로소 본래적인 의미의 대화를 할 수 있다. 그리고 존재사적으로 들음은 이미 말을 건네는 존재의 말을 듣는 데 놓여 있다. 따라서 들음은 "기재적인 것(ds Gewesene) 안으로 봉헌되고, 그 본질 안에 내밀화되는 것"(회상 160)을 뜻한다. 그런데 이렇게 속함은, 그것을 원함을 통해 가능하며, 원함은 강압적인 것이 아니라 그것을 기꺼이 받아들이기를 원함, 즉 사랑에 의해 가능한 것이다. 따라서 하이데거는, "들음은 사랑의 위대한 마음, 부드러운 마음, 지속적인 마음을 기억하게 됨"(회상 160)이라고 말한다. 즉, 이렇게 이미 존재했던 존재의 말 건넴을 사랑의 마음으로 기억하는 것이 바로 대화의 본질이라는 것이다. 이 점에 대하여 하이데거는 다음과 같이 말한다 :

"대화는 말함과 들음의 상호 관계로서 기억함과 기억됨의 상호놀이다. 대화는 기억이다. 기억의 유희는, 그 안에서 말하는 자들과 듣는 자들이 서로 항변하면서, 조화음 중의 하나만을 울리게 하는 곳에서는 결코 유희적일 수 없다. 회상은, 정확히 이해된다면 항상 언젠가 이미 본재했던 것인 본질적인 것을 신뢰하는 것이다. 그렇게 본재하는 것은 스스로 자신을 죽을 자들에게 드러내야만 한다. 이것이 본재하는 것이 드러나는 방식이다"(회상 161).

여기서 하이데거는 회상이 결코 꿈에 그치는 것이 아니라 이미 존재해왔던 것으로부터 울려퍼지는 미세한 조화음과 더불어 시작된다고 주장한다. 이러한 울려퍼짐은 신뢰성을 전제하며, 이러한 신뢰 속에서 "이미 존재해왔던 것"이 드러나기 시작한다는 것이다. 그런데 이렇게 자신을 숨기거나 드러내면서 죽을 자인 인간에게 다가오는 것을 우리는 운명이라고 말한다(회상 162). 그렇다면 회상은 바로 존재가 보내는 역운을 기억하며, 그것이 다가오는 것을 기다리는 일이다. 이런 의미에서 하이데거는 회상으로서 대화는 바로 운명의 내밀성을 드러낸다고 말한다(회상 164).

그러나 이렇게 드러나는 것은 미세한 음향으로 울려퍼지기 때문에 그것은 곧잘 은폐되거나 오해될 수도 있다. 따라서 하이데거는 "기억되는 것은, 스스로 빠져나가면서 기억을 은폐된 것 안에 고착시키는 것으로부터 떠날 때 실현된다"(회상 162)고 말한다. 그럼에도 불구하고 인간은 종종 존재의 역운의 소리를 듣지 못한다. 그런데 존재가 드러내는 역운의 소리를 듣지 못하게 하는 것은 바로 잡담들, 즉 기존의 사회 가치나 구조, 문화 안에서 이루어지는 수많은 말의 홍수들이다(회상 163). 그렇다면 운명의 소리를 듣기 위해서는 잡담으로부터 벗어나는 일이 중요하지만, 잡담으로부터 벗어나는 것은, 곧 그가 그때까지 속했던 진리 체계로부터 이탈을 의미하기도 한다. 따라서 이것은 그렇게 쉬운 일이 아니다. 그리고 이러한 진리 체계가 지배적인 한에서 운명의 소리가 드러나는 것도 쉽지는 않은 일이다. 이런 상황에서 하이데거는 근원적이고 시원적인 존재 세계에의 회상뿐 아니라 운명의 소리가 드러나기를 "기다려야" 한다고 말한다.

이때 회상과 기다림은 서로 상반된 행위를 뜻하지 않는다. 오히려 죽을 자들이 시원에의 회상을 할 때 운명의 소리는 들리기 시작하는 것이지만, 운명의 소리를 듣기 위해서는 그것이 스스로를 알리기까지 기다려야 한다. 그렇다면 어떻게 이 둘이 서로 만나질 수 있을까? 만약 운명이 스스로를 알릴 때까지 인간은 기다리고, 그리고 그때 들리는 운명의 소리를 회상한다면 그것은 쉬운 일일 것이다. 또 반대로 인간이 회상을 통해 운명의 소리를 들으려할 때마다 운명의 소리가 은폐됨 없이 들린다면 그것도 쉬운 일일 것이다. 그러나 하이데거는 운명의 소리 역시 스스로를 알리기도 하지만 은폐하기도 하며, 인간의 귀 역시 들을 수도 혹은 듣지 못할 수도 있다고 말하고 있다. 이러한 이중적인 어려움을 어떻게 해결할 수 있을까? 이에 대하여 하이데거가 제시한 대답은 바로 "대화"다. 특히 대화가 신뢰 속에 있는 사랑의 마음의 대화가 될 때, 그때 운명의 소리의 드러남과 그것을 들을 수 있는 인간의 귀는 동시에 만날 수 있다는 것이다. 그리고 이것이 바로 기다림의 본질이기도 하다.

우리는 여기에서 하이데거의 존재 사유가 종말론적인 색채(Eschatologie)를 띰을 볼 수 있다. 인간은 존재 사건이 일어나기를 종말론적으로 기다려야 한다는 것이다. 그러나 그의 존재 사유는, 그리스도교적인 종말론과 달리 특정한 메시아를 기다리는 것이 아니다. 또한 존재 사건은 그리스도교와 같은 최후의 심판과, 이에 따르는 상 / 벌에 관한 내용을 갖지 않는다. 오히려 존재 사유의 종말론은 열려 있는 기다림이란 형태를 띠는 종말론이다.

존재 사유에서 기다림은 특정한 "그 날"을 기다리는 것도 아니며, 특정한 "어떤 것"을 기다리는 것도 아니다. 그렇다고 하루하루 오는 날을 연기시키면서, 결코 오지 않는 베케트의 "고도우"와 같이 시간을 흘려보내는 것도 기다림이 아니다. 또한 기다림은 시간 죽이기를 통해 주어진 시간의 길이를 짧게 만들면서 앞당길 수 있는 것도 아니다. 그렇다면 특정한 누구, 무엇, 언제를 기다리는 것도 아니고, 그 기다림의 시간을 짧게 하는 것도 아니고, 시간을 내버려둔 채 오지 않는 고도우를 마냥 기다리는 방식도 아니라면, 도대체 하이데거가 의도하는 기다림의 본질은 무엇인가?

일단 우리는 하이데거의 기다림(Warten)은 존재 사건과 시간(Zeit)과 연관되어 있다는 점을 확인할 수 있다. 그리고 기다림이 성취되는 것은 특정한 공간이 아니라 바로 시간이 벌이는 유희공간(Zeit-Spiel-Raum)이라고 보아야 한다. 그렇다면 어디서, 무엇을 기다려야 하는가라는 질문은 배제될 수 있다. 그러나 어떻게 언제까지 기다려야 되는지의 문제는 남는다. 언제까지 기다려야 하는가? 그러나 이 질문도 하이데거에 의하면 배제될 수 있다. 왜냐하면 하이데거의 기다림은 특정한 시점을 고려하지 않기 때문이다. 말하자면 시간상 어느 특정한 시점에 제1시원이 일어났고, 또 다른 특정한 시점에 형이상학이 시작되었으며, 특정한 시점에 제2의 시원인 여성적 진리 세계가 펼쳐지리라고 하이데거는 생각하지 않는다. 그의 시간 개념은 크로노스적인 흐름과 시점으로서의 시간을 뜻하지 않는다. 오히려 그의 시간 개념은 카이로스적인 존재 사건이 드러나는 순간을 일컫는다. 카이로스적인 순간과 크로노스적인 시간은 전혀 다른 지평을 갖는다. 그렇다면 특정한 시점 없이 마냥 기다려야 하는가? 그것은 고도우를 기다리는 것과 비슷하지 않은가?

이 점에 대하여 우리는 크로노스적인 시간과 카이로스적인 순간을 좀더 세밀하게 사유할 필요가 있다. 우리가 얼핏 볼 때, 형이상학의 역사는 일정한 시점을 갖는 듯이 보인다. 왜냐하면 우리는 형이상학자들의 출생 연도와 그가 발표한 작품의 시점을 알기 때문이다. 그러나 이때 간과되고 있는 것은, 그러한 사유들은 비록 크로노스적인 시간 속에서 발견될 수 있지만, 크로노스적인 시간이 그러한 사유를 만들어낸 것은 아니란 점이다. 오히려 각각의 사유가들의 사유는 알 수 없는 카이로스적인 순간에 발생한 존재 사건을 크로노스적인 시간 속에서 기술한 것일 뿐 그 반대는 아니다. 그러나 표면적으로 우리는 크로노스적으로 확인하는 것이 쉽기 때문에 크로노스적인 시간을 기다리려고 하는 것이다. 그러나 모든 크로노스적인 시간이 갖는 사유 내용들은 카이로스적인 존재의 드러남의 사건에 의해 비로소 가능한 것이다. 그러나 다른 한편, 카이로스적인 시간도 분명히 인류의 역사를 통해 크로노스적인 시간 안에서 발생했다는 점은 부정될 수 없다. 그런데 하이데거가 기다리려는 순간은 바로 이렇게 카이로스적으로 일어나는 존재 사건이다. 그렇다면 이제 남은 문제는 카이로스적인 순간을 크로노스적인 시간 속에서 어떻게 기다려야 하는가 하는 점이다.

7. 회상 : 기다림의 아름다움

우리는 이제, 하이데거가 말하는 존재 사건을 언제까지 어떻게 기다려야 하는지에 대하여 그의 작품을 따라 살펴보려고 한다. 하이데거는 그의 작품 『형이상학의 근본 개념들』(전집 29/

30권)에서 기다림과 권태의 관계에 대하여 다루고 있다. 그는 기다림의 상이한 방식들에 대하여 말한다. 그에 의하면 모든 기다림이 다 지루한 것은 아니다. 일반적으로 기다림이라고 말할 때, 우리는 많이 남아 있는 시간에 치여서 지루해하는 경우를 떠올린다. 그러나 때에 따라서 기다림은 안달을 유발시키는 기다림일 수도 있다. 그런 예로서 하이데거는 기차역에서 기차를 기다리는 장면을 들고 있다. 시간보다 앞서 기차역에 도착한 경우, 마땅히 할 일도 없을 때 기다림은 지루함이란 성격을 띠기는 하지만, 느긋하게 시간에 자신을 맡기고 있는 방식의 지루함은 아니다. 오히려 이것은 시간이 빨리 가기를 바라고 재촉하며 이것저것에 몰입해보려고 시도하지만 잘 되지 않는 경우로서, 이때엔 시간을 죽이기 위한 안달이 지배적일 수 있다. 그럼에도 시간은 점점 늘어나서 길어지고, 시간의 흐름도 점점 늦어진다고 느껴지는 것이다. 따라서 이 예에서 기다림은 시간 죽이기라는 안달과 시간의 늦어지고 길어짐이란 상반된 상황 속에서 이루어지는 기다림이다. 그러나 기차를 기다리는 사람이 이렇게 시간을 죽이려고 노력하는 이유는, 그 사람이 시간에 붙잡혀 있기 때문이다. 그는 시간으로부터 벗어나지 못하고 시간, 더 정확히 말하면 특정한 시각까지의 시간의 길이에 붙잡혀 있는 것이다. 그리고 이 기다림 속에서 그는 여러 가지 흥밋거리를 찾아보지만, 그것들은 모두 부차적인 것에 불과하다. 따라서 진정으로 원하는 기차가 나타날 때까지 그를 둘러싼 주위의 사물들은 단지 빛 바랜 흑백 사진 속 풍경처럼 무의미하게 머물 뿐이다. 이런 점을 하이데거는 "머무적거리는 시간에 붙잡혀 있음"(전집 29 / 30권 169)과 "스스로를 거부하는 사물들에 의해서 공허 속에 버려져 있음"(전집 29 / 30권 173)이라고 특징짓는다.

존재의 역운에 대한 기다림도 이런 특성을 띨 수 있다. 즉, 우리는 존재의 역운이 특정한 시각에 일어나리라 예단하고, 그때까지 남은 시간의 길이와 속도를 줄이기 위해 주변의 사물들에 자신의 흥미를 쏟을 수 있다. 그러나 존재의 역운은 기차의 도착 시간과 같이 정해진 짧은 기간이 아니다. 따라서 이러한 기다림의 자세로 존재의 역운을 기다릴 때 우리는 안달스럽게 기다리다 스스로 지칠 수 있다. 그리고 단지 존재의 역운을 기다리기 위한 방편으로 사물을 대함으로써 사물로부터도 소외될 수 있다. 이때 인간 존재의 황폐화, 사물과의 관계의 단절, 정확한 시점을 정하는 잘못된 확신 등이 일어날 위험이 있다.

따라서 하이데거는 기차를 안달스럽게 기다리는 것과 달리 저녁 초대를 받는 경우를 예로 들고 있다. 이 경우 저녁 초대를 받은 사람은 굳이 시간 죽이기를 할 필요가 없다. 왜냐하면 그곳은 즐거운 자리이기 때문이다. 그리고 그 자리엔 지루함도 없는 것처럼 보인다. 따라서 그는 특별히 시간 죽이기를 하지 않으며, 도대체 무엇 때문에 지루한지도 명확히 알지 못한다. 단지 그 초대가 끝나고 난 뒤 지루했었음이 확인될 수 있을 뿐이다. 그리고 초대받은 동안 시간은 길어지거나 늦어지지도 않기에, 시간을 빨리 보내기 위해 주위의 다른 사물들에 관심을 집중시킬 필요도 없다. 그리고 저녁 파티가 흥겹게 진행되는 동안 주위의 사물들이 그를 공허 속에 남겨두지도 않는다. 그는 충분히 즐기고 있고, 주위의 사물들도 파티에 걸맞게 흥미를 자아낸다. 그럼에도 이런 초대에서 문득 지루함을 느낄 수 있다. 이렇게 자신이 파티의 시간을 스스로 허락했음에도 불구하고, 그리고 그 파티가 흥겹게 진행됨에도 불구하고, 문득 그는 지루함을 느낄 수 있는 것이다. 그렇다면 그 이유는 무엇일까?

이 점에 대하여 하이데거는, 그가 스스로 초대 시간을 허락했지만 그렇게 허락한 시간 안에 자신이 갇혀 있다는 느낌이 들기 때문이라고 말한다. 즉, 파티는 즐겁지만 자신의 의지와 상관없이 진행될 때, 따라서 자신이 그 파티의 분위기에 어긋나는 어떠한 행동도 스스로 할 수 없다고 느낄 때 그는 소외되고 지루해지는 것이다. 반면에 파티에 즐겁게 참여할 때, 그는 파티 속에서 자신을 잊어버리게 된다. 왜냐하면 파티와 같은 놀이는, 놀이 속에서 놀이 참가자가 사라질 때 더 흥미로운 놀이가 되기 때문이다. 만약 놀이 속에서 참가자 중 누군가가 놀이 자체의 규칙에 이의를 제기하고 임의적인 행동을 한다면 그때 파티는 끝나는 것이다. 따라서 그는 놀이 속에 몰입해야 하고, 이런 한에서 파티 시간도 더 이상 느껴지지 않는 것이다. 즉, 놀이의 시간 속에서 놀이 참가자는 갇히게 되는 것이다. 왜냐하면 놀이의 즐거움이 마치 시간이 멈춘 것과 같은 느낌을 주기 때문이다. 이렇게 시간이 멈춘 것 같은 고요 속에서 그의 시간의 과거와 미래는 잘려나가게 되고, 오직 파티 시간이라는 멈춰버린 시간만이 그를 지배하게 된다. 따라서 하이데거는 이때 지루하게 하는 것은 바로 시간의 멈춤이라고 말한다(전집 29 / 30권 217).

그렇다면 존재의 역운을 이러한 방식으로 기다리는 경우도 가능할까? 우선 존재의 역운의 소리를 들을 때까지 우리의 삶 전체가 파티의 시간일 수는 없다. 왜냐하면 인간에겐 파티 외에 해야할 일들이 많기 때문이다. 그럼에도 이렇게 기다리는 것이 가능할까?

이와 유사한 예를 우리는 열광주의적인 종교 집단에서 가끔 발견할 수 있다. 이때 그들은 임박한 구세주의 재림과 종말까지의 시간을 온통 광신적인 축제의 시간으로 여기며, 그 안에서 놀이자로서 행동하기도 한다. 그런데 이런 광신적 파티에 참가한 자의 존재는 미끄러져 사라져버리게 된다. 이러한 방식으로 존재의 역운을 기다리는 경우, 존재의 역운에 대하여 인간의 할 일은 아무것도 없으며, 인간의 존재 자체도 미끄러져 사라지고, 존재의 역운은 인간의 존재와 상관없이 진행될 수 있다. 이때 인간의 존재의 과거와 미래 역시 잘려나가게 된다. 이 경우에는 단지 광적인 축제만이 존재할 뿐 그 참여자의 존재와 시간은 사라지게 된다. 왜냐하면 그 인간은 존재하지만 그 누구도 아니기(Niemand) 때문이며 그의 미래 역시 없기 때문이다. 이 경우 존재의 역운과 그것을 기다리는 자의 관계는 바로 존재의 역운과 그 누구도 "아닌 자"의 관계로 전락하게 된다. 그렇다면 또 다른 방식의 기다림이 가능할까?

이에 대하여 하이데거는 어느 날 거리를 걷다가 문득 "아무튼 그냥 지루해(es ist einem langweilig)"라고 말하는 경우를 예로 들고 있다. 여기서 하이데거는 다시 Es를 언급한다. 즉, 알 수 없는 Es가 사람들을 지루하게 한다는 것이다. 이때 우리는 우리를 지루하게 하는 것이 무엇인지 알 수 없다. 다만 "나"라는 주체가 지루하게 하는 것이 아니라 오히려 내가 지루해진다는 점을 알 수 있을 뿐이다. 그리고 이런 현상은 특정한 "나"에게만 해당되는 것이 아니라 '어느 누구라도 모두(einem)' 해당되는 것이다. 따라서 하이데거가 들고 있는 세 번째 예는 기차를 기다리는 특정한 인간, 파티에 참여한 특정한 인간만 해당되는 것이 아니라 인간 일반의 경우에 대하여 말하고 있다. 또한 그것은 특정한 상황이 아니라 일상적인 삶 전체를 예로 들고 있는 경우다. 즉, 세 번째 예는, 일반적으로 인간이 살아가는 동안 특정한 이유 없이 "그냥 지루해"라고 말하는 경우를 거론하고 있는 것이다. 이때 인간은 특정한 시간까지 시간 죽이기를 하지도 않고, 특별한 파티 안에서 시간의 멈춤 안에 있는 것도 아니고, 단지 끝없이 펼쳐진 시간 속에서 살아가다가 문득 지루함과 맞닥뜨리게 되는 것이다. 또한 특정한 사물이나 특정한 파티 공간이 우리를 지루하게 하는 것도 아니다. 오히려 거꾸로 이러한 지루함 안에서 우리는, 그때까지 색상을 지녔던 사물들이 생명력을 상실하고 배경으로 물러나는 듯한 느낌에 사로잡히게 된다. 그리고 그 안에서 그는 누구라도 상관없는 자로서 존재하는 것이다. 즉, 그때 인간은 존재자 전체와 인간의 존재가 모두 무화되는 경험을 하게 된다.

그런데 하이데거는 이러한 무화의 경험 속에서 불현듯 빛이 비추는 장면에 대하여 묘사한다. 즉, 무화된 어둠과 침묵 속에서 인간은 그때까지 전혀 들리지 않았던 소리를 갑자기 들을 수 있다는 것이다. 말하자면 이러한 무화의 경험을 통해 인간은 존재의 역운의 소리를 어느 순간 들을 수 있다는 것이다. 그런데 이 순간은 시간의 흐름도 아니고 특정한 시점도 아니고, 단지 "어느 순간"이라는 것이다. 그렇다면 그 순간은 "언제"인가?

이 점에 대하여 하이데거는 아무런 말도 하지 않는다. 단지 이 "순간"은 존재자 전체가 무화되는 사건과 연관되어 있다고 밝힐 뿐이다. 그렇다면 존재의 역운의 소리는 현존재를 포함한 존재자 전체가 철저하게 무화될 때 바로 그때 카이로스적으로 들려오는 것으로 보아야 한다. 이렇게 카이로스적인 순간은, 특정한 크로노스적인 시점이 아니라 바로 일상의 시간 속에서 인간이 무화를 견뎌내면서, 순간적으로 소리를 들을 수 있는 존재론적인 경험의 순간인 것이다. 이때 크로노스적인 시간의 흐름과 시점은 부정되지 않는다. 오히려 인간이 존재론적인 무화의 경험을 통해 존재의 소리를 들을 수 있는 카이로스적인 순간이 일상적인 삶에서 사건화 될 때, 그때 카이로스적인 "순간"은 크로노스적인 "시간"과 만나게 되는 것이다.

그렇다면 존재의 역운에 대한 인간의 기다림의 모습은, 일상적인 시간의 흐름 속에서 존재를 경험하게 되는 카이로스적인 순간에의 기다림으로 요약될 수 있다. 즉, 기다림의 본질은 지루함을 없애거나 피하지 않고 오히려 알 수 없이 찾아와 스며드는 지루함을 지루함으로 받아들이면서, 그때 얼핏 드러나는 열린-영역(Gegnet)(Gel 40)을 경험하는 데 있는 것이다. 따라서 하이데거는 "기다림은 : 열린-영역의 개방성 안으로 스스로 들어가게 하는 것"(Gel 48)이라고 말한다. 말하자면 기다림은 특정한 것을 기다리는 것도 아니고, 아무것도 기다리지 않으며 기다리는 듯이 시간을 보내는 것도 아니고, 오히려 기다림을 기다림 자체로 받아들이는 것이다. 이런 의미에서 하이데거는 "기다림 안에서 우리는, 우리가 기다리는 것을 열어놓아야 한다"(Gel 42)고 말한다. 이렇게 기다림을 기다림으로 열어놓을 때, 존재의 역운이 다가오는 사건은 가능한 것이다. 그리고 그때 우리가 기다림을 통해 기다리던 것은 비로소 특정한 사건과 모습으로서 나타날 수도 있는 것이다. 즉, 기다림을 통해 우리는 우리가 알 수 없었던 방식으로, 알지 못했던 기다림의 대상을 만나게 될 수 있는 것이다. 왜냐하면 기다림은 먼 것을 가까이 부르는 것이고, 이러한 기다림 안에서 멀리 떨어져 있는 듯이 보였던 것이 사실은 아주 가까이 있음을 경험할 수 있기 때문이다(Gel 42-43). 이렇게 기다림은 바로 멀리 떨어진 것처럼 보였던 시원적이고 근원적이며 고향적인 것이 아주 가까이에서 드러날 수 있게 하는 계기인 것이다. 그리고 이 기다림은 인위적인 파괴와 피함, 만듦의 특성을 띠지 않는다. 오히려 기다림의 본질은 있는 것을 있는 그대로 자연스럽게 내버려두는 것이다. 따라서 기다림의 본질은 이러한 내버려둠(Gelassenheit)에 있으며, 이러한 내버려둠 안에서 존재의 역운은 순간적으로 들려올 수 있는 것이다. 그리고 이 존재의 역운은 근원적이고 본질적인 인간의 존재와 존재자 전체를 그 자체로 드러내기에, 기다림 속에서 들려오는 존재의 역운의 소리를 듣는 것은 바로 감사함이며, 이렇게 기다리는 모습은 아름다움(kalos)인 것이다. 그리고 기다림 안에서 주어지는 감사함을 기억하는 것이 바로 회상이다. 따라서 기다릴 수 있다는 것은 감사함이며, 이러한 것을 회상하는 것 역시 감사함인 것이다. 그리고 하이데거가 암시한 여성적 진리는 기다리면서 이미 있었던 존재 경험을 회상하는 감사함을 통해 존재 사건으로 도래할 수 있을 것이다.

제14장

남성적 진리와 비교해 본 하이데거의 여성적 진리의 특징

우리는 지금까지 하이데거의 진리가 여성적 진리임을 밝혔다. 그렇다면 이러한 여성적 진리가 형이상학적인 남성적 진리와 어떻게 다른지, 빛과 소리라는 메타포를 중심으로 살펴보고자 한다. 특히 빛과 소리의 메타포를 선택한 이유는, 서구 사상을 이루는 두 축이 플라톤적인 빛의 철학과 야훼의 말씀(소리)에 입각한 그리스도교이기 때문이다. 따라서 우리는 빛과 소리에 대한 하이데거의 해석이 플라톤적인 철학의 빛, 그리스도교의 소리와 어떻게 다른지 살펴보기로 한다.

1. 정신사적으로 본 빛과 귀의 메타포에 대한 입장들

우리는 일상의 삶을 통해 수많은 존재자들과 만나게 된다. 그리고 자신의 감각 기관을 통해 이러한 존재자와 관계를 맺어간다. 이러한 감각 기관으로 우리는 오감을 든다. 그리고 오감 중 가장 중요한 것이 시각과 청각이다. 이런 점은 그리스와 히브리 정신에 의해 잘 대변되고 있다. 특히 그리스 정신의 경우[172] 시각에 대한 강조는 이미 호머와 소포클레스[173] 등에서부터 시작되고 있으며, 플라톤의 태양의 메타포에서 분명하게 나타나고 있다. 이렇게 "보는 것(theorein)"은 서구 철학을 가능케 하고 유지시켜 온 가장 중요한 감각 행위다.

반면에 히브리 정신은 눈의 메타포에 대해 철저하게 부정적이다. 이러한 예를 우리는 그리스도교 성서에 나타나는 유혹과 타락 장면에서 볼 수 있다. 이때 유혹은 탐스럽게 보이는 열매를 보는 눈을 통해 이루어진다. 심지어 히브리 정신의 경우, 그들이 믿는 신조차도 형상을 거부하는 신이다. 그리고 그리스도교에서도 눈에 보이게 그려진 형상들은 우상으로 배척받았다. 반면에

---

172) 이 점에 대해 레지스 드브레는 『이미지의 삶과 죽음』에서, 그리스인들은 "삶과 시각적 환상을 혼동할 정도로 그 둘에 사로잡힌 태양의 문화"에 사로잡힌 사람으로 평가하며, 따라서 그리스인들에게 산다는 것은 "숨쉬는 것이 아니라 보는 것"이며, 죽는 것은 "시력을 잃는 것"이라고 주장한다(22쪽). 이런 점은 토를 라이프의 『히브리적 사유와 그리스적 사유의 비교』에서도 잘 나타나고 있다. 단지 그는 시각과 청각의 메타포를 명사와 동사의 차이로 분석하고 있는 점이 다를 뿐이다.

173) 따라서 레지스 드브레는 눈을 뽑힌 오이디푸스는 "산송장"과 다름없다고 말한다(위의 책, 22쪽). 또한 짐머만도 *Heidegger's Confrontation with Modernity*, Indiana University Press, 1990, 96쪽에서 소포클레스의 눈멂과 시각의 주제는 하이데거의 특징을 제공한다고 보고 있다. 그러나 이러한 짐머만의 주장과 달리 하이데거의 경우 맹인이 된 소포클레스는 더 이상 볼 수 없는 것이 아니라, 오히려 또 다른 것을 볼 수 있는 계기로 파악된다. 이 점을 우리는 "오이디푸스는 아마도 눈 하나를 더 가졌다"(M. Heidegger, *Vortraege und Aufsaetze*, 197쪽. 앞으로 *VA*로 표시)는 횔덜린의 시를 인용한 하이데거의 주장에서 살펴볼 수 있다. 이 점은 바로 하이데거의 메타포에 대한 존재론적 변형의 특징을 잘 드러내는 대목이며, 이러한 해석은 귀의 메타포에도 그대로 적용됨을 볼 수 있을 것이다.

유혹과 타락으로부터 구원의 가능성은 신의 말씀을 듣는 귀에 있다. 신과의 정당한 관계를 유지하기 위해서 필요한 것은 바로 신의 말씀을 듣는 것이고, 이 말씀에 순종하는 것이다. 이렇게 그리스와 히브리 정신은 눈과 귀를 통해 전혀 상이한 형태로 전개되고 있다.

그런데 눈과 귀의 이러한 차이는 데리다에 의해 눈에 보이는 문자와 귀에 들리는 말의 차이로 이어진다. 그 차이를 그는 매개성과 직접성의 차이라고 해석한다. 말은 말을 하는 당사자가 현존해 있을 때 가능하다. 말을 하는 자와 말을 듣는 자 사이엔 직접적인 관계가 있을 뿐이다. 이런 특징이 가장 단순화된 경우가 독백이다. 독백은 자신이 말을 하고 그 말을 자신이 직접 듣는 경우를 뜻한다. 이 점에 대하여 데리다는 : "무언극 배우는 오로지 자기 자신이라는 하얀 종이 위에 자기 자신을 써넣어야 한다. 그는 몸짓과 얼굴 표정의 놀이를 통해 그 자신이 그 자신을 기록해야 하는 것이다"174)라고 말한다. 이렇게 귀를 통해 들리는 것은 듣는 자 자신의 소리이기에, 말하는 자와 듣는 자는 외부적인 관계가 아니라 바로 로고스를 통한 동일자의 관계에 있다. 따라서 데리다는 : "로고스는 아버지의 현존하는 후원이 없으면 그 (아들) 스스로의 현존 속에서 파괴되어버리는 그런 아들이다. 그를 위해서 말하고 그를 위해 대답하는 것은 그의 아버지다"175)라고 말한다. 이렇게 귀의 메타포의 경우 말함과 들음은 동시성으로 파악되고 있는 것이다.

반면에 눈에 보이는 문자의 경우, 말하는 장본인이 부재해도 문자는 여전히 현전하며 그 능력을 발휘할 수 있다. 예를 들어 이집트 신화에 의하면, 문자를 발명한 토트의 선물을 타무스 왕

---

174) 크리스토퍼 노리스, 이종인 옮김, 『데리다』, 시공사, 73쪽.

175) 노리스, 위의 책, 60쪽.

이 거절하는 장면에 묘사되는데, 그 선물을 거절한 이유는 문자가 바로 왕 자신의 현전을 위협한다고 여겼기 때문이다. 이 예문을 바탕으로 데리다는, 눈의 메타포에서 보는 자와 보이는 것 사이에는 매개성과 불일치가 존재하며, 이러한 이유 때문에 현전과 부재의 동시성이란 혼란이 야기될 수 있다고 말한다.

그리고 문자가 인간의 기억을 돕는 수단이라고 파악되는 경우도 마찬가지다. 문자는 보임의 지속성을 통해 인간의 유한한 기억력을 보충하지만, 그것은 결국 진정한 의미의 기억력을 감퇴시키는 작용도 하는 것이다. 그렇다면 기억을 위해 만들어진 문자는 인간의 본래적인 기억을 망각시키는 방식이기도 하다. 이렇게 문자는 말의 "로고스를 벗어난 것이자 중재자며",176) 영혼에 존재하는 로고스의 의미가 일차적으로 현전하는 것을 은폐하는 것이다. 따라서 문자는 "밖에서부터 오는 악"으로 파악되기도 한다. 즉, 문자는 참된 진리 속에 현전하는 영혼에 해를 끼치고, 음성 언어가 직접적으로 들려주는 말에 손상을 끼치면서 안쪽으로 난입하는 것을 의미한다.177) 이렇게 문자는 "기록되는 순간 그 누구의 아들도 아니기 때문에 전혀 아들로 인정받을 수 없으며 그래서 법률적으로든 도덕적으로든 그 기원을 인정받지 못하게"178) 된다. 문자의 경우, 봄과 보임, 보게 하는 것과 보는 것 사이엔 불일치가 존재하며, 그러면서도 서로가 서로의 영역으로 흩어져 간섭하고 대리하는 관계가 가능하다. 이런 한에서 눈의 메타포의 텍스트는 한없이 넓어지고 깊어질 수 있다.

반면 귀의 메타포의 텍스트는 한정되어 있으며, 그것만이 텍스트로서 인정받게 된다. 왜냐하면 로고스 안에서 아버지와 아

---

176) 자크 데리다, 김성도 옮김, 『그라마톨로지』, 민음사, 79쪽.

177) 위의 책, 74-75쪽.

178) 노리스, 위의 책, 61쪽.

들은 하나이기 때문이다.179) 결국 말함과 들음 사이를 '매개'하는 팀파눔은 안과 밖을 경계 짓기는 하지만, 그 안과 밖은 서로 분리되어 있는 것이 아니라 하나의 막을 동시에 작용시키는 것이며, 이런 한에서 팀파눔은 안이나 밖에 속하는 것이 아니라 안과 밖이 그 안에서 하나가 되는 그러한 이중적이고 동시적인 경계선인 것이다. 그리고 경계선 상에서 이러한 차이는 안과 밖의 "공명의 울림"을 통해 이상적으로 제거된다. 이와 달리 보이는 것은 눈을 경계로 하지만, 눈은 안과 밖의 경계를 모호하게 하는 것이 아니라 명확히 한다. 따라서 눈에 의해 보는 자와 보이는 것은 하나로 해소되지 않고 오히려 명확하게 구분되는 것이다.

이렇게 눈과 귀의 메타포는 서로 화해할 수 없는 상이한 정신처럼 보인다. 그런데 하이데거의 작품 안에는 이 두 가지 요소가 모두 들어 있다. 그가 존재자와 존재의 존재론적 차이를 해명하기 위해 존재자들의 존재 방식을 구분할 때 사용하는 것은 눈의 메타포. 반면에 존재의 소리를 듣고 그에 응답하려는 현존재를 논할 때는 귀의 메타포가 등장하고 있다. 즉, 하이데거는 눈앞의 사물적 존재자, 도구적 존재자, 현존재를 구분할 때 눈의 메타포에 의존한다. 왜냐하면 현존재의 존재와 다른 존재자는 구분되어야 하기 때문이다. 반면, 죽음이나 양심과 같이 현존재 내부의 사건이 주제화 될 때 하이데거는 귀의 메타포를 빈번히 사용한다.

그런데 그가 사용하는 메타포의 의미는 플라톤적인 빛의 메타포나 그리스도교적인 소리의 메타포와 전혀 다른 특징을 지닌다. 그렇다면 남성적 진리의 입장에서 파악된 빛과 소리의 메타포는 하이데거의 여성적 진리에서 어떻게 변형되었는가?

---

179) 노리스, 위의 책, 65쪽.

2. 기존의 메타포와 하이데거의 메타포의 차이

우리는 하이데거의 작품 안에서 철학적인 엄격한 개념뿐 아니라 문학적이고 예술적인 표현이나 메타포들을 발견할 수 있다. 예를 들어 존재가 "부른다", 인간은 "응답한다", 존재의 "은혜", "선사함" 등은 전형적인 문학적 표현들이다. 뿐만 아니라 언어를 "존재의 집"이라고 하거나 인간이 "존재의 목자"라는 표현, "존재의 밝힘"등의 표현은 굳이 분류한다면 메타포적인 표현에 속한다.

그럼에도 메타포에 대한 하이데거의 주장은 우선은 부정적으로 보인다. 왜냐하면 하이데거는 메타포를 부정되어야 할 형이상학적인 표현으로 보고 있기 때문이다. 이런 이유에 대하여 코켈만은 첫째로 하이데거가 메타포 자체에 대해 단지 적은 진술을 하고 있다는 점, 둘째로 사유가의 언어는 철학적 담론에서 메타포가 갖는 중요성과는 다른 방식으로 해석되어야 한다는 점, 셋째로 메타포는 극복되어야 할 고전 형이상학의 본질적 요소라는 점을 들고 있다.[180]

이러한 코켈만의 지적과 같이 하이데거는 메타포의 본질이 metaphora, 즉 전이에 있으며, 이것은 감각적 영역과 비감각적 영역의 구분에 기초하고 있다고 주장한다(이스터 33). 메타포의 역할은 감각적 영역으로부터 인간의 시선을 비감각적 영역으로 전이시키는 데 있다는 것이다. 그러나 비감각적 영역이란 바로 형이상학적 영역을 뜻한다. 따라서 메타포의 기능은 형이상학적 영역을 드러내는 데 있는 것이다. 이 점에 대하여 하이데거는 "들음과 봄은 단지

---

180) Joseph J. Kockelmans, Heidegger on metaphor and metaphysics, in: *Martin Heidegger, Critical Assessments*, edited by Christopher Macann, Volume III : Language, London and New York, 294쪽.

전이라는 의미에서(nur in einem uebertragenen Sinne) 사유를 뜻한다"(SvG 86)고 말하며, "메타포적인 것은 단지 형이상학 안에서만 존재한다"(SvG 89)고 단적으로 표현한다.

그럼에도 하이데거의 표현 중 상당히 많은 부분이 메타포적이라는 것은 부정될 수 없다. 예를 들어 횔덜린과의 대화에서는 불, 태양, 바람, 강물 등의 표현이 등장하고, 『언어의 본질』에서는 "입의 꽃", "고요의 울림"(UzS 206, 215) 등이 표현되고 있다. 이런 의미에서 코켈만은 하이데거가 플라톤, 헤겔, 니체만큼이나 메타포를 많이 사용하고 있다고 주장한다.[181] 이와 같이 하이데거의 후기 작품에서 메타포가 사용되고 있다는 사실이 부정될 수 없다면, 적어도 하이데거는 메타포에 다른 의미를 부여하고 있다고 보아야 한다.

우리는 메타포에 대한 하이데거의 긍정적 입장을 횔덜린에 대한 그의 논구(Eroerterung)에서 발견할 수 있다. 예를 들어 그의 작품 「이스터」는 강물의 메타포에 대한 해석을 보여주고 있다. 이때 그는 강물이라는 일반적 메타포, 즉 감각적으로 보이는 강물의 흐름을 형이상학적으로 해석하는 경향에 반대하면서, 강물 메타포가 지시하는 근원적인 장소(Ort)를 소급해 추적한다. 하이데거에 따르면 메타포는 단순히 감각적 영역으로부터 비감각적 영역으로의 전이가 아니라 오히려 이러한 구분을 가능케 하는 더 근원적인 장소를 해명하기 위해 사용되고 있는 것이다. 즉, 하이데거의 메타포는 형이상학 이전의 시원적 의미를 담으려는 노력인 것이다.

---

181) J. J. Kockelmans, 앞의 책, 294쪽.

3. 플라톤의 빛과 하이데거의 밝힘의 차이

빛과 태양에 대한 메타포는 인류의 역사를 통해 아주 오래 전부터 애용되어 왔다. 이것은 태양과 빛이 인류의 삶에 절대적이었음을 반영한다. 심지어 빛보다는 말씀을 강조한 히브리 정신에서도 빛은 어두움이나 혼돈과 대립되는 개념으로서, 매우 긍정적인 의미를 지니고 있음을 우리는 창세기에서 볼 수 있다. 그런데 이러한 태양을 철학적으로 진리의 정점에 올려놓은 사람이 플라톤이다.

플라톤은 빛의 근원인 태양에 대하여, 비록 태양이 선의 이데아와 같지는 않지만 그와 비슷한 것이라고 말하고 있다. 그는 태양이 빛을 주듯이 선의 이데아는 "인식되는 것들에 진리를 제공하고, 인식하는 자에게 그 힘을 주는 것"[182]이라고 주장한다. 또한 다른 곳에선 다음과 같이 말한다 :

"… 태양은 보이는 것들에 '보임'의 '힘'을 제공해줄 뿐만 아니라 또한 그것들에 생성과 성장 그리고 영양을 제공해준다고 자네가 말할 것으로 나는 생각하네. 그것 자체는 생성이 아니면서 말일세. … 그러므로 인식되는 것들의 '인식됨'이 가능하게 되는 것도 '좋음'으로 인해서일 뿐 아니라, 그것들이 '존재하게' 되고 그 '본질'을 갖게 되는 것도 그것에 의해서요, '좋음'은 단순한 '존재'가 아니라 지위와 힘에서 '존재'를 초월하여 있는 것이라고 말하게나."[183]

이러한 플라톤의 주장에 따르면, 감각적 영역과 비감각적 영역은 구분되어 있으며, 메타포는 비감각적 영역으로의 전이를 가능케 하는 역할을 하고 있음을 볼 수 있다. 이때 플라톤의 빛은

---

182) Platon, Saemtliche Werke 3, Rowohlts Klassiker, *Politeia* 508e-509a, 번역본은 플라톤, 『국가』, 박종현 역주, 서광사.

183) Platon, *Politeia*, 509b, 박종현 역.

그 근원인 태양이라는 실체에 의존하고 있으며, 태양의 빛은 아무런 어둠도 포함하지 않는다. 따라서 빛과 어둠은 서로 상반된 영역으로 분리된다. 그리고 빛 안에서도 밝음의 차이에 따라 진리의 정도가 구분된다. 모든 존재자의 존재는 빛 자체인 태양에 일치할 때 그 진리성을 갖게 된다. 이러한 최고의 실체에 의해 인간에겐 참된 인식의 능력이 주어지며, 사물은 그 사물로서 드러나게 된다. 이때 사물의 본질과 인간의 인식 사이엔 아무런 불일치도 없기에, 사물의 본질은 참다운 인간의 인식 능력을 통해 파악될 수 있다. 또한 태양이 생장과 존재를 가능케 하듯이, 이제 빛의 메타포는 인간과 사물의 존재 근거로서 그 자체 선한 것으로 드러나게 된다.

이렇게 플라톤의 태양은 빛뿐 아니라 열을 제공하는 불로서 표현된다. 그런데 이 불은 생명을 제공하는 온유하고 유익한 불로 묘사된다. 이렇게 플라톤의 빛과 불은 항상 밝고 따뜻하다는 특징을 지닌다. 따라서 플라톤의 빛과 불은 진리와 윤리적인 선과 미학적인 아름다움을 대표하게 되며, 어둠은 비진리와 악과 추함으로 여겨지게 된다.

반면에 하이데거는 이러한 플라톤의 주장을 비판하면서,[184] 동굴의 비유에서 중심점은 태양이 아니라 동굴 안 사람들의 익숙해짐과 낯설어짐, 은폐됨과 드러남의 운동성에 놓여야 한다고 주장한다. 그리고 모든 빛 안에는, 그것이 동굴 안의 빛이든, 동굴 밖의 빛이든, 밝음과 어두움이 혼재되어 있다는 것이다. 따라서 중요한 것은 빛 자체가 아니라 어둠이라는 은폐로부터 탈은폐시키는 폭력성, 즉 a privativum이라는 것이다. 이렇게 하이데거의 해석에서는 빛과 어두움의 뚜렷한 구분이나, 최고의 진리

---

184) 최상욱, 「하이데거에게서의 생명의 의미」, in : 『하이데거와 자연, 환경, 생명』, 철학과현실사, 2000, 210-209쪽.

에의 정향성은 거부되고 있다. 또한 빛의 메타포를 가능케 하는 근거도 더 이상 태양이란 실체에 놓이는 것이 아니라 빛과 어둠이 빚어내는 "세계"에 놓이게 된다.[185] 바로 이 점에서 형이상학적 메타포와 하이데거의 존재론적 메타포는 차이를 보이고 있다. 플라톤의 메타포는 이미 존재하는 실체로부터 형이상학적 세계를 이끌어내는 데 반해, 하이데거의 메타포는 이미 존재하는 실체에서 출발하는 것이 아니라 그러한 실체들의 "존재 의미"에서 출발하는 것이다. 이에 대해 하이데거는 다음과 같이 말한다 :

"우리는, 초기의 민족들과 인류 역시 '우선적으로', '태양 자체', '달 자체', '바람 자체'를 알고 있으며, 그 다음에 그들은 이외에도 이러한 소위 '자연 현상들'을 어떠한 배후 세계에 대한 '상징'으로 사용한 것으로 여긴다. 마치 거꾸로 '태양 자체', '바람 자체'가 이미 하나의 '세계'로부터 드러나게 되고, 그것들이 이러한 '세계'로부터 시작되는 것이 아닌 듯이 …"(회상 40).

이러한 하이데거의 주장에 따르면, 태양이 먼저 사물적으로 존재하고, 인간은 그것이 무엇을 의미하는지 이미 알고 있으며, 이러한 인식에 근거하여 형이상학적 세계에의 전이를 가능케 하는 태양의 메타포가 생겼다는 주장은, 태양에 대한 인식보다 앞선 존재론적 세계를 미처 생각하지 못한 데서 기인하는 잘못된 해석이라는 것이다. 즉, 태양, 달 등이 그 자체로 "있고", 그것들 자체에 대한 절대적 인식이 있는 것이 아니라, 태양과 달 등은 이미 인간 현존재의 "세계"로부터 어떤 식으로든 이해되어 왔다는 것이다. 예를 들어 우리는 태양이 지역에 따라, 그리고 역사적 시대에 따라 상이하게 해석되고 있는 점을 봐서도, 존재자적 메

---

185) Martin Heidegger, Platons Lehre von der Wahrheit, in : *Wegmarken*, Klostermann, 220쪽.

타포는 이미 한 세계가 공유하고 있는 메타포의 존재론적 의미에 의존하고 있음을 알 수 있다. 따라서 기존의 메타포에 대한 하이데거의 존재론적 변형은, 이러한 존재 세계로 소급해 들어가, 태양과 같은 존재자의 메타포가 간과하고 있는 존재론적 의미를 파헤치려는 시도라고 볼 수 있다. 이런 점을 그라이쉬는 하이데거의 Es gibt das Sein이란 표현에서 발견한다.[186] 그는 Es gibt 메타포는 There is로부터, 보내줌(geben, schicken)으로, 단순한 흩뿌림으로부터 첫 번째 모음으로 이끌기 위한 전략이라고 보고 있다. 즉, 하이데거의 메타포인 Es gibt는 there is가 미처 보지 못했던 사태 자체에 대한 강조를 뜻하고,[187] 이것은 존재적 지평으로부터 그것의 존재론적 의미로의 되돌아감을 의미한다는 것이다. 이렇게 하이데거는, 플라톤적 태양이라는 주어져 있는 사실로부터(형이상학은 이것을 존재의 근원, 시초라고 여겼으며, 따라서 이것에 근거한 인식을 선험적으로 보았음), 주어져 있음을 가능케 하는 보내-줌 혹은 보내-주는 것 자체로 소급해가고 있는 것이다. 그렇다면 플라톤의 빛의 메타포의 배후로 돌아가 형이상학적인 빛의 메타포를 극복하려고 한[188] 하이데거의 빛은 어떻게 이해되어야 하는가?

4. 빛의 근원으로서 "밝힘"의 존재론적 의미

우리는 하이데거의 중심 개념들이 거의 예외 없이 대칭 개념

---

186) J. J. Kockelmans, 앞의 책, 304쪽.
187) Theodore Kisiel, The language of the event : the event of language, in : *Martin Heidegger, Critical Assessment*, 158쪽.
188) Th.Kisiel, 앞의 책, 156쪽.

을 갖는다는 사실을 발견할 수 있다. 예를 들면 실존은 퇴락과 더불어 탈은폐는 은폐, 비은폐성은 레테, 존재 사건은 비존재 사건, 망각은 기억과 더불어 나타나고 있다. 이렇게 그의 주요 개념은 드러남과 감춤의 대립을 포함하는 개념이다. 그런데 하이데거의 대립은 동일한 존재 안에서 벌어지는 존재 방식의 차이를 뜻한다. 따라서 드러난 것은 다시 감추어질 수 있고 감추어진 것은 또다시 드러날 수 있다. 이런 의미에서 하이데거는 "대립"이라는 개념을 탈취, 투쟁 혹은 유희라는 개념을 통해 해명하고 있다.

하이데거의 경우 드러남과 감춤 사이의 투쟁은 윤리적, 현실적 심각성이 아니라 유희라는 특징을 띤다. 그에 의하면 존재의 진리는 비진리의 반대가 아니다. 오히려 존재의 진리는 옳음 / 틀림이라는 전통적 구분을 벗어난다.[189] 하이데거의 경우 존재의 개방성 혹은 존재에 개방적으로 들어섬이란 표현은 반드시 밝은 빛 안에 들어서는 것을 뜻하지는 않는다. 왜냐하면, 그의 경우 어두움 자체가 곧바로 빛의 대립 개념은 아니기 때문이다.[190] 그런데 이렇게 진리를 비진리와 혼재시키는 경향에 대하여 Gethmann은 하이데거의 존재론에는 "철학의 책임"이 없다고 비판하고 있다.[191]

그러나 이러한 비판은 하이데거가 말하는 드러남과 감춤의 사건이 인간의 윤리적, 가치적 판단에 앞서는 존재 사건임을 간과한 데서 기인한다. 오히려 하이데거는 형이상학적인 윤리나 가치 등의 "존재적 판단"은 존재 사건이 인간 세계에 벌어진 후에 발생하였다는 것을 강조하고 있는 것이다. 따라서 "존재적 사건"을 앞서는 "존재론적 사건"은 아직 존재적인 가치 기준에 얽매이

---

189) Willem van Reijen, *Der Schwarzwald und Paris Heidegger und Bebjamin*, Wilhelm Fink Verlag, 170쪽.

190) W. v. Reijin, 앞의 책, 170쪽.

191) *Heidegger und die praktische Philosophie*, hrg. v. Annemarie Gethmann-Siefert und Otto Poeggeler, Stw 694, 130쪽.

지 않는다는 것이다. 이런 의미에서 하이데거는 존재론적인 사건의 드러남과 감춤의 대립을 유희로서 표현할 수 있었던 것이다. 그렇다면 빛에 대한 하이데거의 존재론적 의미는 무엇인가?

우선 하이데거가 빛과 연관해 사용하고 있는 표현들은 다음과 같다. 즉, 그의 작품 안에는 Licht, Lichten, Lichtung, Leuchten, Strahl, Glanz, Gold, Feuer, Daemmern, Gluehen, Flamme, Blitz 등의 표현이 많이 등장하고 있으며, 이와 연관해 Blick, Erblicken, Aufblick, Scheinen, Erscheinen, sichtbare, zeigen, Auge, Augen-blick, Er-aeugnis, Aussehen, Augenschein, Spiegel-Spiel 등이 등장한다. 그리고 비록 관용적 표현이지만, 하이데거는 유난히 ans Licht heben, zum Scheinen bringen, im Blick behalten, in den Augenschein nehmen, zum Vorschein kommen 등의 표현을 즐겨 쓰고 있다. 그가 이런 표현을 매우 많이 썼다는 사실은, 이러한 표현 안에 그가 말하고자 하는 내용의 본질이 간직되어 있다는 점을 암시한다. 즉, 한편으로 하이데거는 여전히 "빛"을 필요로 한다는 점, 그리고 동시에 이 표현들은 기존의 의미와는 전혀 다른 존재론적인 의미를 지닌다는 점을 드러내는 것이다. 그렇다면 하이데거의 빛, 즉 "밝힘"은 어떤 의미를 갖는가?

하이데거는 『존재와 시간』에서 이미 "밝힘"이란 표현을 현존재와 연관해 사용하고 있다 :

"현존재 그 자체는 세계-내-존재로서 밝혀지고 있다. 그런데 다른 존재자를 통해서가 아니라 현존재 자체가 밝힘으로 존재함을 통해서다"(SZ 133).

여기서 하이데거의 밝힘은 물리적인 "빛"이 아니라 현존재의 "이해"와 연관되어 있다. 그런데 현존재가 세계를 이해할 수 있는 것은 그가 세계-내-존재이기 때문이다. 따라서 현존재의 밝힘은 세계 이해를 가능케 하는 "세계의 밝힘"을 의미한다. 또한 현존재의 이해는 플라톤과 같이 밝고 명료한 이해가 아니다. 왜냐하면 현존재는 세계에 이미 던져진 채 특정한 기분에 처해 있기 때문이다. 따라서 현존재의 밝힘은 동시에 "기분의 밝힘"이기도 하다. 뿐만 아니라 현존재가 "우선 그리고 대부분" 일상의 시각으로 살아가는 한에서 밝힘은 "퇴락된 밝힘"이란 특징을 지닌다. 이러한 세 가지 특징은 다시 현존재의 존재인 시간성에서 비롯되기에 밝힘은 "시간의 밝힘"으로 표현될 수 있다.

이렇게 밝힘은 "세계의 밝힘", "기분의 밝힘", "퇴락의 밝힘", "시간의 밝힘"으로 특징지어질 수 있다. 그런데 이러한 밝힘을 하이데거는 "개시성(Erschlossenheit)"이라고 부른다(SZ 133). 이때 밝힘이 개시성이란 하이데거의 주장에 따르면 아직도 그의 "밝힘"은 전통적인 빛의 메타포와 유사성을 갖고 있는 듯이 보인다. 그러나 그는 "퇴락의 밝힘"에 대하여도 말하고 있다. 즉, 하이데거의 밝힘은 "개시성"과 동시에 "폐쇄성(Verschlossenheit)"을 뜻하기도 한다. 이렇게 밝힘은 어둠을 동시에 수반하는 밝힘이다. 따라서 우리는 하이데거가 "밝힘"이란 메타포를 사용할 때, 거기서 빛의 메타포가 주는 "항상 밝고 환한 빛, 그리고 그러한 빛에 의해 환하게 밝혀진 존재자"를 떠올려서는 안 된다. 오히려 하이데거의 "밝힘"은 어두움과 밝음의 선명한 경계선을 갖지 않는 밝힘이다. 말하자면 하이데거의 밝힘은 "은폐와 탈은폐의 밝힘"이란 역설을 내포하는 밝힘인 것이다. 이 점에 대해 하이데거는 다음과 같이 말한다 :

"단지 이 밝힘이 우리 인간들에게, 우리 인간이 아닌 존재자에의 통로와 우리 인간인 존재자로의 통로를 선사하고 보증한다. 이러한 밝힘에 힘입어 존재자는 어느 정도, 그리고 가변적이지만 비은폐된다. 그럼에도 존재자는 단지 밝혀진 것의 유희 공간 안에서만 스스로 은폐될 수 있다. … 그 밝힘은 … 그 자체로 동시에 은폐다"(Hw 42).

그런데 밝힘과 은폐의 동시성이란 특징은 후기 작품에서도 그대로 계속된다. 단지 현존재의 밝힘이 이제 "존재 자체의 은폐와 탈은폐의 밝힘"으로 주장되고 있을 뿐이다. 이제 그는 존재가 존재자 뒤로 은폐하기도 하고, 존재자를 존재자로 탈은폐시키기도 한다고 말한다. 이러한 은폐와 탈은폐를 통해 존재는 존재자가 아님을 드러낸다. 즉, 이제 존재의 밝힘과 은폐는 "존재론적 차이"를 드러내는 밝힘인 것이다. 이 점에 대하여 하이데거는 다음과 같이 말한다 :

"전체로서 존재자의 가운데에는 하나의 열려진 터가 현전한다. 그것은 밝힘이다. 그것은 존재자로부터 생각하면, 존재자보다 더 존재자적이다. 따라서 이러한 열려진 '중심'은 존재자에 에워싸이지 않는다. 오히려 밝히는 중심이, 결코 우리가 알 수 없는 무와 같이 존재자를 에워싸는 것이다"(Hw 41).

이렇게 존재론적 차이를 드러내는 밝힘은 동시에 존재를 존재자에 매몰시키는, 말하자면 존재론적 차이를 망각시키는 밝힘이기도 하다. 그런데 "존재론적 차이"가 드러나거나 은폐되는 이유는 결국 존재 자체가 스스로 밝히면서 은폐하기 때문이다. 이와 같이 하이데거의 밝힘은 실체인 빛에 고정된 것이 아니라 오히려 항상 그 자체로 레테를 수반하는 존재의 운동성에 기인한다.[192] 그리고 이런 점은 하이데거가 궁극적으로 "존재 사건(Ereignis)"을 말할 때도 그대로 적용된다. 즉, 존재 사건은 항상 비존재 사건

---

192) Th. Kisiel, 앞의 책, 157쪽.

(Enteignis)을 수반한다는 것이다. 이렇게 인간에게 드러나면서 동시에 감추기도 하는 "존재 사건의 눈"을 하이데거는 "Er-aeugen" (VA 95, 129)이라고 부른다. 즉, 존재 사건이 인간에게 비존재 사건으로 벗어나기도 하는 것은, 비록 존재 사건을 바라보는 인간의 눈의 어리석음에도 기인하지만, 오히려 존재 사건의 눈 자체가 이러한 이중적인 눈을 갖고 있기 때문이라는 것이다. 따라서 하이데거는 존재 망각의 역사도 인간의 게으름 때문이 아니라 존재의 역운, 즉 존재 사건의 은폐하는 밝힘에 기인한다고 주장한다. 이런 한에서 우리는 하이데거의 밝힘을, 어두움도 동시적으로 내포하고 있는 밝음이라고 결론을 내릴 수 있다.

'어두운 밝음'. 그런데 이러한 표현은 마치 '검은 흰색'을 떠올리는 것처럼 불가능해보인다. 그러나 이런 이미지 형성에 도움이 될 만한 표현을 우리는 하이데거의 글에서 발견할 수 있다. 그는, 밝힘이란 개념은 원래 촘촘하게 꽉 들어차 있는 수풀을 성글게 하는 것이라고 주장한다.[193] 그런데 우리가 밝힘의 의미를 빽빽하고 어두운 숲을 성글게 할 때 드러나는 밝힘이라고 파악한다면, 밝힘에는 성글게 하는 과정이 포함됨을 알 수 있다(따라서 영어로는 lighting-up process로 번역함 : Th. Kisiel, 위의 책, 156쪽 참조). 그런데 성글게 하는 과정 속에서 우리는 나무와 나무 사이로 어둠과 드러남이 서로 교차되는 현상이 일어나는 것을 볼 수 있다. 그리고 모든 나무를 다 베는 것이 아닌 한, 비록 성글게 숲의 나무들을 쳤다고 하더라도 그곳에는 나무와 나무 사이의 명암 그리고 나무와 빈 공간 사이의 명암이 기이하게 병존할 것이다. 그리고 나무와 나무 그리고 그 사이의 빈 공간이 얽히고 설킨 채 서로 겹쳐져 드러날 때, 사람들은 그 명확한 윤곽선을 잃게 될 수도 있다. 그런데 이러한 존재적인 윤곽선의 상실

---

193) Th. Kisiel, 앞의 책, 156쪽.

은 동시에 존재론적인 윤곽선을 볼 수 있는 가능성을 제공하기도 한다.

예를 들어 맹수로부터 보호받기 위해 얼룩말들이 군집을 이루었을 때, 개별적인 말들의 윤곽은 전체의 무늬와 섞이게 되고, 이러한 섞임을 통해 전체의 줄무늬 속에서 개별적인 말들의 실체가 사라지는 것처럼 보이게 된다. 이와 마찬가지로 하이데거의 밝힘 역시 숲의 나무들을 쳐낼 때 드러나는 밝힘이라고 한다면, 우선적으로 그곳엔 드러남과 감춤이 끊임없이 혼재할 수 있으며, 이러한 혼재를 통해 존재자들은 자신의 명확한 윤곽선을 상실할 수도 있다. 즉, 플라톤적인 빛이 사물의 윤곽을 선명히 하는 밝은 빛이고, 그 빛의 선명하고 명확한 밝음에 의해 사물들은 자신의 고유의 윤곽을 갖게 되며, 이러한 윤곽에 의해 존재자는 그 형태를 갖게 되고, 그 형태가 뚜렷할수록 이데아라는 진리성을 갖게 되는 것과 달리, 하이데거의 경우 이러한 윤곽선은 밝힘에 의해 사라질 수도 있다. 그런데 하이데거는 이러한 존재적인 형태의 사라짐을 통해 존재론적인 형태가 드러날 수도 있다고 말한다 :

"갈라짐은 합일시키는 근거로부터, 대립물을 그들의 통일성의 근원으로 그려낸다. 그것은 윤곽을 잡는 것이다. 그것은 존재자의 밝힘의 드러냄에 대한 특징을 그리는 윤곽도다"(Hw 51).

이 인용문은 존재론적인 윤곽선의 생김에 대해서 말하고 있다. 즉, 앞의 얼룩말의 예를 다시 든다면, 얼룩말의 존재자적 윤곽선은 무리를 이룰 때 희미하게 사라지지만, 생명 유지를 위해 더 중요한 또 다른 윤곽을 만들어냄으로써 개체적 얼룩말의 희생을 줄일 수 있는 것이다. 이와 같이 숲의 나무들을 성글게 쳐냄으로써 드러나는 밝힘과 어두움은 존재자적인 윤곽을 사라지게 하지만, 이를 통해 은폐되어 있던 존재론적 윤곽을 드러나게 하는 사건인 것이다. 이러한 이미지를 하이데거는 "어두운 밝힘"이라고 묘사하고 있는 것이다 :

"단순한 환함은 오히려 묘사를 위협한다. 왜냐하면 환함은 자신의 현현에서, 자신만이 이미 볼 수 있는 능력을 보증하는 듯한 외양을 주기 때문이다. 시인은 환함이 완화되도록 어두운 빛을 주기를 요청한다. 그러나 이 완화가 환함의 빛을 약화시키지는 않는다. 왜냐하면 어두움은 은폐된 것이 드러나도록 개방하며 이 은폐된 것의 드러남 안에서 은폐된 것이 보존되기 때문이다"(EzHD 119).

결국 어두운 밝힘은 드러난 것보다 오히려 드러나지 않고 은폐되어 있는 것을 드러낼 수 있는 빛으로 파악되고 있다. 이렇게 하이데거가 말하고자 하는 "밝힘"은, 플라톤적인 명료한 빛에 의해 제거된 어두움마저 포함하는 빛이다. 즉, 하이데거의 밝힘은 빛과 어두움이 서로 얽혀 이루어내는 세계를 비추고 드러내는 시원적이고 근원적인 빛인 것이다. 그리고 이러한 "어두운 밝힘"을 통해 환한 빛의 궁극적 산물인 기술의 빛이 상쇄되기를 하이데거는 기대했다고 보아야 할 것이다. 이런 점은 소리에 대해서도 마찬가지로 나타난다.

5. 그리스도교의 소리(말씀)와 하이데거 소리(말함)의 차이

하이데거에 의하면, 우리의 귀에는 항상 여러 가지 소리들이 들리고 있는데, 그것이 하나의 명료한 소리로 파악되기 위해서는 감각적 자극이나 인상이 아니라 바로 그러한 소리를 이해하고 있는 현존재의 귀 기울임이 선행되어야 한다는 것이다. 따라서 세계-내 존재로서 현존재의 존재 이해야말로 여러 소리들로 혼합된 소음으로부터 특정한 소리를 드러나게 하는 근거라고 할 수 있다. 즉, 여러 가지 소리들 중 특정한 하나의 소리가 현존재에 의해 포착될 수 있는 것은, 감각적인 귀에 자극을 주는 소리들에 앞서 그러한 소리에 대한 현존재의 이해가 전제되어야 한다는 것이다 :

"이러한 실존론적으로 일차적인 들을 수 있음을 근거로 해서 귀를 기울임과 같은 어떤 것이 가능하다. 이 귀 기울임 자체는 심리학에서 "우선" 들음이라고 규정하고 있는 것, 즉 음향의 감지나 음성의 지각보다 현상적으로 훨씬 더 근원적이다. 귀를 기울임도 이해하는 들음의 존재 양식을 가지고 있다"(『존재와 시간』, 225).

이런 점은 현존재 간의 대화에도 적용된다. 예를 들어 알 수 없는 외국어로 말하는 상대방과의 대화에서 우리가 듣는 것은 "음향 자료"로서의 소리가 아니라 바로 "이해할 수 없는 낱말들"(『존재와 시간』, 226)인 것이다. 이때 우리에게 외국어가 들리지 않는 것은, 들리지 않는 현존재의 존재 이해 때문이지, 외국어를 통해 발성화되는 소리 때문은 아닌 것이다. 그런데 이렇게 들음이 감각적 음향과 현존재의 이해에 이중적으로 연관되어 있기에, 우리는 상대방의 말이나 인간 이외의 존재자의 소리에 대하여 잘못 들을 수 있는 것이다. 그렇다면 이렇게 잘못 들음의 원인은 소리 자체에 근거하는가? 혹은 현존재의 소리 이해에 근거하는가? 그리고 하이데거의 소리는 귀의 메타포를 강조했던 히브리적인 소리와 어떠한 차이를 보이는가?

히브리 정신은 신의 말함과 그 말을 들음이라는 귀의 메타포에 의거한 해석을 강조하고 있다. 그런데 말함과 들음 그리고 말함에 속함이란 구조는(Sagen-Hoeren-Gehoeren) 하이데거의 전형적인 주장이기도 하다(VA 187, 206). 그럼에도 양자 사이엔 큰 차이점이 있다. 그런데 양자의 구조가 동일하다면 그 차이는 구조에 대한 내용에서 찾아져야 한다. 예를 들어 히브리 정신의 경우 말하는 신과 듣는 인간 그리고 신의 말씀에 순종하는 인간 사이엔 불명료한 말씀과 잘못된 전달은 존재하지 않는다. 신은 명료한 말씀으로 말하고 그 말은 사자(예언자)를 통해 명료하게 민족과 개인에게 전달된다. 그곳엔 은폐된 말씀과 전달은 존재하지 않는다. 단지 신의 말씀이 들리지 않는 이유는, 인간이 죄에 사로잡혀 있기 때문이다. 그러나 회개와 동시에 신의 말씀은 명확하게 들리게 된다.

반면 하이데거의 경우, 횔덜린의 시에서 보이듯이 신의 말씀 자체 그리고 그 전달 그리고 그 말씀의 청취자에겐 모두 은폐와 탈은폐의 겹쳐짐이 존재한다. 횔덜린을 통해 본 하이데거의 시인은 밝은 빛 안에서 전달하는 매개자가 아니라 바로 어두움 속에서 은폐와 탈은폐 사이를 헤쳐나가는 매개자인 것이다.

말하자면 히브리 정신에서 말함과 들음 그리고 그 사이의 전달이 직접적이며 그 자체 동일적인 반면, 하이데거의 경우 이 모든 것은 비동일적이며 따라서 간접적인 해석을 필요로 하는 것이다. 이런 한에서 하이데거의 말함과 전달 그리고 들음 그리고 궁극적으로 속함엔 직접적인 명료성보다는 헤르메스적 간계와 은폐가 개입되어 있는 것이다.[194] 하이데거에게서 귀를 통해 들

---

194) 헤르메스가 신의 사자면서도 동시에 신의 말씀을 왜곡할 수 있는 것은, 헤르메스가 진리의 전달자며 동시에 간계와 술책의 신이며 또한 도둑질에 능한 신이기도 하기 때문이다. 이러한 헤르메스는 눈의 메타포를 강조했던 그리스 정신의 해석학적 문제점을 잘 나타낸 형상이라고 볼 수 있다. 이 점에 대하여는 H. 롬바흐, 전동진 옮김,『아폴론적 세계와 헤르메스적 세계』를 참조할 것. 그리

리는 소리의 존재론적 의미는 이미 자명하고 명료하게 제시되어 있는 것이 아니라 오히려 과제로서 주어져 있는 것이다. 따라서 하이데거는 이미 『존재와 시간』에서, 들리는 소리의 배후에 은폐되어 있는 존재론적 의미를 벗겨내려고 시도하고 있는 것이다. 『존재와 시간』에서 하이데거는, 말함과 들음 그리고 전달은 대개 그리고 우선 은폐되어 있으며, 오히려 탈은폐된 듯이 보이는 자명한 소리들이야말로 왜곡된 소리라고 강조하고 있다. 말하자면 자명하고 명료하게 드러나 있는 말함-전달-들음이란 구조를 갖는 히브리적 해석과 달리 하이데거의 경우 이러한 드러남은 오히려 은폐된 것이라고 주장되고 있다. 그 대표적인 예로서 우리는 바로 일상성에 파묻혀 있는 일상인의 잡담에 대한 하이데거의 분석을 들 수 있다. 이에 대하여 하이데거는 "어쨌든 사람들은 동일한 것을 의미하는데, 그것은 사람들이 말해진 것을 공통적으로 동일한 평균성에서 이해하고 있기 때문이다"(『존재와 시간』, 231)라고 말한다. 그런데 이렇게 "잡담 속에 머물러 있는 현존재는 세계-내-존재로서 세계에 대한, 더불어 있음에 대한, 안에-있음 자체에 대한 일차적이고 근원적인 진정한 존재연관으로부터 단절되어"(『존재와 시간』, 233) 있다는 것이다. 따라서 이러한 일상성에 입각한 소리는 소리의 존재론적 낯설음을 통해 그 소리의 자명성이 파괴되어야 한다는 것이 하이데거의 입장이다.

그렇다면 이때 등장하는 양심의 소리는 무엇을 의미하는가? 이에 대하여 하이데거는 : "(양심의) 부름은 사건에 대해서 보고하는 것이 아니며, 또한 아무런 발성 없이 부른다. 부름은 침묵이라는 섬뜩한 양태에서 말한다. 그리고 그것도 오직 부름이 부름

고 하이데거적인 은폐와 탈은폐의 동시성에 대하여는 최상욱, 「하이데거에게서의 예술의 본질」을 참조할 것.

받은 자를 … 이 잡담에서부터 실존하는 존재 가능의 침묵하고 있음으로 되불러들이는 것"(『존재와 시간』, 370)이라고 말한다. 말하자면 양심의 소리는 발음된 소리도 아니며, 발음된 기표에 맞닿아 있는 기의도 아니라는 것이다. 그것은 단지 침묵으로만 현전한다. 존재적 소리의 부재를 통한 존재론적 소리의 현전. 이것이 하이데거가 제시하는 대답이다.

그런데 이러한 하이데거의 주장은 무엇을 의미하는가? 도대체 발음화되고 전달되어 의미로서 들리는 소리를 간과하고, 또 다른 소리의 이해 가능성이 있단 말인가? 이러한 질문은 말함의 단계들에 대한 하이데거의 해석을 통해 해명될 수 있다. 즉, 그에 의하면 말함이 굳이 발음화된 소리로서만 이해될 수 있는 것은 아니다. 왜냐하면, 청각적으로 들리는 소리에 의해 의미 전달이 가능하다고 보는 주장들은, 바로 그렇게 의미 전달을 하는 청각적 소리의 배후 근원을 간과하고 있기 때문이다. 만약 그러한 감각적 소리가 그 배후의 어떤 것에 의해 가능하다면, 굳이 소리의 이해가 감각적으로 포착되는 음성적 소리에 의거할 필연성은 없다. 그렇다면 우리는 침묵 역시 아무 소리도 아닌 것이 아니라 또 다른 형태의 소리라는 것을 인정할 수 있다. 이와 같이 하이데거는, 들리는 감각적 소리로서 말함은 그 이전에 존재자에 대한 해석을 전제로 하며, 그러한 해석은 또다시 세계-내-존재인 현존재의 이해에 근거하고, 이것은 또다시 존재와의 만남을 전제로 한다고 말한다(『존재와 시간』, 33절). 즉, 일반적으로 이해하듯이 음성화된 소리로서 말, 발언은 인간에게 존재자를 제시하고 그 의미를 서술하고 전달하는 것이 사실이지만, 그러한 발언은 자신의 배후를 가지고 있다는 것이다. 말하자면 발언이 가능하기 위해서는 그 이전에 발언하게끔 하는 해석학적 구조가 필요하며,195) 이러한 구조는 발음화된 소리에 앞선다는 것이다. 따

라서 그는 : "발언은 어떤 실존론적-존재론적 변양을 거쳐서 둘러보는 해석에서부터 발원하는가?"(『존재와 시간』, 217)라고 물으며, 말이란 "세계-내-존재의 처해 있는 이해 가능성을 의미부여에 맞추어 분류하는 것"(『존재와 시간』, 224)이며, "낱말로 표현되지 않는다는 사실은 — 우리의 경우 소리로 발음화되지 않는다는 사실은 — 단지 말의 한 특정한 양식에 대한 지표일 뿐"(『존재와 시간』, 224)이고, 침묵의 소리도 "말함과 들음의 실존론적 가능성이 주어져 있는 곳에서는 … 귀 기울일 수 있으며"(『존재와 시간』, 226), 침묵함도 동일한 실존론적 기초를 갖는 한 그것은 비록 음성화된 소리는 아니지만, 말해지고 전달되고 들릴 수 있다는 것이다. 그리고 이러한 현존재의 들음은 다시 존재의 말 건넴에 의존하는 바, 이제 인간 현존재에 필요한 것은 존재의 말 건넴에 응답하는 것이 된다(VA 22, 39, 64). 그리고 이 소리는 비록 발음화된 소리는 아니지만 이해될 수 있다는 것이 하이데거의 입장이다.

이렇게 존재론적으로 이해된 하이데거의 소리의 메타포는 더이상 감각적 소리를 청각적으로 듣는 것이 아니라 존재가 보내는 역운의 소리에 대하여 태도를 취하고, 그것에 주의를 기울이는 것을 뜻한다. 이런 한에서 존재론적인 말함과 들음은 더 이상존재자의 음향과 발성이 아니라 그러한 음향과 발성을 가능케하는 존재론적 근거의 소리로서 파악되어야 한다. 따라서 이제말하는 것도 더 이상 인간이 아니라 존재가 거주하는 거주처인언어 자체가 말하는 것이며, 듣는 것도 인간의 귀가 아니라 그러한 음향과 발성의 근거인 존재의 거주처로서 언어의 능력이 인

---

195) 하이데거는 이러한 해석의 구조를 다시 발언의 서술적 ~로서와 해석학적 ~로서로 구분한다. 즉, 발언되고 서술되어 구분하는 ~로서는, 이전에 그렇게 구분할 수 있도록 하는 해석학적 ~로서 구조를 지니며, 이것은 다시 현존재의 이해에 의거한다는 것이다(『존재와 시간』, 33절).

간의 귀로 하여금 듣게 하는 것이다. 따라서 하이데거는 : "본래
적으로 언어가 말한다. 인간은 무엇보다 단지 언어의 말 건넴을
들으면서 언어에 응답할 때 말한다"(VA 184)고 말한다. 이때 언
어는 더 이상 발성화된 기표에 상응하는 기의도 아니고, 존재자
의 소리들도 아니며, 오히려 존재론적으로 사건화하며 드러나는
소리인 것이다. 이러한 존재론적 소리를 하이데거는 하늘과 대
지, 가사적인 것과 시적인 것의 언어라고 말한다. 따라서 존재론
적 소리는 네 가지 소리들이 존재의 보냄 안에 모인 모음이며,
이러한 모음에 주의를 기울이는 것이 하이데거가 의도하는, 존
재론적으로 변형된 소리의 의미인 것이다.

그렇다면 이제 마지막으로 남은 문제는, 하이데거의 존재론적
소리가 히브리적 소리의 메타포와 같이 분명하고 명확하지 않다
면, 그 소리를 어떻게 파악해야 하는가 하는 점이다. 가령 히브리
적 귀의 메타포에 등장하는 신의 절대적인 말씀과 오류와 은폐
의 가능성 없는 전달과 들음은 하이데거의 존재론적 소리에서는
거부된다. 존재론적으로 귀는 명확하고 단일한 의미를 지니는
소리를 듣는 것이 아니라 항상 은폐의 가능성을 지닌 소리로서
혹은 더 정확히 거의 은폐된 채로 머무는 소리로서 들리게 된다.
이 점에 대해 하이데거는 "본래적 의미의 들음에는 인간이 들어
넘기는 가운데 잘못 듣는 것이 속한다"(VA 206)고 말한다. 이런
한에서 하이데거의 귀의 메타포는 서로 은폐와 탈은폐를 오가며
드러나면서 숨는 소리를 들을 뿐이다. 따라서 그러한 소리가 명
확해질 수 있다면 그것은 어느 한 "순간"에 가능할 뿐이며, 그러
한 명확해짐은 지속되지도 않으며, 논리의 연속성과 문법적 엄
밀성에 의존하지도 않는다. 바로 이러한 소리의 드러남을 하이
데거는 "정적의 울림"(UzS 215)이라고 표현한다. 즉, 존재론적
소리는 이제 고요함과 정적의 울림으로 말 건네는 것이고, 인간

은 존재자로부터 벗어나 무화되면서 존재의 소리에 귀 기울이게 되는 것이다. 그리고 이 소리는 보편적이고 추상적인 소리가 아니라 바로 고향의 대지와 하늘 그리고 고향에 거주하는 신들과 인간 사이에서 울려퍼지는 소리인 것이다. 그럼에도 이 소리는, 존재적으로 표현하면 불명료하고 흩어지고 겹쳐지는 소리라고 볼 수밖에 없다. 이러 한에서 그 소리는 유혹의 소리처럼 들릴 수도 있다. 따라서 하이데거는 존재의 역운이 건네주는 소리를 카이로스적인 순간에 들을 수 있기 위해서 더 많은 사유에의 경건함과 숙고를 요구하고 있는 것이다.

나가는 말

인류는 삶을 시작하면서부터 생존의 문제 그리고 더 나은 생활의 문제와 부딪히게 되었다. 이때 인간의 존재를 둘러싸고 욕망과 감정, 의지, 이성이란 작용들이 나타나기 시작했을 것이다. 그리고 자신의 내부적인 문제나 외부적인 도전을 극복하기 위해 인간이 시도한 일은 이 모든 것에 이름을 부여하는 일이었다. 이름 부여를 통해 인간은 낯선 것들을 자신에게 친숙한 현상과 사건으로 만들어갔다. 이런 노력은 우연한 일들을 필연적인 사건으로 해석하는 시도로 나타났다. 그러나 인류 정신의 시원 단계에서는 아직도 다양한 필연성이 존재하고 있었다. 이런 모습을 하이데거는 플라톤과 그리스도교 이전의 그리스 세계에서 발견한다. 이들에게 필연성은 삶을 위한 필연성의 특징을 지니며, 아직 삶이 이러한 필연성에 의해 종속되지는 않았던 것이다. 즉, 이때는 아직도 필연성과 인간의 자유가 공존할 수 있었으며, 다른 필연성들에 대해서도 포용적이고 유연한 태도를 가질 수 있었던 것이다.

그러나 플라톤과 그리스도교의 등장과 더불어 모든 필연성들은 필연성 중의 필연성, 즉 최고의 존재자인 신을 향하게 되고, 이제 신으로부터 모든 존재자는 존재 의미를 부여받게 된다. 이것은 이전의 진리 세계의 패러다임으로부터의 전적인 변화를 의미한다. 이제 인간의 자유는 필연성에 종속되게 되고, 다양한 필연성들 역시 최고의 필연성의 척도에 따라 옳은 / 그른 혹은 선한 / 악한 필연성으로 평가되기 시작하는 것이다. 이것은 인간에게 보편적인 가치를 제시하는 긍정적인 면을 갖는다. 따라서 이러한 형이상학적인 진리 체계가 서구 사회를 거의 2000년간 지배할 수 있었던 것이다. 그러나 절대적인 진리 체계는 자체 안의 배타적이고 독단적인 요소로 말미암아 스스로 붕괴되기 시작했다. 또한 이러한 붕괴는 산업화, 과학의 발달, 신 죽음의 선언과 더불어 다양한 진리 세계가 가능하다는 사실을 인간이 깨닫게 된 데에서도 기인한다. 따라서 인간은 자신이 필요에 의해 요구했던 절대적인 필연성으로부터 벗어나와 점차 자유로운 걸음을 걷기 시작한 것이다. 바로 이런 시기에 등장한 사상가가 니체, 횔덜린, 하이데거다. 하이데거는 남성 중심적인 형이상학적 진리 체계를 거부하고 이전의 근원적이고 시원적인 존재 세계로의 여행을 시도하고 있는 것이다.

　　이러한 발걸음을 통해 하이데거는 그동안 은폐되거나 배척되어 왔던 다양한 진리 세계를 드러내고 있다. 이와 같은 하이데거의 주장을 따라가면서, 필자는 하이데거 존재 사유가 갖는 의미를 존재사적인 측면에서 밝혔다. 이를 위해 필자는 쿠라, 알레테이아, 존재론적 차이의 의미를 밝히고, 존재론적 차이를 구체적인 인물들의 운명과 연관해 해명하면서, 제1시원과 제2시원이 갖는 관계와 의미에 대하여 논하였다. 그리고 존재를 회상하는 방식을 살펴보고 마지막으로 하이데거적인 여성적 진리와 형이상학적인 남성적 진리의 차이를 빛과 소리의 메타포를 예로 들어 제시하였다. 이를 통해 필자는 하이데거의 진리가 형이상학적 진리와 달리, 빛과 어둠, 명확한 소리와 희미한 소리를 동시에 포함하는 진리임을 밝혔다. 그리고 진리와 비진리, 선과 악, 아름다움과 추함을 동시에 포함하는 하이데거적인 진리를 "여성적 진리"라고 표현하였다. 그런데 이 표현은, 마치 하이데거가 남성의 진리 대신 여성의 진리를 주장한 것처럼 오해될 소지가 있다. 그러나 여성적 진리라는 표현은 성별적인 차이보다는, 형이상학에 의해 제거되고 부정된 진리 형태를 일컫는다. 그런데 하이데거는 이러한 진리의 흔적을 형이상학 이전의 세계에서 찾고 있으며, 이 진리에의 회상을 통해 형이상학적 진리를 극복할 수 있다고 말하는 것이다. 따라서 필자는 형이상학의 진리를 남성 중심적 진리 체계라고 말하는 것과 구분해, 하이데거가 제시한 진리를 여성적 진리 세계라고 표현한 것이다. 이런 의미에서 여성적 진리라는 표현은 전-형이상학적 진리 혹은 탈-형이상학적 진리를 의미하기도 한다.

이와 연관해 필자는 한편으로는 하이데거가 말하는 "시원적, 근원적인 진리"가 무엇을 뜻하는지, 하이데거의 존재 사유가 왜 여성적 인물을 통해 연결될 수 있는지 밝히면서, 다른 한편으로는 왜 하이데거로부터 포스트모더니즘이 나타날 수 있는지에 대해서도 해명하였다. 물론 필자는 하이데거 존재 사유를 포스트모더니즘과 직접 비교하지는 않았지만, 하이데거의 존재 사유의 여성적 특징을 논하면서, 이 안에 이미 포스트모던적인 사유가 선재해 있다는 점을 제시하였다. 이것은 기존의 인간론, 진리론, 윤리론, 인식론들에 대한 하이데거의 해체 작업과, 이원론적 분리 구도의 파괴, 존재자로부터 존재 세계로의 이행과, 그때 경험하는 존재론적 차이, 여성적 진리의 등장 등을 통해 확인될 수 있을 것이다.

 마지막으로 필자는, 고도의 기술과 과학의 시대에 살고 있는 현대인에게 하이데거의 여성적 존재 세계가 갖는 의미가 무엇인지 밝힘으로써, 존재 사유의 필요성을 제시하였다. 그것은 현대 사회에서 "존재"한다는 것의 의미가 무엇인지 돌아보는 기회를 제공해줄 수 있을 것이다. 그리고 그때 "존재함"을 "감사함"이라고 말한 하이데거의 주장에 가까이 다가가면서, 오랫동안 잊고 지냈던 삶의 여유와 감사함, 기다림 등을 떠올릴 수 있다면 그것만으로도 좋은 일일 것이다. 그리고 이때 우리는 하이데거의 다음 질문을 이해할 수도 있을 것이다:

 "도대체 왜 무엇인가가 존재하며, 오히려 무가 아닌가?(Warum ist ueberhaupt Seiendes und nicht vielmehr Nichts?)"

참고 문헌

▶하이데거 저작들

(1927) *Sein und Zeit*, Niemeyer, Tuebingen 1972.

(1927) *Die Grundprobleme der Phaenomenologie*, 전집 24권.

(1928) *Metaphysische Anfangsgruende der Logik*, 전집 26권.

(1929) Was ist Metaphysik?, in : *Wegmarken*, Klostermann, Frankfurt, 1928 (약호 Weg).

(1929) Vom Wesen des Grundes, in : Weg.

(1929 / 30) *Die Grundbegriffe der Metaphysik. Welt-Endlichkeit-Einsamkeit*, 전집 29 / 30권.

(1930) *Vom Wesen der menschlichen Freiheit. Einleitung in die Philosophie*, 전집 31권.

(1930) Vom Wesen der Wahrheit, in : Weg.

(1930 / 31) *Hegels Phaenomenologie des Geistes*, 전집 32권.

(1931) *Aristoteles, Metaphysik θ 1-3. Vom Wesen und Wirklichkeit der Kraft*, 전집 33권.

(1934 / 35) *Hoelderlins Hymnen 'Germanien' und 'Der Rhein'*, 전집 39권.

(1935) *Einfuehrung in die Metaphysik*, Tuebingen 1987.

(1935 / 36) Der Ursprung des Kunstwerkes, in : *Holzwege*, Klostermann, dritte Auflage, 1957 (약호 Hw).

(1935 / 36) *Die Frage nach dem Ding*, Tuebingen, 1987.

(1936) Hoelderlin und das Wesen der Dichtung, in : *Erlaeuterungen zu Hoelderlins Dichtung*, Klostermann, 1981 (약호 EzHD).

(1936) *Schellings Abhandlung 'Ueber das Wesen der menschlichen Freiheit'* (1809), Tuebingen, 1971.

(1936 / 37) Der Wille zur Macht als Kunst, in : *Nietzsche* Bd 1, Pfullingen, 1961.

(1937) Die ewige Wiederkehr des Gleichen, in : *Nietzsche* Bd 1.

(1936-38) *Beitraege zur Philosophie (Vom Ereignis)*, 전집 65권.

(1937 / 38) *Grundfragen der Philosophie. Ausgewaehlte 'Probleme' der 'Logik'*, 전집 45권.

(1938) Die Zeit des Weltbildes, in : Hw.

(1939) Vom Wesen des Physik, in : Weg.

(1939) Die ewige Wiederkehr des Gleichen und des Wille zur Macht, in : *Nietzsche* Bd 2.

(1939 / 40) 'Wie wenn am Feiertage …', in : EzHD.

(1940) Der europaeische Nihilismus, in : *Nietzsche* Bd. 2.

(1940) Nietzsches Metaphysik, in : *Nietzsche* Bd 2.

(1941) Die Metaphysik als Geschichte des Seins, in : *Nietzsche* Bd 2.

(1941) Entwuerfe zur Geschichte des Seins als Metaphysik, in : *Nietzsche* Bd 2.

(1941 / 42) *Hoelderlins Hymne 'Andenken'*, 전집 52권.

(1942) Platons Lehre von der Wahrheit, in : Weg.

(1942) *Hoelderlins Hymne 'Der Ister'*, 전집 53권.

(1942 / 43) Hegel Begriff der Erfahrung, in : Hw.

(1942 / 43) *Parmenides*, 전집 54권.

(1943) Nachwort zu : 'Was ist Metaphysik?', in : Weg.

(1943) Nietzsches Wort 'Gott ist tot', in : Hw.

(1943) 'Andenken', in : EzHD.

(1943) 'Heimkunft / An die Verwandten', in : EzHD.

(1943) Aletheia (Heraklit, Fragment 16), in : *Vortraege und Aufsaetze*, Pfullingen, 1985 (약호 VA).

(1943) *Heraklit. Der Anfang dess abendlaendischen Denken*, 전집 55권.

(1944) *Heraklit. Logik. Heraklits Lehre vom Logos*, 전집 55권.

(1944 / 45) *Feldweg-Gespraech*, 전집 77권.

(1936 / 46) Ueberwindung der Metaphysik, in : VA.

(1944 / 46) Die seinsgeschichtliche Bestimmung des Nihilismus, in : *Nietzsche*

Bd 2.

(1946) Brief ueber den Humanismus, in : Weg.

(1946) Wozu Dichter?, in : Hw.

(1946) Der Spruch des Anaximander, in : Hw.

(1947) *Aus der Erfahrung des Denkens*, Pfullingen 1954.

(1947) *Der Feldweg*, Frankfurt, 1953.

(1949) Einleitung zu : 'Was ist Metaphysik?', in : Weg.

(1949) Die Kehre, in : *Die Technik und die Kehre*, Pfullingen 1985.

(1950) Des Ding, in : VA.

(1950) Die Sprache, in : *Unterwegs zur Sprache*, Pfullingen 1975 (약호 UzS).

(1950) *Holzwege*.

(1951) Bauen, Wohnen, Denken, in : VA.

(1951) '⋯ dichterisch wohnet der Mensch ⋯', in : VA.

(1951) Logos (Heraklit, Fragment 50), in : VA.

(1951 / 52) *Was heisst Denken?*, Tuebingen 1984.

(1952) Moira (Parmenides VIII, 34–41), in : VA.

(1953) Die Frage nach der Technik, in : VA.

(1953) Wissenschaft und Besinnung, in : VA.

(1953) Wer ist Nietzsches Zarathustra?, in : VA.

(1953) Die Sprache im Gedicht. Eine Eroerterung von Georg Trakls Gedicht, in : UzS.

(1953 / 54) Aus einem Gespraech von der Sprache. Zwischen einem Japaner und einem Fragenden, in : UzS.

(1954) *Voetraege und Aufsaetze*.

(1955) Seinsfrage, in : Weg.

(1955) *Gelassenheit*, Pfullingen 1986.

(1955) *Was ist das – die Philosophie*, Pfullingen 1956.

(1955 / 56) *Der Satz vom Grund*, Pfullingen 1986.

(1957) Der Satz der Identitaet, in : *Identitaet und Differenz*, Pfullingen 1986 (약호 ID).

(1957) Die onto-theo-logische Verfassung der Metaphysik, in : ID.

(1957 / 58) Das Wesen der Sprache, in : UzS.

(1958) Das Wort, in : UzS.

(1958) Hegel und die Griechen, in : Weg.

(1959) Der Weg zur Sprache, in : UzS.

(1959) Hoelderlins Erde und Himmel, in : EzHD.

(1962) Zeit und Sein, in : *Zur Sache des Denkens*, Tuebingen 1976 (약호 SD).

(1962) Protokoll zu einem Seminar ueber den Vortrag 'Zeit und Sein', in : SD.

(1963) Mein Weg in die Phaenomenologie, in : SD.

(1964) Das Ende der Philosophie und die Aufgabe des Enkens, in : SD.

(1910-76) *Denkerfahrungen 1910-1976*, Klostermann, 1983.

(1920-63) Martin Heidegger, Karl Jaspers, *Briefwechsel 1920-1963*, Klostermann, 1990.

(1925-1975) Hannah Arendt, Martin Heidegger, *Briefe 1925-1975, Und andere Zeugnisse*, Klostermann, 1999.

▶하이데거 번역본

『기술과 전향』, 이기상 역, 서광사, 1993.

『형이상학이란 무엇인가?』, 이기상 역, 서광사, 1995.

『존재와 시간』, 이기상 역, 까치, 1998.

『형이상학의 근본 개념들. 세계-유한성-고독』, 이기상, 강태성 역, 까치, 2001.

『예술 작품의 근원』, 오병남·문형원 역, 경문사, 1979.

『세계상의 시대』, 최상욱 역, 서광사, 1995.

『셸링』, 최상욱 역, 1997.

『횔덜린의 송가 「이스터」』, 최상욱 역, 동문선, 2005.

▶그 밖의 작품들

강학순, 『하이데거 철학의 근본 문제』.

크리스토퍼 노리스, 『데리다』, 이종인 역, 시공사.

F. 니체, 『유고(1869 가을~1872 가을)』, 최상욱 역, 책세상.

_____, 『비극의 탄생』, 이진우 역, 책세상.

_____, 『선악의 저편』, 김정현 역, 책세상.

_____, 『인간적인 너무도 인간적인』, 김미기 역, 책세상.

_____, 『차라투스트라는 이렇게 말했다』, 정동호 역, 책세상.

_____, 『우상의 황혼』, 백승영 역, 책세상.

로베르 뒤마, 『나무의 철학』, 송혁석 역, 동문선, 2004.

자크 데리다, 『에쁘롱 ― 니체의 문체들』, 김다은 역, 동문선.

_____, 『그라마톨로지』, 김성도 역, 민음사.

_____, 『글쓰기와 차이』, 남수인 역, 동문선.

레지스 드브레, 『이미지의 삶과 죽음』.

쥘르 들뢰즈 · 펠릭스 가따리, 『앙띠 오이디푸스』, 최명관 역, 민음사, 1994.

질르 들뢰즈, 『비평과 진단』, 김현수 역, 인간사랑, 2000.

자크 라캉, 『욕망 이론』, 이미선 공역, 문예출판사.

H. 롬바흐, 『아폴론적 세계와 헤르메스적 세계』, 전동진 역, 서광사.

허버트 마르쿠제, 『에로스와 문명』, 김인환 역, 나남, 1989.

막스 뮐러, 『종교학 입문』, 김구산 역, 동문선, 1988.

가스통 바슐라르, 『대지 그리고 휴식의 몽상』, 정영란 역, 문학동네, 2002.

_____, 『공기와 꿈, 운동에 관한 상상력』, 정영란 역, 이학사, 2000.

_____, 『불의 시학의 단편들』, 안보옥 역, 문학동네.

_____, 『물과 꿈』, 이가림 역, 문예출판사.

박찬국, 『들길의 사상가』, 하이데거, 동녘.

빌헬름 바이셰델, 『철학자들의 신』, 최상욱 역, 동문선, 2003.

하랄트 바인리히, 『망각의 강 레테』, 백설자 역, 문학동네, 2004.

피터 버거, 『종교와 사회』, 이양구 역, 종로서적, 1986.

주디스 버틀러, 『안티고네의 주장』, 조현순 역, 동문선, 2005.

토를 라이프 보만, 『히브리적 사유와 그리스적 사유의 비교』, 분도출판사, 1975.

크리스티앙 비에(편집자), 『오이디푸스』, 정장진 역, 이룸, 2003.

D. R.빌라, 『아렌트와 하이데거』, 서유경 역, 교보문고, 2000.

로저 샤툭, 『금지된 지식 Ⅱ』, 조한욱 역, 금호문화, 1997.

소광희, 『시간의 철학적 성찰』, 문예출판사.

소포클레스, 『오이디푸스 왕』, 천병희 역, 문예출판사, 2001.

신승환, 『포스트 모더니즘에 대한 성찰』, 살림, 2003.

휴 J. 실버만, 「데리다, 하이데거, 그리고 선의 시간」, in : 『데리다와 해체주의』,

현대미학사.

멀치아 엘리아데, 『성과 속, 종교의 본질』, 이동하 역, 학민사, 1983.

토마스 오데아, 『종교사회학 입문』, 권규식 역, 대한기독교서회, 1982.

윤병렬, 『하이데거의 횔덜린 시 해석과 다른 시원』.

C. G. 융, 『심리학과 종교』, 이은봉 역, 도서출판 창.

이기상, 『하이데거의 존재사건학』, 서광사.

이수정, 『하이데거의 예술론』.

전동진, 『롬바흐의 그림 철학』.

최상욱, 『진리와 해석』, 다산글방, 2002.

_____, 「하이데거를 통해 본 존재론의 새로운 방향과 앞으로의 과제」, 『철학』 40, 1993.

_____, 「하이데거에 있어서 의지와 -하게 함의 역동적 상관 관계에 대한 분석」, in : 『하이데거의 존재 사유』, 1995.

_____, 「니이체와 기독교」, 『철학』 45.

_____, 「하이데거의 인간론」, in : 『하이데거 철학의 이해』, 1996.

_____, 「하이데거 철학에 있어 신의 의미」, in : 『하이데거의 철학 세계』, 1997.

_____, 「하이데거의 언어론」, in : 『후기 하이데거와 자유현상학』, 지평 문화사, 1997.

_____, 「하이데거의 자연론」, in : 『현대 프랑스 철학과 해석학』, 철학과현실사, 1999.

_____, 「거주하기의 의미에 대하여」, in : 『하이데거와 근대성』, 철학과현실사, 1999.

_____, 「하이데거에 있어 생명의 의미」, in : 『하이데거 연구』 5권, 2000.

_____, 「"민족" 개념에 대한 하이데거와 히틀러 사상의 비교」, 『철학연구』 제 25집, 2001.

_____, 「빛의 메타포에 대한 존재론적 변형」, 『하이데거 연구』, 2001.

_____, 「하이데거에게서의 예술의 본질」, 『하이데거 연구』, 2002.

_____, 「하이데거와 레비나스에 있어 이웃 개념에 대하여」, 『철학연구』 제62집, 2003.

_____, 「하이데거와 레비나스에 있어 죽음의 의미」, 『하이데거 연구』, 2003.

_____, 「귀의 메타포에 대한 하이데거의 존재론적 변형」, 『철학』 제80집, 2004.

_____, 「하이데거와 엘리아데의 성스러움에 대한 고찰」, 『하이데거 연구』, 2004.

_____, 「하이데거의 존재 사유의 구조적 내용에 관한 고찰 ― 트라클 해석과

유비적으로」, 『하이데거 연구』, 2005.

_____, 「그리스도교에 대한 니체의 평가」, 『니체 연구』 제8집, 2005.

에른스트 카시러, 『인간이란 무엇인가 ─ 문화철학 서설』, 최명관 역, 서광사, 1991.

사라 코프만, 「저 종소리」, in : 『데리다와 해체주의』.

F. M. 콘퍼드, 『종교에서 철학으로』, 남경희 역, 이화여대 출판부, 1995.

지그문트 프로이트, 『투템과 타부』, 김종엽 역, 문예마당, 1995.

에릭 프롬, 『자유로부터의 도피』, 박병진 역, 육문사, 1994.

알로이스 프린츠, 『한나 아렌트』, 김경연 역, 여성신문사, 2000.

플라톤, 『국가, 정체』, 박종현 역, 서광사, 2005.

D. 호프스태더, 『괴델, 에셔, 바흐, 영원한 황금노끈』, 박여성 역, 까치.

F. 횔덜린, 『빵과 포도주』, 박설호 역, 민음사, 1997.

헤시오도스, 『신통기』, 김원익 역, 민음사, 2003.

Adorno, Th. / Horkheimer, M., *Dialektik der Aufklaerung*, Fischer, Frankfurt, 1988.

Allemann, Beda, *Hoelderlin und Heidegger*, Zuerich, Freiburg, 1954.

Anz, W., Die Stellung der Sprache bei Heidegger, in : Poeggeler(Hrsg.), *Heidegger*.

Apel, K.-Otto, Wittgenstein und Heidegger, in : Poeggeler, *Heidegger*.

Barasch, J., Ueber den geschichtlichen Ort der Wahrheit, in : *Forum fuer Philosophie*, Bad Homburg.

Beaufret, J., Ueber Platon und Aristoteles, in : *Wege zu Heidegger*, Klostermann, Frankfurt, 1976.

Becker, O., Para-Existenz. Menschliches Dasein und Dawesen, in : Poeggeler, *Heidegger*.

Behler, E., *Derrida-Nietzsche, Nietzsche-Derrida*, Schoeningh, Muenchen / Paderborn / Wien/Zuerich, 1988.

Brechtken, J., *Geschichtliche Transzendenz bei Heidegger. Die Hoffnungsstruktur des Daseins und die gottlose Gottesfrage*, Hain, Meisenheim, 1972.

Broecker, W., Heidegger und die Logik, in : Poeggeler, *Heidegger*.

Bucher, A. J., *Metaphysik als Begriffsproblematik auf dem Denkweg Martin Heideggers*. Mainzer philosophische Forschungen, Bd 14, Bonn 1972.

Conrady, K. O., Deutsche Literatur Wissenschaft und Drittes Reich, in: *Germanistik*. Eine deutsche Wissenschaft, Beitraege von E. Laemmert, W. Killy, K. O. Conrady und P. Polenz, Frankfurt, Suhrkamp 1967.

Coreth, E., *Grundfragen der Hermeneutik. Ein philosophischer Beitrag*, Freiburg, Basel, Wien 1969.

Derrida, J., *Vom Geist, Heidegger und die Frage*, ueber. v. Alexander Garcia Duettmann, Suhrkamp, Frankfurt 1988.

_____, *Geschlecht (Heidegger). Sexuelle Differenz, ontologische Differenz*, hrsg. v. Peter Engelmann, Passagen, Wien 1988.

Despoix, Ph., Das Schoene und das Ding, Heidegger und Lacan ueber Sophokles' Antigone, in: *Perversion der Philosophie*.

Diemer, A., Vom Sinn ontologischen Fragens, in: R. Wisser(hrsg.), *Sinn und Sein*, Niemeyer, Tuebingen 1960.

Diels, H. / Kranz, W., *Die Fragmente der Vorsokratiker*, Weidmann, 1974.

Ebeling, H., Das Ergeignis des Fuehrers. Heideggers Antwort, in: *Martin Heidegger: Innen - und Aussenansichten*, hrsg. v. Forum fuer Philosophie, Bad Homburg, STW 779.

_____, *Selbsterhaltung und Selbstbewusstsein. Zur Anaytik von Freiheit und Tod*, Freiburg / Muenchen, 1979.

Farias, V., *Heidegger und Nationalsozialismus*, Fischer, Frankfurt, 1989.

Figal, G., *Martin Heidegger - Phaenomenologie der Freiheit*, Athenaeum, Frankfurt, 1985.

Fink, E., *Einleitung in die Philosophie*, Koenigshausen, Neumann, 1985.

Forum fuer Philosophie, Bad Homburg (Hrsg.), *Martin Heidegger. Innen- und Aussen-Ansichten*, Suhrkamp, Frankfurt, 1989.

Franzen, W., *Von der Existenzialontologie zur Seinsgeschichte. Eine Untersuchung ueber die Entwicklung der Philosophie Martin Heideggers*, Hain, Meisenheim, 1975.

Fraenzki, E., *Die Kehre. Heideggers Schrift 'Vom Wesen der Wahrheit'*, Urfassung und Druckfassung. Centarus, Pfaffenweiler, 1985.

Freier, H., Die Macht und ihre Kultur. Nietzsches Stellung zur europaeische Decadence, in: Ph. Rippel (Hrsg.), *Der Sturz der Idole*, Tuebingen, 1985.

Fuerstenau, P., *Heidegger. Das Gefuege seines Denkens*. Philosophische

Abhandlungen Bd. XVI, Frankfurt, 1958.

Feuerbach, L., *Das Wesen der Religion*, Verlag Lambert, Schneider, Heidelberg, 1983.

Gadamer, H. G., Heidegger und die Sprache, in : P. Kemper(Hg.), *Martin Heidegger - Faszination und Erschrecken. Die politische Dimension einer Philosophie*, Campus, Frankfurt / New York, 1990.

_____, *Heideggers Wege. Studien zum Spaetwerk*. Mohr (Siebeck), Tuebingen, 1983.

_____, *Wahrheit und Methode*, Mohr, Tuebingen, 1986.

Gamm, G., Die Erfahrung der Differenz. Zur Interpretation der Genealogie der Moral, in : Ph. Rippel, *Der Sturz der Idole*.

Gehlen, A., *Der Mensch*, Berlin 1940.

Gethmann, C. F., *Verstehen und Auslegung. Abhandlung zur Philosophie, Psychologie und Paedagogik*, Bd 81, Bonn 1974.

_____, Heideggers Konzeption des Handelns in Sein und Zeit, in : Gethmann-Siefert, *Heideger*.

Gethmann-Siefert, A. / Poeggeler,O.,(Hrsg.), *Heidegger und die praktische Philosophie*, Stw 694.

_____, *Das Verhaeltnis von Philosophie und Theologie im Denken Martin Heideggers*, Freiburg / Muenchen, 1974.

Goldschmidt, G. A., Ein Leben, ein Werk im Zeichen des Nationalsozialismus, in : *Heideggers Kontroverse*, hrsg. v. J. Altwegg, Athenaeum, Frankfurt 1988.

Gomperz, H., *Ueber Sinn und Sinngebilde. Verstehen und Erklaeren*, Mohr, Tuebingen, 1929.

Goerland, I., *Transzendenz und Selbst*. Klostermann, Frankfurt, 1981.

Guzzoni, U.(Hrsg.), *Nachdenken ueber Heidegger*, Gerstenberg, Hildesheim, 1980.

Haller, M., Der Philosophen. Streit zwischen Nazi-Rechtfertigung und post-moderner Oeko-Philosophie, in : *Heideggers Kontroverse*.

Hegel, G. W. F., *Phaenomenologie des Geistes*, Felix Meiner, Hamburg, 1952.

Heinemann, F., *Neue Wege der Philosophie. Geist, Leben, Existenz*. Quelle u. Meyer, 1929.

Heinz, M., *Zeitlichkeit und Temporalitaet*, Wuerzburg, Koenigshausen, Amsterdam, Rodolpi, 1982.

Heyde, J. E., Vom Sinn des Wortes Sinn. Prolegomena zu einer Philosophie des Sinnes, in : R. Wisser (Hrsg.), *Sinn und Sein*.

Hirsch, W., Platon und das Problem der Wahrheit, in : *Durchblicke. Martin Heidegger zum 80. Geburtstag*, Klostermann, Frankfurt, 1970.

Hofmann, P., Metaphysik oder verstehende Sinn-Wissenschaft? Gedanken zur Neugruendung der Philosophie im Hinblick auf Heideggers "Sein und Zeit", in : Kant-Studien, Bd 64, 1929.

Huch, K. J., *Philosophiegeschichtliche Voraussetzungen der Heideggerschen Ontologie*, Frankfurt, 1967.

Jonas, H., Wandlung und Bestand. Vom Grunde der Verstehbarkeit des Geschichtlichen, in : *Durchblicke*.

Kant, I., *Kritik der reinen Vernunft*, Felix Meiner, Hamburg, 1956.

Kemper, P., "Wo aber Gefahr ist, waechst das Rettende auch", Heideggers Begriff von Freiheit im Zeitalter planetarischer Technik. Ein Diskussionsrecht von P.Kemper, in : P. Kemper(Hg.), *Martin Heidegger*.

Kettering, E., *Naehe. Das Denken Martin Heideggers*, Neske, Pfullingnen, 1987.

_____, Fundamentalontologie und Fundamentalaletheologie, in : Forum.

Kisiel, Th., The language of the event : the event of language, in : *Martin Heidegger, Critical Assesments*.

Kiss, E., Nietzsche, Baeumler, Heidegger und die Folgen : in : *Heidegger, Technik - Ethik - Politik*.

Koechler, H., *Der innere Bezug von Anthropologie und Ontlogie*, Hain, Meisenheim, 1974.

Kockelmann, J. J., Heidegger on metaphor and metaphysics, in : *Martin Heidegger, Critical Assesments*, edited by Ch. Macann, Vol. III : Language, Londen and New York.

Krueger, G., Martin Heidegger und der Humanismus. Zur Auseinandersetzung mit den Schriften 'Platons Lehre von der Wahrheit' und 'Brief ueber den Humanismus', in : *Studia Philosophica*, Vol. IX, Basel, 1949.

Kuhn, H., *Begegnung mit dem Nichts*, Mohr, Tuebingen, 1950.

Lehmann, K., Christliche Geschichtserfahrungen und ontologische Frage beim jungen Heidegger, in : Poeggeler, *Heidegger.*

Longo, S., *Die Aufdeckung der leiblichen Vernunft bei Friedrich Nietzsche,* Koenigshausen u, Neumann, 1987.

Lotz, J. B., Vom Sein zum Sinn. Entwurf einer ontologischen Prinzipienlehre, in : R. Wisser, *Sinn und Sein.*

Loewith, K., Heidegger. *Denker in duerftiger Zeit.* Goettingen, 1960.

_____, *Gott, Mensch und Welt in der Metaphysik von Descartes bis zu Nietzsche,* Vandenhoeck u. Ruprecht, Goettingen, 1967.

Lutz, Ch. L., *Zwischen Sein und Nichts. Der Begriff des "Zwischen" im Werk von Martin Heidegger,* Bonn, 1984.

Margreter, R., Gestell, Geviert und symbolische Form. Zur Fortschreibung der Heidegger-Cassierer-Kontroverse, in : *Heidegger, Technik-Ethik-Politik.*

Marten, R., *Denkkunst. Kritik der Ontologie,* Schoeningh, Padernborn, Muenchen, Wien, Zuerich 1989.

_____, *Existieren, Wahrsein und Verstehen. Untersuchungen zur ontologischen Basis sprachlicher Verstaendigung,* Berlin / New York, 1971.

_____, *Der menschliche Mensch.* Schoeningh, Paderborn / Muenchen / Wien / Zuerich, 1988.

_____, *Der menschliche Tod. Eine philosophische Revision,* Schoeningh, 1987.

_____, *Heidegger Lesen,* Wilhelm Fink, Muenchen 1991.

_____, Heideggers Geist, in : *Die Heidegger Kotroverse,* Athenaeum, Frankfurt, 1988.

_____, Heideggers Heimat, in : U. Guzzoni, *Nachdenken ueber Heidegger.*

Martini, A., Der Philosoph und das Wirkliche. Anmerkungen zum 'Fall Heidegger', in : *Heidegger, Technik-Ethik-Politik.*

Marx, K., *Das Kapital, Kritik der politischen Oekonomie,* Erster Band, Dietz, Berlin, 1962.

Marx, W., *Heidegger und die Tradition,* Kohlhammer, Stuttgart 1961.

Merker, B., Konversion statt Reflexion. Eine Grundfigur der Philosophie

Martin Heideggers, in : *Forum.*

Meyer, A., Denken und Technik. Zur Geschlechtlichkeit der Reflexion bei Heidegger, in : *Heidegger, Technik-Ethik-Politik.*

Misch, G., *Lebensphilosophie und Phaenomenologie*, Bonn, 1930.

Moerchen, H., "Heideggers Satz : 'Sein' heisst 'An-wesen'", in : *Forum.*

Mueller, M., *Existenzphilosophie. Von der Metaphysik zur Matahistorik*, Alber, Freiburg / Muenchen, 1986.

Mueller-Lauter, W., *Moeglichkeit und Wirklichkeit bei Martin Heidegger*, De Gruyter, Berlin 1960.

Nietzsche, F., *Die Geburt der Tragoedie*, Kritischen Studienausgabe(KSA), hrsg. v. G. Colli und M. Montinari, dtv / de Gruyter, 1988.

_____, *Menschliches Allzumenschliches.*

_____, *Also sprach Zarathustra.*

_____, *Jenseit von Gut und Boese.*

_____, *Zur Genealogie der Moral.*

_____, *Morgenroethe.*

_____, *Die froehliche Wissenschaft.*

_____, *Goetzen- Daemmerung.*

_____, *Der Antichrist.*

_____, *Ecce Homo.*

Nolte, E., Philosophie und Nationalsozialismus, in : Gethmann-Siefert, *Heidegger.*

Ott, H., Heidegger, Ein schwieriges Verhaeltnis zur Politik, in : *Heidegger, Technik-Ethik-Politik.*

Perpeet, W., Heideggers Kunstlehre, in : Poeggeler, *Heidegger.*

Picht. G., *Nietzsche.* Klett-Cotta, 1988.

Platon, *Phaidon, Politeia*, Saemtliche Werke 3 ueber. v. F. Schleiermacher, Rowohlt, 1986.

Poeggeler, O., *Heidegger und die hermeneutische Philosophie*, Alber, Freiburg / Muenchen 1983.

_____, *Der Denkweg Martin Heideggers*, Neske, Pfullingen, 1963.

Prauss, G., *Erkennen und Handeln in Heideggers "Sein und Zeit"*, Alber, Freiburg / Muenchen, 1977.

Pugliese, O., *Vermittlung und Kehre. Grundzuege des Geschichtsdenkens bei*

Martin Heidegger, Freiburg / Muenchen, 1965.

Rechtsteiner, A., *Wesen und Sinn von Sein und Sprache bei Martin Heidegger*, Lang, Berlin, Frankfurt, Las Vegas, 1977.

Reijen, W. v., *Der Schwarzwald und Paris. Heidegger und Benjamin*, Wilhelm Fink.

Rentsch, Th., Interexistentialitaet. Zur Destruktion der existentialen Analytik, in : *Heidegger, Technik-Ethik-Politik.*

Ricken, F.,(Hrsg.), *Philosophen der Antike* I, Kohlhammer, Stuttgart, Berlin, Koeln 1996.

Ricoeur, P., *The Symbolism of Evil*, Beacon Press, Boston 1969.

_____, Zum Grundprobleme der Gegenwartsphilosophie. Die Philosophie des Nichts und die Ur-Bejahung, in : R. Wisser, *Sinn und Sein.*

Rolf, B., *Die Destruktion der Substanzialitaet in der Analytik des Daseins. Untersuchungen zum Verhaeltnis von Substanzialitaet und Existenz*, Koeln, 1977.

Schelling, F. W. J., *Philosophische Untersuchungen ueber das Wesen der menschlichen Freiheit und die damit zusammenhaengenden Gegenstaende* (1809), Darmstadt, 1983.

Schluetter, J., *Heidegger und Parmenides. Ein Beitrag zu Heideggers Parmen-desauslegung und zur Vorsokratiker Forschung. Abhandlungen zur Philosophie, Psychologie und Paedagogik*, Bd. 147, Bonn, 1979.

Schmit, A., Ueber Nietzsches Erkenntnistheorie, in : J. Salaquarda, *Nietzsche.*

Schulz, W., Hegel und das Problem der Aufhebung der Metaphysik, in : G. Neske (Hrsg.), *Martin Heidegger zum Siebzigsten Geburtstag*, Pfullingen, Tuebingen, 1959.

Schwann, A., Zeitkritik und Politik in Heideggers Spaetphilosophie, in : A. Gethmann - Siefert / O. Poeggeler, *Heidegger und die praktische Philo-sophie*, Stw 694, Frankfurt, 1988.

Seel, M., Heidegger und die Ethik des Spiels, in : *Martin Heidegger : Innen-und Aussen-Ansichten*, hrsg. v. Forum fuer Philosophie, Bad Homburg, Stw 779, Frankfurt, 1989.

Seifert, E.,(Hrsg.) *Perversion der Philosophie. Lacan und das unmoegliche Erbe des Vaters*, Tiamat, Berlin 1992.

Seubold, G., *Heideggers Analyse der neuzeitlichen Technik*, Alber, Freiburg / Muenchen, 1986.

Simon J., Nietzsche und das Problem des europaeischen Nihilismus, in : *Nietzsche Kontrovers* III, Koenigshausen u. Neumann, Wuerzburg, 1984.

Skowron, M., *Nietzsche und Heidegger*, Lang, Frankfurt, Bern, New York, Paris, 1987.

Spiering, V.(Hrsg.), *Lust an der Erkenntnis : Die Philosophie des 20. Jahrhunderts*, Piper, Muenchen, Zuerich, 1987.

Staiger, E., Ein Rueckblick, in : Poeggeler, *Heidegger*.

Stallmacher, J., *Ansichsein und Seinsverstehen. Neue Wege der Ontologie bei N. Hartmann und M. Heidegger*, Abhandlungen zur Philosophie, Psychologie und Paedagogik.

Thomae, D., *Die Zeit des Selbst und die Zeit danach. Zur Kritik der Textgeschichte Martin Heideggers 1910-1976*. Suhrkamp, Frankfurt, 1990.

Tugendthat, E., *Der Wahrheitsbegriff bei Husserl und Heidegger*, De Gruyter, Berlin 1967.

Vetter, H., Anmerkungen zum Begriff der Volkes bei Heidegger, in : *Heidegger, Technik-Ethik-Politik*.

Vietta, S., *Heideggers Kritik am Nationalsozialismus und an der Technik*, Niemeyer, Tuebingen 1989.

Wenzel, U., *Die Problematik des Grundes beim spaeten Heidegger.* Saeuble, Rheinfelden, 1986.

Weber, J. F.(Hrsg.), *Fragmente der Vorsokratiker*, UTB 1485, Schoeningh, Paderborn, Muenchen, Wien, Zuerich, 1988.

Wiplinger, F., *Wahrheit und Geschichtlichkeit*, Freiburg / Muenchen, 1961.

Wisser, R.,(Hrsg.), *Sinn und Sein. Ein philosophisches Symposion*, Niemeyer, Tuebingen 1960.

Zimmermann, M. E., *Heidegger's Confrontation with Modernity, Technology, Politics and Arts*, Indiana University Press.

□ 최상욱 ─────────────

연세대를 졸업한 뒤 독일 프라이부르크대에서 하이데거에 관한
논문(*Sein und Sinn : Die Hermeneutik des Seins hinsichtlich des
Und-Zusammenhangs*)으로 철학 박사 학위를 받았다. 저서로는
『진리와 해석』(다산글방), 역서로는 하이데거의 『횔덜린의 송가
「이스터」』(동문선), W. 바이셰델의『철학자들의 신』(동문선), 하
이데거의『셸링』(동문선),『니체 유고』(4권, 책세상) 등이 있으
며, 하이데거와 니체에 관한 다수의 논문이 있다.

하이데거와 여성적 진리
─────────────────

초판 1쇄 인쇄 / 2006년 5월 15일
초판 1쇄 발행 / 2006년 5월 20일

■

지은이 / 최 상 욱
펴낸이 / 전 춘 호
펴낸곳 / 철학과현실사
서울특별시 서초구 양재동 338의 10호
전화 579―5908~9

■

등록일자 / 1987년 12월 15일(등록번호 : 제1―583호)

■

ISBN 89-7775-581-6 03160
*잘못된 책은 바꾸어 드립니다.

─────────────────

값 20,000원